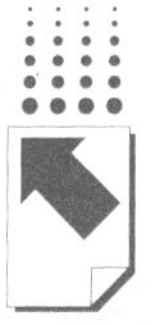

广视角 · 全方位 · 多品种

权威 · 前沿 · 原创

皮书系列为
“十二五”国家重点图书出版规划项目

中国与世界经济发展报告（2013）

ANNUAL REPORT ON ECONOMIC DEVELOPMENT OF CHINA AND THE WORLD(2013)

主　编／杜　平
副主编／范剑平　祝宝良　步德迎　阎娟荣　张亚雄

社会科学文献出版社
SOCIAL SCIENCES ACADEMIC PRESS (CHINA)

图书在版编目（CIP）数据

中国与世界经济发展报告．2013/杜平主编．—北京：社会科学文献出版社，2012.12
（经济信息绿皮书）
ISBN 978－7－5097－4010－1

Ⅰ．①中…　Ⅱ．①杜…　Ⅲ．①中国经济－经济发展－研究报告－2012 ②世界经济－经济发展－研究报告－2012 ③中国经济－经济预测－研究报告－2013 ④世界经济－经济预测－研究报告－2013 Ⅳ．①F11

中国版本图书馆 CIP 数据核字（2012）第 281660 号

经济信息绿皮书
中国与世界经济发展报告（2013）

主　　编／杜　平
副 主 编／范剑平　祝宝良　步德迎　阎娟荣　张亚雄

出 版 人／谢寿光
出 版 者／社会科学文献出版社
地　　址／北京市西城区北三环中路甲 29 号院 3 号楼华龙大厦
邮政编码／100029

责任部门／皮书出版中心（010）59367127　　责任编辑／陈　帅　王　颉
电子信箱／pishubu@ ssap. cn　　责任校对／杜绪林
项目统筹／邓泳红　　责任印制／岳　阳
经　　销／社会科学文献出版社市场营销中心（010）59367081　59367089
读者服务／读者服务中心（010）59367028

印　　装／北京季蜂印刷有限公司
开　　本／787mm×1092mm　1/16　　印　　张／24.75
版　　次／2012 年 12 月第 1 版　　字　　数／397 千字
印　　次／2012 年 12 月第 1 次印刷
书　　号／ISBN 978－7－5097－4010－1
定　　价／79.00 元

经济信息绿皮书编委会

主要编撰者简介

主　编

杜　平　男，研究员。国家信息中心常务副主任兼国家电子政务外网管理中心主任，兼任中国人力资源开发研究会副会长、中国信息协会副会长、中国区域经济学会副理事长、中国可持续发展研究会常务理事、中国地理学会理事，还担任中国科学院地理资源研究所兼职研究员和浙江大学管理学院兼职教授。1982 年以来，先后在国家发改委（原国家计委）地区协作计划局、地区综合计划局（国土地区司）、国上开发与地区经济研究所、国务院西部开发办综合组、国家发改委培训中心及智力引进办工作，历任处长、所长、司长、主任等行政职务。主要负责和参与有关区域经济发展、国土开发、生态与环境保护、可持续发展、西部大开发等领域的国家规划、计划、战略和政策等文件（报告）研究起草以及相应的业务管理工作，以及干部教育培训和引进国外智力等管理工作。曾经主持或合作主持完成各级政府委托的研究报告 30 多项，先后获得过省部级科技成果一等奖一次、二等奖两次、三等奖三次。先后主持完成亚洲开发银行、联合国开发计划署（UNDP）、德国经济技术合作公司（GIZ）、日本海外协力机构（JICA）多次委托的研究咨询报告。

副主编

范剑平　男，江苏无锡市人，中国人民大学经济学硕士；国家信息中心首席经济师，研究员，教授；主要从事宏观经济、消费经济和收入分配研究；《中国中长期粮食供求问题》获国家计委宏观经济研究院优秀科研成果一等奖、国家计委科技进步二等奖，《中国城乡居民消费结构变动趋势》和《居民消费结构变动对国民经济发展的影响》获国家计委宏观经济研究院优秀科研成果二等奖、国家计委科技进步三等奖等。主要著作有《居民消费与中国经济发展》《中国城乡居民消费结构的变化趋势》《我国消费需求发展趋势和消费政策研究》等。

祝宝良 男，山东青岛市人，国家信息中心经济预测部主任，研究员，华东师范大学硕士。从事宏观经济和数量经济研究，主持20多个国内外研究项目，获国家重大科技成果进步奖一次，环保部科技进步一等奖一次，发改委优秀研究成果三等奖两次。在《宏观经济研究》《金融研究》《国际贸易》《世界经济研究》《数量经济与技术经济》《预测》《人民日报》《经济日报》《中国经济时报》《中国证券报》等报刊上发表文章150余篇。出版《欧盟经济概况》《欧盟地区经济政策》《中国宏观经济运行定量分析》专著三本。

步德迎 男，山东邹县人，国家信息中心经济预测部副主任，高级经济师，中国人民大学经济学学士。曾任新疆维吾尔自治区发改委副主任。曾主编国家信息中心《经济预测分析》杂志和国家计委内部刊物《经济消息（快报）》，曾主持1989～1993年全国工业和市场监测系统工作，按月出版全国工业生产和消费市场月度分析预测报告，参与社科基金项目“经济周期波动分析预警系统研究”和“国有资产管理体制改革思路”课题，担任1998～2001年《中国经济展望》和2008～2011年《中国与世界经济发展报告》副主编。研究领域涉及宏观经济、区域经济、投资、消费、物价、就业、工业、农业、金融、外汇等，在内部刊物和权威公开报刊上发表经济研究论文约70篇，其中多篇获中央领导同志批示。

阎娟荣 女，河北衡水市人，国家信息中心经济预测部副主任，高级工程师，清华大学自动化系本科毕业。从事宏观经济数量方法及应用系统研究，主持并参加《中国多部门宏观经济模型》《亚洲地区国际投入产出模型》《中国区域间投入产出模型编制与应用》《世界主要国家宏观经济跟踪与分析系统》以及国家电子政务工程——《宏观经济信息管理系统》等多项国内外研究项目，获国家发展和改革委员会机关、国家信息中心优秀研究成果奖。

张亚雄 男，河北丰润人，国家信息中心经济预测部副主任，研究员，“百千万”人才工程国家级人选，中国投入产出学会副理事长，新加坡国立大学管理学硕士。从事宏观经济与数量经济、能源与气候变化等研究。曾获国家发改委优秀研究成果三等奖（三项)、国家发改委第四届中青年干部经济研讨会优胜奖、首届国家信息中心创新奖等。主持或参加国家重大科学研究计划(973)、科技部软科学、国家社科基金、自然科学基金及政府、社会和国际合作课题多项。在《经济研究》《统计研究》《经济学动态》《国际经济评论》《改革》《预测》《中国软科学》《国际贸易问题》《国际贸易》《气候变化进展》，以及 *Asian Economic Journal*, *Energy Economics*, *Energy Policy* 等期刊发表论文多篇，出版有《区域间投入产出分析》等专著。

摘　要

《中国与世界经济发展报告（2013）》由国家信息中心组织专家队伍编撰，对2013年国内外经济发展环境、宏观经济发展趋势、经济运行中的主要矛盾，产业经济和区域经济热点，宏观调控政策的取向进行了系统的分析预测，内容涵盖了十大宏观经济领域、六大重点行业、六大经济地区、四大世界经济体，并对国际贸易、国际货币、国际金融、国际大宗商品、国际油价的走势进行了分析和预测。目的是为各级政府部门和企业的管理决策、国内科研院所和大专院校开展经济形势分析预测和政策分析提供较为系统全面的参考资料。

国家信息中心专家认为，2012年，全球金融危机仍在继续发酵，欧洲经济出现二次衰退，新兴国家经济全面减速，日美经济也面临财政困境，复苏乏力。各国政府为缓解经济困难，相继采取了新一轮量化宽松的货币政策，但在尚未发现新的经济增长点、结构问题又没有根本解决的情况下，量化宽松政策很难使经济走出困境，反而可能引发新的通货膨胀预期，使世界经济陷入滞胀的局面。

报告认为，2013年中国经济增速将企稳回升，比2012年有所加快，宏观调控的政策取向仍将是稳增长、调结构和防通胀，结构调整力度将加大，增长质量将明显提高。根据权威国际组织的预测，2013年世界经济将总体出现回升，这对中国经济将是一个有利因素。但是，以美国为首的西方国家和部分新兴国家对我国出口商品采取的贸易保护措施有增无减，成为对我国经济的一个重要制约因素。综合各种因素预测，2013年中国经济将增长8%，投资、消费和净出口增速都将有小幅上升，居民消费价格上涨3%左右。

报告建议，2013年应坚持稳增长的宏观调控政策总基调，继续实施积极的财政政策和稳健的货币政策，稳中求进，有针对性地加大扩大内需的政策力度，重视改革导向的供给政策，着力激发各类企业自主增长活力，高度重视发达国家新技术引发的产业升级新动向，加大对科技创新的政策和资金支持力度，大力推进结构调整以提高增长质量，着力改善民生以共享发展成果。

Abstract

The Report on Economic Development of China and the World (2013), written by an expert team organized by the State Information Center, conducts systematic analysis and forecasting on the domestic and international environment for economic development, the trend of macro-economic development, major problems in the economy, hot topics in industrial and regional economy, and the orientation of future macroeconomic control. The Report covers 10 major macroeconomic areas, 6 major industries, 6 major economic regions, and 4 major economies in the world. In addition, it contains the analysis and forecasting for international trade, international financial markets, and international commodity markets. The Report provides systematic and comprehensive materials and references for managerial decision-making to government agencies at various levels, enterprises, research institutions and universities in their analysis of the economy and macro policies.

Researchers from the State Information Center believe that in 2012, the global financial crisis continued to ferment, Europe experienced a double dip, economies of emerging markets suffered a moderate slowdown, developed economies were faced with serious fiscal difficulties and weak recovery. In order to stimulate economic recoveries, economic authorities have to resort to currency policies such as quantitative easing policy. However, since there is no new engine of economic growth yet and most countries are processing economic structure changes, quantitative easing could not succeed soon, but might trigger inflationary expectations, plunging the world economy into stagflation situation.

We believe that in 2013, the Chinese economy will keep steady growth, and the growth rate may be faster a bit than 2012. The orientations of macro-control policy will continue to be keeping steady growth, adjusting economic structure and controlling inflation. And since structural adjustment will accelerate, we could see a significant improvement in the quality of economic growth. According to the forecasting of the authoritative international organizations, in 2013, the world economy will turn up, which would benefit China's economy. However, the trade protectionism in the United States and many developed countries will hinder China's export growth. Based on our forecasting, China's economic growth rate in 2013 is 8%. In 2013, the growth rates of investment, consumption and net exports will rise a little, and CPI will be about 3%.

In 2013, the government should continue current macroeconomic policies, still adopting a pro-active fiscal policy and a prudent monetary policy. In order to advance steadily, the government should increase the efforts to expand domestic demand, emphasize the reform-oriented supply policy, and heighten enterprises' autonomous growth vitality, increase financial and policy support to technology innovation, accelerate the adjustment in economic structure to improve growth quality, and lift the living standard of people to let them share the fruits of economic development.

序

2012 年，国际经济和政治环境出现诸多新的变数，国际上强烈企盼的世界经济复苏局面并没有出现，经济及贸易增速继续下滑以及对未来预期的不确定性增加，既困扰着各国政府的政策取向，也严重影响了投资者和企业家的合理行为。同时，我国作为一个外向型经济程度比较高的经济总量大国，也自然会受到世界政治经济形势的消极影响，加之我国原有的结构性矛盾和机制性障碍也同时发力，使得我国的经济社会发展面临前所未有的困境。我们应该客观冷静地认识这些具有深刻背景的重大因素，从而建立起科学有效的国家应对方略及其政策导向，加快培育形成我国新的可持续的改革开放动力机制。

面对严峻的发展背景，党和国家把握经济社会发展的大方向，强调在坚持以人为本基础上统筹各方的发展思路，及时加大政策预调微调力度，按照 2011 年底确定的稳中求进的工作总基调要求，把稳增长放在更加重要的位置，国民经济发展呈现出缓中趋稳的态势，各项主要经济预期发展目标可以实现，在“十二五”规划过渡之年取得了非常难得的成绩，在世界范围内具有许多值得称道的发展亮点。对此，我们应该充分肯定，否则就会迷失正确的方向和丧失本来应该具备的信心。

展望 2013 年的经济社会发展态势，人类面临的仍然是一个机遇与挑战并存的年份，只不过机遇有所不同，挑战别有特点罢了。因此，对各类相关研究机构而言，预测的精准度以及精准度的提高依然是一个十分困难但又必须努力为之的重大课题。

放眼国际，经济及贸易在总体上可能会略好于 2012 年，但经济复苏仍然看不到实质性进展，因全球流动性充裕而有可能导致国际大宗商品价格和金融市场震荡起伏。主要困难可能在于：金融危机的深层次影响还要继续显现，欧债问题仍处于危险阶段，美国“财政悬崖”问题难以有效控制，新兴国家的深层次和结构性问题开始加剧。因此，发达国家难以根本摆脱经济低迷的局面，新兴经济体增长动力仍然不足；同时，全球经济逐步走出困局的有利因素也在逐渐增多，美国房地产市场持续好转和“再工业化”政策效果显现，欧洲捍卫欧元的决心和政策力度增大，印度、俄罗斯等新兴市场国家正在加大体制改革和对外开放力度，中国作为国际经济贸易中举足轻重的一员，有可能从深度调整中平稳走上较快发展的轨道，机遇也是客观存在的。

观察国内情况，一方面，经济发展不平衡、不协调、不可持续的问题仍比较突出，实体经济振兴面临“去库存化”和“去产能化”的双重压力，企业间资金拖欠和逃废债务情况增多，部分地区财政性金融风险逐步显现，稳定房地产投资和稳定房地产价格面临两难选择，部分农产品价格出现反弹，社会矛盾对经济增长的反作用力继续增强，我们宁愿将困难想得更多一些，设计并落实好未雨绸缪的系列动作。当然，国内经济社会发展也有一些新的有利条件，“十八大”召开和政府换届将进一步调动全国上下的发展热情和对未来的信心，国家财政赤字率和债务率较低以及存款准备金率很高和外汇储备较多，使得以扩大内需为主线的积极财政政策和谨慎灵活的货币政策具有较大的实施空间，“新非公 36 条”细则的政策效应逐步释放将切实调动民间投资的积极性，注重收入分配改革的导向将促进城乡居民收入继续平稳较快增长，并且真正地较大幅度地拉动国内消费保持稳定增长。总之，国内经济环境将向良好可期的方向转化，提振各个方面、各个群体的信心是具有一定基础的。

临近 2013 年，国家信息中心组织有关专家编撰了《中国与世界经济发展报告（2013）》。重点围绕 2013 年国内外经济发展环境、宏观经济发展趋势及调控政策取向、产业经济和区域经济热点、经济运行中的主要矛盾等重点领域进行比较系统的分析预测，力求突出定性与定量相结合、预测与对策研究相结合的特点，期望对各级政府部门、各类企业和投资机构制定战略决策有所裨益。错漏之处，敬请指正。

杜　平

2012 年 10 月

目录

ⒼⅠ 主报告

ⒼⅡ 综合篇

ⒼⅢ 国际经济篇

G Ⅳ 产业发展篇

G Ⅴ 区域经济篇

皮书数据库阅读**使用指南**

CONTENTS

G Ⅰ Main Report

G Ⅱ General Reports

G Ⅲ International Economic Environment

GIV Industrial Development

GV Regional Economies

主　报　告

Main Report

G.1
2013年中国经济展望和宏观调控政策取向

范剑平*

摘　要：

2012年以来，我国经济增长延续减速态势，但随着稳增长政策措施逐步见效，经济呈缓中趋稳态势，积极因素增多，全年可以实现预期增长目标。预计全年GDP同比增长7.7%，CPI同比上涨2.7%。展望2013年，全球主要经济体宏观经济政策将保持宽松，世界经济将继续温和复苏，但不确定因素仍然较多；国内稳增长与调结构相结合的政策组合将进一步显效，落实“十八大”精神将为经济发展和改革注入新的活力和动力，“十二五”重点建设项目加快推进，有助于推动我国经济增长企稳回升。预计全年GDP增长8%左右，CPI上涨3%左右。为了利用结构调整有利时机加快转变经济发展方式，需要维持一个稳中偏松的宏观政策环

* 范剑平，中国人民大学经济学硕士，国家信息中心首席经济师，研究员，教授，主要从事宏观经济、消费经济和收入分配研究。

境。建议2013年继续实行积极的财政政策和稳健的货币政策，着力推进经济体制机制改革，进一步增强经济自主增长能力，提高经济增长质量。

关键词：

中国经济　宏观调控政策　预测

一　2012年经济形势基本特征及全年预测

（一）稳增长政策逐步见效，预期增长目标将超额完成

2012年以来，受出口下滑、基础建设投资和房地产投资乏力等三个主要减速因素拖累，工业生产持续放缓，1～9月，规模以上工业增加值同比增长10.0%（见图1），比上年同期下降4.2个百分点。工业减速造成GDP增速连续下降并突破了年初预定增长目标，第一、第二、第三季度当季GDP同比分别增长8.1%、7.6%和7.4%。从2011年第四季度以来宏观调控政策重心转向稳增长，强调稳增长与调结构结合、稳增长与控房价兼顾，宏观调控政策操作更为复杂。通过综合运用利率、准备金率和公开市场操作等金融手段，实施结构性减税和中小企业税费优惠政策，加快启动带动力强的重大投资项目，鼓励民间投资等一系列政策，我国经济增长呈现出缓中趋稳的态势。9月我国外贸出口同比增长从8月的2.7%上升到9.9%，与上月相比上升了7.2个百分点，单月出口规模创历史新高。基础建设投资同比累计增速由第一季度下降2.1%上升到上半年累计增长4.4%，9月当月增长25%。铁路投资8月当月同比增速年内首次由负转正（19%）。房地产开发投资8月开始触底回升，8月环比增长12.14%；房地产企业土地购置面积8月环比增加223%，房屋新开工面积8月环比增长65.17%。8月、9月，重工业同比增速由7月的8.8%提高到9%和9.3%，工业增加值环比增速由7月的0.67%上升到0.71%和0.79%。GDP环比增速由第一季度的1.5%上升到第二、第三季度的2%和2.2%。9月出口、基础建设投资和房地产投资三个经济减速主要因素都出现转折

苗头，工业增速下滑态势得到初步控制，初步估计全年工业增长 10.2% 左右。根据模型综合测算，预计全年 GDP 增长 7.7%，比 7.5% 的预期目标高出 0.2 个百分点。

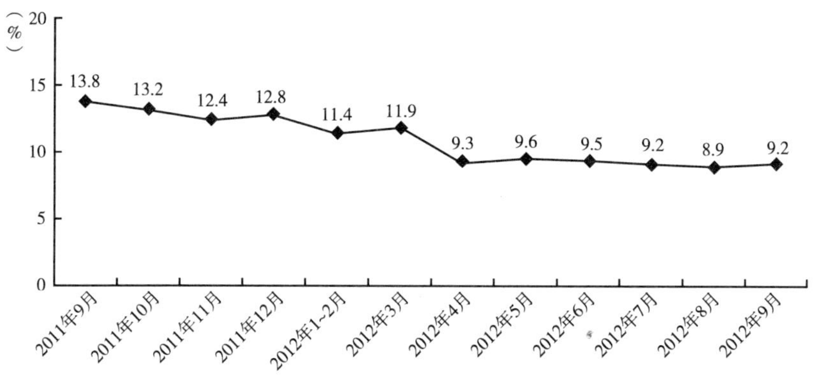

图 1　工业生产增速筑底企稳

（二）固定资产投资实际增速加快，投资结构有所改善

固定资产投资对经济起到了显著支撑作用。1～9 月，全国固定资产投资同比名义增长 20.5%；虽然投资名义增速回落 4.4 个百分点，但由于投资品价格大幅回落，扣除价格因素实际增长 18.8%，实际增速同比提高 1.9 个百分点。投资结构进一步改善：一是民间投资增速较快。1～9 月，民间固定资产投资同比增长 25.1%，高出总体投资增速 4.6 个百分点，而同期国有及国有控股投资同比增长 13.6%。二是保障房投资增长较快。前三季度，新开工建设的保障房 720 万套，基本建成 480 万套，进度还是比较顺利的。三是及时启动了一批带动作用大的重点建设项目。1～9 月新开工项目计划总投资同比增长 25.7%，同比提高 2.3 个百分点。新开工项目向有利于节能减排的清洁能源和城市污水处理项目、为民生消费服务的轨道交通项目等倾斜，对投资结构可起到明显改善作用。初步预计固定资产投资在结构改善中保持较快增长，全年同比增长 20.6% 左右，房地产开发投资将增长 15.9% 左右。

（三）新增就业和居民收入较快增长，消费市场实际增速保持平稳

与以往经济下行阶段表现不同的亮点是2012年以来就业和居民收入保持稳定增长，没有随经济减速而下滑。前三季度城镇新增就业1024万人，完成了全年目标的114%；从农民工流动的专项资料调查来看，前三季度流向中西部地区的6个月以上外出农民工的增长速度，分别增长了5.5%和5.6%，比东部地区要高4个百分点左右，中西部地区成为城镇拉动新增就业增长的主力。同时，城镇从业人员平均工资第一、第二季度同比增长14.7%和13.1%，城乡居民收入扣除价格因素前三季度实际增长9.8%和12.3%，均高于GDP增幅。在就业和居民收入稳定增长的基础上，1~9月，社会消费品零售总额同比名义增长14.1%，比上年同期下降2.9个百分点；但扣除物价因素实际增长11.6%，增幅高于上年同期0.3个百分点。4月以来，消费实际增速逐月加快，1~9月消费实际增速比上半年提高0.4个百分点。预计社会消费品零售额全年名义增长14.1%左右，实际增长11.7%左右，略高于上年。

（四）进出口增速明显回落，国际贸易份额继续提高

2012年以来，美国经济增长乏力，欧洲债务危机继续恶化，新兴市场国家经济减速，导致我国出口增速大幅回落。同时，内需明显放缓，进口品价格下降，进口增速回落幅度更大。前三季度，我国进出口总值28424.7亿美元，比上年同期增长6.2%，同比增幅回落18.4个百分点。其中，出口14953.9亿美元，增长7.4%，同比增幅回落15.3个百分点；进口13470.8亿美元，增长4.8%，同比增幅回落25.1个百分点；由于进口减速幅度大于出口减速幅度，贸易顺差扩大到1483.1亿美元，同比增加38%。世界经济减速对全球其他国家外贸同样具有不利影响，尽管当前我国进出口增速显著下滑，但我国在国际市场中的份额仍然有所提高。在政府出口退税、出口保险、加工贸易转型、贸易结算便利化等稳定外贸政策的引导下，我国外贸的贸易伙伴结构、贸易方式

结构、出口产品结构、贸易主体格局、区域外贸结构等方面都有所改善，企业竞争力和出口产品质量继续提高。新出台的 8 条支持外贸政策将在第四季度显效，预计全年出口增长 7% 左右，进口增长 6.1% 左右，贸易顺差达到 1817 亿美元，增长 17.1%。

（五）居民消费价格涨幅明显缩小，工业生产者价格连续下降

受前期物价调控政策效果持续显现、国内经济减速中总供求矛盾缓解、国际大宗商品价格回落等因素的影响，2012 年以来，我国物价涨幅呈前高后低走势。1 ~9 月，全国工业生产者出厂价格同比下降 1.5%，9 月当月同比下降 3.6%，创 36 个月以来的新低；但 9 月 PPI 环比仅下降 0.1%，而 7 月份环比降幅高达 0.8%。9 月工业生产者购进价格同比下降 4.1%（见图 2），环比上涨 0.1%，而 6 月、7 月环比降幅同样高达 0.8%。1 ~9 月，全国居民消费价格总水平同比上涨 2.8%，较上年同期下降 2.8 个百分点。受美国等国家旱灾和国内虫灾影响，近期国际玉米、大豆价格大幅上涨，国内部分食品价格出现反弹，CPI 环比增速由负转正。美国 QE3 和欧洲央行 OMT 等政策出台可能推动国际大宗商品价格反弹，我国居民消费价格回升时间窗口将前移，预计全年 CPI 同比上涨 2.7%。由于产能过剩矛盾仍大，预计全年工业生产者出厂价格将下降 1.8%（见表 1）。

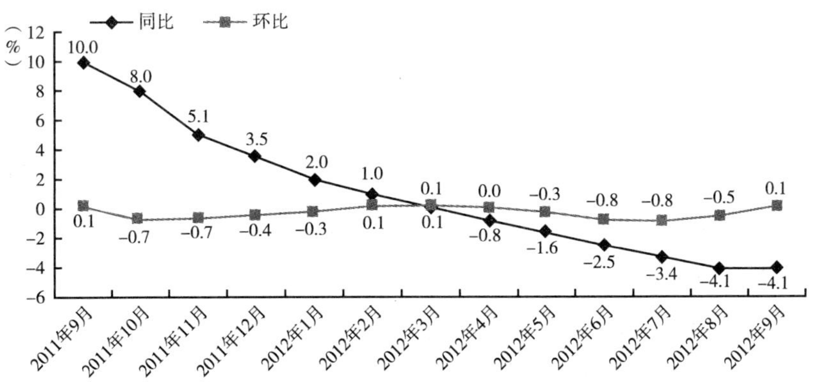

图 2　工业生产者购进价格环比见底回升

表1　2012年中国主要经济指标预测

指　标	2011年实际		2012年1~9月实际		2012年预测	
	绝对值（亿元）	增速（%）	绝对值（亿元）	增速（%）	绝对值（亿元）	增速（%）
GDP	472882.0	9.3	353480.0	7.7	520522.0	7.7
一次产业	47486.0	4.3	33088.0	4.2	52397.0	4.3
二次产业	220413.0	10.3	165429.0	8.1	234552.0	8.1
三次产业	204983.0	9.4	154963.0	7.9	233573.0	8.0
规模以上工业增加值	—	13.9	—	10.0	—	10.0
轻工业	—	13.0	—	10.4	—	10.3
重工业	—	14.3	—	9.7	—	9.9
固定资产投资	301933.0	23.8	256933.0	20.5	364840.0	20.8
固定资产投资(实际)	—	16.1	—	18.8	—	19.0
房地产投资	61740.0	27.9	51046.0	15.4	71106.0	15.2
社会消费品零售额	183919.0	17.1	149422.0	14.1	207112.0	14.2
社会消费品零售额(实际)	—	11.6	—	11.6	—	11.9
出口(亿美元)	18986.0	20.3	14953.9	7.4	20424.8	7.6
进口(亿美元)	17434.6	24.9	13470.8	4.8	18428.6	5.7
外贸顺差(亿美元)	1551.4	-14.5	1483.1	38.5	1996.2	28.7
居民消费价格指数	105.4	5.4	102.9	2.9	102.7	2.7
工业生产者出厂价格指数	106.0	6.0	98.5	-1.5	98.2	-1.8

二　当前经济运行中存在的主要问题

当前，国际经济调整压力、我国经济中长期积累的结构性矛盾和周期性减速问题交织，使经济运行中出现了一些突出问题，主要表现在以下几个方面。

（一）经济运行国际环境非常严峻，外资、外贸增长压力较大

国际金融危机的阴影挥之不去，世界多数国家2012年都出现了不同程度的经济增速减缓，对国际资金和国际市场空间的争夺异常激烈。国际上唱空中国的多种论调甚嚣尘上，一定程度上影响了外资对中国经济的信心，我国吸引外资面临多年罕见的严峻局面，1~8月，我国实际使用外资749.94亿美元，同比下降3.4%。外商直接投资下降对加工贸易产生较大负面影响。1~9月，

加工贸易进出口仅增长 2.2%，低于外贸总体增速 4 个百分点，其中出口增长 3%；进口增长 0.9%。加工贸易的拖累使总体出口增速由 2010 年的 30%、2011 年的 20% 大幅放缓至当前的 6% 左右。外需订单萎缩对外向型工业企业打击较大，外向型企业经营面临较大困难。全球经济减速使得我国与主要贸易伙伴进出口均呈减速态势，尤其受欧债危机影响，我国对欧贸易出现负增长，前三季度中欧双边贸易总值 4109.9 亿美元，下降 2.7%。国际市场空间竞争更加激烈，欧美部分国家政治大选年贸易保护主义思潮抬头，2012 年针对我国的国际贸易纠纷明显增加。美国和欧盟乃至部分新兴经济体国家对我国发起多起“双反”调查，尤其是美欧对我国多晶硅发起“双反”调查影响巨大，贸易壁垒尤其是非关税贸易壁垒在加强，对我国外贸出口严重不利。

（二）多年积累的总量、结构矛盾加剧，工业企业经营异常困难

2012 年以来，工业企业经营状况出现恶化势头，许多企业反映现在的情况甚至比 2008 年时还要困难。1 ~ 8 月，全国规模以上工业企业实现利润 30597 亿元，同比下降 3.1%（见图 3）。8 月当月实现利润 3812 亿元，同比下降 6.2%。同时，已经有大批企业出现亏损，2012 年上半年规模以上工业企业亏损企业数达到 54236 家，亏损额达到 3600.9 亿元，同比分别增长 25.4% 和 67.1%。工业企业经营效益下滑主要原因：一是需求不足，世界经济低迷使得工业品出口需求不旺；同时，房地产调控、汽车限购以及家电刺激政策退出等

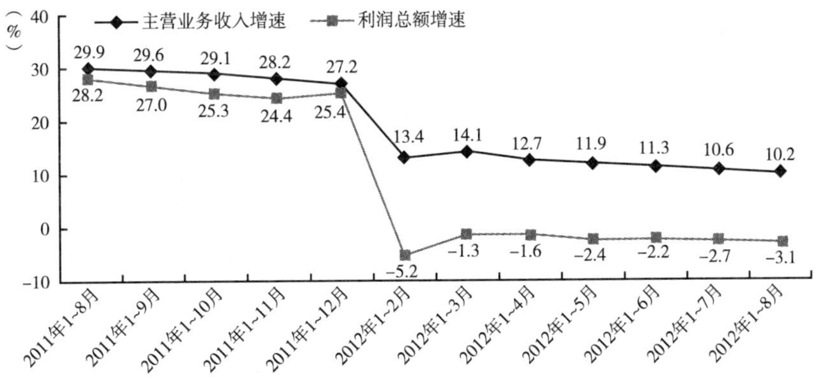

图 3　工业企业利润持续下降

导致工业品国内需求减弱。二是成本上升，企业普遍难以消化不断上升的劳动力、融资、能源资源、环境保护等压力。三是多年积累的总量、结构矛盾爆发，大多数行业都面临沉重的“去库存化”和“去产能化”双重压力，实体经济投资意愿明显下降，多数行业进入前所未有的转型升级阵痛期。

（三）民间借贷风险暴露，银行不良贷款连续三个季度上升

企业经营困难使企业资金链十分紧张，民间借贷风险开始暴露。债权人为防债务人违约导致损失，不得不加紧催账，使本已举步维艰的债务人雪上加霜，经营难以为继，有的甚至躲债、逃债。商业银行出于对自身资产的担心，加大了向企业和地方政府的催债强度，在一定程度上加剧了社会资金链的压力。同时，出于对企业盈利前景不佳和自身不良贷款率上升的担心，商业银行出现“惜贷”现象。企业在产能过剩背景下缺乏投资欲望，“慎贷”现象也较为普遍。虽然货币供应整体较为宽松，9 月底，广义货币（M2）余额同比增长 14.8%，增速比上年同期高出 1.8 个百分点；但货币活跃程度明显下降，狭义货币（M1）余额同比增长 7.3%，增幅同比下降 1.6 个百分点。虽然前三季度人民币贷款增加 6.72 万亿元，同比多增 1.04 万亿元，但与经济和投资信心关系最为密切的中长期贷款增长乏力，中长期贷款占比过低，前 9 个月新增中长期贷款仅占非金融企业及其他部门新增贷款的 29%，2010 年和 2011 年同期这一占比分别为 92% 和 46%。截至 2012 年 6 月底，商业银行不良贷款余额已达到 4564 亿元，比上年同期增加 335 亿元，增长 8%。商业银行不良贷款余额已经连续三个季度回升。

（四）稳房价和稳增长政策面临两难选择，社会压力和经济压力同时上升

当前，房地产调控陷入经济压力和社会压力的旋涡中，进退两难。从经济压力看，房地产业是国民经济的支柱产业，房地产业开发投资带动了钢铁、水泥、建材、工程机械等重工业和家电、家居消费用品等轻工业的发展，并且地方政府土地出让收入也与房地产市场运行高度相关。在经济大幅减速的情况下，“松绑楼市、拯救经济”的呼声此起彼伏。但由于前几年房价持续快速上

涨，明显超过居民收入的增长速度，这使得许多民众对房价高涨带来的生活压力怨声载道。近年来，以限购为代表的房地产调控对房地产开发投资产生明显的抑制作用，土地购置和房屋新开工指标深幅调整。1 ~9 月，房地产开发企业土地购置面积同比下降 16.5%，降幅达 23.7 个百分点；住宅新开工面积下降 12.9%，降幅达 34.2 个百分点。房地产相关产业链是 2012 年经济调整中困难最突出的部分，地方政府财力也受到严重影响，进一步影响到地方融资平台公司为基础设施建设的融资能力。但如果放松房地产调控，一旦房价大幅反弹将带来失信于民的政治压力，近几年的调控成果也将毁于一旦。既要稳经济，又要防止房价过快上涨，成为当前宏观调控最敏感也最棘手的难题。

（五）经济持续减速可能导致就业矛盾加剧

人保部 8 月对 20 个省市的调查表明，尚未发现大规模农民工返乡现象。但受出口产业不振、企业订单量锐减和国内经济不景气的影响，河南、浙江、江苏等劳动力输出输入省份开始出现零星的农民工返乡现象，这些返乡的农民工大部分从事建筑业、制造业、服务业等，说明这些行业发展受经济减速的影响更大。根据人保部中国人力资源市场信息监测中心公布的第二季度劳动力供给和需求调查数据，劳动力的求人倍数较第一季度小幅下降，由 1.08 下降为 1.05，表明整体就业市场需求在减少。8 月制造业采购经理指数（PMI）调查数据中，就业指数 2012 年首次下降到荣枯临界点以下的 49.1%。因此，下一阶段失业问题或将日益凸显，并成为政府调控政策关注的重点。

三 2013 年中国经济发展趋势展望

（一）国际经济环境

总体看，2013 年国际经济环境依然复杂多变，全球经济仍将处于深度结构调整之中，经济增长动力不足，但有利因素逐渐增多，预计比 2012 年有所改善：一是美国房地产市场持续好转，同时因页岩气大规模开发所带动的能源成本降低带动相关产业投资增长，3D 打印、智能机器人等新技术优势也正带动高端制造业加速发展，“再工业化”政策效果强化了美国经济增长的动力，2013 年美国经济复苏势头有望增强。二是德国捍卫欧元和欧元区的强硬表态，G20 国家特别是美国在增资国际货币基金组织（IMF）救助欧债国家的态度转变，以及欧洲央行推出的“直接货币交易计划”，为欧洲国家赢得了解决债务问题和国内结构问题的时间，使欧债危机对欧洲经济和世界经济的冲击得到缓解，欧洲经济 2013 年表现可望略好于 2012 年。三是印度和俄罗斯等新兴市场国家正在谋求结构调整、对外开放的政策突破。印度近期放开了零售、航空和广播电视等行业外资持股比例，并出售大型国有公司股份，将增强外资进入印度市场的信心，从而遏制并改善当前经济增速日益下滑的局面；俄罗斯加入世界贸易组织和推进远东开发将加速“新经济”进程；以墨西哥、印度尼西亚、土耳其、尼日利亚、越南等国为代表的“新 11”集团因各国政策突破带动经济更加开放，成为新兴经济体的发展亮点。

与此同时，2013 年国际经济环境中一些不确定因素值得高度重视：一是美国大选后因“财政悬崖”问题导致的财政政策调整所带来的巨大风险，可能使国际金融市场受到一定冲击。二是欧元区根本的制度性矛盾短期内难以解决，“增长”与“紧缩”的两难选择和政策摇摆使欧洲重债国经济表现不确定性较大。三是日本因人口老龄化造成的需求不足使经济难有大的起色，又与中国、俄罗斯和韩国相继爆发领土争端，区域经济环境面临许多不确定因素。四是金砖国家整体发展势头减弱，中国、印度的经济减速调整使能源、原材料新增需求增长放缓，巴西、俄罗斯和南非等资源出口国必然受到冲击。五是在全球货币政策进一步宽松的背景下，充裕的流动性将对国际大宗商品价格走势起到推波助澜的作用，全球通胀风险可能重新抬头；但新兴国家需求增长放缓又抑制了国际大宗商品价格涨势，2013 年国际大宗商品市场震荡起伏可能较大。

（二）国内经济发展环境

1. 有利因素

（1）落实“十八大”精神和政府换届将进一步调动全国上下的发展热情。2013 年，“十八大”确定的我国未来经济社会发展新思路将进一步激发全国上下改革开放和加快发展的热情，稳增长系列政策的效果将进一步显现，有利于

推动我国经济继续保持平稳较快增长。2013 年还是“十二五”规划中期评估年份，国家层面将对各级地方政府规划执行情况进行全面检查评估，各级地方政府为努力上交满意的答卷，将积极推动地方经济发展。从“六五”到“十一五”的经验看，五年规划中各年的平均投资增速分别为 17.3%、24.1%、28.5%、18.8%和 19.8%，受投资建设周期影响，五年规划第二、第三年往往是投资加速年份。2013 年作为“十二五”规划的第三年，大量审批并开工的“十二五”规划重点建设项目将有利于投资增长和经济回升。

（2）我国扩大内需的政策空间仍然较大。无论是与国际主要经济体相比，还是从自身情况来看，我国在“稳增长”方面的政策空间仍然较大。货币政策方面，由于存款准备金率仍然保持在 20%的高位，高出 1985 ~ 2012 年平均值 8 个百分点左右，而近年来我国存款准备金率之所以上升到当前的高位，主要是这项政策工具被赋予了对冲外汇占款等职能，预期 2013 年对冲压力将明显减轻，存款准备金率仍有较大下降空间；2013 年物价水平总体仍将保持相对低位，与主要发达经济体相比，我国基准利率相对较高，存贷款利率也有下降空间。从财政政策来看，2012 年我国财政赤字率仅为 1.5%左右，同时，我国仍具有一定减税空间，中西部地区基础设施、民生社会保障等公共服务体系投资缺口较大，财政支出需求也较高，因此采取更为积极的财政政策空间仍然较大。

（3）“新非公 36 条”细则的政策效应将充分调动民间投资积极性。近年来，结构性减税一直是积极财政政策的重要内容，扶持小微企业的系列减税政策 2013 年继续有效，营业税改征增值税的进一步推进将使原征收营业税的民间企业享受机器设备和物料消耗两者购进增值税税额抵扣，有利于激励民间投资扩张。近来国务院发布的《关于第六批取消和调整行政审批项目的决定》，显示了中央政府在推进限权改革上的决心和魄力。这次不仅取消了很多行政审批项目，更具突破性的是，为了防止行政权的扩张和新审批的滋长，“一刀切”地规定了新“两个凡是”：凡公民、法人或者其他组织能够自主决定，市场竞争机制能够有效调节，行业组织或者中介机构能够自律管理的事项，政府都要退出；凡可以采用事后监管和间接管理方式的事项，一律不设前置审批。42 个部门的“新非公 36 条”实施细则有望在一定程度上打破原有的“玻璃门”和“弹簧门”，为民营经济和中小企业提供良好市场环境，消除各种行政障碍，减少“有形之手”对市场运行的干预，激发民营企业的创业热情。

（4）居民收入平稳较快增长有利于消费保持稳定增长。近年来，我国城乡居民收入增长明显加快，特别是酝酿多年的收入分配体制改革总体方案有望出台，将有助于提高居民收入水平和改善居民收入分配结构，为扩大消费奠定坚实的收入基础。同时，国务院对于进一步加强和改进最低生活保障工作进行了部署，强调完善低保对象认定条件和规范审核审批程序，改善低收入群体的最低生活保障，有利于消除后顾之忧，增强即期消费能力。此外，近年来我国消费金融快速发展拓宽了消费市场空间，激发了居民的消费热情，日益成为促进我国经济发展和转型的重要手段，信用卡消费额在社会消费品零售总额当中占比上升到30%~40%，基本覆盖汽车、安居、车险、旅游、培训、留学、百货等民生领域。

（5）自贸区建设和中国企业对外投资加快将有利于外贸稳定增长。目前，中国正与五大洲的28个国家和地区建设15个自贸区。其中，已经签署了10个自贸协定，除与哥斯达黎加签署的自贸协定外，其他9个自贸协定已经开始实施，并且实施情况良好；正在商建的自贸区有5个。同时，中国已经完成了与印度的区域贸易安排联合研究，与韩国结束了自贸区联合研究，中国还加入了《亚太贸易协定》。自贸区建设为我国2013年对外贸易提供了更加稳定的环境，有利于抑制贸易保护主义对外贸的干扰。2012年前8个月我国非金融类企业对外直接投资增长近40%，境内投资者通过并购方式实现的对外直接投资达132亿美元，占同期我国对外投资总额的28.7%，以并购方式实现的对外投资增长较快。对外投资高增长对带动我国相关行业设备装备出口有积极影响，并将推动形成我国对外经贸新格局。

（6）国际资本保持净流入格局有利于宏观经济的稳定。从国际收支表看，2012年中国依然保持国际资本净流入状态，只是流入的速度放缓，逆差主要来自国内资本的跨境流动。2013年仍可保持国际资本净流入格局，这有利于我国宏观经济的稳定。一是尽管中国资本与金融账户为逆差，但相对规模不大，无论是与资本流动总量、外汇储备规模还是GDP相比均不构成风险。二是中国利用外资以外商直接投资为主，证券投资和其他投资负债占比较小，这

种利用外资模式稳定性较高，不易形成大规模集中流出。三是中国对资本项目实行全方位外汇管理制度，特别是对短期外债管理较严，降低了资本大规模集中流出的风险。四是当前人民币由“单边升值”转变为“双向波动”，2012年以来人民币对美元名义汇率小幅贬值，但对其他国家货币总体升值，仍是全球最强势的货币之一，不会出现货币贬值和资本流出相互影响的不稳定预期。

2. 不利因素

（1）企业投资信心和能力有待恢复。劳动力成本大幅上升、融资成本居高不下、企业税负较高等因素不断侵蚀企业利润，亏损面有所扩大，这不利于企业投资资金积累。由于产能严重过剩，工业品出厂价格持续下跌，中国人民银行公布的《2012 年第二季度企业家问卷调查报告》显示，企业家经济信心指数为67.5%，较上季和上年同期分别下降2.7个和8.3个百分点。国家统计局中国经济景气监测中心调查的企业景气指数2012年第三季度为122.8，比第二季度下降4.1点。其中，反映企业当前景气状态的即期企业景气指数为119.7，比第二季度下降3.5点；反映企业未来景气预判的预期企业景气指数为124.8，比第二季度下降4.6点；预期企业景气指数下降幅度超过即期企业景气指数。国家统计局中国经济景气监测中心调查的企业家信心指数第三季度为116.5，比第二季度下降4.7点。2013年，工业品出厂价格有望降幅缩小或出现回升，但产能过剩压制了价格回升幅度，企业家的预期能否得到有效改善，是企业新增投资能否较快增长的关键。

（2）“去库存化”“去产能化”任务仍然艰巨。我国工业库存、发电量等主要工业产品累计同比增速连续放缓，但“去库存”过程仍未结束。从反映库存水平的规模以上工业企业产成品资金占用的增长率来看，国际金融危机后的第一轮库存调整在2009年8月底达到-0.8%的最低水平，刺激政策出台后在2011年10月底达到24.2%的最高水平。本轮库存调整中产成品资金占用增速在2012年8月底已经降到11.3%，比2011年10月底下降近一半，但仍高于当月工业增加值名义增速（见图4），更没出现库存绝对水平下降情况。“去库存化”不彻底，经济回升力量难以积聚。与此同时，多数制造业的“去产能”任务更加繁重，落后生产能力并没有大规模淘汰，市场没有出清之前新一轮固定设备更新投资增长空间十分有限。建筑业在经过长期繁荣后的高基数上也难有大幅增长空间。长、中、短多重经济周期力量交织叠加，决定了企业自主性投资难以出现大幅扩张。

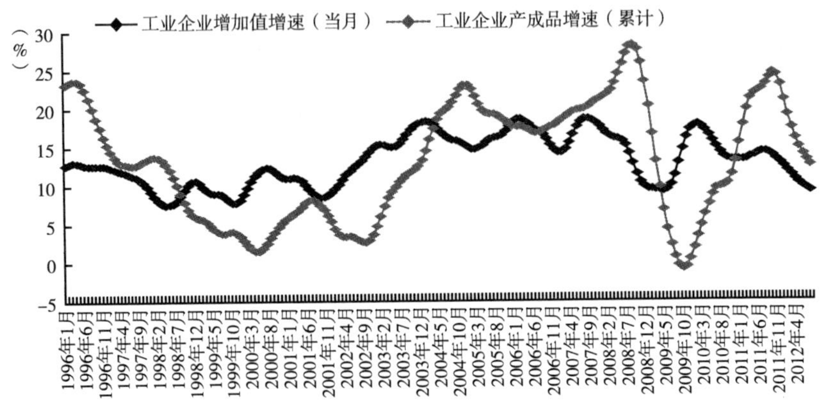

图4　工业库存增速仍然高于工业生产增速

（3）房地产开发投资回升幅度有限。2012 年 4 月以来，房地产销售和价格好转一定程度上改变了开发商预期，8 月房地产开发多项指标出现好转，但房地产开发企业土地购置面积和房屋新开工面积尚未恢复正增长，9 月房地产开发多项指标又出现反复。2013 年房地产投资处于景气恢复阶段，开发投资回升幅度有限。此外，按照“十二五”规划提出的建设 3600 万套保障性住房的目标，2011 ~ 2012 年已开工 1700 万套，2013 ~ 2015 年需完成 1900 万套，平均每年 630 万套，新增投资可能低于 2012 年。综合来看，由于房地产调控不会出现明显放松，保障性住房建设面临较大的资金压力，2013 年房地产投资增幅回升有限。由于房地产涉及的产业链条较长，经济与房地产客观上存在较强相关性，房地产投资的表现将影响其他相关产业的回升。

（4）产业升级短期内仍缺乏新的增长引擎。目前，我国劳动年龄人口占比已经达到峰值，“刘易斯拐点”临近，人口红利开始减弱；随着人口结构趋于老化和储蓄率的下降，资本存量增速开始下降。因此，从经济要素角度来看，技术创新必然成为我国未来经济增长的重要动力所在。然而，面对全球以制造业数字化、智能化为核心的新一轮工业革命浪潮，我国企业创新能力不足，与欧美发达国家在高端技术领域的差距面临再次被拉大的风险。虽然部分

企业开始更新节能减排设备和用机器替代劳动力，部分企业在向中西部地区转移的过程中也在提高资本有机构成，但因缺乏技术创新能力和体制激励动力，企业全面的设备更新投资高潮 2013 年难以出现，战略性新兴产业发展尚处于起步阶段，产业升级缺乏新的带动力量，企业仍将承受结构调整的阵痛。

（三）2013 年中国经济增长前景预测

根据上述国内外经济发展环境分析，我们以三种不同世界经济增长背景和三种不同政策组合为假设条件，经模型测算，预测 2013 年中国经济增长基准、高、低三种不同情景。

1. GDP 增长 8%左右的基准情景

假设欧债危机、美国“财政悬崖”、农产品价格上涨等问题在一定程度上得到有效控制，主要发达经济体整体不出现二次衰退，全球不出现恶性通胀，世界经济基本保持上年的增速。同时，我国继续坚持“稳中求进”的政策取向，通过加快“十二五”规划重点建设任务推进进度改善投资结构，积极引导高加工度行业、新兴产业、基础设施和民生工程投资快速增长；实行更大力度的积极财政政策，财政赤字规模较上年有所提高，赤字率由上年的 1.5% 左右提高到 1.7% 左右；继续坚持稳健的货币政策，M2 增长 14% 左右，“社会融资总量”增长规模在 15 万亿元左右，其中人民币信贷增长规模在 8.5 万亿元左右，人民币有效汇率保持基本稳定；严格落实《“十二五”节能减排综合性工作方案》的节能减排目标以及全年单位国内生产总值能耗下降 3.5% 的节能目标。在这一国际环境和政策假设情景下，经模型测算，我国经济可望保持平稳较快增长态势，GDP 增长 8% 左右；重工业增速加快，工业增加值实际增长 10.5%，同比提高 0.5 个百分点；固定资产投资名义增长 22%，比上年提高 1.2 个百分点，实际增速提高 0.6 个百分点；房地产开发投资名义增长 15%，实际增速与上年大体持平；居民消费价格上涨 3% 左右，工业生产者价格下降 1%，房价同比增幅小幅上升；就业市场保持供求基本平衡，劳动力成本上升幅度略降；进出口贸易增速略高于上年，全年外贸顺差 2300 亿美元左右，国际收支保持小幅顺差。

2. GDP 增长 9%的高增长情景

假设欧债危机得到有效控制，美国“财政悬崖”问题得到化解，农产品等大宗初级产品价格上涨得到一定控制，全球通胀水平在可控范围内有所上升，世界经济增长较上年有所加快，国际贸易环境较上年有所改善。同时，我国宏观调控政策以“稳增长”为首要任务，继续实行积极的财政政策和稳健的货币政策，财政支出保持较大的扩张力度，财政赤字率提高到2%；货币政策进一步适度放松，全社会融资总量相对宽松（16 万亿元左右），其中人民币信贷增长规模在9.5 万亿元左右，M2 增长 15%左右，人民币有效汇率小幅贬值；加快“十二五”规划重点项目的开工及建设，“新非公 36 条”细则及结构性减税政策取得实效，进一步激发民间投资活力；收入分配体制改革方案出台并有效实施。在这一国际环境和政策假设情景下，经模型测算，我国经济可望保持 9% 左右的较快增长态势；重工业增速加快，工业增加值实际增长12.3%，同比提高 2.3 个百分点；固定资产投资名义增长 24%，比上年提高3.2 个百分点，实际增速提高 1.5 个百分点；房地产开发投资名义增长 18%；通货膨胀压力有所增大，预计居民消费价格上涨幅度将在 4% 左右，工业生产者价格涨幅由负转正，上涨 2%；房价同比上涨 2%；就业市场保持供求基本平衡、稳中偏紧状态，劳动力成本上升幅度与上年持平；进出口贸易增速提高近一倍，进口增速明显快于出口增速，全年外贸顺差 1800 亿美元左右，国际收支保持小幅顺差。

3. GDP 增长 7.0%左右的低增长情景

假设欧债危机继续发酵并向其他国家蔓延，美国“财政悬崖”问题没有找到有效解决办法，主要发达国家出现个别季度经济负增长甚至部分国家出现二次衰退，部分新兴经济体国家经济硬着陆，世界经济复苏步伐较上年明显放缓。同时，欧美发达国家为了刺激经济增长再次出台超宽松的货币政策，使得大宗初级产品价格上涨，并导致全球通胀压力上升。为应对全球通货膨胀上升的压力，我国宏观调控政策更加强调“稳增长”与“控物价房价”兼顾，继续实行积极的财政和稳健的货币政策，财政赤字率保持 1.5% 左右的水平；货币政策传导机制不畅，社会融资总量低于上年水平，M2 增速虽然在 13% 以上，但 M1 增速仍然处于低位，全年新增贷款总量不超过 8 万亿元。在这一国

际环境和政策假设情景下，经模型测算，我国经济可望实现 7% 左右的平稳增长；重工业增速放慢，工业增加值实际增长 8.8%，同比下降 1.2 个百分点；固定资产投资名义增长 18%，比上年降低 2.8 个百分点，房地产开发投资名义增长 12%，比上年降低 3 个百分点；政策作用下通货膨胀压力相对缓和，预计居民消费价格上涨幅度将在 2% 左右，工业生产者价格下降 3% 左右，房价环比小幅下降；就业市场供大于求，劳动力成本停止上升；进出口贸易增速略低于上年，出口增速快于进口增速，全年外贸顺差 2200 亿美元左右，国际收支保持小幅顺差。

表 2　2013 年三种经济增长情景预测

指　标	基准方案		低方案		高方案	
	绝对值（亿元）	增速（%）	绝对值（亿元）	增速（%）	绝对值（亿元）	增速（%）
GDP	576695.0	8.0	566454.0	7.0	588161.0	9.0
一次产业	59136.0	4.5	57652.0	3.8	60461.0	4.9
二次产业	253217.0	8.5	247668.0	7.2	259640.0	9.6
三次产业	264342.0	8.3	261134.0	7.5	268060.0	9.3
规模以上工业增加值	—	10.5	—	8.8	—	12.3
轻工业	—	10.3	—	9.1	—	11.9
重工业	—	10.6	—	8.7	—	12.5
固定资产投资(不含农户)	445105.0	22.0	430511.0	18.0	452401.0	24.0
房地产投资	81772.0	15.0	79639.0	12.0	83905.0	18.0
社会消费品零售额	237351.0	14.6	233623.0	12.8	241286.0	16.5
出口(亿美元)	22058.8	8.0	21446.0	5.0	22875.8	12.0
进口(亿美元)	19718.6	7.0	19257.9	4.5	21008.6	14.0
外贸顺差(亿美元)	2340.2	17.2	2188.2	9.6	1867.2	-6.5
居民消费价格指数	103.0	3.0	102.0	2.0	104.0	4.0
工业生产者价格指数	99.0	-1.0	97.0	-3.0	102.0	2.0

四　2013 年宏观调控对策建议

2013 年，国际金融危机深层次影响还将不断显现，以科技创新引领的新兴产业难以在世界范围形成大的带动作用，世界经济环境不确定因素较多，外需稳定增长面临较大压力。国内“去库存化”“去产能化”带来的下行压力仍然存在，企业生产经营困难较大。建议坚持稳中求进的宏观调控政策总基调，继续实施积极的财政政策和稳健的货币政策，有针对性地加大扩大内需的政策力度，重视改革导向的供给政策，着力激发各类企业自主增长活力，高度重视发达国家新技术引发的产业升级新动向，加大对科技创新的政策和资金支持力度，大力推进结构调整以提高增长质量，着力改善民生以共享发展成果。

（一）适当扩大财政赤字和国债规模，保持必要的增量调控能力和减税力度

2012 年，受国内经济增速低位趋稳、物价水平回落、企业效益走低和国际贸易低位运行等因素的影响，再加上结构性减税力度加大，以及取消部分行政事业性收费，财政收入增幅明显低于 2011 年。2013 年，经济增速和价格水平大体与上年相当，企业经营环境仍然偏紧，财政收入增长面临一定的压力。初步预测，财政收入增长 11% 左右，总量达到 129000 亿元左右。2013 年，在建和新开工项目需要继续投入大量资金；增加低收入群体收入，加强对“三农”、教育、科技、社会保障和就业、医疗卫生、保障性住房、节能减排等经济社会发展关键环节，以及对民族地区、边疆地区的支持，进一步加大财政投入。初步预测，财政支出增长 10% 左右，达到 139500 亿元左右。财政收支差额在 10500 亿元左右。因此，适当扩大财政赤字和国债的规模，保持必要的增量调控能力，有利于主动应对国内外各种复杂形势，保持经济社会的持续稳定发展和经济结构的调整。建议 2013 年中央财政赤字规模安排 6500 亿元，增加 1000 亿元；同时考虑到地方政府受经济增速回落、房地产调控和稳健货币政策等方面的影响，可支配财力有所下降，2013 年由中央政府代发 4000 亿元国债，比 2012 年增加 1500 亿元。全国财政赤字规模增加到 10500 亿元，按基准方案 GDP 增长 8% 计算，财政赤字率约为 1.73%，比 2012 年的 1.5% 略高，但明显低于 3% 的警戒线。全面推进和完善营业税改征增值税工作，落实好提高增值税、营业税起征点和小微企业所得税优惠政策，妥善解决试点过程中出现的企业税负增加的现象。新增的财政性建设资金要尽量采取投资补助等方式引导社会资金投入。贴息同时，切实加大支持企业

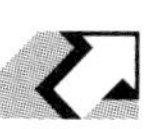

创新和税收减免等政策，鼓励和支持企业增加研发投入，促进自主创新。同时，改善和强化对政府投资的监控。

（二）引导货币信贷平稳适度增长，保持合理的社会融资规模

稳健的货币政策要更加强调“宽松”方向预调微调和“有保有压”的结构操作，引导货币信贷平稳适度增长，保持合理的社会融资规模。2013 年 M2 增速保持在 14% 左右较为适度，既可以保持相对宽松的资金环境以“稳增长”，又可防范未来通胀风险累积和反弹。2012 年由于股市不景气、表外融资受到更为严格的监管，表外融资与股票融资同比少增较多，预计 2013 年股票融资与表外融资仍难有表现，为保持社会融资规模基本平稳，需要适度加大银行贷款投放规模，建议全年新增人民币贷款 8.5 万亿元左右。信贷投放要进一步加强对实体经济的支持力度，适度放宽贷款额度、存贷比等行政性控制；加强准备金率调整与公开市场操作的配合。当前保持高水平的法定存款准备金已无必要。建议通过逐步下调存款准备金率来放松货币乘数。同时，公开市场操作需兼顾外汇占款变化、市场资金需求变动、短期特殊因素等方面的需要，并与准备金率调整灵活搭配。准备金率下调可与开展正回购同时进行，在不引起市场利率上行的情况下调整到期资金结构。准备金率不动时则通过适度开展逆回购调节短期流动性，引导市场利率平稳运行。择机小幅降息，保持人民币汇率在合理均衡水平上的基本稳定。预计 2013 年 CPI 涨幅在 3% 左右，温和的物价涨幅为进一步降息提供了空间。建议可择机小幅不对称降息，以降低企业资金成本，改善企业的盈利预期。目前人民币对美元汇率双向波动、双向预期加强。应切实增强人民币对美元汇率双向浮动弹性，保持人民币汇率在合理均衡水平上的基本稳定。央行需改进外汇公开市场操作，降低对人民币汇率的干预频率和力度，使市场供求在汇率形成中发挥更大作用。

（三）创新和改善融资环境，推动“十二五”规划的重大项目建设进度

加快项目审批节奏，针对一些不需要中央平衡建设条件的鼓励类项目

和基础设施项目应适度下放审批权，涉及水利、铁路、公路、电力等综合性、基础性、枢纽性的能源交通基础设施项目，促进产业转型升级和战略性新兴产业发展的项目和保障性住房项目，要优先审批，尽快推动“十二五”规划中确定下来的重点项目开工，促进投资稳定增长，并保证“十二五”规划建设进度。要大胆创新融资模式，通过债券发行、股票上市、贷款投放、盘活资产和土地出让等多种渠道积极改善重大项目融资环境，财政建设资金要更多用于贴息，发挥杠杆作用，进一步带动信贷的配合。信贷投放要加强与产业政策的协调配合，对重点领域和薄弱环节，不仅要提供充足的贷款，还要给予优惠的贷款。目前，重大项目投资领域正由工业化主导向城镇化主导转变，以银行为主导的间接金融结构并不能适应这一转变，现在银行存贷款存在期限错配问题。因此，要发展多层次资本市场，提高股权性资本的比重，利用好 FDI，聚合包括 PE、VC 等在内的各种性质的投资，鼓励转变债务为股权的金融创新，切实改善金融服务投资的功能。

（四）鼓励和引导民间投资健康发展，加快国有资本从一般性竞争领域退出

经济回落中又出现国有企业巨额亏损现象，因此要下决心加快国有资本从一般性竞争领域的退出，特别是房地产领域要严格落实非主营业务的国有资本退出。2013 年要将贯彻落实“新非公 36 条”及各部门出台的 42 个细则作为支撑稳增长的工作抓手和政策重点，放宽垄断领域的投资准入门槛，推出更多有吸引力的投资项目面向民间资本招商，激发民间投资积极性。清费治乱减负，强化法律法规对民间投资合法权益的保护，加强对《物权法》《反垄断法》等有利于民间投资的法律的执行力度，提高司法透明度和公正度，不断优化包括法律、体制和政策在内的民间投资的商业环境。引导民间投资优化结构，避免民间投资在落后和过剩的领域进行布局造成的新问题。强化公共投资对民间投资的引导职能，积极探索创新政府投资、国有企业投资与民间投资的合作模式，充分运用特许经营、PPP、创投基金等方式，形成互利共赢、协调发展的良好局面。

（五）围绕住房、汽车、服务业发展，扩展城市化发展的增长空间

城市化是将投资需求与消费需求连接并形成良性循环的最大内需空间。一要从户籍制度改革入手，加快推进农民工就地市民化，扩大中小城市和部分省会城市农民工就地入籍改革试点范围。二要优化房地产调控政策。在抑制部分城市房价上涨过快的政策目标实现后，要优化相关政策。建议在原有城市范围内继续实行限贷政策，同时公布房产税征收方案，70 个大中城市全面开展房产税联网试算空转并入户与业主核实资料，从而对投机性需求保持心理高压，也为最终政策执行减少社会震动。适应城市化发展带来的人口流动趋势，在房价总水平上涨势头减慢的城市取消限购，放宽对改善性购房需求的限制，对一年内买新卖旧的购房需求比照首套置业执行税收、信贷优惠政策。三要对地方汽车消费限购行为进行规范化管理，实行黄标车报废更新补贴政策，积极发展汽车金融、租赁、二手车等汽车后市场，引导民间资本投资建设和经营城市停车场，在公共交通枢纽附近要规划停车楼项目，政府对换乘公共交通的乘用车停车给予一定补贴。四要培育和扶持有利于服务消费的建设项目。对文化娱乐、旅游设施、养生健身、家政服务、电影电视、技能培训、网络信息、体育休闲等活动场所的建设经营要从信贷、税收、水电价格等方面给予与工业项目同等的政策支持，智慧城市和新一代宽带建设要将消费类电子商务平台作为建设重点，建立准确可靠服务消费信息系统和服务平台，让消费者获得及时有效的服务消费信息，达到引导消费创造消费的目的。对服务业中小企业要在税收、工商登记、行政性收费等方面给予适当的优惠，鼓励其发展壮大。

（六）抓紧落实外贸扶持政策，结构性提高部分商品出口退税率

贯彻、实施好国务院出台的促进外贸稳定增长八大措施，尤其是政策效果最为直接、企业最为关心的出口退税政策、出口信用保险政策、贸易融资等金融支持政策，要尽快落实到位。同时在覆盖范围与实施细节方面加大政策支持力度，扩大出口信用保险范围，重点支持大型成套设备等资本性货物出口与重要原材料和关键技术设备的进口，推进短期险业务承保规模，消除中小企业后

顾之忧；加强窗口指导，支持对外贸小微企业的融资贷款优惠，鼓励信贷机构为订单多、效益好、产品档次高的小型外贸企业提供金融支持，同时积极创新信贷服务方式，完善小企业信用担保体系。加大出口退税政策对附加值高、技术含量高、节能减排、自主创新、国产品牌等商品的支持力度。切实减轻外贸企业负担，进一步全面清理涉及进出口环节的各项不合理收费，对部分必收的行政事业性收费降低缴费比例；对国家预期颁布或正在制定的各项减税措施，争取提前出台落实，同时研究制定若干临时性减税与税收优惠措施，切实减轻企业负担。继续创新对外经济技术合作战略，鼓励和支持企业“走出去”，更好地适应新的国际经贸环境。

综 合 篇

General Reports

G.2

2012 年固定资产投资形势分析及 2013 年展望

徐 策*

摘 要：

2012 年，我国固定资产投资延续了放缓的总体态势，下半年以来，在新一轮“稳增长”政策的支持下，投资放缓格局有所改善。投资结构出现分化，制造业投资总体减速、房地产投资低位企稳、基建投资恢复较快；各区域板块投资结构继续优化。展望 2013 年，我国投资将在外需向内需转变、工业化驱动向城镇化驱动转变的大背景中求得新的增长动力。在政府换届与投资项目建设周期叠加利好环境的推动下，投资仍将保持稳定增长，然而，这并不能根本改变投资仍处于减速周期的大趋势。未来投资政策取向应在“稳投资”的前提下，以投资结构优化和投资效益提高为重点，加大对重点领域的支持，鼓励和引导民间投资，改善融资环境和金融服务，促进投资平稳健康发展。

* 徐策，博士，国家信息中心经济预测部宏观经济研究室副研究员，主要研究方向是宏观经济、固定资产投资运行与政策。

关键词：

投资放缓　稳投资　优化结构

一　2012年投资运行的主要特征

（一）投资放缓格局尚未改变，但已呈现企稳迹象

受世界经济复苏缓慢、国内经济周期性下滑和中长期潜在增速“换挡减速”等因素影响，2012年投资运行仍处于减速下行阶段，前三季度，固定资产投资累计同比增长20.5%，较上年同期下降4.4个百分点，与2000～2011年同期均值相比低5.3个百分点。在一系列稳增长政策的作用下，前三季度投资增速较上半年加快0.1个百分点，9月投资环比增长1.63%，表明投资出现企稳迹象。由于2012年投资品价格增速出现大幅回落，因此从实际增速看，2012年投资呈现回升态势，前三季度实际投资增长18.8%，较上年同期回升1.9个百分点（见图1）。

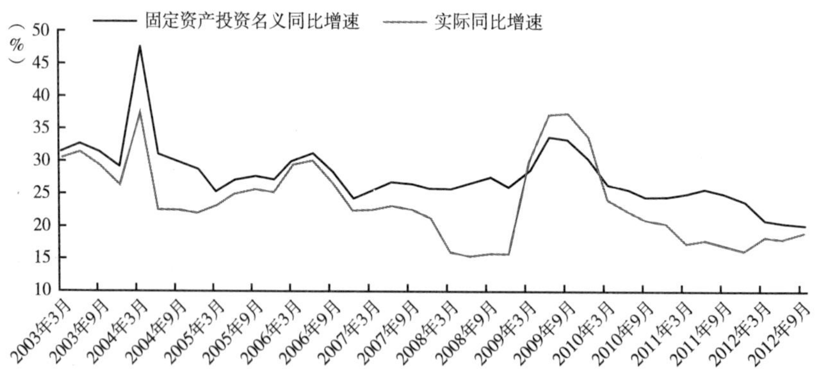

图1　固定资产投资名义增速和实际增速

（二）“稳增长”政策有助于投资逐步企稳

2012年前5个月，投资增速逐月递减，面对投资持续减速和宏观需求面

萎缩的形势，为防止经济出现过快下滑，中央适时提出了把“稳增长放在更加重要位置”的调控取向，果断加大预调微调力度，及时出台一系列政策措施，具体政策包括减息、降准、财政支出发力以及加快投资项目审批等。第一，中央项目投资持续发力。中央项目投资累计同比增速6月后下降幅度逐步缩小，前三季度实现增长2.3%，较上年同期加快9.8个百分点。第二，国家预算内资金增速较上年显著回升。前三季度国家预算内资金累计同比增长27.4%，较上年同期加快14.6个百分点，且高出2000～2011年同期均值1.1个百分点。第三，流动性总体充裕，社会融资总量显著扩大。前三季度广义货币供应量累计同比增速达14.8%，较上年同期加快1.8个百分点，已超过年初预期目标0.8个百分点。在此背景下，2012年前三季度，投资作为支撑GDP增长的重要组成部分，贡献率达到50.5%，拉动GDP增长3.9个百分点。

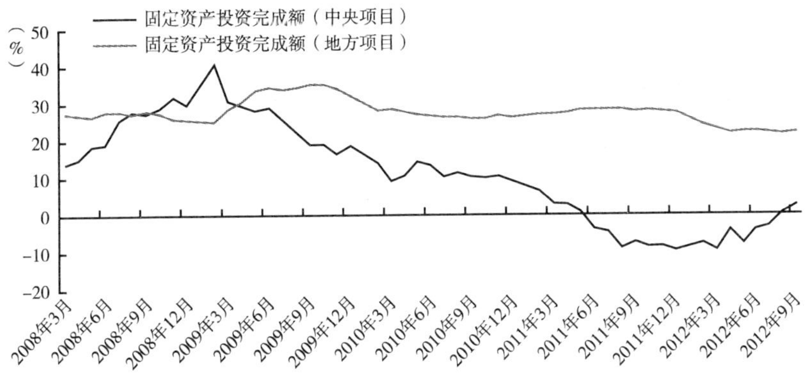

图2　固定资产投资完成额中央项目与地方项目累计同比增速

（三）受多重因素影响，行业投资运行出现分化

制造业投资与出口高度相关，其减速主要是由于世界经济复苏脆弱、下行风险加大以及国内产能过剩、需求萎缩、企业投资信心不足导致；房地产业和基础设施行业投资与城镇化相关，其投资与政策密切关联，随着资金面问题逐步缓解，这类投资将有望企稳回升。

1. 制造业投资增速高位回稳

2012年以来，由于国内外需求减弱，投资扩张动力下降，制造业投资也从高位回调。1～9月制造业投资累计同比增长23.6%（见图3），高出同期全部投资增速3.1个百分点。需要关注的是，在当前几乎全面“去产能化”背景下，制造业投资仍然保持高速增长，使未来产能过剩的风险进一步加大。

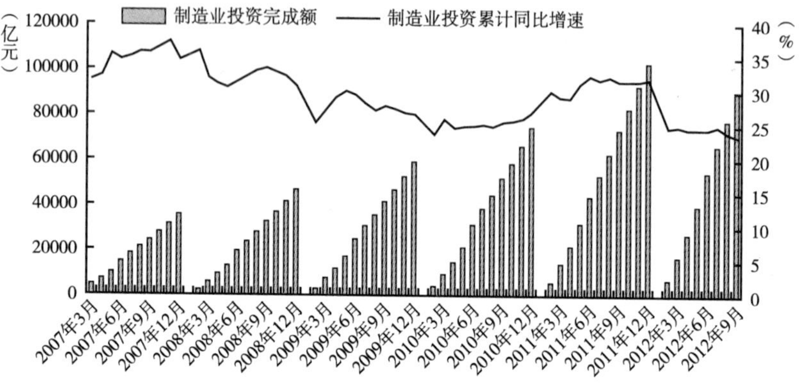

图3 制造业投资完成额及增速

2. 房地产投资减速是下拉投资增长的重要力量

受严厉的房地产调控政策影响，2012年房地产开发投资延续了自2011年下半年开始的放缓态势，前三季度房地产开发投资累计同比增长15.4%（见图4），较上年同期减缓16.6个百分点，较2000～2011年同期均值低12.4个百分点，房地产开发投资占全部投资比重降至19.9%，贡献率也降至15.6%，分别较上年同期下降1个百分点和9.7个百分点。房地产投资大幅减速成为下拉投资增速的重要力量。

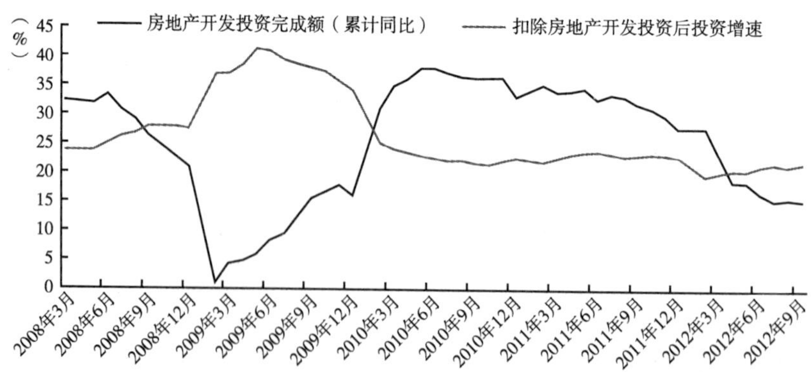

图4 房地产开发投资增速

3. 基础设施投资逐步回升有利于投资稳定增长

基础设施投资长期作为我国投资的重点领域，2003～2010 年其占比一直保持在 25%～30%，平均累计同比增速接近 30%。受到“4 万亿元”投资计划结束以及反危机政策退出的影响，从 2011 年开始，基础设施投资增速开始深度回调；此外，由于高铁事故带来的安全大检查等原因，国家发改委放慢了投资审批进度，再加上铁路融资杠杆过高导致的资金支持不足，土地财政和融资平台作用受限，进一步加剧了投资回调幅度。2012 年，由于稳增长系列政策推出、财政资金开始发力、基建项目审批加快、铁路投资计划规模有所恢复等因素，基础设施投资开始恢复性增长，前三季度增速达到 12.6%（见图 5)，高出上年同期 3.3 个百分点，带动全部投资增长 2.6 个百分点，为实现“稳投资”创造了有利条件。

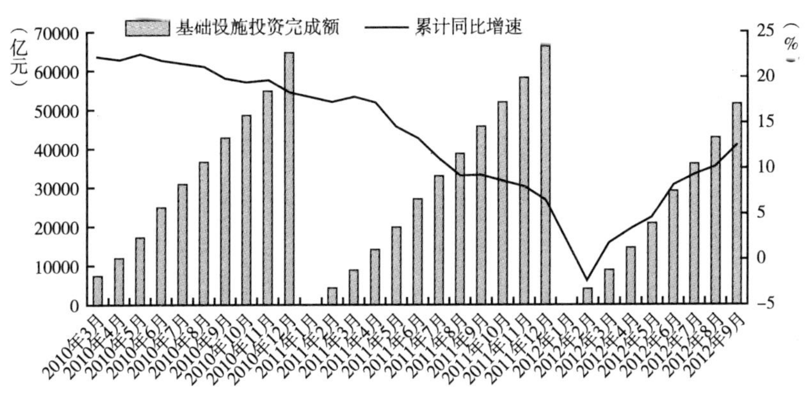

图 5　基础设施投资完成额及增速

（四）民间投资增长仍然较快，但调整幅度大于全部投资

2012 年以来，我国民间投资保持较快增长，仍是拉动投资增长的主要力量。前三季度，我国民间投资占全部投资的 62%，累计同比增长 25.1%，高出全部投资增速 5.4 个百分点，拉动全部投资增长 15.9 个百分点。但是，在本轮投资周期性减速的条件下，民间投资减速幅度大于全部固定资产投资，前三季度民间投资增速较上年同期放缓 9.7 个百分点，而全部投资增速只减少 4.4 个百分点。

（五）中西部地区投资增速仍高于东部，但减速幅度也较大

2012 年，投资区域结构继续改善，产业转移成为驱动投资增长的重要动力。前三季度，东、中、西部地区投资累计同比分别增长 18.4%、25.8% 和 24.1%（见图 6），中西部地区投资增速持续高于东部。2012 年以来，三大区域投资波动均呈现基本同步减速的特征，这表明中西部与东部经济联系密切，中西部的原材料、初级产品加工受到东部地区出口减速的影响。但中西部投资减速幅度更大些，前三季度东、中、西部地区投资增速较上年同期分别下降 3.9 个、4.1 个和 5.4 个百分点。

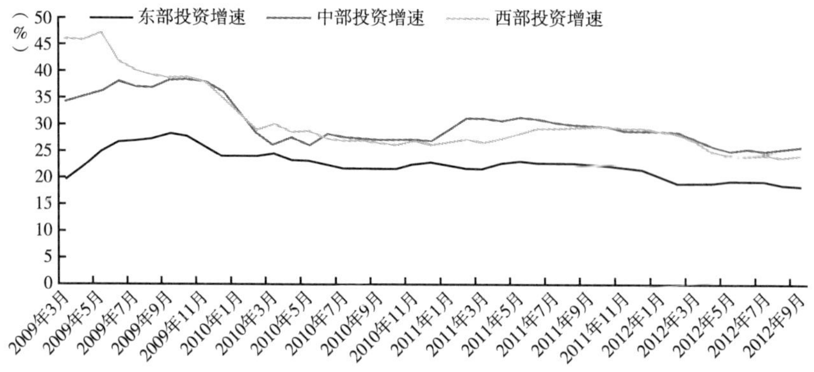

图 6　分地区投资累计同比增速

二　当前投资领域需要关注的几个主要问题

（一）制造业投资的内部结构存在恶化的迹象

一是高耗能行业投资不断加快。2012 年高耗能投资延续了 2011 年初以来的加速增长态势，2012 年前三季度累计同比增长 22.2%，较上年同期加快 4.2 个百分点，尽管 6 月后出现连续放缓，但仍保持高于全部投资增速的水平。在经济放缓背景下，各地为确保实现经济增长预期目标，甚至个别地区希望“弯道超车”，对高耗能投资的审批或有放松。尤其是中西部地区，

在承接东部产业转移的过程中，有相当一部分产业属于高耗能行业。这部分产能在空间上的转移所带来的投资增量尽管能够起到稳定投资的作用，但不利于投资结构优化，同时对未来完成节能减排任务也形成了较大压力。二是高加工度制造业投资减速明显。高加工度行业反映了制造业加工能力和层次，该行业的投资加快能够在一定程度上反映投资结构优化，同时也能反映固定资产设备更新的进程。2012 年前三季度，高加工度行业投资增速延续了 2011 年下半年以来的放缓态势，累计同比增长 23.5%（见图 7），较上年同期减缓 11.5 个百分点，制造业投资结构优化步伐有所放缓。这一方面反映了需求端整体趋弱的大环境，另一方面也反映了企业新一轮固定资产设备更新的意愿不高。

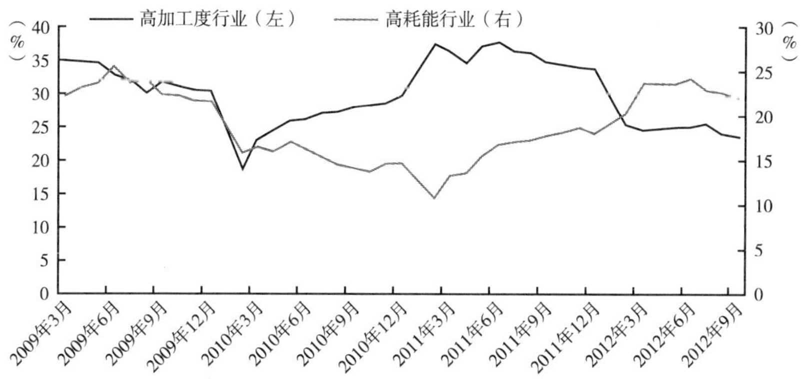

图 7 高耗能、高加工度行业投资累计同比增速

（二）民间投资信心低迷，缺乏新的增长点

一是自 2012 年初开始，民间投资呈现减速态势，这与经济周期性放缓和投资整体减速的大背景一致。二是在各行业中民间投资占比较大的主要包括制造业（82%）、农林牧渔业（70%）、采矿业（58%）、文化教育娱乐业（49%）和建筑业（41%），其他如基础设施、教育、卫生等方面的占比均在 20% 左右，垄断性较强的行业民间投资进入程度有限。三是企业投资环境趋于恶化，劳动力成本大幅上升、原材料价格成本总体保持上涨态势、企业税负较高等因素不断侵蚀企业利润，全国规模以上工业企业利润连续负增长，1 ~ 8

月同比下降3.1%，不利于企业投资资金积累。四是企业在转型方面进展缓慢，自主研发能力不足和产品附加值提升有限，企业仍然缺乏新的投资热点。

（三）投资资金来源存在着短期与中长期相交织的问题

从短期看，一方面企业投资需求相对萎缩，贷款积极性不高；另一方面，中小微企业融资成本非常高。前者主要是由于经济“去产能”过程中投资需求萎缩导致，后者主要是由于金融组织结构不完善、小企业资信体系不健全导致资金可获得性差。此外，由于金融危机时期投资规模扩张较快，企业和地方政府融资平台的杠杆率持续偏高，银行出于风险考虑存在“惜贷”现象。当然，银行业自身在“新巴塞尔协议”的约束下，进一步限制了其放贷能力。从中长期看，我国经济增长驱动力正逐步由外需转向内需、由工业化推动转向城镇化推动，而与城镇化高度相关的房地产开发投资、基础设施投资均受到资金的限制。除政策性原因外，主要是由于目前我国以间接融资为主的融资结构不能适应以城镇化为驱动力、以长期资金需求为特征的新经济结构。

三　2013年投资形势展望

（一）保持投资稳定增长的有利因素

1. 政府换届与投资建设周期相叠加将形成促进投资增长的有利环境

2013年，“十八大”确定的我国未来经济社会发展新思路将进一步激发全国上下加快发展的热情，有利于营造良好的投资环境。2013年还是“十二五”规划中期评估年份，各级地方政府为努力上交满意的答卷，将积极推动地方经济发展。从“六五”到“十一五”的经验看，五年规划中的平均投资增速分别为17.3%、24.1%、28.5%、18.8%和19.8%，受投资建设周期影响，五年规划第二、第三年往往是投资加速年份。2013年作为“十二五”规划的第三年，大量审批并开工的“十二五”规划重点建设项目有利于投资增长加快。

2. 财政和货币政策空间仍然较大，有利于投资实现平稳增长

目前，我国在“稳增长”方面的政策空间仍然较大。货币政策方面，由

于存款准备金率仍然保持在20%的高位，高出 1985～2012 年平均值 8 个百分点左右，而近年来我国存款准备金率之所以上升到当前的高位，主要是这项政策工具被赋予了对冲外汇占款等职能，预期 2013 年对冲压力将明显减轻，存款准备金率仍有较大下降空间。2013 年物价水平总体仍将保持相对低位，与主要发达经济体相比，我国基准利率相对较高，存贷款利率也有下降空间。从财政政策来看，2012 年我国财政赤字率仅为 1.5% 左右，同时，一方面我国仍具有一定减税空间，另一方面中西部地区基础设施、民生社会保障等公共服务体系投资缺口较大，财政支出需求也较高，因此采取更为积极的财政政策空间仍然较大。因此，相对较大的宏观政策空间，有助于推动投资稳定增长。

3. 落实“新非公 36 条”细则的政策效应将充分调动民间投资积极性

扶持小微企业的系列减税政策 2013 年继续有效，营业税改征增值税的进一步推进将使原征收营业税的民间企业享受机器设备和物料消耗两者购进增值税税额抵扣，有利于激励民间投资扩张。近来国务院发布的《关于第六批取消和调整行政审批项目的决定》，显示了中央政府在推进限权改革上的决心和魄力。42 个部门的“新非公 36 条”实施细则有望在一定程度上打破原有的“玻璃门”和“弹簧门”，为民营经济和中小企业提供良好市场环境，消除各种行政障碍，减少“有形之手”对市场运行的干预，激发民营企业的投资热情。

4. 大力实施区域协调发展战略，有望带动相关投资的增长

近期，国务院通过了《关于大力实施促进中部地区崛起战略的若干意见》，明确提出要努力实现中部地区全面崛起，着力激发中部地区内需潜能，并提出加快构建沿陇海、沿京广、沿京九和沿长江经济带，推动晋中南、皖北、赣南、湘南地区开发开放，培育新的经济增长带。新一轮鼓励和扶持区域经济发展的政策，将推动投资快速增长。

（二）稳定投资增长面临的挑战

1. 经济增长潜力下降导致投资增速阶段性下调

由于劳动力、资本、技术等释放出的增长潜力不断减弱，我国中长期潜在增长率出现“换挡减速”已成为共识。我国劳动年龄人口占比已经达到峰值，

“刘易斯拐点”临近，人口红利开始减弱；随着人口结构趋于老化和储蓄率的下降，资本存量增速开始下降，未来即将进入储蓄率不断下降的时代，而这必将导致投资率适度回调，进而导致投资增速呈现阶段性放缓的趋势。在传统比较优势逐步弱化的条件下，新的比较优势尚未形成，缺乏新的投资热点。

2. 投资周期性放缓尚未结束

当前，我国正处于“去库存”周期，企业“去产能”任务更加繁重，新一轮固定资产设备更新周期尚未到来，建筑业周期在经过长期的繁荣正处于调整的下行期，新技术和新产业周期正处于寻求突破的时期。因此，多重经济周期力量交织叠加，决定了投资周期性放缓仍将维持相当一个时期。此外，外部需求持续低迷，未来制造业投资仍处于减速区间。

3. 房地产调控政策力度不减，保障房新建规模缩小

尽管近几个月房地产市场主要指标出现回暖迹象，但国家房地产调控政策不会明显放松，2013 年房地产投资处于恢复阶段，开发投资回升幅度有限。此外，按照“十二五”规划提出的建设 3600 万套保障性住房的目标，2011 ~ 2012 年已开工 1700 万套，2013 ~ 2015 年需完成 1900 万套，平均每年 630 万套，新增投资可能低于 2012 年。综合来看，由于房地产调控不会出现明显放松，保障性住房建设面临较大的资金压力，2013 年房地产投资增幅回升有限。由于房地产涉及的产业链条较长，房地产投资的表现将影响其他相关产业的回升。

4. 企业对未来预期不看好，投资信心不足

一是前三季度企业信心指数跌至 116.5，较上年同期低 13.5；二是新增贷款中中长期贷款比重保持低位，2012 年前三季度该比重为 35%，较 2003 ~ 2011 年同期均值低 20.5 个百分点，表明企业投资意愿较弱；三是 2012 年 1 ~ 7 月，规模以上工业企业从业人员平均人数累计同比增长 1.6%，降至 2010 年 2 月以来的新低，这表明由于企业对未来形势信心不足，对就业的需求也在下降。

综合预测，2013 年，我国固定资产投资名义增长 22% 左右，实际增长 19% 左右。

四 政策建议

未来投资政策的取向应在“稳投资”的前提下，以投资结构的优化和投资效益的提高为重点，加大对重点领域环节的支持，鼓励和引导民间投资，改善融资环境和金融服务，促进投资平稳健康发展。

（一）用好政府投资，加大财政支持实体经济发展的力度

通过减税来切实减轻实体经济的负担，特别是对中小微企业要予以税收上的扶持，适当降低企业税负标准，全面清理涉企收费，降低收费标准，取消不合理收费，帮助其渡过难关。同时，采取差别化增支政策，一是在地方财政相对紧张的条件下，中央财政多承担一些责任，尤其是针对公益性项目，尽量减少需要地方配套财政支出的要求，如对贫困落后地区和对中央安排的病险水库除险加固、生态建设、农村饮水安全、大中型灌区配套改革等公益性建设项目，取消县级及以下资金配套要求，提高中央公路建设资金对国省干线公路改造的补助等。二是重点支持中小城镇基础设施建设，加强城市群内交通联系通道。三是通过贴息、补贴、担保等多种形式加大对中小企业、高技术企业、节能环保等战略性新兴产业、文化创意产业的支持。

（二）加快重点项目审批，推动“十二五”规划的重大项目有序上马

加快项目审批节奏，针对一些不需要中央平衡建设条件的鼓励类项目和基础设施项目应适度下放审批权，涉及水利、铁路、公路、电力等综合性、基础性、枢纽性的能源交通基础设施项目，涉及促进产业转型升级和战略性新兴产业发展的项目，以及保障性住房项目等要优先审批，尽快推动“十二五”规划中确定下来的重点项目有序上马，促进投资稳定增长。

（三）提高固定资产折旧率，促进企业改造升级

针对经营状况好、关注长远发展的实体企业，要促进其改造升级，调整折

旧政策，缩短固定资产最低折旧年限，提高综合折旧水平。除了对融资租赁设备、研发设备、更新换代快的设备、易耗设备等加快折旧外，对于中小企业、高新技术企业、处于改造升级关键时期的传统产业、战略性新兴产业等特殊领域应允许以更大的幅度加速折旧。

（四）采取综合措施，鼓励和引导民间投资健康发展

切实贯彻落实“新非公 36 条”42 部门细则，放宽垄断部门的准入门槛，同时逐步改变民间资本收益预期，创造民间投资需求。强化法律法规对民间投资合法权益的保护，加强对《物权法》《反垄断法》等有利于民间投资的法律的执行力度，优化商业环境。引导民间投资优化结构，促进民间投资工作需要符合治理产能过剩及淘汰落后产能的总体要求，避免民间投资在落后和过剩的领域进行布局造成新的问题。

G.3

2012年消费品市场分析及2013年展望

祁京梅*

摘　要：

2012年以来，反映消费需求变化的主要指标随着经济减缓呈现同步下降走势，值得关注。分析表明，当前消费增速放慢受到多重因素的影响，有些因素受经济发展阶段的制约难以逆转，有些因素可以通过政策引导有所改善。综合判断，当前消费增势下滑只是短期周期性现象，从中长期看，我国消费需求的增长动力依旧充沛，居民消费持续较快增长的势头有望延续。扩大消费的政策应聚焦于增加居民收入、减少与消费相关的税负、改善消费环境和扩大服务消费等方面。

关键词：

消费品市场　消费需求　消费政策　居民收入

一　2012年消费品零售额呈现有升有降的态势

1. 消费品零售额名义增速放缓，实际增速有所提高

2012年1～9月我国实现社会消费品零售额149422亿元，同比增长14.1%，增速比上年同期回落2.9个百分点，大大低于最近5年18.4%的平均增速，不过9月当月增长14.2%，呈现回升走势。

消费品零售额实际增长仍较为强劲，1～9月，消费品零售额扣除物价因

---

* 祁京梅，经济学学士，国家信息中心经济预测部研究员。主要从事宏观经济、消费和物价等问题的研究。

素实际增长11.6%（见图1），增幅高于上年同期0.3个百分点。从年内看，4月以后，消费实际增长基本呈现逐月加快的态势。在消费名义增速下降的同时，消费实际增速稳步加快，说明居民消费的实际购买能力增强，居民在消费中得到更多实惠，实际消费能力和消费水平不断提高。

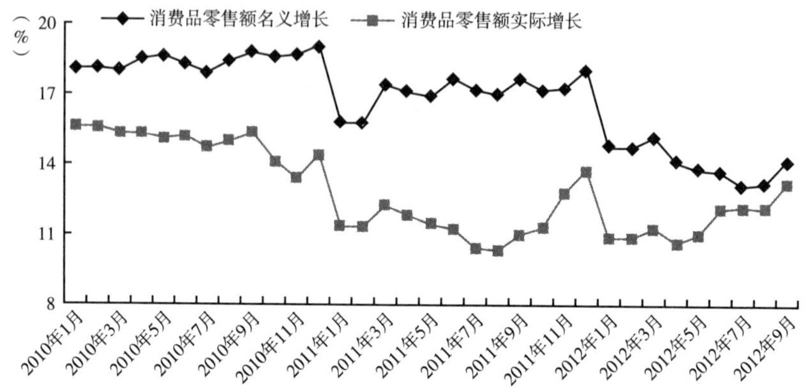

图1　2010年以来消费品零售额名义增长和实际增长

2. 汽车、住房和家电等消费升级产品销售明显放缓

2012年以来，我国房地产调控力度不减，同时继北京、上海之后，广州和贵阳等城市也出台汽车限购政策。在住房、汽车限购政策影响下，当前汽车和住房相关产品销售增速放缓，成为下拉总体消费的重要因素。1~9月，商品房销售面积同比下降4%，增幅同比降低16.9个百分点，家具和建材装修消费受到明显拖累。1~9月，限额以上企业汽车销售额增长6.9%，增幅同比降低9.1个百分点，初步测算，汽车消费增速放慢下拉消费品零售额增速约1.02个百分点。1~9月家电类消费增长6.1%，受家电下乡政策结束、节能家电补贴效果不佳等因素的影响，增幅同比降低14.4个百分点，初步测算，家电消费增速放慢下拉消费品零售额增速约0.41个百分点。

3. 餐饮业收入增速创八年来新低

2012年1~9月，我国实现餐饮业收入16673亿元，同比增长13.2%，比上年同期降低3.3个百分点。从近十年数据看，餐饮业收入增幅一般高于消费

品零售额增幅 2 ~3 个百分点，但 2012 年 1 ~9 月餐饮业收入增速低于消费品零售额增速 0.9 个百分点，是 2004 年以来的新低。餐饮业收入增速减缓有几方面的原因：一是人力成本飙升、高房租以及水电煤气涨价拉高了餐饮业的营业成本，企业赚取的利润越来越稀薄。二是食品安全问题频频发生，居民外出就餐欲望下降，严重制约了餐饮行业的正常发展。三是薄利的餐饮业税收征收标准与娱乐、住宿等高税收行业相当，税负较重。

4. 乡村消费增速超过城镇消费

进入 21 世纪以来，政府连续多年实施“三农”扶持政策，以期刺激和引导农民消费的快速增长，2012 年以来农村消费增势好于预期，增速超过城市。1 ~ 9 月城镇消费 129332 亿元，增长 14%，乡村消费 20090 亿元，增长 14.4%，乡村消费增速超过城镇消费 0.4 个百分点，乡村消费占总消费的比重 13.5%，比上年同期提高 0.1 个百分点。

5. 2012 年消费品零售额增长预测

总体来看，截至 9 月消费品零售额增速呈现企稳回升的增长态势，第四季度随着国家稳增长、扩消费系列政策进一步见效，消费增速有望小幅加快，但汽车和住房消费增势不旺、经济速度减缓以及消费环境不尽如人意等因素也会制约消费的反弹力度。初步预计，2012 年社会消费品零售额增长 14.2% 左右，比上年降低 2.9 个百分点，扣除物价因素，实际增长 11.9% 左右，高出上年 0.3 个百分点。

二　消费增势下滑的主要原因

1. 汽车消费普及率受到资源短缺和环境保护的强力制约

在我国私人汽车进入家庭的普及时期，恰恰是世界范围内资源短缺和环境保护压力最大的时期，不断飙升的油价、日益严重的城市尾气排放以及人口密度大、道路堵塞等原因，使得我国汽车消费难以持续快速增长。目前，我国私人汽车保有率大约是 70 辆/千人，远远低于发达国家 500 ~600 辆/千人的平均水平，但受发展环境的约束，在北京、上海、广州和贵阳等部分城市已对私人汽车进行限购，汽车消费增长速度由前几年的百分之几十降低为目前的不足

10%，汽车消费增长速度放慢，对总体消费增长形成负面拉动作用。

2. 房地产市场畸形发展，居民住房合理需求无法满足

由于收入差距不断扩大、财富积累不均衡，房地产成为一批人投机炒作的重点对象，同时中国百姓具有较强的“居者有其房”的情结，住房自有化率迅速提高，自住性、改善性以及投机炒作性需求共同推动了商品房价格过快上涨，商品房价格非理性持续高增长大大超越了普通居民购买住房的能力，居民正常的住房需求无法得到满足。

3. 农产品涨价导致恩格尔系数较高，挤压其他消费

最近几年我国食品价格快速上涨，成为推动 CPI 上涨的主因。虽然 2012 年食品价格涨幅缩小，但仍呈上涨趋势，食品价格维持高位，使得居民人均消费支出中食品消费支出比重不断提高，2012 年上半年达到 37.5%，比上年同期提高 0.2 个百分点，也是 2008 年以来的最高水平。在收入水平一定的情况下，食品消费支出增加，必然会挤占其他消费支出。

4. 住房和教育成为居民消费的主要后顾之忧

现阶段我国居民在医疗、就业、养老等方面社保福利水平有所提高，但是购房支出和教育支出的压力却有增无减，成为制约消费增长的主要后顾之忧。目前居高不下的房价已从大城市向中小城市传递，高企的房价使中低收入者改善住房和年轻人购买新房需要支付远远超出收入能力的巨额资金，购房需靠父母资助和自己倾其所有，压缩当期消费。此外，由于优质教育资源的有限性以及家长“望子成龙”的期盼，许多孩子择校和补习等方面的高昂教育支出始自幼儿园和小学，一路经历初中、高中、大学和留学这样一个漫长过程，有限的收入和不菲的教育费用使许多家庭不堪重负，严重影响即期消费的增长。

三 2013 年消费环境分析及走势预测

随着经济转型结构调整取得进展、收入分配改革方案实施、社会保障和民生福利继续得到改善，2013 年消费需求有望继续保持平稳快速增长态势。

1. 促进消费增长的因素

（1）居民收入增长较快和就业形势良好，支撑消费持续增长。2012 年前

三季度我国城镇居民人均可支配收入实际增长 9.8%，农民人均现金收入实际增长 12.3%，城乡居民收入增长分别高出经济增长 2.1 个和 4.6 个百分点，这已经是连续三个季度居民收入增长高于经济增长。让广大居民分享经济快速发展的成果是“十二五”规划的核心内容之一，经过多年的调整，我国终于迎来居民收入增长高于 GDP 增长的拐点，并不断得以强化。收入是消费增长的源头，2012 年连续三个季度城乡居民收入增速快于经济增速，将为 2013 年消费稳定快速增长奠定坚实的物质基础。

此外，在本轮经济增速回调中，就业压力并不突出。根据人保部的统计，我国当前就业形势总体平稳，1～9 月全国城镇新增就业 1024 万人，超额完成全年 900 万新增就业目标。根据调研，沿海用工大省和内地劳务输出大省并未出现大面积和相对集中的“提前返乡潮”，稳定的就业形势有助于劳动者增加收入和扩大消费需求。

（2）城乡居民社保水平明显提高，抑制消费的后顾之忧减弱。经过几年的努力，我国城乡居民社会保障方面取得较大进展：一是基本实现社会养老保险制度全覆盖。到 2012 年 7 月 1 日，我国仅用 3 年时间基本实现了社会养老保险制度全覆盖，比原来预期的 10 年左右时间大大提前。二是城乡居民参保人数不断增加。截至 2012 年 9 月底，全国城乡居民两项养老保险的参保人数加上企业职工养老保险，总计覆盖人数超过 7 亿人，建成了世界上最大的社会养老保险体系。三是养老保险制度运行平稳。各级财政积极筹措资金，努力按时足额支付基础养老金。目前全国有 1.24 亿城乡居民领取基础养老金。城乡居民社会保障水平切实提高，抑制消费的后顾之忧减弱，对提升消费信心、增加持久消费具有积极作用。

（3）保障房建设高效推进，将带动相关住房消费的增长。2012 年我国继续增加保障性安居住房建设。截至 9 月，全国城镇保障性安居工程新开工 720 万套，开工率为 97%，基本建成 480 万套，完成投资 9600 亿元。保障性住房建设有计划、有步骤地高效推进以及陆续交付使用，将在一定程度上降低居民对未来住房的支出预期，增加即期能力，同时也将带动建材、家具、家电和装修装饰等相关消费的增加。

（4）在政策有效引导下，旅游消费的巨大潜力将不断释放。在国家有效的政策引导下，我国旅游消费呈现出巨大增长潜力。2012 年国务院批准了春节、清明节、劳动节、国庆节 4 个节假日高速公路免收费用的方案，并适当调低了一些旅游景点的门票，多项政策合力引发“十一”黄金周旅游消费火爆增长。2012 年国庆、中秋两节长假期间，旅游人数同比增长 21%，旅游收入同比增长 25%。目前，恢复“五一”长假的呼声较高，一旦假期调整付诸实施，2013 年节假日的观光旅游和其他相关消费将进一步呈现较快增长势头。

（5）城镇化率不断提高，将促进服务消费的大力发展。不断提高城镇化率将给我国扩大内需、提升服务消费创造巨大潜力。目前，我国城镇化率刚刚超过 50%，按户籍人口计算仅为 35% 左右，不仅明显低于发达国家近 80% 的水平，也低于许多同等发展阶段国家的水平。在未来一个时期，如果城镇化率的提高保持目前水平，每年将有 1000 多万人口转移到城市，这必然会要求城镇公共服务和基础设施投资的扩大，城镇化与服务业发展密切相关、互为促进，将带来居民收入和消费的显著增加。

2. 制约消费增长的因素

（1）经济处于调整阶段，不利于改善收入预期和增加消费。目前我国经济处于调整结构、去库存、去产能的关键时期，经济增速减缓不可避免，企业获利空间也被压缩，宏观经济基本面的调整不仅会导致居民对未来消费支出的谨慎安排，而且会使企业提高收益的难度增加，亏损扩大，久而久之影响到劳动者工资收入的增长。截至 2012 年 7 月，只有 18 个省市出台了最低工资标准上调方案，其中大多城市调低了最低工资标准的上涨幅度。宏观经济前景不乐观，将会影响到劳动者的实际收入和预期收入，不利于扩大消费。

（2）国内外奢侈品价格大幅落差导致国人消费大量外流。目前我国是世界第二大奢侈品消费国，2010 年中国奢侈品消费额为 107 亿美元，超过全球总量的 1/4，与此同时，中国也是在境外消费奢侈品最多的国家。由于奢侈品在中国征收较高的进口关税和消费税，价格一般高于国外市场 30% ~50%，明显的价格落差导致高收入群体的高额消费流失到国外。

（3）居民财产性收入增长前景不看好。目前我国股市持续低迷，受经济基本面不乐观的影响，投资者缺乏信心，股指连续下跌，股票市值缩水。与此同时，为了增加货币流动性，央行降息预期增大也将减少居民储蓄存款的利息

收入，居民财产性收入不断缩水，保值增值前景不乐观，如果没有有效政策出台，这一局面在 2013 年难以显著改观，居民财产性收入减少、持久性收入预期悲观，将使消费行为趋于谨慎和保守。

（4）食品安全问题接连发生，缺乏健康和安全的消费品导致居民消费顾虑重重。食品安全、食品添加剂和食品质检是当前消费者最关心的话题之一，不断曝光的食品安全隐患问题，导致居民对部分知名品牌的食品消费产生抗拒行为，由于食品消费刚性强、占居民消费支出的比重大，因此对整体消费的抑制性影响不可估量。

3. 2013 年消费品零售额增长预测

考虑到近期消费趋稳回升的趋势和影响消费的诸多因素，综合判断，2013 年我国消费需求将保持平稳增长态势。初步预计，2013 年完成社会消费品零售额 237351 亿元，增长 14.6%，比 2012 年加快 0.4 个百分点；扣除物价因素，实际增长 11.9%，与 2012 年基本持平。分城乡看，在国家“三农”扶持政策的引导下，农村消费继续保持较快增长，预计城镇消费品零售额增长 14.5%，乡村消费品零售额增长 14.9%，乡村快于城镇 0.4 个百分点。

四　进一步扩大消费的政策建议

由于扩大消费是居民个人行为，国家应在收入改革、社会保障、制度建设、增加服务供给和改善消费环境等方面采取综合性举措，构建公平公正、诚信友好和安全放心的社会消费环境，引导广大居民想消费、能消费和敢消费。

1. 尽快出台收入分配改革方案，夯实居民收入增长的基础

收入分配改革举步维艰的关键在于国企特别是资源垄断企业对提高利润上缴比例的讨价还价和种种阻碍，决策部门应坚决破除国企和相关部门对自身利益的保护，确保初次分配和再分配环节均向劳动者倾斜的改革方向，争取在 2012 年内兑现数年来政府多次提及的出台收入分配改革方案的承诺，满足民众对分享经济发展成果的新期盼，强化和保护居民收入增长快于经济增长的趋势性转折，夯实居民收入增长的基础，通过增加劳动者所得和提高政府公信力，重振消费信心和增强消费意愿。

2. 大力发展第三产业，培养服务消费的增长热点

在目前“稳增长”的阶段，不仅要增加工业建设项目，还应捕捉新时期经济发展的特点，培育和扶持有利于第三产业发展和服务消费增长的建设项目。一是加大对文化休闲娱乐、旅游设施、金融保险、电影电视、网络信息、体育赛事等活动场所的投资建设力度，大幅度降低服务性消费成本，建立准确可靠的服务消费信息系统和服务平台，达到引导消费、创造消费的目的。二是建立生活性服务业发展的专项财政资金支持体系。规范发展住宿餐饮、家政服务、美容美发、维修维护、养生健身等生活性服务业，对于具有优势、规范化发展的服务企业给予政策支持。逐步建立服务质量和收费标准规范化的生活服务消费体系，提高与居民家庭生活的融入程度。

3. 提高节能家电补贴标准，大力扶持节能绿色消费

节能家电补贴政策对家电消费的刺激作用并不明显，主要原因在于节能家电产品一般价格较高，更有一些商家借机提高商品原有价格，而目前节能家电的最高补贴标准只有 400 元，消费者感觉购买节能家电并不合算，因而没有购买积极性。推广节能和绿色家电产品是必然趋势，也符合调结构、转方式的需要，基于扩消费和调结构的双重目标，国家财政应加大扶持补贴力度，积极鼓励此类产品消费，建议采取如下措施：一是提高节能家电的补贴标准，将最高补贴标准由 400 元提高至 800 元，或是按产品销售价格给予 13% ~15% 的补贴。二是对生产厂家返还部分增值税或实行贷款贴息，减少节能家电的生产成本，降低产品价格。三是严格监控节能家电销售价格，防止厂家和商家人为涨价，损害消费者利益。

4. 创造刷卡消费的便利环境，确保刷卡消费者用卡安全

在消费者越来越多采用储蓄卡、信用卡、网银等方式进行消费支付的情况下，银行及相关部门应不断完善软硬件设施建设，确保消费者个人信息和个人财富的安全，以优质的金融手段服务于扩大消费。一是建议在 2014 年底前商业银行将磁条卡统一更换为芯片卡，降低银行卡被复制、盗用的风险，保证用卡人的信息和资金安全。二是不断升级和修正网银系统的漏洞，确保消费者的银行账户安全。三是降低银行对商家刷卡手续费收费标准，对借记卡这类几乎无风险的电子钱包类刷卡消费可大大降低手续费标准，以此鼓励更多商家安装

POS 机方便顾客。

5. 降低奢侈品的税负和价位，减少中高端消费的外流

随着我国居民消费水平和消费能力的提高，应采取措施改变奢侈品“内贵外贱”的现象，将中高端消费驻留在国内，建议：一是降低中高档商品的进口关税，逐步降低中高端进口产品国内售价，减少中高端消费外流的现象。二是根据收入水平和消费能力的变化，重新核定奢侈品的范围和含义，降低或取消部分生活必需品的消费税，满足中高收入群体的消费需求，拉动总体消费增长。

6. 营造安全、绿色的消费环境和消费产品，让居民放心消费

商务部门、卫生、质检、工商部门应通力合作，形成严格监督、控制源头、社会举报、定期检查、法律惩办甚至勒令企业停产相结合的系列监管体制，加大监管机构规范化建设的投入力度，增加相关部门的运营费用和就业人员，逐步构建诚实、守信的生产和销售体系，从立法角度扭转现今社会急功近利的浮躁心态，保护消费者安全，改善消费环境，为消费需求持续快速增长保驾护航。

G.4

2012 年对外贸易形势分析及 2013 年展望

闫 敏*

摘 要：

2012 年以来，世界经济形势趋于严峻，欧洲债务危机继续恶化，国际政治摩擦不断增加，国内宏观经济增速下滑，我国外贸外资面临外需与内需同时降温的压力，整体呈现下行走势。下一阶段，在国家促进外贸外资稳定增长政策措施全面落实的带动下，我国进出口增长有望企稳。展望 2013 年，抑制世界经济复苏的因素难以根本消除，我国宏观经济将保持缓中趋稳态势，对外贸易仍将低速增长，预计进口增长 7% 左右，出口增长 8% 左右，实际使用外资较上年小幅回升。建议下一阶段，在“稳增长”的调控主基调下，加大力度落实已出台的外贸维稳政策，减轻出口企业负担，优化进口商品结构。

关键词：

外贸增长 外资减速 需求下降 政策支持

一 2012 年外贸外资增长明显放缓

由于美国经济增长动力不足，欧洲债务危机不断发酵，新兴市场国家经济减速，我国国内宏观经济趋缓，生产要素成本上升，库存、产能过剩压力加大等一系列因素，2012 年我国外贸外资整体呈现下行走势。

---

* 闫敏，经济学博士后，国家信息中心经济预测部宏观经济研究室副研究员，主要研究宏观经济、对外贸易、环境经济等问题。

（一）外贸增长减速

1. 进出口增速回落，外贸顺差有所扩大

2012 年以来，国际经济恶化超出预期，国内外需求放缓程度不断加深，我国出口与进口双双萎缩，对外贸易整体回调，增幅跌至个位数。1～9 月，我国进出口总值实现 28424.7 亿美元，同比增长 6.2%。其中，出口 14953.9 亿美元，增长 7.4%；进口 13470.8 亿美元，增长 4.8%；贸易顺差达到 1483.1 亿美元，同比扩大 38.5%（见图 1）。特别是 7 月、8 月，由于欧洲需求急剧下降、中日关系趋于紧张等因素，外贸形势急转直下，7 月份出口和进口的同比增长速度分别为 1.0% 和 4.7%，8 月份分别为 2.7% 和 -2.6%。基于此，国家为促进对外贸易持续、稳定增长，在已制定政策的基础上，进一步出台了新的支持外贸八大措施。9 月外贸形势出现好转，出口增长 9.9%。预计未来政策效果将逐步释放并显现，我国外贸形势恶化的趋势在一定程度上有所缓解，预计全年进出口增长 6.7% 左右，其中进口增长 5.7%，出口增长 7.6%，外贸顺差为 2000 亿美元左右。

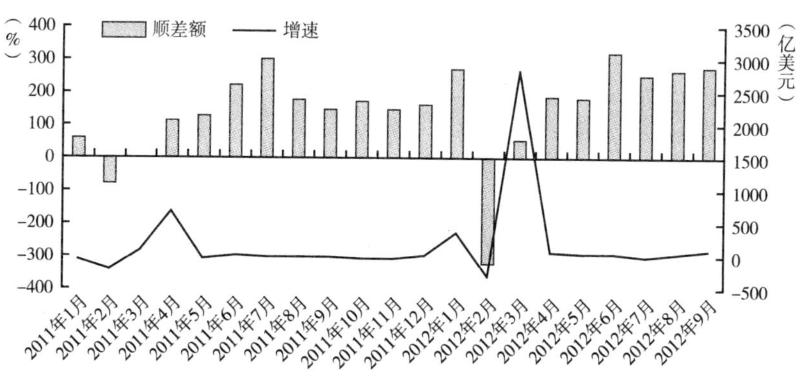

图 1　2011 年以来贸易顺差情况

2. 资源型产品进口增长较快，出口商品结构持续优化

伴随我国产业结构调整与转变发展方式战略实施，外贸领域结构调整步伐加快，政策更加注重增强外贸质量与效益。2012 年十部委联合发布了关于加快转变外贸发展方式的指导意见，对外贸领域优化发展提出了若干具体政策措

施。目前政策已经取得良好成效，进出口商品结构持续改善。

进口方面，一是能源、矿产类商品进口快速增长。1～9月，以能源、原材料为代表的主要品种大宗商品进口增长均高于平均增速，其中进口铁矿砂5.5亿吨，增长8.4%；铜361.9万吨，增长32.6%；铝93.1万吨，增长39.4%。二是粮食类产品进口提速。1～9月，我国进口大豆4430万吨，增长17.7%；谷物1143万吨，增长231.2%；食用油551万吨，增长18.3%。三是消费品进口加快。目前我国消费品进口比重占5%左右，世界上中等收入国家一般为10%左右，发达国家一般为20%左右。年内，国家出台了相关政策鼓励扩大消费品进口，消费品进口成为2012年进口领域新亮点，1～7月，我国消费品累计进口达660亿美元，同比增长25.3%，大大超出同期出口整体增幅。

出口方面，一是技术含量与产品附加值较高的机电产品出口增长较好。1～9月，机电产品出口8548.3亿美元，增长8.3%，高出同期外贸出口总体增速0.9个百分点，占出口总值的57.2%，同比提高0.5个百分点。二是劳动密集型产品出口缓中趋稳。1～9月，我国出口纺织品、服装、箱包、鞋类、玩具、家具、塑料制品等七大类劳动密集型产品3064亿美元，增长6.9%，但近两月增速有所回升。三是"两高一资"产品出口继续下降。1～9月，焦炭及半焦炭出口下降71.4%，钢坯及粗锻件出口下降77.1%，未锻轧铝出口下降9.5%。

总体来看，2012年我国贸易产品结构将保持优化发展态势，机电产品出口继续稳态增长，劳动密集型产品比重下降趋势不变，资源类产品进口规模扩大，消费品进口增长凭借政策助力得以迅速提高。

3. 传统市场贸易比重下滑，新兴市场开拓取得进展

2012年以来，我国主要传统出口市场环境趋于恶化，新兴市场情况保持良好。一是对美、日、欧市场进出口加速下滑。截至目前，欧洲债务危机形势未见明显好转迹象，欧洲市场需求锐减，1～9月，中欧双边贸易总值4109.9亿美元，下降2.7%，对欧盟出口2504.6亿美元，下降5.6%，降幅呈逐月扩大趋势，其中对德国出口下降8.7%，对法国下降8.5%，对意大利下降26%。目前欧盟作为我国第一大出口市场的地位已经被美国取代。2012年美

国经济保持温和增长，但增速低于预期，失业问题突出，消费热情不足。同时由于总统选举因素，打压中国意图明显，我国对美贸易尽管总体好于其他主要贸易伙伴，1～9 月中美双边贸易总值为 3554.2 亿美元，增长 9.1%，对美国出口增长 9.6%，但 7 月、8 月、9 月三个月呈现出急速下滑势态，对美国出口仅分别增长 0.6%、3% 和 5.5%。当前中日因钓鱼岛主权之争，众多经济政治压力与矛盾逐步向外贸领域扩散，中日贸易大幅减速，1～9 月双边贸易总值为 2487.6 亿美元，下降 1.8%，6 月以来，我国对日本出口增长锐减，目前已经连续三个月负增长（见图 2）。二是与新兴市场贸易往来活跃。1～9 月，与南非贸易增长 37.1%，对其出口增长 10.8%；与俄罗斯贸易增长 14.2%，对其出口增长 14.5%；与东盟贸易增长 8.1%，对其出口增长 16.6%。我国与新兴市场国家贸易比重不断提升，东盟持续保持我国第三大贸易伙伴地位，南非等若干新兴市场国家在我国贸易伙伴中的地位有所提高。

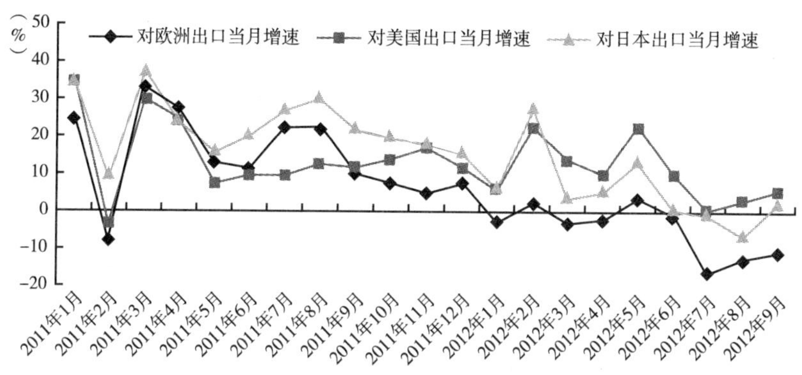

图 2　2011 年以来我国对美、日、欧三大市场出口增长

4. 贸易方式持续改善，贸易主体格局更趋合理

贸易方式方面，一般贸易比重继续提高，加工贸易增长放缓。一是 1～9 月，一般贸易出口 7297.8 亿美元，增长 8.3%，拉动出口近 4 个百分点；进口 7691.9 亿美元，增长 3.6%；一般贸易进出口额占我国外贸进口总值的 57.1%。一般贸易相对于加工贸易，具有国内产业链条长、自主研发因素强、行业带动效应大等特点，其比重的持续提高显示我国近年来贸易方式不断优化。二是加工贸易进出口增长速度进一步减慢，1～9 月仅增长 2.2%，低于我国外贸总体增速4个百分点，占同期进出口总额的34.6%（见图3），其中出口增长3%，低于同期我国出口平均水平4.4个百分点，进口增长0.9%。

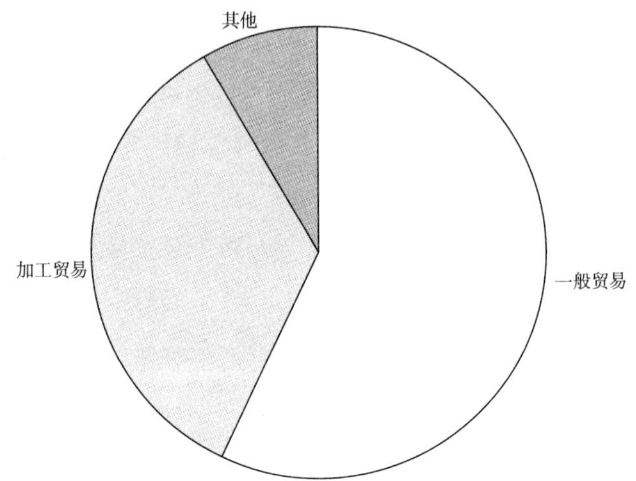

图3　一般贸易与加工贸易占进出口比重情况

贸易主体格局方面，外资企业贸易占比萎缩，民营企业进出口规模扩大。我国大部分外向型企业在本轮外贸减速的冲击下，均主动或被动地进行了产业、产品升级，提高生产经营水平，增强扩展市场的能力。其中，尤其是以中小型企业为主的民营企业，凭借转向灵活、适应力强等特点，外贸增长相对较快。2012年前三季度，民营企业（包括集体企业、私营企业及其他企业）进出口8779.7亿美元，增长18.8%，高出我国外贸总体增速12.6个百分点。同期外商投资企业进出口增长2.2%，低于我国外贸总体增速4个百分点，国有企业进出口则下降0.8%。

（二）外资出现负增长

1. 外商直接投资同比下降

2012年以来，政府有关部门根据实际情况，以“稳定规模、优化结构、提升水平”为目标，坚持积极主动的开放战略，进一步丰富投资方式，拓宽引资渠道，扩大开放领域，鼓励外商投资战略性新兴产业、现代农业、现代服

务业和节能环保产业，修订并实施《中西部地区外商投资优势产业目录》，推动投资便利化，创新管理体制，努力为外资在华发展营造良好的环境。但是，由于世界经济低迷、欧债危机恶化，国际投资活跃程度降低。根据联合国贸易和发展组织统计，跨国并购和绿地投资金额在 2012 年前 5 个月首次下滑，第一季度 FDI 流入量亦出现下降，全球外商直接投资形势堪忧。在此背景下，中国外商直接投资下滑，1～9 月，全国新批设立外商投资企业 18025 家，同比下降 11.7%；实际使用外商直接投资金额 834.2 亿美元，同比下降 3.8%（见图 4）。预计，2012 年实际利用外商直接投资 1110 亿美元，下降 4% 左右。

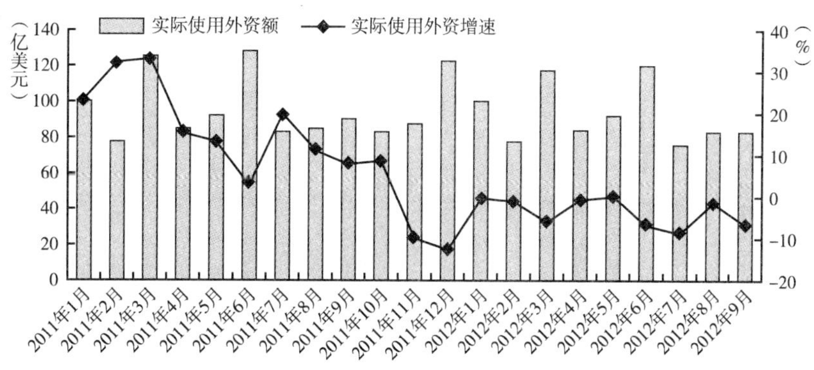

图 4　2011 年以来我国利用外资情况

2. 利用外资结构有所优化

尽管我国外商直接投资总体增速下降，但是在结构改善方面取得一定进展。一是服务业利用外资规模超过制造业。2012 年 1～9 月，扣除房地产因素，服务业实际使用外资同比略有增长。服务业实际使用外资金额 394.8 亿美元，同比下降 1.8%，占同期全国总量的 47%。其中，房地产领域实际使用外资金额下降 5.62%，扣除此因素，服务业实际使用外资金额增长 1.6%。同期制造业实际使用外资 369.5 亿美元，同比下降 7.5%，占同期全国总量的 44.3%。二是中部地区实际使用外资保持较快增长。1～9 月，中部地区实际使用外资 69.9 亿美元，同比增长 16.5%，占全国总额的 8.4%。西部地区实际使用外资 62.2 亿美元，同比下降 1.8%，占全国总额的 7.4%。东部地区实际使用外资 702.2 亿美元，同比下降 5.6%，占全国总额的 84.2%。

二　2013 年外贸外资增长趋势展望

展望 2013 年，世界经济有望维持温和复苏，我国宏观经济预计略有改善，外贸外资实现平稳增长具备一定有利因素与发展条件，但是由于全球经济领域深层次矛盾仍然存在，国际市场需求收缩态势难以扭转。初步预计，2013 年我国外贸外资仍将延续低位运行走势。

（一）影响外贸外资增长的因素比较复杂

1. 国际因素

2013 年，世界经济仍将保持温和增长，但欧洲债务危机难以根本解决，全球需求仍处于调整阶段，我国进出口仍然面临较大的困难局面。

一是世界经济增长保持温和复苏态势。世界经济运行的不确定与不稳定因素仍在聚集，但部分领域开始出现积极变化，欧洲不断寻求办法力争缓解债务危机，美国再工业化初步显露萌芽，各国财政金融方面再推刺激政策，部分国际组织预计 2013 年增长略好于 2012 年。IMF 秋季报告预计 2012 年全球经济将增长 3.3%，2013 年略有提高，达到 3.6%，同时预计发达经济体 2012 年增长 1.3%，2013 年增长 1.5%，新兴经济体 2012 年增长 5.3%，2013 年将加快至 5.6%。但是，世界经济回升基础并不稳固，难现全面繁荣景象，对于我国外贸利好作用较为有限。

二是欧洲债务危机负面作用将延续。由于经济不景气与失业率高企，欧洲消费者与生产企业信心受到重挫，消费者消费意愿不强，企业缺乏追加投资扩大产能意愿，消费需求受到制约，产能不断压缩，逐步形成恶性循环，欧元区经济 2013 年仍将处于衰退边缘。这将直接导致欧洲各国的进口需求乏力。与此同时，欧盟贸易保护主义盛行，给我国以光伏产业为代表的众多行业出口带来障碍与损失。债务危机导致欧盟市场需求不旺，将成为影响我国 2013 年出口总体增速的主要负面因素之一。

三是美国通过经济政治途径打压中国意图明显。美国页岩气开发与工业智能化发展为 2013 年经济形势好转提供一线曙光。美联储 2012 年 9 月研究报告

对未来经济增长较为乐观，预计 2013 年美国经济增长 2.5% ~3.0%。目前美国暂时跃升为中国第一大出口市场，虽然其经济复苏有利于我国出口增长，但是其政治领域的打压将部分抵消这一利好因素。中国迅速崛起不利于美国世界超级大国地位的巩固，因此美国在南海问题、东海问题等一系列国际关系中挑起事端，参与东北亚自贸区，加强与中国周边东南亚、印度等国经济往来，指控中国违规对部分行业补贴，对中方实施出口管制等，中美在贸易领域摩擦呈深化之势，这将影响中美双边正常贸易活动。

四是双边关系恶化影响中日经贸合作。日本遭受金融危机与福岛地震打击，经济持续低迷，财政压力巨大，社会问题凸显，国内右翼化倾向日益明显。推行钓鱼岛“国有化”极度恶化了中日政治、外交、经贸等关系。中日钓鱼岛问题的有效解决需要历经长期过程，政治与军事对峙引发双方经贸冲突，目前中国对日出口明显下滑，部分中资、日资企业在对方国家出现被迫停业等现象，预计未来中日双边贸易还将受到政治事件的冲击。

五是新兴经济体增长前景不明朗。以“金砖国家”为代表的新兴经济体由于对发达经济体依赖程度较深，在美欧经济下滑的带动下，经济增长普遍受到抑制，增长势头有所放慢。美欧发达经济体的低增长和不确定因素将通过贸易和金融两个渠道，对新兴市场和发展中经济体产生影响。若欧债危机继续恶化，同时美国受制于“财政悬崖”，新兴经济体前景将面临空前风险。而且新兴经济体本身又存在金融风险、资本流出和货币币值大幅波动等一系列问题，其经济增长阻力有所加大。

六是世界贸易、投资形势不振。受全球经济疲弱影响，国际贸易与投资仍将持续低迷。经计算，世界过去 15 年平均贸易增速为 6%，根据世贸组织报告，2012 ~2013 年全球贸易增长将远低于这一水平。此外，反映国际贸易走势的先行指数——波罗的海干散货指数自 2011 年 11 月以来掉头向下，一直处于底部运行，目前为止未见好转迹象，这也预示着未来世界贸易难有起色（见图 5）。

2. 国内因素

一方面外贸政策效果逐步释放，进出口发展具备一定有利条件；另一方面要素成本进入刚性上升阶段，企业承接外贸订单不足，外贸增长面临挑战。

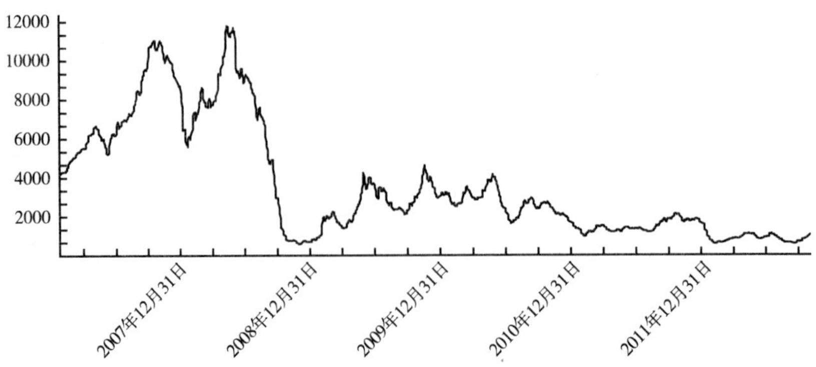

图5　2006 年以来波罗的海干散货指数（BDI）走势

资料来源：Wind 资讯，国家信息中心。

一是我国宏观经济增长仍将保持平稳态势。根据国家信息中心模型预测，如果主要发达经济体整体不出现二次衰退，我国继续实行积极的财政政策，坚持稳健的货币政策，2013 年我国经济可望保持平稳较快增长态势，GDP 增长 8% 左右，工业增加值增长 10.5% 左右。这对于稳定国内市场需求，促进进口增长，保持适度出口规模具有积极意义。

二是外贸维稳政策效果进一步释放。面对复杂多变的国际国内经济环境，国务院近期发布了《关于促进外贸稳定增长的若干意见》等一系列维稳政策，力求通过财税、金融等多方面促进对外贸易平衡，实现对外贸易可持续发展。2013 年，随着国家稳增长和促进外贸一系列政策效果的逐步释放以及后续配套政策的陆续出台，预计出口企业成本压力将得以缓解，企业经营负担将有所降低，进口需求将在一定程度上得以提升。

三是企业用工成本上升。劳动力成本快速上升是当前包括外贸企业在内的我国企业面临的普遍问题。根据商务部数字，过去三年城镇职工平均工资上涨了 33%，过去两年大部分地区每年上调最低工资标准 20% 以上，2012 年以来又有部分地区上调最低工资标准，企业“五险一金”支出也相应增加。一方面工资上涨具有刚性，另一方面我国劳动适龄人口比重下降，因此我国企业未来的用工成本仍将维持上升趋势。而且，与此同时，以中小型为主的外贸企业面临着贷款融资难、资金成本高的问题，利润空间受到明显挤压。这导致部分

劳动密集型出口产品份额被周边国家挤占，传统出口市场优势逐步削弱。

四是外贸承接订单情况不尽如人意。一方面，受外部环境影响，广交会成交情况堪忧。秋季广交会一期结束，到会采购商比上届同期下降 11.4%，欧美订单与参展商明显减少，新兴经济体商家下单更为谨慎。另一方面，企业承接长单意愿不足。由于国内外经济形势堪忧，大部分外贸企业信心不足，接单较为谨慎，尤其慎接大订单与长订单。订单不足问题将增加未来出口不确定性。

（二）2013 年进出口将继续低速运行

基于以上因素分析，2013 年我国进出口面临的国内外环境较为严峻，形势不容乐观。内外部需求是决定外贸增长的最核心、最关键因素，尽管外贸维稳政策能够在一定程度上缓解进出口减速压力，但是政策效应空间较为有限，难以从根本上扭转下行趋势。初步预计，2013 年我国对外贸易增速将维持低位，出口增长 8% 左右，进口增长 7% 左右，贸易顺差为 2300 亿美元左右。

（三）2013 年利用外资情况将继续低速运行

联合国贸发组织《2012 年世界投资报告》预计，由于全球经济再次陷入不确定状态，2012 年 FDI 的增速将放缓，流量在 1.6 万亿美元左右，2013 年将为 1.8 万亿美元。在国际投资活跃程度降低阶段，预计 2013 年我国实际使用外资增速与 2012 年基本持平，或略有提高，初步预计增长 3% 左右，有望达到 1150 亿美元。从结构方面看，中国吸引 FDI 结构开始向服务业倾斜，同时中西部地区吸引外商直接投资能力增强。尽管联合国贸发组织最新报告认为中国依旧是对 FDI 最具吸引力的经济体，但是当前印度尼西亚和泰国的排名显著提高，显示东南亚国家在吸引外资方面的竞争力增强，应引起我国关注。

三　政策建议

针对外贸当前面临的挑战与问题，应保持政策取向基本稳定，深入落实各项政策措施，继续加大政策支持力度，力争实现进出口稳定增长。同时着眼长

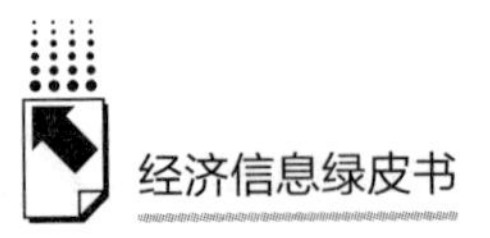

远，加快转变外贸发展方式，增强外贸可持续发展能力。

1. 抓紧落实外贸扶持政策

贯彻、实施好国务院近期出台的促进外贸稳定增长八大措施，尤其是政策效果最为直接、企业最为关心的出口退税政策、出口信用保险政策、贸易融资等金融支持政策，尽快落实到位。同时在覆盖范围与实施细节方面加大政策支持力度，扩大出口信用保险范围，重点支持大型成套设备等资本性货物出口与重要原材料和关键技术设备的进口，推进短期险业务承保规模，消除中小企业后顾之忧；加强窗口指导，支持对外贸小微企业的融资贷款优惠，鼓励信贷机构为订单多、效益好、产品档次高的小型外贸企业提供金融支撑，同时积极创新信贷服务方式，完善小企业信用担保体系。

2. 结构性上调部分商品出口退税率

税制改革过程中，国家已对出口退税制度先后进行了 7 次重要调整。根据当前情况，应在保持原有政策框架的基础上，适当进行结构性微调，主要加大出口退税政策对附加值高、技术含量高、节能减排、自主创新、国产品牌等商品的支持力度。同时，加快退税进度，简化中间流程，确保及时足额退税。

3. 切实减轻外贸企业负担

针对当前外贸企业要素成本快速提高、利润下滑的问题，建议进一步全面清理涉及进出口环节的各项不合理收费，对部分必收的行政事业性收费降低缴费比例；对国家预期颁布或正在制定的各项减税措施，争取加快出台落实，同时研究制定若干临时性减税与税收优惠措施，切实减轻企业负担；简化进出口报关手续，实施进出口关税减免政策。

4. 扩大稀缺性产品进口

抓住国际大宗商品价格回落，处于相对低点的有利时机，加大国内急需的和依赖度高的战略资源、大宗商品进口。通过拨付专项基金、降低进口关税、实施进口补贴等方式，加快粮食、能源原材料、关键零部件、先进技术设备的进口，尤其应扩大以石油为重点的能源进口，尽快完善国家战略资源储备机制，防止由于国际突发事件导致大宗商品价格显著反弹引起的经济损失。

5. 注重出口市场结构调整

加大市场多元化拓展力度，加强与其他发展中国家经贸合作往来。在欧、美传统市场需求大幅下降的背景下，应认识到我国与新兴市场国家部分贸易往来为中间贸易，联动性较强，受发达经济体影响较大。下一阶段，在力争保持传统市场与新兴市场份额的同时，应更加注重发展与拉丁美洲、亚洲、非洲等发展中国家与欠发达国家的经贸关系，在这些地域范围内，选择重点国家进行战略性投资，建立面向周边地区的出口基地，广泛开拓海外市场，完善多层次、多方位出口市场体系，防患由于主要市场需求锐减带来的出口产品与产能过剩问题。

G.5
2012 年物价形势分析及 2013 年展望

张前荣*

摘　要：

2012 年以来，我国物价温和上涨，各月居民消费价格涨幅小幅回落，1~9 月累计同比上涨 2.8%。预计全年 CPI 上涨 2.7%，PPI 下降 1.8%。展望 2013 年，国内外经济复苏乏力、粮食丰收、房地产调控累积效应逐步显现和翘尾因素减弱等将抑制物价涨幅；但宽松的货币环境、猪肉价格进入新一轮上涨周期、资源价格改革稳步推进、劳动力成本上升和输入性通胀压力增强等因素将推高物价涨幅。综合考虑各种因素，初步预计 2013 年 CPI 上涨 3.0%，PPI 下降 1.0%。2013 年物价调控的重点是资源价格改革和服务于经济结构调整。

关键词：

物价运行特征　走势　调控建议

一　2012 年物价运行形势和特征分析

1. 物价涨幅平稳回落，结构性上涨态势明显

2012 年前三季度，我国居民消费价格（CPI）同比平均上涨 2.8%，涨幅比上年同期和上年全年分别回落 2.9 个和 2.6 个百分点，比 2012 年 4% 的调控目标低 1.2 个百分点。其中，城市居民消费价格同比上涨 2.9%，农村居民消费价格同比上涨 2.7%。分季度看，2012 年前三季度，

* 张前荣，经济学博士，国家信息中心经济预测部助理研究员，主要研究领域为价格监测分析与宏观经济模型。

CPI 同比分别上涨 3.8%、2.9% 和 1.9%。2012 年前三季度，食品价格同比平均上涨5.5%，涨幅低于上年同期7个百分点，拉动 CPI 上涨1.7个百分点，对物价上涨的贡献率达到 60.7%；居住价格同比平均上涨 2.0%，涨幅低于上年同期 4 个百分点，拉动 CPI 上涨 0.34 个百分点，贡献率达到 12.1%；总体来看，食品和居住两类商品（或服务）价格对 CPI 的贡献率总计为 72.8%，表明 2012 年食品和居住是推动我国物价上涨的主要因素，物价总水平呈明显的结构性上涨态势。2012 年前三季度的新涨价因素和翘尾因素分别拉动 CPI 上涨 1.35 个和 1.45 个百分点，贡献率分别为 48.2% 和 51.8%。

分月看，物价走势呈逐月回落态势，第二季度以来回落速度进一步加快（见表 1）。结合当前及后期的物价运行形势，初步预计第四季度物价涨幅较第三季度有所扩大，预计 2012 年全年 CPI 上涨 2.7%。

表 1　2012 年 1 ~9 月居民消费价格涨幅

单位：%

指　标	1 月	2 月	3 月	4 月	5 月	6 月	7 月	8 月	9 月
CPI 累计同比	4.5	3.9	3.8	3.7	3.5	3.3	3.1	2.9	2.8
CPI 当月同比	4.5	3.2	3.6	3.4	3.0	2.2	1.8	2.0	1.9
CPI 当月环比	1.5	-0.1	0.2	-0.1	-0.3	-0.6	0.1	0.6	0.3

2. 八大类商品价格七涨一降

2012 年前三季度，食品、烟酒及用品、服装、家庭设备用品及维修服务、医疗保健及个人用品、娱乐教育文化用品及服务和居住价格同比平均分别上涨 5.5%、3.3%、3.4%、2.1%、2.1%、0.3% 和 2.0%，交通和通信价格下降 0.2%。2012 年的服装价格呈上涨态势，与以往的历史规律相背。2012 年前三季度，非食品价格累计同比上涨 1.6%，拉动 CPI 上涨 1.1 个百分点，贡献率达到 39.3%，比 2011 年提高 3.7 个百分点，表明 2011 年以来物价涨幅范围有所扩大，值得关注。

3. 粮食价格涨幅较低和猪肉价格下降是 2012 年物价回落的主要原因

2012 年粮食价格涨幅明显回落。1 ~9 月，粮食价格累计同比上涨 4.0%，比上年同期回落9.3个百分点，仅拉动CPI上涨0.10个百分点，对CPI的拉动比上年全年低0.21个百分点。猪肉价格涨幅明显回落。1~9月猪肉价格累计同比下降2.7%，比上年同期回落39.6个百分点，拉动CPI下降0.1个百分点，对CPI的拉动比上年全年回落1.44个百分点。在粮食和猪肉价格涨幅下降的影响下，1~9月，食品价格累计同比上涨5.5%，比上年同期回落7.0个百分点，涨幅回落明显。

4. 工业生产者价格明显下跌，生产领域呈通缩迹象

2012年前三季度，工业生产者出厂价格（PPI）同比下降1.5%，比上年同期回落8.5个百分点。分季度看，第一季度PPI同比上涨0.1%，第二季度同比下降1.4%，第三季度同比下降3.3%。从月度走势看，2012年1月PPI同比上涨0.7%，2月同比上涨0%，3~9月，PPI同比分别下降0.3%、0.7%、1.4%、2.1%、2.9%、3.5%和3.6%（见表2）。2012年前三季度，工业生产者购进价格（PPIRM）同比平均下降1.5%，涨幅低于上年同期11.9个百分点。分季度看，第一季度PPIRM同比上涨1.0%，第二季度和第三季度同比分别下降1.6%和3.9%。分月看，PPIRM前3个月各月同比分别上涨2.0%、1.0%和0.1%，4~9月，PPIRM同比分别下降0.8%、1.6%、2.5%、3.5%、4.1%和4.1%。综合判断，初步预计2012年第四季度PPI降幅将逐步缩小，全年PPI下降1.8%。

表2 2012年1~9月工业生产者价格涨幅

单位：%

月　份	1月	2月	3月	4月	5月	6月	7月	8月	9月
PPI累计同比	0.7	0.4	0.2	-0.1	-0.3	-0.6	-1.0	-1.3	-1.5
PPI当月同比	0.7	0.0	-0.3	-0.7	-1.4	-2.1	-2.9	-3.5	-3.6
PPI当月环比	-0.1	0.1	0.3	0.2	-0.4	-0.7	-0.8	-0.5	-0.1
PPIRM累计同比	2.0	1.5	1.0	0.6	0.1	-0.3	-0.8	-1.2	-1.5
PPIRM当月同比	2.0	1.0	0.1	-0.8	-1.6	-2.5	-3.5	-4.1	-4.1
PPIRM当月环比	-0.3	0.2	0.1	0.0	-0.3	-0.8	-0.8	-0.5	0.1

上年10月之后，以PPI为代表的上游价格与以CPI为代表的下游价格涨幅出现倒挂。2012年前三季度，CPI与PPI同比涨幅之差分别为3.8个、3.2

个、3.9 个、4.1 个、4.4 个、4.3 个、4.7 个、5.5 个和 5.5 个百分点，生产者价格向消费者价格传导的压力明显减弱。

二　2013 年物价上涨压力较 2012 年有所增强

（一）诸多因素将抑制我国物价总体涨幅

1. 较低的经济增速将减弱我国物价上涨的需求压力

2012 年以来，受欧债危机恶化、美国经济复苏乏力等因素的影响，我国出口维持较低增速，加之国内前期实施的经济刺激政策逐步退出、经济结构调整稳步推进，我国经济增速呈持续回落态势。2012 年前三季度，GDP 同比增长 7.7%，低于上年同期 1.7 个百分点，其中第一季度增长 8.1%，第二季度增长 7.6%，第三季度增长 7.4%。我国工业生产仍在去库存，前三季度规模以上工业生产增长 10.0%，比上年同期回落 4.2 个百分点，其中第一季度增长 11.6%，第二季度增长 9.5%，第三季度增长 9.1%。从三大需求角度考察，2012 年前三季度，固定资产投资增长 20.5%，低于上年同期 4.4 个百分点；社会消费品零售总额增长 14.1%，低于上年同期 2.9 个百分点；出口增长 7.4%，低于上年同期 15.3 个百分点，进口增长 4.8%，低于上年同期 21.9 个百分点。IMF 于 10 月 9 日在最新版《世界经济展望报告》中进一步下调了全球经济增长预期，显示 IMF 对全球经济前景走势趋于悲观。报告预计，2012 年和 2013 年全球经济增长率分别为 3.3% 和 3.6%，分别比上次预测值下降 0.2 个和 0.3 个百分点。发达经济体 2012 年和 2013 年的增长率预计将为 1.3% 和 1.5%，分别比上次预测值下降 0.1 个和 0.3 个百分点；新兴及发展中经济体 2012 年和 2013 年增长率将为 5.3% 和 5.6%，分别比上次预测值下降 0.3 个和 0.2 个百分点。其中，中国经济 2012 年和 2013 年增长率预计将为 7.8% 和 8.2%，分别比上次下调 0.2 个和 0.3 个百分点。由于经济增速相对较低，后期推动物价总水平上涨的需求压力没有明显增加。

2. 我国粮食连续丰收为稳物价提供了基础和保障

2012 年，全国夏粮总产量达到 12995 万吨，比 2011 年增加 356 万吨，增

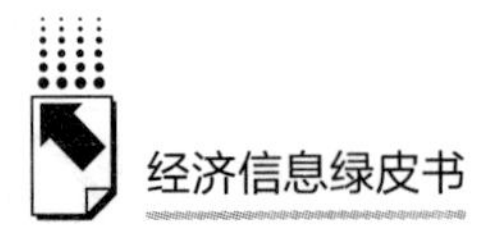

长2.8%，超过1997年12768万吨的历史最高水平，其中，冬小麦产量11430万吨，比上年增加334万吨，增长3%。2012年在国家大幅度提高早稻最低收购价格和各地积极推行科学种植的共同作用下，全国早稻生产稳定增产，2012年全国早稻总产量达到3329万吨，比上年增产53.6万吨，增长1.6%。据农业部农情调度消息，2012年秋粮丰收已成定局，加上已收的夏粮，全年粮食产量有望实现九连增。粮食的连续丰收将有利于增加我国的粮食供给能力，发挥粮食价格在我国物价体系中的基础性作用。

3. 房地产调控累积效应逐步显现

2012年以来，房价同比延续下跌态势，环比涨幅有所回落，房价没有呈明显的过快上涨态势。9月，70个大中城市新建商品住宅价格同比平均下降1.25%，70个大中城市二手住宅价格同比平均下降1.74%。2012年的房地产调控的基调是促进房价合理回归，有关部门和领导也明确表态坚持房地产调控不动摇，彰显了中央坚持房地产调控政策的决心，有利于稳定市场预期，控制房价涨幅。

4. 翘尾因素维持在较低水平

2012年CPI各月环比涨幅总体上比2011年有所回落，环比负增长的月份较多，特别是2012年第二季度三个月环比涨幅均为负，对2013年的翘尾因素具有明显的下拉作用。因此，2013年的翘尾因素比2012年更小。经测算，2012年翘尾拉动CPI上涨1.2%，2013年翘尾因素将拉动CPI上涨1.0%，比2012年低0.2个百分点，翘尾因素的减小在一定程度上将抑制2013年CPI的同比涨幅。

（二）推动物价上涨的因素

1. 物价上涨的货币条件趋于宽松

2012年前三季度社会融资规模为11.73万亿元，比上年同期多1.92万亿元。其中，人民币贷款增加6.72万亿元，同比多增1.04万亿元。9月底，M2同比增长14.8%，分别比上月底和上年底高1.3个和1.2个百分点，突破了14%的年度增长目标，2012年中国人民银行两次降低人民币法定存款准备金率和人民币存贷款基准利率，欧洲央行以及韩国、巴西、澳大利亚和印度等国

央行也均采取了降息措施。美国推行第三轮量化宽松政策，欧洲央行推出货币直接交易（OMT）实质上类似于量化宽松。宽松的货币政策在一定程度上将增加市场流动性，推升物价涨幅。

2. 猪肉价格将进入新一轮上涨周期

2002 年以来，我国猪肉价格已先后经历了 3 次周期性波动，从历史规律看，波动周期一般为 36 个月，上升周期为 18 个月左右，下降周期为 13 个月左右，还有 4～5 个月的调整期。最近一轮猪肉价格周期性波动是 2010 年 4 月至今，尤其是 2011 年第四季度以来，生猪价格持续走低，2012 年 6 月初全国生猪出场价回落到本轮价格周期波动的最低点，为 13.94 元/公斤。猪粮比价 4 月中旬至 9 月中旬持续低于 6∶1 的市场盈亏平衡点，目前为 6.02，恰好处于盈亏平衡点边缘，生猪生产整体处于不盈利甚至亏损状态。为了缓解生猪价格过度下跌的局面，5 月 11 日，国家发展改革委等六部门联合发布了《缓解生猪市场价格周期性波动调控预案》。经过调控，近期生猪价格出现小幅回升，截至 10 月 10 日，生猪出场价为 14.92 元/公斤，比 6 月初的最低点上涨了 7.03%，初步判断 2012 年底或 2013 年初猪肉价格将进入周期性的上涨阶段。我国猪肉价格在 CPI 中的权重约为 3.8% 左右，根据历史经验，猪肉价格上涨阶段的涨幅明显高于下降阶段的降幅，因此，2013 年猪肉价格上行周期一旦确立，对 CPI 的影响应予以高度重视。

3. 资源价格改革稳步推进

经模型分析和估算，电价上调 10%，将拉动 CPI 上涨 0.55%，拉动 PPI 上涨 1.19%。2011 年底，国家开始在广东、广西开展天然气价格形成机制改革试点，天然气价格改革迈出了关键的一步，预计今后天然气价格改革的范围将进一步扩大。阶梯电价的推行和天然气价格改革范围的扩大将在一定程度上推升物价涨幅。

4. 人口红利效应减弱，劳动力成本上升趋势难改

由于实行计划生育政策，我国人口出生率较低，加之老龄人口不断增加，2011 年我国 15～64 岁劳动力的占比 10 年来首次出现下滑，为 74.4%，比 2010 年下降 0.10 个百分点。2012 年上半年，我国分别有 16 个省、12 个省相应上调了最低工资和工资增幅指导线，16 个省最低工资增幅达到 16.9%。近年来，“招工难”问题在我国东中西部频繁出现，凸显了我国劳动力成本上涨的长期性压力，中国经济面临“刘易斯拐点”。据 VAR 模型测算，近年来劳动力成本对物价的拉动作用明显增强。工资的刚性和人力资源价格的上涨将增加我国商品生产成本，进而推动我国物价涨幅。

5. 输入性通胀压力有所增强

由于2011 年国际大宗商品价格基数较高，2012 年以来，国际大宗商品价格总体较上年有所回落。2012 年1 ~9 月，CRB 大宗商品期货价格指数累计同比平均下降13.4%。从具体品种看，1 ~9 月，LME 铜铝期货价格累计同比平均分别下降14.0%和18.2%，CBOT 玉米和小麦价格累计同比平均下降2.8%和3.0%，CBOT 大豆价格累计同比平均上涨6.9%，WTI 原油和布伦特原油轻微上涨，同比分别上涨0.6%和0.7%。2012 年以来中国、印度和欧洲央行等经济体为维持经济增长纷纷降息，美国推行量化宽松政策，欧洲稳定机制全面启动，各国货币政策总体宽松；伊朗和叙利亚局势不稳，地缘政治风险不断发酵；美国和欧洲的干旱影响大豆和玉米等农产品产量。以上诸多因素均助推国际大宗商品价格上升，因此，初步判断 2013 年国际大宗商品价格有望走高，输入性通胀压力将有所增强。

6. 本轮物价涨幅回落的趋势基本结束

进入新世纪以来，我国物价经历了四轮周期性的反复波动。首轮物价波动从2000 年1 月至2002 年3 月，上升阶段持续了16 个月，回落阶段持续了11 个月；第二轮从2002 年4 月至2006 年3 月，上升阶段持续了28 个月，回落阶段持续了20 个月；第三轮从2006 年4 月至2009 年7 月，上升阶段持续了25 个月，回落阶段持续了15 个月；第四轮从2009 年8 月至今，上升阶段持续了24 个月，回落阶段已经持续了14 个月，根据历史规律，前三轮波动中，回落阶段时间在一年左右，据此判断本轮物价回落的趋势趋于结束，CPI 将进入新一轮上升阶段。

（三）对 2013 年物价走势的初步预测

2013 年，控制物价过快上涨仍是宏观调控的重要任务之一，国内经济增速较低、粮食增产、不动产价格过快上涨势头得到控制和翘尾因素回落等将抑

制物价过快上涨；但农业生产基础薄弱、宽松的货币环境、猪肉价格止跌上涨、资源价格改革稳步推进、劳动力成本上升和国际大宗商品价格上涨将推高物价涨幅。综合考虑各种因素，初步判断 2013 年物价涨幅较 2012 年有所扩大，对农产品，尤其是猪肉价格过快上涨的风险要重点关注，预计 2013 年 CPI 上涨 3.0%，PPI 下降 1.0%。

三 采取有效措施做好物价调控工作

1. 抓住时机推进资源价格改革

2013 年物价仍将延续温和上涨态势，这是推进资源价格改革的良好时机和重要时间窗口。首先，缩短目前汽柴油等成品油的调价周期，由 22 个工作日缩短为 5～10 个工作日，取消三地原油加权平均价格 4% 的限制目标，使国内市场的成品油价格更能体现国际油价的变动趋势，稳步推进国内原油期货市场建设，加快成品油市场化改革步伐；其次，推进天然气定价机制改革，总结两广天然气市场净回值法的定价经验，在全国更多的省市推广新的天然气定价机制；最后，煤炭价格与电力价格改革协同推进，政府对输电和配电价格进行监管指导，发电价格和售电价格通过市场机制形成。

2. 注重数量型货币政策工具的使用

2013 年我国货币政策仍应坚持稳健的政策取向，坚持有保有压，促进经济结构战略性调整。鉴于当前我国存款准备金率相对较高，2013 年存款准备金率仍有下调空间，公开市场操作也是较好的政策工具，为避免刺激房价上涨，需慎重使用利率等价格型货币工具；加大对有利于改善民生、调整经济结构等领域的金融支持力度，扶持中小企业的发展，加大对中西部贫困地区的政策支持力度；减少对产能过剩行业的信贷支持，适度控制信贷规模。

3. 重视农产品生产，保障市场供给

由于 2012 年猪肉价格相对较低，部分养殖户出现亏损，为了防止 2013 年猪肉价格过快上涨，应加大生猪疾病预防工作力度，对生猪养殖的公共实施投入给予补贴，切实保障养殖户的收入和盈利能力，做好猪肉收储工作；增加财政对农村水利和有关基础设施建设的投入，减小我国农业生产的脆弱性，增强农产品的生产供给能力，扩大水稻、小麦和大豆等主要粮食的种植面积，加大对农民的补贴力度，提高其生产积极性，保障农产品稳定供给；建立农产品种植的省级信息系统，省级农业部门发挥指导和协调作用，实时公布农产品种植信息，指导农民种植农产品的类型和种植面积，避免盲目种植，形成解决农产品“卖难”“买难”和农产品价格过度波动的长效机制。

4. 提高生产率，应对劳动力成本上升的影响

为了避免劳动力成本上升引发物价螺旋式上涨，必须通过科技创新来提高全要素生产率，即技术进步率。应重视对教育的投资，认识到教育投资是未来经济增长的潜力所在，逐步提高教育投资比重，力争教育投入占 GDP 的比重达到4%，在投入方向上，应加大对农村地区和重大性、基础性科研工作的支撑力度，为提高国民整体素质和突破约束经济发展的技术提供资金保障；加大对中等教育和职业教育的投入，对接受中等教育的学生免收学费或给予奖学金支持，更多培育符合我国国情的高级技工，缓解高级技工供不应求的状况；在盈利能力较强、有利于经济结构调整和战略性新兴产业发展领域内的企业设立研发中心，对研发中心的设立政府给予财政支持和税收优惠，增强企业的创新能力。

5. 坚持房地产调控政策，保持房价稳定

坚持当前以限购为主的房地产调控政策，增加土地供应力度，降低土地供应价格，减少房地产开发过程的税费，减小地方政府对土地财政的依赖；扩大房产税的试点范围，在全国主要的一线和二线城市试点征收房产税；逐步建立房地产调控问责制度，对房价过快上涨的城市追究主管领导的责任；加大保障房建设力度，增加市场供给，保证低收入群体的住房需求；加大金融对房地产的调控力度，对首套房给予利率优惠，对两套以上的住房取消银行贷款或大幅提高贷款利息，切实控制投机行为。

G.6

2012年就业形势分析及2013年展望

刘学良*

摘　要：

2012年，受全球经济增长乏力、外部需求明显减弱和国内基建投资减速、房地产市场调控等因素拖累，我国经济增速出现逐季趋缓态势。受此影响，就业压力有增大迹象，就业市场求人倍率下降，特别是东部地区就业有所萎缩。不过，就业市场总体依然保持平稳，政府新增就业目标提前超额完成，并未出现大规模的企业解雇工人和农民工返乡等现象。展望2013年，我国劳动力供给规模和结构将继续发生变化，总体劳动力规模将迎来转折点，新增劳动人口和青壮年劳动人口将继续下滑，大学生就业将继续面临较大压力，农民工就业压力将有所减小。

关键词：

就业　劳动力　拐点　展望

一　2012年就业的基本情况及特点

2012年，受全球经济增长乏力导致外需严重不足，基建等固定资产投资减速，房地产市场调控等因素影响，我国宏观经济运行出现了逐季减速的态势，前三季度GDP分别增长8.1%、7.6%和7.4%，下滑至2009年初以来的最低点。经济减速对我国就业造成了一定压力，不过，总体而言，我国就业形势总体仍然保持平稳。

---

* 刘学良，经济学博士，国家信息中心经济预测部助理研究员，主要研究领域为宏观经济、收入分配、劳动经济、房地产经济等。

1. 城镇就业形势总体保持平稳，近期就业压力有所增大

2012年城镇就业形势总体平稳。根据人力资源和社会保障部发布的数据，1~9月，全国城镇新增就业1024万人，完成全年900万人目标的114%。第三季度末农村外出务工劳动力16867万人，同比增长3%。截至第二季度末，城镇失业人员再就业294万人，完成全年500万人目标的59%。就业困难人员实现就业95万人，完成全年120万人目标的79%；全国实有城镇登记失业人数918万人，城镇登记失业率为4.1%，继续保持平稳。

近期经济增速放缓导致就业压力有所加大。2012年以来，受欧债危机加深、投资增速降低等影响，我国经济增长速度放缓，工业增加值增速从5月以来持续下降。经济增速放缓对就业造成压力，根据中国人力资源市场信息监测中心公布的数据，第三季度通过公共就业服务机构求职人数同比增长5.5%，而市场需求人数同比增长3.6%。不平衡的劳动力需求和供给增长导致就业压力有所加大，反映劳动力供求关系的指标——求人倍率（用人需求/求职人数）出现下滑。劳动力的求人倍率第三季度为1.05，与第二季度持平，同比下降0.01。

2. 东部地区就业增长趋缓，中西部增长较快

从地区看，前三季度，流向中西部地区的6个月以上外出农民工分别增长了5.5%和5.6%，比东部地区增幅高4个百分点。由于东部地区2012年经济形势较差，东部的11个省市新增就业人数增幅比上年同期下降0.33%。但中西部发展较快，带动中西部就业增长，中西部就业人数增幅高于上年同期，其中，中部新增就业同比增长7%，西部增幅同比增长14%。31个省市中有22个省份新增就业同比增加，新增就业增量较大的几个省市包括重庆、湖北、四川、贵州、安徽等。根据中国人力资源市场信息监测中心的数据，东部地区第三季度求职人数同比增长2.4%，市场需求人数同比下降1.6%，这使得东部就业压力有所增大；中部地区第三季度求职人数同比增长9%，市场需求人数同比增长11.3%；西部地区第三季度求职人数同比增长10.4%，市场需求人数同比增长8.6%，反映出中西部地区就业规模扩大迅猛。

3. 就业行业结构出现变化，制造业用人需求下降

从行业看，制造业创造了 32.5% 的企业用人需求，所占比重最大。由于制造业减速明显，制造业的用人需求增速明显放缓，而高新技术产业、服务业用人需求在上升。根据人力资源和社会保障部的统计，2012 年 7 月底和 2011 年底相比，制造业岗位减少 1.35%；但是信息传输、计算机服务、软件企业就业岗位有所增加，增幅为 4.65%，住宿餐饮业增幅为 3%，居民服务和其他服务业岗位的增幅为 1.48%。总体来看，企业用工规模保持稳定，没有出现普遍性的裁员现象。由于制造业减速明显，对农民工就业造成一定压力，6 月、7 月返乡农民工数量比上年有所增加，但是增幅不大，没有出现大规模返乡的现象。

4. 大学生就业压力较大，高级技能人才十分短缺

从求职人员学历看，由于中国当前特殊的产业结构和层次制约，以及大规模的高校毕业生压力，目前不同学历的求职人员就业形势分化较为明显。第三季度，初中及以下文化程度求人倍率为 1.08，高中为 1.09，职高、技校和中专为 1.34，大专为 0.96，大学为 1.04，同时第三季度新成长失业青年中应届高校毕业生占 51.4%，这反映出大专院校毕业生就业仍然有较大压力。

从劳动者技能等级看，第三季度，对技术等级有明确要求的占总需求人数的 52.7%，主要集中在初级技能人员、中级技能人员和技术员、工程师，其所占比重为 45.1%。从求职看，51.7% 的求职者都具有某种技术等级，主要集中在初级技能人员、中级技能人员和技术员、工程师，其所占比重为 46.5%，技能人才的供求主要集中在初级、中级技术人员。总体来看，技能人才的需求旺盛，总体出现短缺的情况，第三季度，初级、中级和高级技术职务人才求人倍率分别为 1.5 倍、1.7 倍和 2.37 倍，高级技能人才短缺情况较为严重。

5. 中年以上劳动力供给增长较快，高年龄劳动者就业压力较大

从劳动者年龄来看，当前劳动力的供需主要集中在 16 ~ 44 岁的青壮年劳动力，16 ~ 44 岁劳动力占总求职人数的 91%，占劳动力总需求人数的 94%。但由于我国当前居民的年龄结构，中年以上劳动力供给相对增长较快，第二季度 45 岁以上劳动力求职人数同比增长 29%，环比增长 19%。同时，由于年龄较大的劳动者相对劳动技能不足、学习能力差，企业一般倾向于雇用青壮年劳动者，因此高年龄劳动者就业压力较大。截至第三季度，16～24岁、25～34岁、35～44岁、45岁以上劳动力的求人倍率分别为1.00倍、1.17倍、1.08倍和0.74倍。

二 2013年就业形势展望

2013年，国内外经济仍然面临较大不确定性，预计我国经济增速将保持在8%左右，这会继续带来对劳动力的稳定需求。劳动力供给将会出现拐点性变化，总劳动年龄人口在2013年将达到顶峰，之后开始萎缩，人口红利即将消失，就业压力预计将会逐步得到缓解。

（一）劳动力需求

1. 国际经济环境依然复杂多变

总体来看，2013年国际经济环境将依然复杂多变，全球经济仍将处于深度结构调整之中，经济增长动力不足，但有利因素逐渐增多，预计比2012年将有所改善。一是美国经济显露复苏迹象，再工业化加强了美国的制造业，高端制造业开始显露活力，同时房地产市场已出现好转迹象，QE3也将继续为房地产市场复苏添油加码，2013年美国经济复苏势头有望增强；二是欧洲主要国家捍卫欧元和欧元区的态度坚定，随着欧元区国家财政和货币体系的进一步融合，欧债危机对欧洲经济和世界经济的冲击得到缓解，欧洲经济2013年表现可望略好于2012年；三是新兴经济体经济将保持较快增长，东南亚、拉美和南部非洲地区预计仍会保持相对较高速度的增长。

同时，国际经济在2013年仍然面临诸多可能的不利因素：美国政府减税政策到期终止，同时减赤计划开始执行，会导致美国财政政策大幅收紧，对经济增长带来一定不利影响；区域政治经济不稳定，东亚地区中日关系面临较大不确定性；欧元区主权债务危机不确定性仍然较大；在全球货币政策进一步大幅宽松的背景下，充裕的流动性可能推高全球通胀，2013年国际大宗商品市场波动可能较大。

2. 我国经济有望继续保持平稳增长

2013 年，我国经济有望继续保持平稳增长。经济增长的有利因素增多：一是 2013 年是“十二五”规划的中期评估年，规划的加速执行将推动经济增长，同时新一届政府上任，政绩压力将迫使稳增长政策措施加速贯彻实施。二是货币和财政调控政策仍有较大空间。当前我国的存款准备金率、利率仍处在较高水平，同时通货膨胀水平较低，这意味着货币政策仍有较大空间，同时当前财政赤字率仍较低，减税和增支空间仍然较大。三是我国对外投资加快，有助于带动相关设备出口的增加，此外随着欧债危机的缓解，对欧外贸出口将可能恢复增长。

我国经济在 2013 年面临的不利因素有：国际经济形势仍然复杂多变，我国房地产市场表现面临较大不确定性，与东南亚等国家的产业竞争继续加剧，部分产业将向国外转移，而产业升级困难较大等。

上述国内外经济环境表明，我国经济可望保持平稳较快增长，有助于带动劳动力需求的稳步增长，特别是中西部地区和对高技能人才、青壮年劳动力的需求仍将比较旺盛。

（二）劳动力供给

1. 总劳动人口规模拐点到来，人口红利即将消失

平稳的经济增长将对劳动力产生稳定的需求，而同时，总体劳动力供给在“十二五”期间将产生转折性变化，我国将迎来总劳动人口的拐点和人口红利的逐步减弱，2013 年之后，总劳动人口将出现稳步下滑态势（见图 1）。虽然 2013 年劳动力供给仍然很大，就业压力依旧较大，但由于劳动人口的不断减少，未来就业压力将逐步缩小，劳动力供给结构性不足的范围将加深并扩大。

2. 新增劳动人口和青壮年劳动力规模加速下滑

不同年龄层次的人口就业行业、区域和层次有明显不同，青壮年劳动力一般比中老年劳动力具有更强的学习能力和更高的工作效率，使得雇主更愿意雇用青壮年劳动力，而不愿意雇用年纪较大，知识、技能水平不足的劳动力。以广东为例，据调查，35 岁以下员工是广东企业在职职工的主体，占在职职工总量的 70.1%，其中 25 ~ 34 岁职工占 40.5%，24 岁及以下的占 29.6%。我

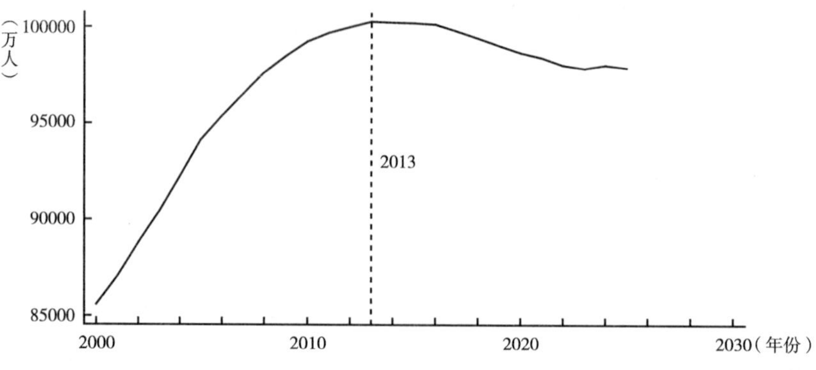

图1　总劳动人口（15～64岁）预测

们计算和预测了未来青壮年劳动力的变动趋势，发现新增劳动人口（假设20岁，这是我国当前劳动力平均初次工作年龄）在2010年已达到顶峰（2803万人），之后开始了十分快速的下滑，2013年新增20岁劳动人口为2077万人（见图2）。青壮年劳动力人口（16～35岁）从2000年就开始了下降的过程，并且下降速度在逐渐提高，2012年青壮年劳动力人口为4.2027亿人，2013年将下降到4.1714亿人（见图3）；而36岁以上劳动力规模在“十二五”期间将继续上升。由于东南沿海的制造业和服务业严重依赖青壮年劳动力，青壮年劳动人口的下滑部分解释了2003年后东南沿海出现大规模民工荒的原因。

未来，随着新增劳动人口和青壮年劳动人口规模的持续下滑，就业市场将产生一些变化，一是青壮年劳动力的工资相对其他年龄人口可能加速上涨；二是企业不得不增加对中年以上劳动力的雇用。同时由于青壮年劳动力具有更高

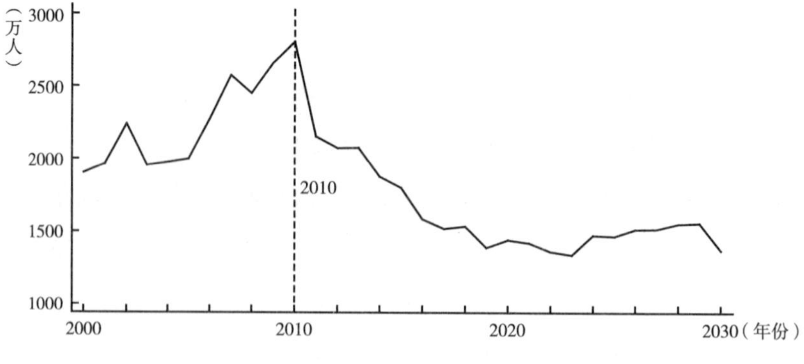

图2　新增劳动人口（20岁）预测

的流动性，而中年以上劳动力流动性相对较差，加上劳动力供应紧张和用工成本上升，将会迫使部分制造业从东部向中西部地区转移。

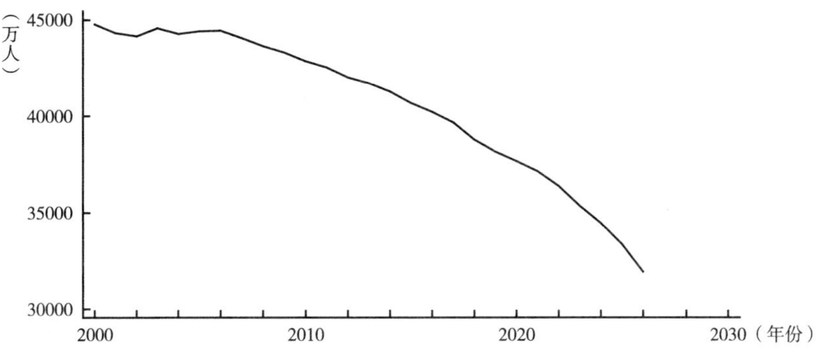

图 3　青壮年劳动人口（16~35 岁）预测

3. 高校毕业生就业压力仍然较大

我国自 1999 年普通高校扩招以来，高校招生数量经历了空前的增长，1998 年普通高校招生 108.4 万人，2011 年则招生 681.5 万人，相应的毕业生数量也大幅增长，1998 年普通高校毕业人数 83 万人，到 2011 年时毕业 608.2 万人。高校扩招给大学生就业带来了很大的压力。2001 年，各个学历的求人倍率中大学生的求人倍率最高，超出其他学历平均求人倍率 14%，而现在各个学历的求人倍率中大学生的求人倍率仅为其他各学历求人倍率均值的 80%。2006 年后，高校扩招速度逐渐放缓，2012 年，教育部发布《关于全面提高高等教育质量的若干意见》，提出今后公办普通高校本科招生规模将保持相对稳定，不会继续大幅扩招。

预计 2013 年高校毕业生人数达到 700 万人左右，“十二五”期间高校毕业生人数每年将增长 3% 左右，这与“十一五”期间年均 13.6% 的毕业生增长率相比大幅下降。因而，从中长期来看，高校毕业生就业压力将得到逐步缓解。但同时，当前巨大的毕业生规模对 2013 年高校毕业生就业仍然造成较大压力，需要教育等相关部门做好高校毕业生就业的工作。

4. 农村可供转移剩余劳动力持续减少

根据《中国流动人口发展报告 2012》的数据，2011 年中国的流动人口数

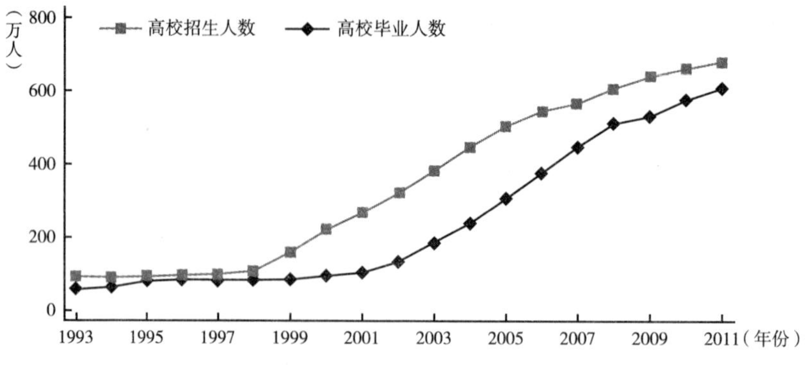

图4　高校招生和毕业人数

量已达到2.3亿人，其中，农村户籍流动人口约占流动人口总量的80%。当前，我国流动人口的平均年龄约为28岁，“80后”新生代农民工已占劳动年龄流动人口的近一半。其中占据主体的新生代农村户籍流动人口大多数在城市成长。事实上，农村青壮年劳动力由于学习能力更强、劳动效率更高，大多已被收入更高的非农产业吸收，当前在农村从事农业劳动的主要是留守中老年人和妇女，这部分人由于年龄、家庭和劳动技能限制，相对更加难以转移。未来农村可供转移的劳动力，主要有两种途径，一是刚刚从学校毕业的农村新生劳动力，而由于新增劳动人口和青壮年劳动人口已经开始持续下滑，这部分劳动力会越来越少；二是由于农业技术进步，机械化水平提高带来的农业劳动力需求减少和节约，这部分劳动力潜力也并不大。总之，未来农业可供转移的剩余劳动力将持续减少，农民工就业压力将继续减小。

综上所述，由于劳动力供给的总量和结构变化，预计2013年总体就业压力将继续得到缓解，同时劳动力的收入将继续快速增长，预计将继续超过人均GDP的增长速度，居民收入占GDP的比例可能继续得到提高。

三　政策建议

（一）降低就业压力和提高就业质量并重

当前，由于宏观经济减速，对就业造成了一定的压力，考虑到通货膨胀

率处于低位，同时货币和财政调控政策仍有较大空间，因此稳增长调控政策可以得到进一步加强，以稳定经济增长，缓解就业压力。同时，调结构要与稳增长并重。随着总劳动人口规模拐点到来，人口红利逐步消失，过去依靠劳动密集型低端制造业的增长已难以为继，转型迫在眉睫。应逐步降低经济增长总量目标，通过提高劳动力素质和技能等政策，促进产业结构升级，提高经济增长质量。

（二）根据市场供求关系加强教育结构优化调整

当前，我国不同学历和不同劳动技能等级的劳动力就业压力分化明显，高技能劳动力需求缺口较大，而大学毕业生就业压力也较大，这说明当前大学教育不适应经济发展需要，没有培养出足够的高技能等级劳动者。而由于目前社会对基础教育体系的要求最终都集中在高考升学率，无形中使高考成为整个教育体系的最终目的，造成基础教育体系过于重视应试而忽视学生学习兴趣、学习能力、创造力和动手能力的培养，这也是高技能劳动力短缺的重要原因。应根据市场供求关系加强教育结构的优化调整。一是提高高校教育质量，优化高校教育的学科和课程设置，提高学生的技能培养，同时约束高校招生规模，避免招生规模继续过快扩张；二是加强基础教育改革，兴趣是最好的老师，要加强学生学习兴趣的培养，避免枯燥的应试扼杀学生的学习热忱和创造力；三是建立学习型社会，以工作单位为基础，建立人才培养培训制度，加强职业培训教育，提高员工的素质和技能。

（三）加强劳动合同制度，促进劳动力由非正式就业向正式就业转变

我国就业市场中大量劳动者与雇主没有签订规范的劳动合同，成为非正式就业。这一方面反映了当前我国依然普遍存在的有法不依、执法不严的法律状况，另一方面则反映了劳动者的弱势地位。从劳动者角度而言，非正式就业由于没有劳动合同的保护，工作不稳定，劳动条件较差，待遇较低，切身权益得不到保障；从雇主角度而言，非正式就业一定程度上降低了企业成本，但由于没有劳动合同的约束，劳动者流动性大，企业因此不愿给员工提供教育和培训

机会，降低了劳动力的人力资本积累。未来要加强劳动合同制度的实施和规范，促进劳动力由非正式就业向正式就业转变，这一方面有利于保护劳动者权益，另一方面有利于促进劳动者的人力资本投资和积累，尤其是在未来人口红利消失的背景下，劳动生产率的提高意义重大。

（四）加强自雇佣劳动者的扶持与保护，促进其规范发展

自雇佣是当前我国劳动者自食其力谋生的重要手段，自雇佣的成分复杂，许多居民因为种种原因难以在正式部门取得稳定的工作，只能选择自我雇佣，以个体商户、私营小企业等形式居多。这些小规模的自雇佣创造了大量实际就业的同时，为城乡居民提供了产品、服务和便利，促进了经济的活跃。但是，自雇佣在过去却没有得到足够的保护，许多规章制度限制了他们的生存和发展。在未来要加强对个体商户等形式的自雇佣劳动者的扶持与保护，对他们的政策应以引导和规范为主，而不是限制和约束。

G.7

2012 年财政收支分析及2013 年展望

王远鸿*

摘 要：

2012 年，受经济增速放缓、物价水平回落、企业效益下滑、结构性减税等因素的影响，财政收入同比增幅比上年同期大幅回落；受加大对教育、医疗卫生、社会保障、保障性安居工程等方面支持力度的影响，财政支出仍保持了较高的增长水平，支出结构继续优化。2013 年，经济增速略有回升、价格涨幅基本持平、企业经济效益难有明显改观，财政收入增速将与2012 年基本持平，财政支出压力仍然很大。为了保持经济平稳较快发展，促进社会稳定和谐，要继续实行积极的财政政策，适当扩大财政赤字和国债规模，维持一定的增量调控能力；进一步优化财政支出结构，大力推进结构调整和改善民生；加大结构性减税力度，增强经济内生增长动力。

关键词：

财政政策　财政收支　税收

一　2012 年1~9 月财政收支形势分析及全年预测

2012 年1~9 月，全国财政收入90588.37 亿元，同比增长10.9%，完成预算的79.7%。其中，中央财政收入44809.59 亿元，同比增长6.8%，完成预算的80.1%；地方本级收入45778.78 亿元，同比增长15.2%，完成预算的

* 王远鸿，经济学博士，研究员，国家信息中心经济预测部财金研究室主任，主要研究领域为宏观经济、财政金融运行和政策分析、经济监测预警等。

79.4%。全国财政支出84119.31亿元，同比增长21.1%，完成预算的67.7%。其中，中央本级支出13891.69亿元，同比增长14.6%，完成预算的75.0%；地方财政支出70227.62亿元，同比增长22.4%，完成预算的66.7%。累计实现盈余6469.06亿元，同比下降46.9%。

（一）1～9月财政收入同比增速大幅回落

1～9月，全国财政收入同比增长10.9%，增速同比回落18.6个百分点。财政收入增速大幅回落，主要受税收收入增幅回落的影响。1～9月，税收收入同比增长8.6%，增速同比回落18.5个百分点。税收收入对财政收入的贡献率为68.5%，同比减少13.8个百分点。2012年以来，工业增加值、固定资产投资、社会商品零售总额、一般贸易进口增幅与物价水平均出现较为明显的回落，带动增值税、营业税、进口环节税收、企业所得税及其他以现价计算的流转税等税收收入增幅相应回落。除此之外，2012年国家继续实施调节收入分配、支持小微企业发展、调整产业结构、扩大进口以及稳定物价等方面的结构性减税政策，导致个人所得税、企业所得税、增值税、营业税、关税等税收收入相应减少。1～9月财政收入增长有以下几个特点。

（1）三大流转税增幅出现回落，对财政收入增长的贡献率有所上升。1～9月，国内增值税、国内消费税和营业税共完成37004.28亿元，同比增长8.6%，增速同比回落11.5个百分点，对财政收入增长的贡献率为32.7%，同比上升2个百分点。其中，受规模以上工业增加值、社会商品零售额增速明显回落和PPI涨幅由正转负的影响，国内增值税完成19259.52亿元，同比增长5.8%，增速同比回落12.9个百分点；受卷烟、酒和成品油等产品产量增速回落的影响，卷烟、酒和成品油等产品消费税增速出现回落，国内消费税完成6121.66亿元，增长10.8%，增速同比回落6.9个百分点；受商品房销售额下降、建筑业投资额增速回落、个体工商户营业税起征点提高、营业税改增值税试点启动等影响，营业税完成11623.1亿元，增长12.1%，增速同比回落11.9个百分点。

（2）所得税增幅大幅回落，对财政收入增长的贡献率明显下降。1～9月，所得税收入20681.35亿元，同比增长8.9%，增速同比回落26.6个百分点，

对财政收入增长的贡献率为 19.7%，同比下降 8.2 个百分点。由于房地产企业和工业企业利润增幅大幅回落，企业所得税完成 16998.14 亿元，增长 14.7%，比上年同期回落 21.1 个百分点。但由于银行业、卷烟等行业所得税增长较快，汇算清缴上年企业所得税增加较多，企业所得税增幅高于财政收入的增幅。受 2011 年 9 月个人所得税工薪所得减除费用标准提高以及个体工商户经营所得税率结构调整的影响，个人所得税完成 4574.05 亿元，下降 8.7%，同比回落 42.8 个百分点。

（3）进口环节税收增幅大幅回落，对财政收入增长的贡献率明显下降。1～9 月，一般贸易进口增长 3.6%，增速同比回落 29.7 个百分点，与此相对应，进口环节税收完成 13257.35 亿元，同比增长 4.0%，增速同比回落 28.8 个百分点，对财政收入增长的贡献率为 5.7%，同比下降 11.2 个百分点。其中，进口货物增值税、消费税 11134.91 亿元，同比增长 3.7%，增速同比回落 29.9 个百分点；关税 2122.44 亿元，同比增长 5.2%，增速同比回落 23.7 个百分点。

（4）部分地方税收收入增长加快，对财政收入的贡献有所加大。1～9 月，资源税完成 716.96 亿元，同比增长 60.3%，增速同比加快 18.1 个百分点。房产税完成 1013.61 亿元，同比增长 26.9%，增速同比加快 3.3 个百分点；城镇土地使用税完成 1159.32 亿元，同比增长 28.1%，增速同比加快 6.4 个百分点；耕地占用税完成 1188.71 亿元，同比增长 54.8%，增速同比加快 34.9 个百分点。

（5）非税收入对财政收入的贡献率提高。1～9 月，非税收入 13178.29 亿元，同比增长 27.1%，增速同比回落 19.3 个百分点，对财政收入增长的贡献率达到 31.5%，同比增加 13.8 个百分点。1～9 月，国有资源（资产）有偿使用收入 2177.12 亿元，增长 66.5%；国有资本经营收入 1409.70 亿元，增长 27.2%；行政事业性收费 3504.89 亿元，增长 21.5%；石油特别收益金收入 1663.0 亿元，增长 38%。非税收入增长较快的主要原因一是部分地区 2011 年上半年预算外资金尚未纳入预算管理，基数较低；二是清缴的 2011 年部分非税收入在 2012 年初入库；三是地方加强了国有资源（资产）的有偿使用收入征管，增加了相应的收入。

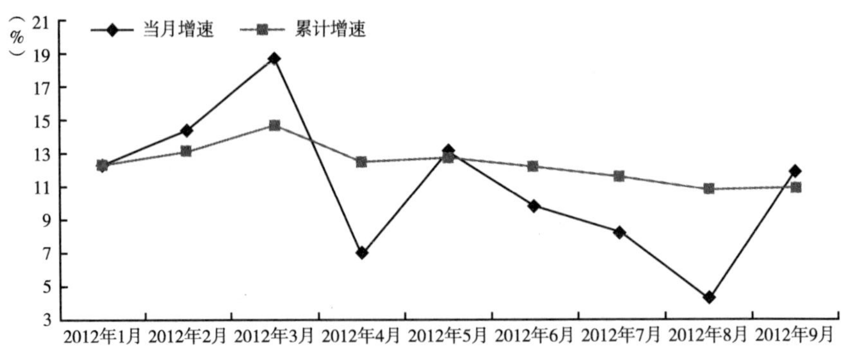

图1　2012 年 1 ~9 月财政收入增长态势

（二）1 ~9 月财政支出同比大幅增长

2012 年，国家继续实施积极的财政政策，进一步优化财政支出结构，加大了“三农”、教育、医疗卫生、社会保障和就业、文化、保障性安居工程、节能环保以及欠发达地区的财政投入力度。1 ~9 月，全国财政支出 84119.31 亿元，同比增长 21.1%，增速同比回落 6.4 个百分点。月度财政支出增速波动较大（见图 2）。

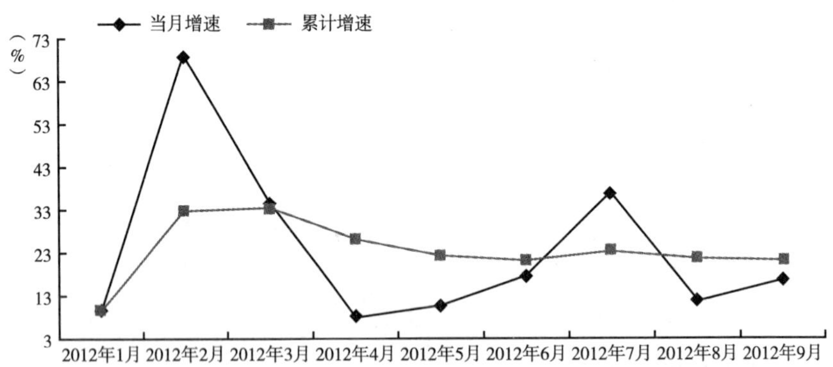

图2　2011 年 1 ~9 月财政支出增长态势

1 ~9 月财政支出主要项目增长情况如下所示。

（1）教育支出 12587.89 亿元，增长 32.6%，完成预算的 66.5%。进一步提高财政教育支出占公共财政支出的比重和预算内基础建设投资用于教育的比

重，确保国家财政性教育经费支出占国内生产总值4%目标的实现。重点支持农村学前教育、完善农村义务教育经费保障、推进实施农村义务教育薄弱学校改造计划和农村义务教育学生营养改善计划。

（2）社会保障和就业支出 9432.02 亿元，增长 17.8%，完成预算的 72.9%。重点支持新型农村社会养老保险和城镇社会养老保险制度全覆盖，继续提高企业退休人员基本养老金水平，提高城乡最低生活保障标准，调整优抚对象等人员抚恤和生活补助标准。支持实施更加积极的就业政策。

（3）农林水事务支出 7300.26 亿元，增长 24.9%，完成预算的 64.9%。重点支持高效节水灌溉，实施“节水增粮”行动；加强中小河流治理、小型病险水库除险加固和山洪地质灾害防治工作；完善农作物良种补贴、农资综合补贴和粮食直补政策，扩大农机购置补贴规模；稳步提高小麦、稻谷最低收购价，健全粮、棉、油、糖等主要农产品补贴和收储制度；落实对生猪生产的扶持政策，加大对生猪调出大县的奖励力度。

（4）交通运输支出 5881.19 亿元，增长 20.8%，完成预算的 71.5%。重点推进国省干线、内河航运、综合客货运枢纽等公共交通基础设施建设，对城市公交、农村客运等部分公益性行业继续给予油价补贴，支持地方取消政府还贷二级公路收费。

（5）医疗卫生支出 4934.60 亿元，增长 24.4%，完成预算的 67.2%。重点完善全民基本医保制度，稳定城镇职工和居民基本医疗保险以及新型农村合作医疗保险参保率，提高新农合和城镇居民基本医疗保险的财政补助标准，提高报销水平。探索建立重特大疾病保障机制，继续支持实施重大公共卫生服务项目，推动以县级医院为重点的公立医院改革。

（6）科学技术支出 2823.75 亿元，增长 23.1%，完成预算的 65.0%。重点增加对国家重大科技专项和自然科学基金的资金投入，推动国家重点实验室、基础科研机构科研能力建设，支持前沿技术、社会公益和重大共性关键技术研发，加大对重大科研装备自主研制和区域创新能力建设的引导支持，推动科技成果向现实生产力转化。

（7）住房保障支出 2943.67 亿元，增长 28.8%，完成预算的 66.9%。重点通过加大各级财政对保障性安居工程的补助力度，继续落实好相关税费减免优惠政策，通过投资补助、贴息贷款、注入资本金等方式，积极引导银行和社会资金共同参与租赁房和廉租房建设，加快城市、工矿、林区、垦区、煤矿等棚户区改造以及农村危房改造和游牧民定居工程进度。

（8）节能环保支出 1598.94 亿元，增长 19.2%，完成预算的 53.9%。重点加强重点节能工程建设，推进城镇污水垃圾处理设施及污水管网工程建设，大力推进重点领域的节能减排，坚决淘汰落后产能；加大对节能产品的补贴力度，对节能和新能源汽车、高效电机、高效照明产品给予补贴；加强重点地区、重点流域生态综合治理，推进农村环境综合整治，支持实施重大生态修复工程。

（三）第四季度及全年财政收支分析预测

（1）第四季度财政收入增速将比 1 ~9 月有所回升。2012 年以来，财政收入增速出现逐季回落的态势，第一季度增长 14.7%，第二季度增长 10.0%，第三季度增长 8.1%。第四季度，随着已出台的各项稳增长政策措施落实到位并发挥作用，美、日、欧等国家刺激政策带来国际经济环境的改善，国内经济增速将出现低位趋稳、温和回升的态势，有利于财政收入增幅的缓中趋稳，同时，上年同期基数较低也有利于财政收入增速反弹。但物价水平回落、企业效益走低和国际经济贸易低位运行仍难以出现明显改观，多数行业税收仍将增长乏力。初步预测，第四季度财政收入增幅略高于 1 ~9 月，2012 年财政收入将增长 12% 左右，达到 116200 亿元左右。

（2）第四季度财政支出增速将明显低于 1 ~9 月。分季度看，财政支出波动较大，第一季度增长 33.6%，第二季度增长 12.7%，第三季度增长 20.7%。第四季度，为了应对当前经济下行压力较大的形势，促进经济平稳较快增长，推动经济结构调整，保障和改善民生，特别是实现国家财政性教育经费投入占国内生产总值 4% 的目标，实现新型农村和城镇居民社会养老保险制度全覆盖，提高退休人员基本养老金水平以及新型农村合作医疗和城镇居民基本医疗保险财政补贴标准，加大保障性安居工程投入力度等，都需要财政支出保持一定增长。初步预计，第四季度财政支出增幅将明显低于 1 ~9 月的水平，全年财政支出增长 16.5% 左右，达到 126900 亿元左右。

二 2013 年财政收支走势初步判断

（一）2013 年国内外经济环境分析

2013 年，随着各国推动经济增长的宏观政策力度加大，尤其是欧洲稳定机制（ESM）全面启动和美国经济复苏态势逐步稳定，市场信心和发展预期逐步稳定和提高，世界经济发展环境将有所好转。但世界经济仍面临欧债危机、美国“财政悬崖”、大宗商品价格动荡以及国际资本流动大幅波动等风险，以科技创新引领的新兴产业仍将难以形成大的带动作用，欧元区外围国家经济衰退、核心国家经济放缓难以明显改观，特别是德国、意大利大选可能冲击核心国家出资、外围国家紧缩的政治共识，欧元区国家债务危机、财政危机、银行危机、政治危机、社会危机仍将相互交织；美国面临债务高企和“财政悬崖”两大风险，经济增速难有明显起色；受内需疲弱和外部经济环境恶化的双重压力，新兴和发展中经济体经济难以恢复较快增长；由于财力的约束，各国大幅增加公共支出或以减税、补贴等手段刺激经济增长的财政政策空间普遍有限，主要经济体刺激经济增长仍依赖宽松的货币政策，但由于尚未出现新的经济增长点，货币政策刺激效应有所减弱。因此，2013 年全球经济和贸易增长将继续低位运行，国际货币基金组织（IMF）10 月预测 2013 年全球经济增速从 2012 年的 3.3% 提高至 3.6%，低于金融危机前 10 年 4% 的平均水平；世界贸易组织预测 2013 年全球贸易量增速从 2.5% 提高到 4.5%，仍明显低于危机前 6% 的平均水平。在全球经济复苏缓慢的情况下，美、欧和新兴经济体与我国的贸易摩擦有可能升级，地缘政治风险不断上升，有关国家调动领土争端不断升级，已经并将继续对双边贸易产生较大负面影响，加上我国出口商品综合成本上升，出口竞争优势减弱，我国对外贸易形势仍存在较多不确定不稳定因素。

2013 年，城镇化、工业化、信息化、农业现代化、产业升级和区域间转移、居民消费结构升级和服务业的发展仍将为我国经济增长提供动力。落实“十八大”精神和政府换届将调动全国上下的发展积极性，我国扩大内需的政策空间仍然较大，随着稳增长政策效应的进一步显现，经济运行企稳的基础将趋于稳固。与此同时，内需实现较快增长也面临诸多困难：由于资源环境约束的加大，潜在增长能力有所放缓；在市场环境趋紧、要素成本上升、预期收益下降、市场准入面临障碍、新的投资领域缺乏等情况下，企业扩大投资的能力和意愿不足；地方政府债务压力和土地转让收入的锐减将限制地方政府的投融资能力；房地产调控政策导致房地产开发投资增速难以出现明显反弹；在汽车、住房等大宗消费延续低速增长、节能家电等促消费政策效果不佳，尤其是经济增速放缓对就业和居民收入的不利影响逐步显现的情况下，消费增速出现明显回升的难度很大。

综合分析国内外需求状况，我们认为，2013 年我国经济仍有保持相对较快增长的潜力和空间，但也面临需求增长存在较多制约、企业生产经营和转型比较困难、结构调整任务非常艰巨等诸多挑战。因此，我们一方面要适当加大需求调节的力度，着力扩大内需拓宽增长空间，使经济增速稳定在合理区间，防止在多重因素作用下增长速度过快下滑；另一方面，要着力推进结构调整和深化改革开放，发挥市场对资源的基础配置作用，释放长期增长的潜力。如果能够适当把握宏观调控的方向、力度和节奏，化解国际经济政治的不确定因素可能带来的冲击，我国经济全年仍将保持 8% 左右的增长，CPI 上涨 3% 左右。

（二）2013 年财政收入增速将略低于 2012 年水平

2013 年，经济增速略有回升，价格涨幅基本持平，企业经济效益难有明显改观，结构性减税力度有所加大，财政收入增速将略低于上年水平。

（1）国内增值税增长将有所回升

增值税的税基大体相当于工业增加值和商业增加值。初步预计，2013 年工业增加值将增长 10.5% 左右，较 2011 年 10.0% 左右的增速回升 0.5 个百分点。工业品出厂价格指数（PPI）从 2012 年下降 1.8% 左右收窄到 2013 年下降 1.0% 左右，工业增加值的名义增速回升幅度在 1.3 个百分点左右，与工业增加值有关的增值税增速将出现小幅回升。2013 年，社会消费品零售总额增速将从 2012 年的 14.2% 左右小幅回升到 2013 年的 14.6% 左右，与此相关的商业增值税增速也将略有回升。同时，营业税改增值税的试点地区和行业将进

一步扩大，将扩大增值税的税基。

（2）国内消费税增速难有明显起色

消费税的税基是烟、酒、汽车、成品油等 14 类特定商品的销售额或销售量。2013 年，汽车、成品油销量难以出现大幅增长，相关税收同比增幅难有明显起色，随着经济增速和物价水平的回稳，高档烟酒及贵重首饰的消费税将逐步回稳。

（3）营业税收入增长将出现回落

营业税的税基是交通运输业、建筑业、金融保险业、邮电通信业、文化体育业、娱乐业、服务业、转让无形资产和销售不动产等 9 个行业取得的营业收入。2013 年，国家将进一步加大交通运输业、现代服务业等领域营业税改增值税的力度，相关税收将明显减少。国家房地产调控政策难以放松，城市房屋销售价格难以出现大幅上升，商品房销售面积和销售额难以出现超预期的增长，房地产营业税增速也难以出现超预期的增长。根据我们的预测，2013 年房地产投资增速在 15% 左右，与 2012 年持平，建筑业营业税增速也将基本持平。由于货币政策继续保持稳健，银行信贷增速将继续保持在较低水平，金融保险业营业税增速不会明显反弹。

（4）所得税增速将企稳

企业所得税的税基是企业利润总额，个人所得税的税基是个人收入。2013 年，尽管工业增速企稳回升，但仍将低位运行，同时企业成本仍将居高不下，工业企业利润增长难以明显回升，工业企业所得税增速也将低位运行；房地产市场难以出现新的景气，房地产企业所得税收入增长将有所企稳，但难以出现大幅回升；提高个人所得税工薪所得减除额和调整税率结构的翘尾影响将逐步消除，个人所得税将恢复正增长。

（5）进口税收增幅回升幅度有限

关税和进口环节税的税基是一般贸易进口额。2013 年，国内经济增速将企稳回升，但力度有限，一般贸易进口额的增速回升幅度将有限，进口税收增幅回升也将有限。

综合以上因素，并考虑到 2013 年政府将进一步加大结构性减税力度，切实减轻企业和居民负担，推动结构调整。初步预测 2013 年财政收入将增长 11% 左右，达到 129000 亿元左右。

（三）2013 年财政支出增幅将低于 2012 年

2013 年，为了保持经济平稳较快增长，大力保障和改善民生，着力推动经济结构调整，财政支出仍需要保持一定增长。

（1）继续实施积极的财政政策，加大对国家重大项目支持力度。2013 年，为了保持经济平稳较快发展，国家将继续实施积极的财政政策，进一步发挥政府投资的引导带动作用，优先完成在建项目，有序启动一批“十二五”规划的重大项目。

（2）增加“三农”投入，巩固农业基础地位。2013 年，国家要继续加强农田水利建设，强化粮食直补和产量大县奖励政策，增加种粮补贴，扩大农机具购置补贴范围，完善主要农产品收储政策，加大农业科技投入，推动农业产业化发展等。

（3）继续加大投入，着力保障和改善民生。2013 年，国家将推进收入分配改革，进一步加大教育、医疗卫生、社会保障和就业等方面的投入，继续推进保障性安居工程建设，巩固新型农村和城镇居民社会养老保险制度全覆盖成果，推动城乡居民大病保险试点，稳步提高社会保障统筹层次和保障水平。

（4）大力支持结构调整，促进经济发展方式转变。2013 年，国家将落实和完善财税扶持政策，加快战略性新兴产业和服务业发展；落实和完善促进民间投资和中小企业发展的财税优惠政策，推动企业投资和技术创新；引导和支持企业兼并重组和技术改造，加快淘汰落后产能和抑制产能过剩。

综合考虑以上因素，初步预计 2013 年财政支出增长 10% 左右，达到 139500 亿元左右。

三 2013 年财政政策取向分析

2013 年要继续处理好保持经济平稳较快增长、调整经济结构和管理通胀预期的关系，坚持把稳增长放在更加重要的位置，继续实行积极的财政政策，进一步完善结构性减税政策，适当扩大财政赤字和国债规模，保持相应的增量

调控能力，进一步调整财政支出结构，更加突出改善民生和结构调整，同时，加大税收结构调整力度，以增强经济内生增长动力。

1. 适当扩大财政赤字和国债规模，保持相应的增量调控能力

在财政收支增长面临较大压力的背景下，继续实施积极的财政政策，适当扩大财政赤字和国债的规模，保持一定的增量调控能力，有利于主动地应对国内外各种复杂形势，有利于保持经济社会的持续稳定发展和经济结构的调整。建议 2013 年，中央财政赤字规模安排 6500 亿元，增加 1000 亿元；同时考虑到地方政府受经济增速回落、房地产调控和稳健货币政策等方面的影响，可支配财力有所下降，2013 年由中央政府代发 4000 亿元地方债，比 2012 年增加 1500 亿元。全国财政赤字规模增加到 10500 亿元，占 GDP 的比重比 2012 年有所上升，但仍明显低于 3% 的警戒线。

2. 进一步调整财政支出结构，更加突出改善民生和结构调整

一是充分发挥政府投资的带动作用。有序启动一批事关全局、带动性强的“十二五”重大项目，加大国家预算内资金对农村和西部地区基础设施、城市市政工程、铁路、节能环保、信息化等重点领域项目建设的支持。二是继续加强对高耗能、高排放行业和产能过剩行业投资的控制，严格控制一般性的地方政府投资项目的开工，防范地方债务和地方政府融资平台风险过度积累。三是切实落实鼓励引导民间投资的财税、金融政策措施，支持民间资本进入铁路、市政、金融、能源、教育、医疗等领域，进一步实现投资增长由政府主导向自主增长的转换。四是进一步加大对教育、医疗、社会保障和就业、文化、保障性住房等方面的支持力度，继续完善各项社会保险制度，提高医疗保险统筹层次，稳步提高城乡低保、农村五保供养和优抚对象待遇水平，提高新农合和城镇居民医保补助标准和报销水平。五是加大对战略性新兴产业的财政资金支持力度，同时辅以税收、信贷、利息优惠政策，支持重大产业创新发展工程、重大创新成果产业化等项目，尽快培育产业发展新引擎。六是进一步落实好支持欠发达地区发展的财税政策，加大转移支付力度，促进地区协调发展。

3. 加大结构性减税力度，增强经济内生发展动力

为了促进经济自主增长动力的形成，应通过结构性减税调动民间投资和居民消费的活力。一是全面落实减轻企业税费负担的一系列政策措施，进一步清理规范行政性收费和政府性基金，取消不合理的涉企收费，降低偏高的收费标准。二是稳步推进和完善营业税改征增值税试点方案和政策措施，继续扩大试点地区，选择部分行业在全国范围试点，消除重复征税，减轻企业负担。三是稳步推进收入分配改革，提高城乡居民特别是中低收入者收入，以逐步增加居民收入和扩大消费。四是切实加大支持企业创新的税收减免等政策，鼓励和支持企业增加研发投入，促进自主创新。五是灵活运用进出口政策，稳定出口增长，促进出口结构优化升级，适当扩大进口规模。

G.8

2012 年金融运行分析及 2013 年展望

李若愚*

摘　要：

2012 年以来，央行两次降准、两次降息助力“稳增长”，银根放松促使货币信贷增速反弹，社会融资规模扩大，货币市场利率稳中有降。2013 年经济运行仍面临下行压力，货币政策应继续把稳增长放在更加重要的位置，防止短期内经济增速出现大幅下滑，但对通胀反弹也不可掉以轻心。稳健的货币政策在向“宽松”方向调整时，需要把握好节奏，坚持预调微调和“有保有压”，防止超调和“一刀切”。由于跨境资本流动存在不确定性，经济下行阶段货币政策传导存在障碍，信贷资金结构性矛盾仍很突出，货币政策的宽松效果面临挑战。

关键词：

货币政策　货币　信贷　利率　汇率

2012 年以来，稳健的货币政策向“宽松”方向微调，降准、降息等政策在 5 ~7 月集中出台。2 月 24 日央行下调人民币存款准备金率 0.5 个百分点。由于经济的下行风险加大，通胀形势明显缓和，5 月 18 日，央行再次下调人民币存款准备金率 0.5 个百分点，随后又分别于 6 月 8 日和 7 月 5 日两次下调存贷款基准利率，并扩大了存贷款利率浮动区间。受央行放松银根的影响，社会资金供应状况有所改善。

---

* 李若愚，金融学硕士，国家信息中心经济预测部高级经济师，主要研究货币政策、金融运行与金融市场等问题。

一　流动性闸门趋松，融资条件改善

1. M2 增速稳中有升，M1 增速低位反弹

2012 年前 4 个月，M2 增速保持在 13% 左右；M1 增速持续个位数增长，1 月和 4 月均处于 3.1% 的历史最低水平。随着央行两次降准、两次降息，5 月以来，M1 增速趋冷状况好转，M2 增速则在 5 月、6 月、7 月连续三个月反弹，9 月份突破 14% 的年度增长目标（见图 1）。9 月底，M2 余额同比增长 14.8%，比 4 月底回升 2 个百分点，比上年同期高 1.8 个百分点；M1 余额同比增长 7.3%，比 4 月底回升 4.2 个百分点，比上年同期低 1.6 个百分点。货币流动性比例（M1/M2）下降，9 月底为 30.39%，比上年同期低 3.54 个百分点。货币流动性比例反映了货币的“活跃”程度，这一比例下降反映出企业与居民持币的交易动机减弱。预计年末 M2 增速将略超 14% 的增长目标，M1 增速有望反弹至 8% 左右。

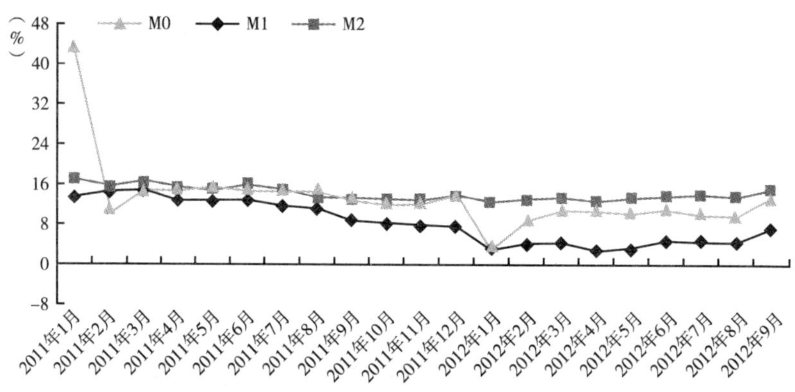

图 1　各层次货币供应量同比增速

资料来源：中国人民银行网站。

2. 人民币贷款增势良好，贷款期限结构“短期化”

2012 年以来，人民币贷款增速基本呈逐月小幅上升之势。9 月底人民币贷款余额同比增长 16.3%（见图 2），比 1 月末回升 1.3 个百分点，比上年同期高 0.4 个百分点。前三季度人民币贷款增加 6.72 万亿元，同比多增 1.04 万亿

元。除 1 月和 4 月外，前三季度其余各月新增贷款规模均高于上年同期。9 月底外币贷款余额同比增长 18.9%，比上年同期低 5.5 个百分点。前三季度外币贷款增加 845 亿美元，比上年同期多增 111 亿美元。

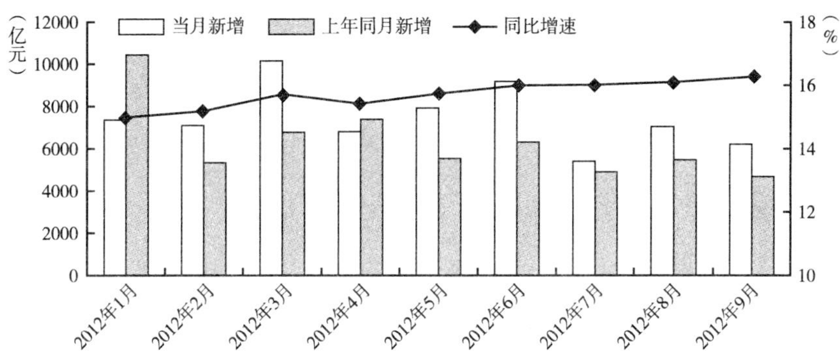

图 2　2012 年 1～9 月各月人民币贷款增长情况

2012 年新增人民币贷款结构呈现以下特征：一是“企业多、住户少”。前三季度人民币非金融企业及其他部门贷款累计新增 4.78 万亿元，同比多增 1.11 万亿元；住户贷款累计新增 1.93 万亿元，低于上年同期水平（2 万亿元）。二是“短期贷款与票据融资多、中长期贷款少”。前三季度人民币短期贷款累计新增 3.3 万亿元，同比多增 6358 亿元；票据融资新增 8313 亿元，同比多增 8372 亿元；中长期贷款新增 2.36 万亿元，同比少增 5243 亿元。三是房地产贷款下半年增速反弹。9 月底，人民币房地产贷款余额同比增长 12.2%，比 6 月底高 1.9 个百分点。

3. 社会融资规模扩大，债券融资表现出众

2012 年前三季度社会融资规模为 11.73 万亿元，比上年同期多 1.92 万亿元。除 1 月份和 4 月份外，前三季度其余各月社会融资规模均高于上年同期，尤其是 9 月份比上年同期多出 1.22 万亿元。除贷款增势良好外，债券融资也表现出众。前三季度，企业债券净融资 1.56 万亿元，比上年同期多 7186 亿元，超过上年全年规模。受国内股市下跌拖累，前三季度非金融企业境内股票融资 2177 亿元，同比少 1338 亿元。表外融资（包括未贴现的银行承兑汇票、委托贷款和信托贷款）好于上年，前三季度表外融资 2.32 万亿元，比上年同期多1899亿元。

债券融资的出众表现与监管层积极推动债券市场发展有关。根据WIND数据，2012年前三季度共发行短期融资券1.04万亿元，比上年同期多发行2750亿元；发行中期票据8239亿元，同比多发行3228亿元；发行企业债与公司债4341亿元与1618亿元，同比多发行2749亿元与644亿元。在商业银行收紧对地方融资平台贷款之时，作为地方融资平台主要直接融资工具的城投债发行规模大幅扩张。据统计，2012年前三季度城投债发行规模达5158.7亿元，超出2011年全年总额50%以上。[①] 此外，在表外融资中，与企业投资（尤其是房地产投资）有关的信托贷款和委托贷款前三季度累计增加1.56万亿元，比上年同期多增4103亿元。这说明在商业银行对地方融资平台和房地产两大风险点加强信贷控制的同时，地方政府与房地产企业的融资需求向债券融资和表外融资转移。

4. 人民币存款恢复性增长，外汇存款高增长

2012年以来，由于CPI月度同比涨幅持续下行，通胀压力明显减轻。而在6月8日的降息中，央行同时将存款利率浮动区间的上限调整为基准利率的1.1倍，不少银行选择将存款利率上浮10%。受上述影响，一年期存款实际利率自4月以来“由负转正”。存款收益的改善使居民和企业持有银行存款的意愿提高，推动人民币存款增速回升。人民币存款增速自4月以来持续回升，9月底人民币存款余额同比增长13.3%，比4月底高1.9个百分点（见图3）。前三季度人民币存款增加9.03万亿元，同比多增9243亿元。从各月表现看，除1月份、4月份和8月份外，前三季度其余各月新增存款规模均超过上年同期，尤其是9月份人民币存款增加1.65万亿元，同比多增9212亿元。

外币存款大幅增长，9月底外币存款余额同比增长61.9%（见图3），增幅比上年同期提高52.9个百分点。前三季度外币存款增加1388亿美元，比上年同期多增1088亿美元。外汇存款的迅猛增长主要是由于人民币单边升值预期被打破，出现“有升有贬”的双向预期。受人民币贬值预期影响，企业和居民持有外汇的意愿增强，出现资产外币化倾向。

---

① 《中国城投债特征分析》，华泰证券研究报告，2012年10月。

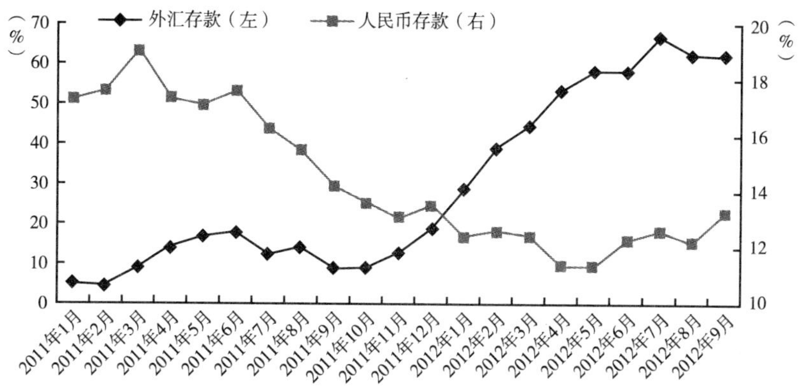

图 3　人民币存款与外币存款增长情况

5. 银行体系流动性相对宽松，货币市场利率有所回落

公开市场操作与调整法定存款准备金率是央行调节银行体系流动性的主要手段。2012 年上半年，央行采取下调法定存款准备金率与正回购操作相结合的政策组合来保持银行体系流动性的平稳，下半年则选择更具灵活性与主动性的滚动逆回购操作来满足市场的短期资金需求。第一季度公开市场操作累计净投放资金 60 亿元，第二季度累计净投放 5233 亿元，第三季度累计净投放 8539 亿元，公开市场操作投放流动性力度逐季加大。国库现金管理商业银行定期存款业务也可增加流动性投放，前三季度央行开展 10 期，共计 4900 亿元，比上年同期多出 2200 亿元。央行释放流动性推动货币市场利率稳中有降。9 月份，银行间市场同业拆借、质押式债券回购月加权平均利率为 2.93% 和 3.01%，分别比上年底低 0.4 个和 0.36 个百分点。

6. 人民币汇率弹性增强，对美元出现小幅贬值

2012 年，在经历了 7 年的升值长跑之后，人民币对美元汇率走到了历史性的关口。短期来看，人民币汇率重估已经逐步到位，加上我国经济减速、国际金融危机后续效应等影响，2011 年第四季度以来，人民币对美元由单边升值预期变为“有升有贬”的双向预期。面对这一形势，央行顺势加快人民币汇率形成机制改革，自 2012 年 4 月 16 日起，将银行间即期外汇市场人民币对美元交易价浮动幅度由 5‰扩大至 1%，将外汇指定银行为客户提供的人民币对美元现汇买卖差价幅度由 1% 扩大至 2%。在内外因素的共同作用下，人民币对美元汇率保持双向波动，总体小幅贬值，截至 9 月底，2012 年人民币对美元中间价累计贬值 0.63%。

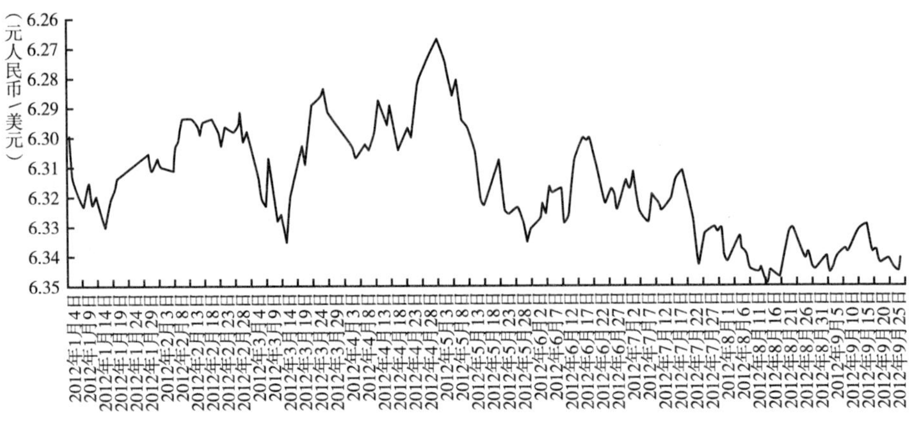

图 4　2012 年 1～9 月银行间市场人民币对美元汇率中间价走势

二　货币政策面临多重目标，宽松效果存在多重约束

1. 金融调控存在目标冲突，流动性闸门需松紧适度

2012 年 GDP 增速逐季回落，第一季度增长 8.1%，第二季度增长 7.6%，第三季度增长 7.4%。虽然政府的“稳增长”政策对经济企稳起到了积极作用，但经济仍在筑底。需要看到，目前的经济减速不仅是短期需求收缩的结果，更是长期问题交织并集中爆发的结果。一是全球经济再平衡带来的外部压力持续加大，主要体现为欧美等发达国家危机四伏、经济疲软，我国出口面临的外需低迷。二是支撑我国经济增长的要素条件发生变化，中长期潜在供给条件趋弱，主要体现为人口红利、入世红利消失导致潜在增长率放缓。三是长期积累的经济结构性矛盾接近临界点，严重威胁到经济增长的可持续性，具体体现为收入分配结构、投资—消费结构及产业结构失衡导致严重的产能过剩。在经济长期面临下行压力的情况下，金融调控需要适时适度“稳增长”，平滑经济减速幅度，防范“硬着陆”。

伴随经济增长放缓，通胀压力自 2012 年初也明显减轻。但通胀隐患并未

完全消除，对通胀反弹仍不可掉以轻心。我国通胀的影响因素主要有：总供求相对变化、农产品涨价、货币投放、通胀预期、输入性因素。根据我们的测算，1980～1990 年产出缺口率[①]与 CPI 年度变化率之间的相关系数为 0.78，1991～2011 年两者间的相关系数下降为 0.34。这说明在 1991 年以来的最近三次通货膨胀中，总供求因素的影响力在减弱，其他因素在发挥更大的作用。按照“猪周期”三年一轮回的规律，预计本轮猪肉价格下降将在 2013 年结束，猪价又开始回升。欧、美、日超常规宽松政策持续升级带来全球流动性的过多投放，一旦出现导致国际原油、国际粮价供给不稳的事件，输入型通胀可能卷土重来。目前货币存量过高，以猪肉为代表的农产品价格及输入性因素可能反弹，而且人口红利的衰减以及资源、环境约束增强将使成本推动的涨价压力持续相当长时间，因此，未来通胀隐患仍然存在。

2012 年 5 月以来，政府“稳增长”“松银根”的政策措施对房地产市场产生刺激，部分热点城市成交量明显回升，不少城市地价、房价上涨。货币政策只是向宽松方向“微调”就立即使已调整了近两年的房地产泡沫死灰复燃，未来货币政策调整也需要考虑与房地产调控的协调。

2. 跨境资本流动不确定性上升，货币政策受困于“三元悖论”

“三元悖论”[②] 近几年一直困扰我国货币政策。2005 年以来，人民币持续面临升值压力，同时跨境资本大举流入。这一形势自 2011 年第四季度有所改变。2012 年受欧债危机深化导致国际金融市场动荡以及我国经济下行风险加大等的影响，我国外汇形势发生新变化。一是人民币对美元由单边升值变为“有升有贬”的双向波动。二是跨境资本总体“由进转出”。前三季度，境内银行代客结售汇顺差 300 亿美元，比上年同期减少 3508 亿美元。三是外汇占款增速大幅放缓。前三季度外汇占款累计增加 3874 亿元，同比少增 2.4 万亿元。以上变化说明跨境资本流向在发生变化并导致外汇占款投放大幅减少。虽然未来跨境资本流动仍存在较大不确定性，但不论是流入还是流出都会对我国货币政策产生困扰。

① 产出缺口是实际产出与潜在产出之差，可衡量总供给与总需求的相对变化。

② “三元悖论”指本国货币政策独立性、汇率的稳定性以及资本完全自由流动性不能同时实现。

3. 货币政策传导遇阻，宽松效果将被削弱

货币政策的调控效果具有非对称性，即紧缩的货币政策对抑制通胀效果显著，而在经济低迷时，实行扩张的货币政策效果就不明显。前者就像勒紧缰绳可控制住飞奔的快马，而后者就像向前推缰绳却无法让马前行。货币政策效果的非对称性原因在于货币政策传导机制的非对称。在经济低迷时，宽松的货币政策传导更可能遭遇梗阻。一方面，企业与居民的不良预期使其投资与消费意愿不足，从而导致有效贷款需求不足。此时即便信贷政策全面放松，信贷规模也不会如期扩张。2012 年新增贷款的结构呈现“企业多、住户少”和“票据融资多、中长期少”的特征，表明实体经济有效贷款需求趋弱。据央行储户问卷调查结果，2012 年第二季度贷款总体需求指数为 70.8%，低于上季和上年同期 8.8 个和 12.1 个百分点。另一方面，经济下行带来不良风险上升也将对银行放贷形成约束。银行业资产质量与宏观经济周期有较强反向相关性。随着经济下行，2011 年第四季度至 2012 年第二季度，银行业不良贷款余额连续三个季度小幅反弹。经济下行与不良贷款拐点隐现将使银行趋于“惜贷”、观望。

4. 信贷资金配置不合理，总量政策难解结构性矛盾

货币政策是总量政策，存款准备金率、利率、公开市场操作等政策工具的运用属于总量调控，难以解决资金的结构性矛盾。结构调整主要靠信贷政策。我国信贷资金供求一直存在结构性矛盾，主要体现为信贷投放集中于政府项目、国有企业、大型企业与传统行业，对民营企业、中小企业与新兴行业信贷支持力度不足。虽然央行与银监会一直积极引导商业银行进行“有保有压”的信贷结构调整，但信贷结构性问题仍较突出。近些年信贷资金还向房地产市场与地方政府投资项目严重倾斜，地方政府融资平台贷款与房地产贷款占全部贷款的比重均约 19%。[①] 事实上，信贷资金配置不合理根源在于经济存在结构性问题，同时也是金融体制改革与金融市场发展滞后的结果。货币政策总量宽松对信贷资金结构性矛盾束手无策，这一问题的解决短期有赖于信贷政策引导，长期则需加快推进金融体制改革。

---

① 银监会数据显示，截至 2010 年 11 月底，全国地方融资平台公司贷款余额 9.09 万亿元，占当年全部人民币贷款的 19.16%。央行数据显示，2012 年 9 月底人民币房地产贷款余额 11.74 万亿元，占全部贷款余额的 19.09%。

三　坚持稳健的货币政策，适时适度预调微调

2013 年金融调控要继续处理好速度、结构和物价的关系，把“稳增长”放在更加重要的位置，对“控通胀”仍不可掉以轻心，在统筹考虑“稳增长”和“控通胀”的同时，适度加快“调结构”步伐。要继续实施稳健的货币政策，通过在“宽松”方向的预调微调，防止短期内经济增长过度滑坡。

1. 稳健的货币政策坚持“稳中求进”，进一步向“宽松”方向微调

2013 年的货币政策，要坚持“稳中求进”的基调，坚持预调微调和“有保有压”，防止超调和“一刀切”。货币政策在“宽松”力度选择上需协调经济增长与物价的关系，通过适度降息、降准备金率、与监管政策相协调推动银行合理放贷等措施来保持需求稳定增长，防范企业与居民形成悲观和紧缩预期。经济结构性矛盾制约总量宽松政策效果发挥，金融调控在“宽松”方式上则需兼顾总量与结构两方面。货币政策在实现总量“宽松”时，要坚持“有保有压”的差异化原则，通过信贷政策和差别存款准备金率政策来引导商业银行加大对关键行业、关键领域的资金支持。

2. 引导货币信贷平稳适度增长，保持合理的社会融资规模

虽然 2012 年 M2 增速为历史低水平，但 M2 存量已经突破 92 万亿元。我国货币化进程已接近尾声，畸高的货币化率（M2/GDP）缺乏进一步提升的空间，货币存量如果进一步快速攀升会加剧潜在的通胀压力。我们认为，2013 年 M2 增长 14% 较为适度，可以在保持相对宽松的资金环境的同时，防范通胀风险累积和反弹。对社会流动性闸门的控制需从“社会融资总量”角度加以把握。预计 2012 年新增人民币贷款约 8.5 万亿元，社会融资规模可达 14 万亿元，2013 年社会融资规模与人民币贷款增加规模应与上年基本持平。

3. 加强信贷对实体经济的支持，进一步优化信贷结构

信贷投放要进一步加强对实体经济的支持力度，适度放宽贷款额度、存贷比等行政性控制，支持信贷合理增长。充分发挥信贷政策的结构性作用，落实“有保有压”。具体而言，要加大对“三农”和小微企业的信贷支持，加大对事关全局、带动性强的重大项目和战略性新兴产业、节能环保产业、文化传媒产业、现代服务业、高端制造业及自主创新、农田水利建设等的支持，保证政府在建项目和重点项目建设的资金需求，充分满足居民家庭首套真实自住购房需求，重点支持以省级平台为主开展的公租房、廉租房、棚改房等三类保障房建设，支持中低价位、中小套型普通商品房建设，坚决抑制投机投资性购房需求，严格控制对高耗能、高排放行业和产能过剩行业的贷款。

4. 加强准备金率调整与公开市场操作的配合，保持银行体系流动性平稳

根据外汇占款增长情况，加强法定存款准备金率与公开市场操作的配合，保持银行体系流动性平稳。当前大型金融机构存款准备金率为20%，处于历史较高水平，有较大的下调空间。鉴于过高的法定存款准备金率将导致货币乘数过低，不利于货币信贷的增长，需要通过逐步下调存款准备金率来放松货币乘数，保证货币信贷规模合理增长。公开市场操作需兼顾外汇占款变化、市场资金需求变动、短期特殊因素等方面的需要，并与准备金率调整灵活搭配。准备金率下调可与开展正回购同时进行，在不引起市场利率上行的情况下调整到期资金结构。准备金率不动时则通过适度开展逆回购调节短期流动性，引导市场利率平稳运行。

5. 择机再次小幅降息，保持人民币汇率在合理均衡水平上的基本稳定

目前，一年期存款基准利率为3%，金融机构存款利率浮动区间的上限为基准利率的1.1倍，一年期存款利率最高可达3.3%。预计2013年CPI涨幅在3%左右，温和的物价涨幅为进一步降息提供了空间。未来可择机再次小幅降息，以降低企业资金成本，改善企业的盈利预期。

目前人民币对美元汇率双向波动的预期加强。受欧债危机发展与美联储量化宽松政策推进的影响，预计2013年美元仍将保持区间震荡。应充分利用“美元区间震荡，人民币汇率双向预期加强”的机会，切实增强人民币对美元汇率双向浮动弹性，保持人民币汇率在合理均衡水平上的基本稳定。

G.9 2012年国际收支形势分析及2013年展望

陈长缨*

摘　要：

2012年，在全球经济增长继续放缓、国际金融市场持续动荡、我国经济增速出现较大下滑、稳增长压力日趋增大的背景下，我国涉外经济活动增速明显回落，国际收支规模增速下降，出现经常项目顺差、资本项目逆差的组合格局，国际收支实现了基本平衡，外汇储备增幅大大减慢，人民币汇率基本稳定。2013年，预计全球经济仍将在中低增长空间运行，世界经济运行中的不确定性因素依然较大，我国经济虽有可能触底回升，但中长期结构性问题不会在短期内解决。受此影响，2013年经常账户将会保持顺差，而资本和金融项目则面临较大不确定性，该账户继续出现逆差的可能性较大，但整体国际收支仍会基本平衡。外汇储备余额基本稳定但波动加大，人民币汇率也将在弹性继续加大的情况下保持基本稳定。

关键词：

国际收支　经常项目　资本项目

一　2012年我国国际收支的基本情况

2012年，国内外环境均出现错综复杂的变化，是我国进入21世纪以来经

* 陈长缨，经济学硕士，国家发展和改革委员会对外经济研究所副研究员，主要研究方向为国际贸易、国际金融。

济环境最为恶劣的一年。全球经济增长继续放缓，国际金融市场持续动荡，欧债危机并未缓解；我国经济增速则出现较大下滑，内外需不足情况同时出现，稳增长压力日趋增大，市场对我国经济增长存在担忧心理。受此影响，我国涉外经济活动增速明显回落，国际收支规模增速下降，1999 年以来国际收支“双顺差”结构很有可能发生变化，出现经常项目顺差和资本项目逆差的组合格局，国际收支实现基本平衡。同时外汇储备增幅大大减慢，人民币汇率基本稳定。但也要看到，国际收支基本平衡是在货物贸易顺差扩大和短期资本流出增多状况下实现的，收支波动大幅增加，国际收支蕴涵一定风险。

2012 年上半年，我国国际收支总规模为 3.54 万亿美元，同比增长 10%，与同期国内经济活动增长基本持平；国际收支交易规模与同期国内生产总值（GDP）之比为 98%，较 2011 年同期下降 5 个百分点。从反映国际收支的两类基本活动——贸易和直接投资看，国际收支口径的贸易（包括货物贸易和服务贸易）总规模为 18026 亿美元，同比增长 8%；国际收支口径的跨国直接投资（包括外国来华直接投资和我国对外直接投资）交易总规模为 1694 亿美元，同比增长 14%。2012 年上半年，我国国际收支总顺差（即经常项目、资本和金融项目之和）921 亿美元，而上年同期高达 2717 亿美元，总顺差同比大幅下降了 66%。其中，经常项目顺差 772 亿美元，同比下降 12%；资本和金融项目顺差仅为约 149 亿美元，同比大幅下降了 92%（见表 1）。

表 1　2012 年上半年我国国际收支平衡表

单位：亿美元

项　目	差　额	贷　方	借　方
一、经常项目	772	11636	10863
A. 货物和服务	726	10480	9754
a. 货物	1128	9577	8449
b. 服务	-403	903	1305
1. 运输	-229	184	414
2. 旅游	-218	238	456
3. 通讯服务	3	9	6
4. 建筑服务	46	61	15
5. 保险服务	-84	17	100
6. 金融服务	-1	4	5

续表

项　目	差　额	贷　方	借　方
7. 计算机和信息服务	53	69	16
8. 专有权利使用费和特许费	-85	4	89
9. 咨询	66	157	91
10. 广告、宣传	9	23	14
11. 电影、音像	-2	1	2
12. 其他商业服务	40	132	92
13. 别处未提及的政府服务	-1	4	5
B. 收益	16	902	885
1. 职工报酬	73	82	9
2. 投资收益	-57	820	876
C. 经常转移	31	255	224
1. 各级政府	-15	4	19
2. 其他部门	46	250	205
二、资本和金融项目	149	6527	6378
A. 资本项目	24	25	1
B. 金融项目	125	6501	6377
1. 直接投资	900	1414	514
1.1 我国在外直接投资	-281	100	380
1.2 外国在华直接投资	1181	1314	133
2. 证券投资	204	310	106
2.1 资产	59	143	85
2.1.1 股本证券	22	50	28
2.1.2 债务证券	36	93	57
2.2 负债	145	166	21
2.2.1 股本证券	53	74	21
2.2.2 债务证券	92	92	0
3. 其他投资	-979	4778	5757
3.1 资产	-1623	265	1887
3.1.1 贸易信贷	-332	4	336
3.1.2 贷款	-431	7	438
3.1.3 货币和存款	-967	146	1113
3.1.4 其他资产	108	108	0
3.2 负债	644	4513	3870
3.2.1 贸易信贷	409	409	0
3.2.2 贷款	379	3394	3015
3.2.3 货币和存款	-183	658	841
3.2.4 其他负债	39	53	14
三、储备资产	-629	121	750
四、净误差与遗漏	-292	0	292

资料来源：国家外汇管理局《2012 年上半年国际收支》。

（一）经常项目顺差有所缩小

2012年，我国经常项目继续保持顺差，但顺差规模缩小。上半年，经常项目顺差772亿美元，同比下降12%，占GDP的2.1%，同比下降0.7个百分点，经常项目顺差占全部顺差的84%，成为构成国际收支顺差的主要因素。从内部结构看，经常账户下的货物和服务贸易顺差726亿美元，同比增加7%，收益和经常转移项目虽保持顺差，但顺差规模很小。

1. 货物贸易增速放慢，顺差规模扩大

从外部环境看，2012年国际金融危机后全球经济短暂的复苏势头受到挫折，欧债危机还在震荡升级，投资者信心持续低迷，全球经济增长缓慢，国际货币基金组织（IMF）10月发表的《世界经济展望》预测，2012年全球经济增长为3.3%，比上年降低了0.5个百分点。全球贸易增速也明显放缓，预计2012年增速仅为3.2%，不但低于上年2.6个百分点，而且也明显低于21世纪以来的平均增速。外需增速减慢使我国出口空间持续收窄，尤其是对欧出口出现了罕见的负增长。2012年全球大宗商品价格继续在高位运行，波动剧烈，但与上年相比，原油平均价格并未大幅上涨，矿产价格甚至还有所下降，这降低了我国进口成本。

从内部环境看，2012年国内经济继续下行，稳增长任务比较艰巨，经济增速虽在全球主要经济体中仍保持最高，但经济增速下降明显，季度增速逼近国际金融危机期间的最低值，全年增速将低于2009年。国内企业普遍遇到需求不足和成本上升双重压力，经营困难加剧，企业投资比较谨慎，对设备等投资品进口需求减少。在收入增速减慢、经济前景不明朗情况下，消费者对价格敏感，更愿意购买国产商品，导致进口消费品需求也有所下降。同时受国内成本不断增加等影响，加工贸易进出口增速也持续下降。

受内外部因素影响，2012年我国货物贸易增速放缓，并且近年来首次出现进口增速低于出口增速的情况。按海关统计口径，2012年前三季度，我国进出口总值28425亿美元，比上年同期增长6.2%，其中出口14954亿美元，同比增长7.4%，进口13471亿美元，同比增长4.8%，贸易顺差为1483亿美元，同比增长38.4%。第四季度，受欧盟经济跌幅收窄、我国扩大出口政

策效果逐渐显现和国内经济回升等因素影响，货物贸易存在“触底回升”的可能。从全年看，货物贸易将呈现“前低后高”态势，预计 2012 年货物贸易进出口规模将达到 3.9 万亿美元左右，由于出口增速快于进口增速，货物贸易顺差将比上年增加，这也是 2008 年以来我国货物贸易顺差首次扩大。

2. 服务贸易逆差增长较快

由于我国服务贸易国际竞争力整体较低，长期以来服务贸易呈逆差状态，2012 年不但这种情况继续存在，而且逆差规模较上年明显扩大。据外汇管理局统计，2012 年上半年，我国服务贸易收支总额为 2208 亿美元，同比增长 10%，增幅略高于货物贸易；其中服务贸易收入 903 亿美元，与上年基本持平，但服务贸易支出大幅扩张，达到 1305 亿美元，同比增长 18.5%；逆差 403 亿美元，同比增加 206 亿美元。

运输、旅游是我国服务贸易收支的主体，占我国服务贸易收支总额的一半以上，这两个项目逆差扩大是服务贸易逆差大幅上升的主要原因。从旅游项目看，一方面，国内消费结构加快升级导致我国赴境外旅游人数持续迅速增长，我国消费者还常常伴随大量购物行为，除观光旅游外，近年来商务旅游、康体医疗旅游等也在不断增加，更为重要的是，我国在外留学人数大幅上升，对外支付的留学费用增长很快；另一方面，其他国家尤其是发达国家到我国旅游的人数增速明显下降，其在我国购物的能力也不强。我国出境游人数已大大超过入境游人数，2012 年上半年，内地居民出境 3856 万人次，同比增长 20%，入境旅游 1346 万人次，同比增长 5%。上半年旅游项目逆差为 218 亿美元，逆差规模同比增加超过一倍。下半年，国内暑期、国庆假期将继续带来出境游升温，全年旅游项目逆差较上年大幅增加。运输是我国服务贸易逆差的主要来源，与货物贸易发展状况有密切关系。2012 年上半年，运输项目逆差 229 亿美元，同比增长 10%，略高于货物贸易增速，预计全年运输项目逆差将进一步增大，但不会显著超过上年水平。

咨询和其他商业服务也是服务贸易的主要组成部分。其他商业服务项目中包括转口贸易，2012 年转口贸易随我国货物贸易增速减缓而下降，上半年顺差 40 亿美元，显著低于上年同期顺差 124 亿美元的水平，预计全年该项目将继续保持顺差，但顺差低于上年。咨询是为数不多的增长较快的项目，上半年咨询项目进出口都出现增长并实现顺差66亿美元，高于上年同期的44亿美元。此外，在我国传统竞争力较低的保险、专有权利使用费和特许费项目上继续呈现逆差，上半年，这两个项目逆差分别是84亿美元和85亿美元，均高于上年同期水平。

综合判断，2012年下半年有利于服务贸易支出的因素较多，因此预计全年服务贸易逆差将比上年有较大增加。

3. 收益项目收支大体平衡，经常转移顺差大幅减少

收益项目由投资收益和职工报酬两部分组成，其中投资收益占很高比重。从投资收益看，2012年收入支出都有一定幅度增长，由于我国境外累积投资存量小于在华外商累积投资存量，因此该账户为逆差状态，上半年投资收益逆差57亿美元，与上年同期基本持平。从职工报酬看，近年来我国海外务工人数有较大增加，汇入国内收入较多，上半年职工报酬顺差73亿美元，也与上年同期基本持平。决定收益项目的多为相对稳定的中长期因素，下半年收益项目走势不会出现大的变化，预计2012年收益项目收支大体平衡。

2012年，受国内经济增速放慢、人民币汇率弹性加大等因素影响，经常转移项目支出大幅增加，并导致该账户顺差明显减少。上半年，经常转移项目顺差达31亿美元，比上年同期减少150亿美元，预计全年经常转移项目仍会保持顺差，但顺差规模将明显降低。

（二）资本和金融项目发生逆转，极可能出现逆差

2012年，国际资本流动出现温和增长，而国内外短期经济形势变化更是决定资本和金融项目变化的重要因素。2012年，全球经济不确定性较大，经济复苏趋势不明朗，经济增速放慢，欧元区等金融市场持续动荡，发达经济体货币政策依旧宽松，而我国经济短期冲击和长期结构性矛盾凸显，经济减速明显，同时物价涨幅逐渐回落，与发达国家相比利率维持在较高水平。受此影响，直接投资、证券投资账户继续保持较大规模顺差，但其他投资项目发生严重逆转，尤其是短期资本流出加快。2012年上半年，我国资本和金融项目顺差149亿美元，较上年同期顺差1839亿美元的水平大幅下降92%。下半年，短期资本流出还有可能进一步加快，并极可能导致资本和金融项目出现逆差。

1. 直接投资项目继续保持较大顺差

虽然 2012 年我国经济面临短期增速下降和中长期发展前景不确定问题，但在全球经济复杂多变、普遍低迷的情况下，我国经济仍相对稳定，对境外直接投资仍具有一定吸引力，是全球直接投资流入下降最小的主要经济体。前三季度，按商务部统计口径，我国实际使用外资金额 834 亿美元，同比下降 3.7%。随着下半年全球经济转好，预计第四季度直接投资流入降幅将进一步收窄，全年将基本与上年持平。同时，2012 年在华外资企业直接投资流出也出现一定增长，有多种原因导致这一现象，如外资企业经营不善撤资、向境外股东加速偿还贷款等，也不排除一些投机性短期资本获利后通过该渠道汇回。

从对外直接投资看，我国企业正进入国际化经营的快速发展时期，企业对外投资意愿不断加强，对外投资支持政策也在不断强化，但境外投资对企业要求很高，一些能力不足的企业往往境外经营不善，这也就导致近年来一方面我国对外投资增长较快，另一方面从境外撤资情况也时有发生。2012 年，我国对外直接投资和撤资都出现了较快增长。按国际收支统计口径，上半年，我国对外直接投资 380 亿美元，同比增长 45%，对外直接投资撤资流入 100 亿美元，增长 25%。

按外汇管理局国际收支统计口径，2012 年上半年，我国直接投资顺差 900 亿美元，同比下降 3%，其中，外国在华直接投资净流入 1181 亿美元，增长 6%；我国在外直接投资净流出 281 亿美元，增长 53%。预计全年我国直接投资净流入将与上年基本持平或出现小幅下降，对外直接投资净流出将继续保持较快增长，总体来看，全年直接投资项目继续保持较大规模顺差，顺差水平与上年大体相当。现阶段，直接投资净流入依然是我国国际收支顺差的主要来源，是稳定我国国际收支和决定国际收支走势的基本因素。

2. 证券投资顺差扩大，其他投资项目转为大规模逆差

2012 年上半年，我国证券投资项目净流入 204 亿美元，同比增长 1.4 倍。其中，我国对外证券投资净流入 59 亿美元，大大超过上年同期 5 亿美元的水平；境外对我国证券投资净流入 145 亿美元，同比增长 84%。从我国对外证券投资看，2012 年显著特点是我国对外证券投资回撤明显。在全球经济缓慢复苏、国际金融市场动荡加剧的背景下，我国对外证券投资更趋谨慎，境外投

资回撤规模大于新增投资规模，上半年新增投资流出 85 亿美元，同比下降 23%，减持回流 143 亿美元，同比上升 24%。从境外对我国投资看，2012 年，由于我国降息预期强烈，国外投资者希望持有我国人民币债券，上半年境外对我国债券投资净流入 92 亿美元，由于国内股市持续低迷、我国企业预期盈利下降，导致境外股票投资净流入 53 亿美元，同比下降 33%。下半年以上情况不会发生大的改变，还存在新降息的可能性等，预计全年证券投资项目顺差还会扩大，同时也不排除降息之后，一些投资于人民币债券的境外资本获利汇出。

其他投资是 2012 年国际收支中面临形势最复杂、变化最大和风险最高的一个账户，该账户流入减少、流出增加，呈现大规模逆差。上半年，其他投资项下净流出 979 亿美元，而 2011 年同期为净流入 798 亿美元。

过去一段时间，由于人民币汇率单边升值，企业持有人民币资产可获得汇率升值所带来的盈余，因此企业资产本币化、负债外币化倾向明显。但 2012 年以来，在我国经济增速下降、人民币汇率升值基本到位等因素影响下，企业持有人民币资产所获溢价收入有限、风险增加，因此企业调整内外币资产负债结构，持有外汇意愿增强、持有人民币意愿降低，导致外汇存款增加，而境内企业外币赊账也有所增多，导致上半年其他投资项下对外资产净增加 1623 亿美元，同比增长 109%。同时，境外对我国企业和银行赊账或存放款增幅放缓，导致其他投资项下对外负债净增加 644 亿美元，同比下降 59%。此外，也有过去一段时间境外流入的一些“热钱”通过其他投资项目获利后汇出。下半年，影响该项目的基本因素不会出现大的变化，逆差甚至可能高于上半年，预计全年其他投资项目将出现大规模逆差。

（三）外汇储备增长放缓，人民币汇率水平基本稳定

在国际收支转为基本平衡的情况下，2012 年我国外汇储备余额增长势头已大大放缓，一些月份外汇储备余额还出现了减少。3～5 月，我国外汇储备连月减少，尤其是 5 月当月减少了 900 多亿美元。9 月底，我国外汇储备余额为 32851 亿美元，比上年底增加了 1040 亿美元。预计第四季度外汇储备仍可能出现小幅增长，我国年底外汇储备将在 3.3 万亿美元，是 2003 年来增长最慢的一年，但仍为全球外汇储备最多的国家。

2012 年，人民币汇率对主要货币汇率基本稳定，并在较小幅度内频繁出现有贬有升的双向波动，这表明人民币汇率已基本达到均衡水平。9 月底，人民币对美元汇率中间价报收 6.341 元人民币/美元，较上年底略贬值 0.6%。在国际金融市场上，2012 年各国汇率变化较大，这也影响到人民币对其他主要货币的汇率，人民币对欧元、日元汇率波动幅度大于对美元汇率。9 月底，人民币对欧元汇率中间价为 8.1885 元人民币/欧元，人民币较上年底略贬值 0.3%；人民币对日元汇率中间价为 8.1684 元人民币/100 日元，人民币较上年底贬值 0.7%。

二　2013 年我国国际收支基本走势预测

2013 年，预计全球经济不会出现明显的恢复性增长，仍将在中低增长空间运行，虽然主要发达经济体实行了新一轮量化宽松的货币政策，但其财政政策将持续调整，尤其是欧盟将更多地通过加强财政纪律摆脱欧债危机，而这将对需求起到抑制作用，世界经济运行中的不确定性因素依然较大。我国经济虽有可能触底回升，但中长期结构性问题不会在短期内解决，特别是在跨越“刘易斯拐点”后，来自供给层面的冲击和影响更大，经济前景不容乐观，过去连续两位数的增长已告一段落，对经济调控也提出了更高要求。

受国内外因素共同作用，预计 2013 年我国国际收支将基本稳定，尤其是货物贸易、直接投资两个重要项目将持续保持一定规模顺差，但在国内外环境不确定因素明显增加的情况下，其他投资、证券投资、收益等与短期资本流动相关的项目很有可能继续大幅波动，并有可能对国际收支造成冲击。总体判断，2013 年经常账户将会保持顺差，而资本和金融项目则面临较大不确定性，该账户继续出现逆差的可能性较大，但整体国际收支仍会基本平衡。外汇储备余额基本稳定但波动加大，人民币汇率也将在弹性继续加大的情况下保持基本稳定。

（一）经常项目顺差下降

1. 货物贸易顺差仍将保持较大规模

据国际货币基金组织预测，2013 年全球经济增长 3.6%，略高于 2012 年

3.3%的水平，其中发达经济体、发展中和新兴经济体的增速都略有加快，欧元区经济增速将有望由负转正。受世界经济企稳影响，全球贸易将出现一定程度的反弹，2013年预计增长4.5%，比2012年预测值高1.3个百分点。全球经济和贸易的回升将有助于扩大我国出口空间，我国近期采取的一些促进出口的政策措施还会发生作用。由于国内成本持续上升，我国原来一些劳动密集型优势产品的价格竞争力下降，一些对成本敏感的产业已开始对外转移，加工贸易所占比重进一步降低，同时我国出口结构也在升级，在一些高附加值产品上竞争力逐渐显现。在进口方面，我国经济回暖可能性较大，同时国内消费、投资结构不断升级，对进口需求也有不少潜力。此外，我国与日本、越南等国近期出现的外交摩擦也有可能扩展到贸易投资领域。综合判断，2013年我国货物贸易规模将稳步回升，增速略高于GDP增速，货物贸易顺差将保持较大规模。

2. 服务贸易项目仍将为逆差状态

2013年，我国服务贸易总体上竞争力不强的情况不会改变。从旅游项目看，一方面我国旅游支出继续出现较快增长；另一方面境外来华旅游人数将随国际经济转暖而有所增加，但增速远远低于我国出境游增速，因此预计2013年旅游项目收支逆差有一定增加。从运输项目看，货物贸易稳步增长将为运输提供需求，但因我国在国际运输上竞争力不强，因此运输项目将继续出现较大逆差。其他服务项目主要由转口贸易组成，近年来随着我国转口贸易竞争力增强，该项目有望保持一定规模的顺差。此外，我国在保险、专有权利使用费和特许费两个项目上继续出现逆差。综合来看，2013年服务贸易项目逆差可能进一步增加。

3. 收益和经常转移项目不确定性因素增加

2013年，影响我国收益和经常转移项目的因素比较复杂，这两个项目走势存在较大的不确定性。大体来看，在我国国内经济增速较过去有所降低的情况下，大量持有人民币资产意愿也随之下降，因此预计我国收益项目和经常转移项目收支规模将继续增加，波动加大，但由于其规模不大，对整个国际收支影响比较有限。

（二）资本和金融项目出现逆差可能性较大

1. 直接投资项目保持一定顺差

在全球经济可能回暖的背景下，全球直接投资也将转好，联合国贸发会议预测，2013 年全球直接投资将小幅增长。虽然我国在全球主要经济体中仍将保持最高增速，但全球对美欧等发达经济体直接投资可能出现恢复性的快速增长，会对我国利用外资形成分流作用。更重要的是，近年来由于国内成本迅速增加，我国对一些传统制造业的成本型外商直接投资吸引力越来越低，近年来这类外资开始出现向外转移的势头，受此影响，我国外商直接投资流入已不具备较快增长的条件。因此，预计 2013 年我国外商直接投资规模将可能出现小幅增长。

从对外直接投资看，目前我国已进入对外投资的加速期，在全球经济增速回升的背景下，2013 年我国对外直接投资将继续保持较快增速，同时随着企业境外投资经验不断累积、经营能力提升，境外直接投资的撤资行为也有所减少。综合看来，2013 年我国直接投资项目仍将保持较大规模顺差，但由于利用外资增速低于对外投资，顺差规模将较上年有所缩小。

2. 证券投资和其他投资项目可能继续出现较大波动

近年来，境内外经济、金融市场变化对证券投资、其他投资项目影响不断加大，境内外经济增速和发展预期、名义利差、股市变化、人民币升值预期等因素都会影响资金在境内外不同市场的收益，并促使境内外企业、金融机构经常性地调整本外币结构，这样既可规避风险还有机会获得盈利。2013 年，预计国内外经济诸多不确定性因素使以上影响因素变化更为频繁，这也会导致这两个项目容易出现大进大出和频繁波动。由于人民币汇率升值基本到位、双向波动加大，以套汇为目的的“热钱”流出流入将减少。综合判断，2013 年证券投资和其他投资项目还会出现较大波动，但波动幅度可能低于 2011 年和 2012 年，全年出现大规模逆差可能性较大。

（三）外汇储备和人民币汇率保持基本稳定

2013 年，在国际收支转为基本平衡的情况下，我国外汇储备不再会出现过去高速增长的情形，而将在现有水平上基本稳定或略有增长，月份之间增减波动比较频繁。随着人民币汇率已基本达到市场认可的均衡水平，加之人民币汇率形成机制改革加快推进，2013 年预计人民币与主要货币之间的汇率波动幅度将加大，人民币汇率在短期之内呈有升有贬、双向变化的次数将越来越多，人民币对主要国家汇率基本稳定或小幅升值。

三　政策建议

在过去近十年的时间内，我国国际收支呈现一种失衡状态，表现为明显的“双顺差”结构，并导致外汇储备激增、人民币存在升值压力等。目前，受发展阶段和内外部环境变化影响，我国国际收支的形成基础发生了重大变化，国际收支转为基本平衡状态，这符合我国内外经济平衡的宏观经济目标。未来一段时期，我国国际收支平衡将主要表现为经常账户顺差、资本和金融账户逆差的组合。与过去相比，这种结构将原由政府部门持有、并投资于境外国债等安全性资产的外汇储备，转化为由私人部门持有、并对外多元化投资的外汇，有助于藏富于民。

（1）积极防范跨境短期资金流动风险，重点防范“热钱”大进大出冲击。虽然国际收支转向平衡是在我国经济增速相对较高、外汇储备雄厚的背景下发生的，我国可以承受跨境资本流动造成的冲击，但也要看到，在货物贸易、直接投资这两个维持稳定顺差的关键项目上，未来顺差都有逐渐减少的趋势，一旦短期资本集中大规模流出，极有可能在市场上形成不良预期，进一步扩大流出规模，甚至影响到直接投资流入，最终引发国际收支失衡甚至逆转。因此，防范跨境短期资金流动风险应成为我国国际收支管理工作的重点任务之一。2013 年，国际资本大规模流出我国可能性较大，并会对我国宏观经济稳定造成冲击。为此，应加强对跨境资本的有效监控，密切跟踪跨境资金流动走势，加强对重点账户的监控和预警，更多地从源头防范“热钱”流出流入，完善政策预案，防范化解外汇管理领域的风险隐患。

（2）推进外汇管理便利化。做好货物贸易外汇管理制度改革全国推广，进一步简化跨境直接投资管理，稳步推进合格境内机构投资者制度和合格境外

机构投资者制度发展。

（3）选择合适时机推进资本账户开放。“十二五”时期我国已经具备资本账户开放的基本条件，而国际收支转向基本平衡更为开放资本账户提供了有利时机。2013 年，为配合促进货物贸易发展，可有限考虑放宽商业信贷管制。

（4）继续推动我国外汇市场发展。丰富汇率风险管理工具，满足市场主体规避汇率风险需要。积极完善外汇市场发展，丰富人民币对外币衍生产品，改进做市商做市机制，增强外汇市场自我调节、自求平衡的能力。

（5）加强和改进外汇储备经营管理。2013 年，在全球经济存在较多不确定性的情况下，主要货币的汇率变动比较频繁，我国外汇管理部门应及时调整外汇储备结构，维护国家外汇资产安全，并促进外汇资产的保值增值。

G.10

2012年中国经济周期波动分析及2013年展望

刘玉红*

摘　要：

2012年9月，我国一致指数连续3个月企稳回升，累计扩散指数也在8月份触底反弹，结合先行指数看，我国经济景气的拐点已初步形成。尽管我国经济已触底反弹，但是未来我国经济增长仍然面临诸多不利因素：外需面临世界经济的“弱需求”，内需方面自主投资拉动效应不明显，居民消费短期难以快速提高，世界范围的新一轮扩张性货币政策加大了我国通货膨胀反弹的风险，进而限制了货币政策的操作空间。因此，本轮经济触底后，不会像上个复苏周期那样出现快速提升的趋势，而是在低位运行，呈现缓慢上升的走势。

关键词：

经济景气　经济预警　低位运行

一　当前经济景气运行状况分析

经济景气指数方法是目前普遍采用的分析经济周期波动走势和预测经济周期转折点的方法，本文利用经济景气指数方法，构建出我国先行、一致和滞后指标组（见表1，各指标均为同比增长率序列，经季节调整并消除不规则因素），通过构建的先行（Leading）、一致（Coincident）和滞后（Lagging）合

---

* 刘玉红，经济学博士，国家信息中心经济预测部，主要研究领域为宏观经济预测、计量经济模型开发及应用、经济景气监测预警。

成指数（各指数均以2000年平均值为100，数据区间为1997年1月至2012年9月），分析我国经济周期波动走势特点，并对未来走势进行判断。

表1　经济景气指数方法指标

先行指标	一致指标
1. 粗钢产量	1. 工业增加值
2. 汽车产量	2. 发电量
3. 金融机构人民币各项贷款	3. 城镇固定资产投资
4. 产成品库存*	4. 狭义货币供应量 M1
5. 固定资产投资施工项目计划总投资	5. 财政收入
6. Conference Board 美国经济先行指数	6. 出口总额

注：1. 有*号的指标是逆转指标。

2. 工业增加值增速为不变价同比增速，产成品库存、固定资产投资施工项目计划总投资、城镇固定资产投资为累计增速，其他指标为当月同比增速。

1. 一致指数继续反弹、先行指数小幅回落

2010年1月，我国宏观经济一致合成指数出现拐点，步入下行空间，除了在2011年初出现小幅波动外，总体呈现快速下降的走势，至2012年6月连续下降了29个月，2012年7月，一致指数触底反弹，至9月已连续小幅回升3个月。受政策性因素影响，我国宏观经济先行指数的峰点出现在2009年12月，在其后的下行周期中，先行指数曾出现了一年半左右的小幅波动，并从2011年12月开始触底反弹，小幅上升了7个月，从8月份开始，先行指数再次进入了小幅调整区间，至9月已连续2个月回调（见图1）。结合先行、一致合成指数的走势看，近期我国经济的谷底已经形成，一致指数会逐渐回升；先行指数近期出现的小幅回落应该是上升周期中的小幅波动，不会影响经济景气在上行区间运行的整体趋势，但先行指数的小幅调整也说明我国经济的回升过程不会是一帆风顺，而是会出现阶段性反复，并且回升速度相对平稳。

2. 综合警情指数企稳，再次下滑概率较小

经济预警信号综合指数是能够反映我国宏观经济各领域综合走势的指标，

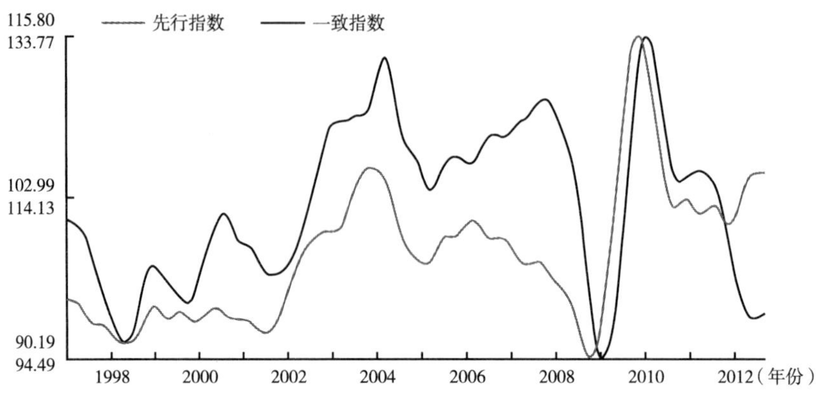

图 1　宏观经济先行和一致指数走势

从而能从总体上判断我国经济运行处于何种状态。图 2 显示了由 10 个预警指标[①]构成的预警信号综合指数，月度预警信号综合指数在 2010 年以来经历了快速下滑阶段，并在 2012 年 2 月进入趋冷的浅蓝灯区，在 2011 年下半年，指数下降速度较快，并在 2012 年 6 月出现了 1998 年以来的历史新低。但是此后，该指数停止快速下降的态势，其数值一直保持在 28，至今已持续 4 个月。从近期预警信号综合指数的走势看，结合当前我国经济运行已经步入谷底的情

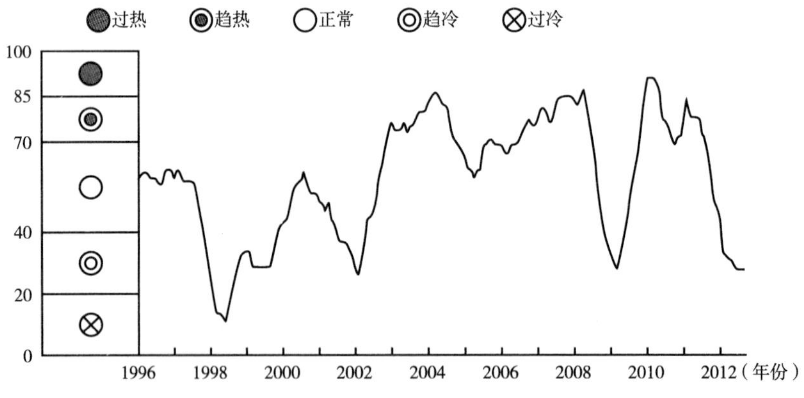

图 2　预警信号综合指数趋势变动

① 构成指标为：工业增加值增速、工业企业产品销售收入增速、发电量增速、固定资产投资增速、进出口商品总值增速、财政收入增速、全国居民消费价格指数增速、狭义货币供应量 M1 增速、金融机构人民币贷款总额增速。

况，预计我国宏观经济总体运行出现再次下滑的走势概率不大，预计随着各项指标的回升，预警信号综合指数在未来会逐渐回升。

3. 累计一致扩散指数出现拐点

扩散指数的基本思想是把保持上升（或下降）的指标占上风的动向，看做景气波及、渗透的过程，用来把握整个景气。由于扩散指数波动较为剧烈，一般用累计扩散指数来衡量宏观经济周期波动，图 3 显示了我国累计扩散指数的走势，其与我国宏观经济走势类似。截至 2012 年 9 月，累计先行扩散指数值已在持续半年回升后连续三个月保持不变，而累计一致扩散指数则在 8 月份到达本轮波动的谷底后，出现企稳迹象。由于扩散指数一般都先行于合成指数，结合先行和一致合成指数判断，我国本轮经济周期的谷底可能出现在第三季度。

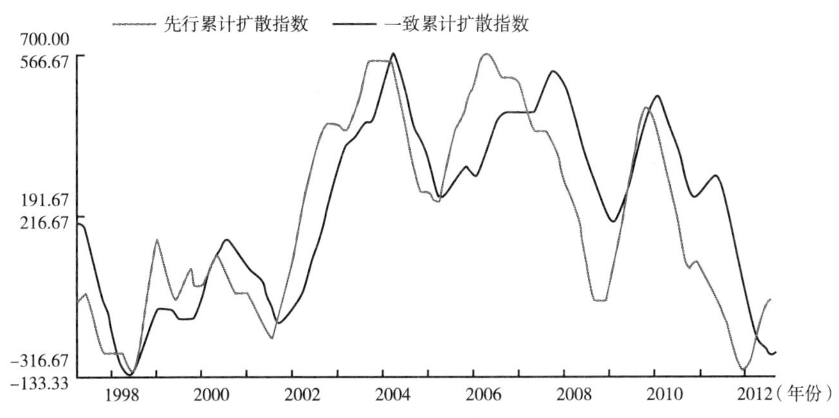

图 3　宏观经济先行和一致累计扩散指数走势

4. 未来增长乏力，宏观经济可能继续在低位运行

本轮经济的快速下滑，有前一个周期快速增长造成基数过高、世界经济形势低迷、国内经济主动调整等多方面原因。结合合成指数和累计扩散指数看，我国经济的拐点很有可能出现在 2012 年第三季度，表明我国经济经历了长达两年半的快速下降后，达到谷底并企稳回升。但是，未来我国经济增长仍然面临诸多不利因素：世界经济将继续呈现“弱增长”局面，我国外需面临的国际环境不容乐观；国内需求减弱、成本上升等因素导致我国企业经营困难，限

制未来投资需求；投资拉动仍然主要是“铁公基”，企业自主性投资增长缓慢；国际大宗商品价格波动剧烈，为防止国内通胀出现反弹，我国货币政策操作难度加大；国际资本流动趋势性放缓，尽管我国仍然属于资本的净流入国，但是外商投资增长减速明显，影响企业资金运作。因此，本轮经济触底后，不会像上个复苏周期那样出现快速提升的趋势，而是在低位运行，呈现缓慢上升的走势。

二　主要经济指标走势分析及预测

1. 潜在增长率下降，我国GDP增速将保持低位平稳运行

2012年前三季度GDP增速逐季下降，第一至第三季度累计同比增速分别为8.1%、7.8%和7.7%。与同比增速逐季下降相反，经季节调整的各季环比增速逐季上升，分别为1.5%、2.0%和2.2%。由于同比增速容易受到基数的影响，而环比则更为直观地体现了当季与上个季度经济之间的走势。我国季度环比增速从第二季度开始出现回升，已连续回升两个季度，表明我国经济步入上升区间，预计第四季度这种增长态势将得以继续，环比增速为2.25%，全年GDP增速在7.8%左右。

1982～2011年的30年时间里，我国经济保持了平均10%的增长速度，但是未来这种高速增长的态势很难保持。首先，工资成本上升，我国农村劳动力转移速度在放缓，劳动力供给正在由“过剩”逐渐过渡到“短缺”，我国劳动力供给增长放缓表明人口红利效应的减弱；其次，固定投资效率欠佳，削弱资本积累效果，近年来房地产开发投资快速增长伴随土地购置费用的大幅增加是导致全社会固定资产投资高于固定资本形成总额的一个主要原因，也侧面反映出投资高速增长并没有带来固定资本形成的同步扩张，资本积累效果存在折扣。因此，未来我国经济不会再出现过去那种两位数的持续高增长，而更可能以7%～8%的较高增速平稳运行。

2013年国内外影响因素不确定性较大。国内方面，新的消费热点尚未形成，房地产调控政策效应不明显将更多地挤占居民消费空间；企业经营困难会影响未来的资金运作，削弱企业进行扩大再生产能力；国际多个国家推行新一

轮刺激政策，加大我国通胀水平反弹风险，货币政策操作面临掣肘。国际方面，欧洲债务危机尚未消除，世界经济二次探底风险加大，不排除美国、欧元区等经济体推出新一轮刺激计划；世界货币战升级，中国汇率面临持续升值压力，各国贸易摩擦加剧。2013 年，我国经济走势将呈现平稳态势，预计全年 GDP 增速在 8.0% 左右。

2. 固定资产投资稳定增长

2012 年以来我国固定资产投资增速一直保持平稳运行，在 20% 左右波动，但从固定资产投资的结构看，还是出现了一些新的变化：首先，房地产投资对投资的拉动作用在减弱。受政府房地产调控的影响，2012 年以来我国房地产开发投资增速持续走低，前 9 个月仅累计增长 15.4%，持续走低的房地产开发投资实际上给固定资产投资增长带来了压力。其次，我国外商直接投资增速大幅下滑。进入 2012 年，我国 FDI 一直处于负增长，截至 9 月底，外商直接投资累计同比下降 3.76%，是 2009 年 11 月以来的最低增速。2012 年以来，新兴市场国家开始出现大规模资金回流现象，我国虽然仍然是资金净流入国，但是外商直接投资总额大幅降低。结合固定资产投资的发展特点，预计 2012 年全年我国固定资产投资增长 21%。2013 年，一方面，积极财政政策中的各种结构性减税、营业税改征增值税等政策的进一步推进有利于民间投资增长，并进一步拉动固定资产投资增长；另一方面，在物价涨幅较为温和的背景下，我国货币政策仍具有一定操作空间，信贷投放和社会资金面的放松会刺激投资增长，因此预计 2013 年我国固定资产投资增速会有所提高，增长 22% 左右。

3. 居民消费继续保持较高增长

2012 年前 9 个月，我国社会消费品零售总额累计 149422 亿元，同比增长 14.1%，9 月份当月值为 18226.6 亿元，同比增长 14.2%，环比增速达到 1.46%，创 2011 年 10 月以来的新高。从单月走势看，社会消费品零售总额名义增速和实际增速在 2012 年上半年一直处于下滑趋势，第三季度重新进入上升走势，由于第三季度价格涨幅回落较多，零售额实际增速回升幅度更为明显。2012 年前三季度城镇家庭人均可支配收入第一至第三季度实际累计增速分别为 9.8%、9.7% 和 9.8%，实际增长水平是 2010 年以来的最高水平；农村家庭人均现金收入第一至第三季度实际累计增速为12.7%、12.4%和12.3%，实际增幅略低于上年。剔除物价因素影响，2012年我国居民实际收入快速上涨，对2012年消费保持平稳增长形成良好支撑。2012年消费的另一个特点是农村居民消费从4月份开始超过城镇居民消费，如果考虑到大量农村居民到城市进行消费，农村消费总量和增速应该更高。预计第四季度，我国消费增速不会出现较大变化，全年在14%左右。2013年，随着我国农村居民收入水平的不断提高，农村地区消费市场空间的扩展、消费环境的改善，农村居民消费增长空间巨大，会成为拉动我国居民消费的重要动力。预测2013年居民消费增速会比上年略有上升，在14.5%左右。

4. 国际环境持续低迷，2013年出口形势不容乐观

2012年前9个月我国进出口总值28424.7亿美元，比上年同期增长6.2%。其中出口14953.9亿美元，增长7.4%；进口13470.8亿美元，增长4.8%；贸易顺差为1483亿美元，比上年同期提高38%。2012年以来，美国经济增长乏力，欧洲债务危机继续恶化，新兴市场国家经济减速，导致我国出口增速大幅回落。同时，内需明显放缓，进口品价格下降，进口增速回落幅度更大。从各月数据看，我国出口贸易类指标波动幅度较大，季节调整后的数据显示，我国进口、出口的趋势性波动尚未形成。构建的中国出口月度景气指数显示，截至9月，我国出口先行和一致指数的谷底都尚未出现，出口景气先行指数先行于一致指数约8个月，因此，预计2013年上半年，我国出口形势仍然将在低位运行。预计2012年我国出口增长7%，进口增长6%，实现顺差1800亿美元；2013年，出口增速与2012年持平，受价格因素影响，进口增速小幅提高至6.5%。

5. 价格涨幅第四季度继续走低，2013年温和回升

我国物价的合成指数显示，截至9月，我国物价一致合成指数的谷底虽然尚未出现，但下降速度持续减缓，物价的先行合成指数从2012年2月开始回升，物价先行合成指数的先行期7～9个月。结合先行指数和一致指数判断，我国物价一致合成指数可能已经到达谷底，预计第四季度物价水平会出现小幅回升，2012年，我国CPI将上涨2.7%左右。

保持经济增长和抑制通货膨胀是发展中国家遇到的一个共同问题，在这次

物价上涨中，我国政府对通胀的调控力度较大，因此，通胀水平相对较低。在我国经济增速持续下滑的背景下，稳增长已经成为2012 年的首要任务，因此，政府会出台一些刺激经济的政策和措施，经济恢复性增长会在一定程度上推动物价的上升，CPI 环比指数已经由2012 年6 月的99.45 上升至9 月的100.34，在一定程度上反映了这一点。虽然美国第三轮量化宽松（QE3）政策及欧洲量化宽松货币政策操作可能推高国际大宗商品的价格，但由于国内需求仍然不振，对国内物价的传导作用可能并不明显。考虑到世界经济复苏缓慢，我国经济景气在“偏冷”区间走势趋稳，预计 2013 年我国物价上涨 3%，略高于2012 年的水平。

三　政策建议

1. 适度调低增长预期，政策相应进行调整

我国潜在经济增长率下降已成共识。因此，在决策时应适应和确立中速增长目标，适度调低对未来经济增长的预期，提高对经济增速回调的容忍度。同时，政策着力点应转向构建公平竞争的商业环境，打破行业垄断和地区封锁，开放投资领域，激发民间资本的真正活力；同时，落实减税政策，扶持中小企业，并启动税制改革，使地方政府承担起地方管理职责，并赋予其相应的财力；精简政府机构，并向服务型政府转变；财政收入向教育、医疗、社会保障等民生领域倾斜，使内需特别是居民消费成为未来经济持续增长的动力。

2. 加强金融财政扶持，改善企业发展环境

首先，改善我国中小企业发展环境。通过税收支持、扩大利率浮动幅度以及再贷款、再贴现等方式，鼓励商业银行提高对中小企业的贷款比例，切实发挥银行内设中小企业信贷部门的作用；建立和规范中小企业的税收优惠政策，多种方式加大对中小企业的税收扶持力度。其次，推进多层次农村金融创新服务。加快发展小额信用贷款，适度提高授信额度，探索多形式的抵押、质押方法，创新中长期贷款模式以满足小城镇基础设施建设。最后，加快人民币跨境结算步伐。加强离岸人民币市场建设，促进人民币跨境投资政策出台，稳步扩大人民币在跨境贸易与投资中的作用，减少企业面临的汇率风险。

3. 创造良好消费环境，促进消费平稳增长

首先，深化收入分配制度改革。在初次分配中应向居民部门倾斜，同时努力扭转城乡、区域、行业和社会成员之间收入差距不断扩大的趋势。合理调节分配结构，提高中低收入人群收入水平，提高城乡低保补助水平，增加企业退休人员基本养老金。提高优抚对象等人员的生活补助标准。其次，以长期消费鼓励政策代替短期消费刺激政策，保持政策的连续性，促进消费品升级换代，积极寻找新的消费热点，引导居民形成更高层次的健康消费理念。再次，营造良好的消费环境，加大力度打击制售假冒伪劣食品的行为，整顿和规范食品企业的安全生产标准，建立健全食品质量认证体系，加强食品安全监测，保证居民放心消费。

4. 多方面调控，防止通胀反弹

我国经济已经出现企稳回升迹象，在经济逐步回升的情形下，政府应从多方面进行调控，避免通胀反弹。首先，从供给面进行防范。其中，食品和粮食方面，应稳定农业生产，做好菜篮子工程，严格执行蔬菜等农产品运输的绿色通道政策，实现食品和粮食的产销衔接，降低食品流通费用。工业原材料及燃料动力方面，政府应完善能源储备体系，对煤炭、钢铁等重要能源及原材料的生产进行计划指导等。其次，加快产业和产品升级，不断提高劳动者的素质，提高产品生产效率和技术含量，化解资源和劳动力成本上涨的负面影响。再次，增强抵御国际大宗商品价格冲击的能力，一是稳定汇率，避免人民币汇率的大幅波动；二是增大国内产品供给和消费，实施进口替代战略，在拉动内需的同时，实现物价水平的稳定。

G.11

2012年股票市场运行分析及2013年展望

徐平生*

摘　要：

2012年，我国A股市场股权融资规模继续大幅下降，新股首发市盈率继续降低；市场行情呈震荡下行走势，市场成交更趋低迷；上市公司业绩出现下滑，动态市盈率小幅下降；上市公司解禁限售股减持压力持续存在，中小板创业板股东减持步伐加快；融资融券规模继续快速扩大。2013年，宏观环境将更有利于A股市场行情发展，公司业绩回升和较低的整体估值水平等将制约市场下跌空间；场外资金入场意愿日趋低迷，解禁限售股减持、套牢盘解套离场等需要巨额资金等使市场行情向上发展面临巨大的资金压力，股指期货、融券等做空机制也将制约行情向上发展的空间，A股市场行情发展总体将继续呈震荡走势，市场重心将有所上移。

关键词：

市场行情　市盈率　资金

一　2012年A股市场运行回顾与分析

1. A股市场融资规模继续下滑，新股首发市盈率继续下降

A股市场融资总规模继续下滑。2012年前三季度，沪、深两市A股市场以现金进行的股权融资总额仅为2766.96亿元，比上年同期的4141.74亿元下

* 徐平生，经济学硕士，国家信息中心经济预测部经济师，研究方向为资本市场、宏观经济和经济景气监测与预警。

滑33.2%。其中，A股市场新股首发融资总额为1002.3亿元，再融资中的公开增发、定向增发中的现金融资和配股融资总额分别为104.74亿元、1552.28亿元和107.64亿元。

新股首发融资规模继续大幅下降。由于A股市场持续低位运行，2012年A股市场新股首发融资受到相当程度影响，前三季度沪、深两市共有149家公司完成了新股首发，融资总额仅为1002.3亿元，比上年同期的2283.3亿元下降56.1%。

新股首发市盈率水平继续降低。2012年，证监会深化新股发行体制改革取得阶段性成果，经过充分咨询意见后，4月27日，证监会发布了《关于进一步深化新股发行体制改革的指导意见》，提出了新股改革的总纲领，其中为了控制向投资者高价发行的风险，抑制新股首发“三高”现象，规定发行市盈率高于行业市盈率25%的，需要发布风险揭示，并补充披露募投项目，对于超募过多的情况，证监会可以根据会后事项的有关规定，启动重上发审会的程序。启用新股首发新规后，新股首发的市盈率水平得到有效控制，整体发行市盈率继续下降。根据统计，2012年1~4月A股市场完成新股首发的65支新股平均发行市盈率为30.68倍，5~9月完成新股首发的84只新股平均发行市盈率为29.92倍，前三季度完成新股首发的149只新股平均发行市盈率为30.25倍，较2011年A股市场新股首发37.85倍的平均发行市盈率出现较大幅度下降。

2. A股市场行情呈震荡下行走势，市场成交更趋低迷

A股市场行情总体呈震荡下行走势。2012年前9个月，A股市场继续延续前两年下跌态势，总体呈震荡下行走势，但下跌幅度较前两年大为放缓。2012年初，经过上年第四季度大幅下跌后，A股市场继续小幅下跌，上证综指于1月6日创下2132.63点的低点后开始向上反弹，在2月24日创下2478.48点的反弹高点；随后，A股市场整体呈震荡下行走势，7月24日跌破年初低点2132.63点，并于9月26日盘中跌破2000点大关，创下2009年2月3日后的低点1999.48点；上证综指第三季度末收盘于2086.17点，较2011年底下跌5.15%。此外，沪深300指数前三季度较上年底下跌2.24%，深圳成分指数前三季度较上年底下跌2.69%，中小板综合指数前三季度较上年底下跌

1.26%，创业板指数前三季度较上年底下跌 5.46%。

市场成交日趋低迷。随着市场行情的持续下挫，A 股市场人气日益涣散，市场交投热情更趋低迷，市场成交额进一步萎缩。从沪、深两市日均成交额看，2010 年，沪、深两市日均成交 2254.68 亿元；2011 年，随着市场行情继续下跌，市场成交出现较大幅度萎缩，沪、深两市全年日均成交 1728.07 亿元，比 2010 年萎缩 23.4%；2012 年，在连续两年大幅下跌基础上，A 股市场进一步下跌，尽管下跌幅度已经大为放缓，但投资者受到的创伤更为严重，市场交投热情更趋低迷，前三季度沪、深两市日均成交金额仅为 1357.98 亿元，比 2011 年萎缩 21.4%。

宏观经济增速下滑超预期带来的上市公司业绩下降及不利预期、原始股东持续减持等带来的资金压力、经济增速下滑带来的财政货币政策较大幅度放松预期迟迟未能兑现等，是 A 股市场继续下跌的主要因素。首先，需求不振、企业加大去库存力度导致我国国内生产总值同比增速持续回落，PPI 持续负增长，我国上市公司业绩增长面临巨大困境。根据国家统计局初步测算，我国季度 GDP 同比增速呈持续回落势头，第一季度同比增长 8.1%，第二季度同比增长 7.6%，第三季度同比增长 7.4%。不利的经济增长背景使我国上市公司业绩面临巨大的下滑压力。半年报数据显示，扣除 16 家银行后，其余上市公司 2012 年上半年净利润同比下降达 15.8%。尽管我国银行整体业绩仍在较快增长，但出于对银行地方融资平台等可能形成的巨额不良贷款的不利预期，银行类上市公司前三季度仍出现较大跌幅，而非银行类上市公司由于业绩下滑股价也持续面临压力。其次，A 股上市公司原始股东限售股解禁后减持意愿强烈，在持续低迷的市场环境下，其减持步伐不仅没有稍稍放缓，反而加快。最后，节节下行的经济增速带来财政货币政策大幅放松预期曾在一定程度上刺激了市场运行，但出于消费价格、房价反弹等方面的考虑，货币政策并未出现显著放松，政策放松预期落空反过来加大了市场下行压力。

3. A 股上市公司业绩出现下滑，动态市盈率小幅下降

A 股上市公司业绩出现下滑，特别是非银行类上市公司业绩显著下滑。根据统计，沪、深两市有可比数据的 2451 家上市公司，2012 年上半年实现营业收入 11. 64 万亿元，同比增长 8. 78%；实现归属于母公司股东的净利润总额合计为 1. 014 万亿元，与上年同期的 1. 018 万亿元相比，微降 0. 39%。但是，16 家上市银行上半年实现净利润总额高达 5452. 29 亿元，同比增长 18. 25%，银行类上市公司利润占上市公司总利润的比重超过一半。如果扣除 16 家上市银行所实现的利润，其余非银行类上市公司 2012 年上半年净利润同比下降达 15. 8%。第三季度上市公司业绩也不容乐观。从上市公司业绩预告看，截至 9 月 14 日披露第三季报预告的 950 家公司中，预增、略增、扭亏、续盈，即预“喜”的公司有 490 家，占比 51. 57%。其中，预增（即净利润同比增幅超过 30%）的公司有 106 家，占比仅 11. 15%，是自 2005 年以来最差的一次，2012 年中报预增的公司占比尚为 13%。此外，第三季度首亏和续亏合计家数为 136 家，占比达到 14. 3%，也高于中报预警比例。

A 股市场动态市盈率小幅下降，整体估值水平进一步降低。从静态市盈率看，由于 2011 年 A 股上市公司业绩出现较大幅度增长，且 2012 年前三季度 A 股市场较上年底出现小幅下跌，沪、深两市上市公司平均静态市盈率较 2011 年出现一定程度下降。其中，2012 年第三季度末，上海证券交易所上市公司平均静态市盈率为 11. 25 倍，比 2011 年底下降 16. 04%；深圳证券交易所上市公司平均静态市盈率为 21. 12 倍，比 2011 年底下降 8. 61%。但是，从动态市盈率水平看，下降幅度要小得多。其中，上半年，上海证券交易所上市公司合计实现净利润 8834. 16 亿元，比上年同期微增 0. 85%，按上半年业绩计算的第三季度末平均动态市盈率比 2011 年底下降 6%，估值水平进一步降低。

4. 上市公司解禁限售股减持压力持续存在，中小板创业板股东减持步伐加快

上市公司解禁限售股减持压力持续较大。由于数据披露的限制，上市公司解禁限售股减持的整体规模难以估算，但从披露的大宗交易等数据则可以管窥上市公司解禁限售股的减持动态。西南证券一份 2012 年 8 月、9 月份解禁限售股减持的统计分析显示，尽管 A 股市场 8 月、9 月份持续下跌，且上证综指于 2012 年 9 月 26 日创下年内低点 1999. 48 点，上市公司解禁限售股减持却愈演愈烈。其中，8 月份，根据上市公司公告计算的限售股解禁后减持市值为 32. 78 亿元，共计 27279. 76 万股，涉及上市公司 140 家；9 月，限售股解禁后

减持市值合计高达65.34亿元，比8月增加32.56亿元，增加幅度达99.33%。再计入那些未达到信息披露要求的减持部分，可见解禁限售股减持压力之大，消耗资金之巨。

中小板创业板股东日益成为大宗交易的主体。从大宗交易信息披露情况看，2012年8月中旬以来中小板创业板股东减持力度持续加强，并且超过主板成为大宗交易的主体。根据披露的大宗交易信息，8月13日至9月14日的连续5周，中小板创业板大宗交易成交量分别为7079万股、9617万股、1.13亿股、1.43亿股和2.75亿股，连续5周成交量持续放大。

5. 融资融券规模继续快速扩大

2012年，沪、深两市A股市场融资融券业务继续快速发展，融资融券总规模继续快速扩张。9月底，沪、深两市A股市场融资融券余额达700.6亿元，比2011年底增长83.4%。其中，融资余额为685.4亿元，比2011年底增长82.5%；融券余量金额为15.2亿元，比2011年底增长130.7%。

二　2013年A股市场运行展望

1. 宏观环境将发生较大改善，为股票市场平稳运行提供有力支撑

（1）GDP增速将出现一定幅度回升，预计GDP增速将会回升到8.5%左右

首先，企业去库存对经济增长的不利影响将极大减轻。企业大力去库存是2012年我国经济增速持续下行并维持低位运行的重要因素。从资本形成对GDP增长的拉动和贡献看，2012年前三季度，资本形成拉动GDP增长3.9个百分点，比2011年全年低0.6个百分点。同期，全国固定资产投资（不含农户）256933亿元，同比名义增长20.5%，扣除价格因素实际增长达18.8%，比上年全年提高2.7个百分点。那么，在实际投资增速大幅提高的背景下，企业大幅消减库存就成为资本形成对GDP增长拉动力下降的唯一因素。经过2012年前三季度的激烈去库存，我国企业去库存的压力已经大为下降，从2012年9月数据来看，短期去库存程度已经有所减弱，在一定程度上说明了这一点。9月，PMI中的原材料库存指数为47%，比8月上升1.9个百分点。这与9月原材料价格与购进价格指数环比上涨是一致的。从历史数据来看，原

材料库存指数略微领先于产成品库存指数。随着原材料去库存的减弱，预计产成品库存也将下降，这有利于经济增长动能的恢复。另外，从行业库存来看，煤炭、钢铁库存水平近几个月持续回落。可以预计，再经过一段时间的去库存，我国企业去库存的压力将会基本缓解，并可能出现一定的补库存行动，那么库存调整不仅可能不再是经济增长的制约因素，还有可能转变为经济增长的促进因素。

其次，固定资产投资很可能进一步加快。一方面，落实“十八大”精神和政府换届将进一步调动全国上下的发展热情，稳增长系列政策的效果将进一步显现，有利于推动我国经济继续保持平稳较快增长。另一方面，2013 年还是“十二五”规划中期评估年份，从“六五”到“十一五”的经验看，五年规划的平均投资增速分别为 17.3%、24.1%、28.5%、18.8% 和 19.8%，受投资建设周期影响，五年规划第二、第三年往往是投资加速年份，2013 年作为“十二五”规划的第三年，大量审批并开工的“十二五”规划重点建设项目有利于投资增长。

最后，我国扩大内需的政策调控空间仍然较大。无论是与国际主要经济体相比，还是从自身情况来看，我国在“稳增长”方面的政策空间仍然较大。从财政政策来看，2012 年我国财政赤字率仅为 1.5% 左右，减税空间仍然较大，中西部地区基础设施、民生和社会保障等公共服务体系投资缺口较大，财政支出需求也较高，因此采取更为积极的财政政策空间仍然较大。

综合来看，只要 2013 年不出现急剧恶化的国际形势，我国 GDP 增速有望回升到 8.5% 左右。

(2) 货币政策将继续坚持稳健取向，更加注重引导市场形成平稳预期

当前及今后一段时间内，我国宏观经济运行的主要特点是：在前期稳增长政策陆续贯彻落实、企业加强自主调整等共同作用下，经济增速企稳回升态势显著，价格保持低位运行，但仍存反弹压力，结构调整初见成效，但仍需继续巩固。在这样的背景下，我国将更加注重发挥财政政策的优势，继续通过加大政府投资和结构性减税来稳增长并进一步推动结构调整，预计货币政策将保持稳健基调，更加注重引导市场形成平稳预期。在货币政策操作上，大幅放松或收紧的可能性都较小，主要是有针对性地进行微调，央行将继续通过回购、逆

回购等货币市场操作来保持适度的流动性，以避免动用利率、存款准备金率这些强力政策操作误导市场预期。这将为股票市场的运行提供一个较为平稳的货币环境。

总体来看，2013 年 A 股市场面临的宏观环境将显著改善，从而为 A 股市场的行情发展提供助力。

2. 整体估值水平已较安全，制约市场下跌空间

A 股市场平均动态市盈率较低。2012 年第三季度末，上海证券交易所上市公司平均静态市盈率为 11.25 倍，深圳证券交易所上市公司平均静态市盈率为 21.12 倍，考虑到 2012 年上市公司整体业绩将基本和 2011 年持平，2012 年第三季度末沪、深两市上市公司平均动态市盈率将分别在 11 倍和 23 倍左右。这个平均动态市盈率水平已处于 A 股市场的历史低位，和国际市场比较，也已具备一定的安全空间。

上市公司整体业绩将有所增长。2012 年非银行类上市公司整体业绩出现较大幅度下滑的重要背景是 PPI 持续负增长条件下大力去库存，2013 年随着 PPI 逐步转正、企业去库存逐步完成，伴随着需求有所恢复，非银行类上市公司业绩将恢复增长，预期非银行类公司业绩增速将在 7% 左右，银行类上市公司业绩仍将保持增长态势。

A 股市场平均动态市盈率将进一步下降。考虑到 A 股上市公司业绩 2013 年将恢复增长，那么在当前价格水平下，A 股市场平均动态市盈率将进一步下降，这将在相当程度上制约市场下跌空间。

3. 市场资金需求压力较大，抑制市场上行空间

2013 年，市场面临的解禁限售股减持、套牢盘解套等资金需求压力将继续增加，且随着市场上行其压力可能将呈指数式扩大。

解禁限售股减持套现压力将持续存在。股权分置改革后，经过几年的过渡，2011 年开始我国 A 股市场已基本是一个全流通的市场，股权分置改革前上市的公司几乎所有股份将都可在二级市场流通交易，股权分置改革后发行上市的公司股份也逐步实现可流通交易。特别值得重视的是，大量股权分置改革后发行上市的公司的主要股东都是自然人和创业投资机构，他们的减持欲望较国有企业大股东整体将更为强烈，这在中小板公司和创业板公司将体现得更为显著。华泰证券的一个实证研究显示，小非解禁后减持比率远远超过大非。因此，创业板公司解禁后中小股东减持比率也将远超大股东解禁。具体而言，2008 年 7 月至 2012 年 9 月，代表大股东、战略投资者的大非解禁后减持比率平均为 4.9%，而代表中小股东的小非解禁后减持比率高达 45%，小非解禁后减持比率是大非的 9 倍。2012 年 10 月底，首批登陆创业板的公司将迈入全流通队列，当月解禁规模预计逾 500 亿元，未来一年的解禁规模预计将超过 2000 亿元。据了解，创业板公司大股东减持意愿要远远大于主板市场和中小板市场，其减持将耗费大量市场资金。

前期市场下跌形成的层层套牢资金解套离场压力大。2007 年 11 月以来，A 股市场整体已形成了延续达 5 年之久的大熊市，在持续的下跌、反弹过程中形成了层层巨额的套牢盘，A 股市场行情要向上拓展就将持续面临套牢盘解套离场所需的巨额资金压力，行情越向上发展所需的资金就越大。

4. A 股市场运行将继续震荡走势，市场重心将有所上移

2013 年 A 股市场行情发展将面临更多的有利因素，也将面临资金压力。一方面，宏观环境、市场估值水平等都将给市场提供支撑，制约市场下跌空间；另一方面，延续 5 年之久的漫长熊市日益磨灭了资金入场意愿，而解禁限售股减持、套牢盘解套离场等都需要巨额资金。并且，股指期货、融券等做空机制的出现提供了做空赢利的机会，做空机制也在相当程度上增大了行情向上发展的难度，制约了行情向上发展的空间。综合看，2013 年 A 股市场行情发展总体将继续呈震荡走势，市场重心将有所上移。

国际经济篇

International Economic Environment

G.12 2012年世界经济分析及2013年展望

张亚雄　程伟力*

摘　要：

2012年，受欧洲债务危机及其冲击的影响，世界经济复苏步伐放缓，全球贸易增速明显下降，通胀压力有所缓解，失业率从整体上看依然居高不下。展望2013年，虽然世界经济增速将快于2012年，但仍处于低速增长状态，通货膨胀压力继续减缓但流动性泛滥的影响不可忽视，贸易保护将会加强。我国应抓住世界经济格局调整带来的机遇，积极促进出口，努力实现进出口平衡增长，加强与新兴市场经济体的合作和交流，积极应对国际产业转移和供应链可能出现的新变化和新特点。

关键词：

世界经济展望　贸易保护　欧债危机　对策建议

* 张亚雄，国家信息中心经济预测部主任助理兼政策仿真实验室主任，研究员；程伟力，国家信息中心经济预测部副研究员。

一　2012年世界经济形势分析

1. 世界经济复苏步伐放缓

2012年第一季度，世界经济出现较快增长势头。但受欧洲债务危机及其冲击的影响，第二季度开始，主要经济体经济增速明显回落。不过，不同经济体表现仍有较大差异。

制造业扩张推动美国经济温和复苏。2012年前两个季度，美国GDP环比折年率增长分别为2%和1.3%。更加重视实体经济发展是推动美国经济持续温和复苏的重要原因。为了提振美国经济，美国政府在经济危机后提出出口倍增、重振制造业等计划，再工业化的步伐虽然缓慢但已经开始。自2010年1月到2012年8月，美国工业生产每月均实现同比正增长，2012年前八个月，工业生产同比增长4.3%，远远超过GDP增速，对推动经济增长作出了重要贡献。

欧元区经济继续呈现分化趋势。2012年第一季度，欧元区GDP环比零增长，第二季度不论是同比还是环比均出现负增长；工业生产指数前7个月均为同比负增长。这说明，从整体上看，欧元区已经陷入二次衰退。但值得注意的是，欧元区经济继续呈现分化趋势。作为欧洲经济的发动机，德国经济始终保持增长，工业生产指数前7个月中只有4月和6月出现环比下降，在随后的月份便快速反弹。根据Markit公司最新发布的欧元区PMI商业活动指数，欧元区内部出现了明显的分化，爱尔兰、德国和意大利表现相对较好，德、意两国PMI虽然仍处于50%以下，但是已经分别是近4个月和6个月的新高，触底回升态势明显，爱尔兰更是回到50%以上，触及17个月以来新高。法国和西班牙的状况则不容乐观，PMI均在44%以下，未见触底迹象。

日本经济增速大幅回落。2012年第二季度，日本经济增速出现大幅下滑，GDP环比折年率由第一季度的5.5%降至1.4%。由于人口老龄化等诸多原因，日本国内需求低迷，经济增长主要依赖于外部需求。受外需持续萎缩及日元升值等因素影响，2012年6~9月出口贸易均为负增长。由于我国是日本的第一

大贸易伙伴和出口目的地，中日钓鱼岛问题的升级和持续将进一步影响日本对华贸易和国内生产，预计第三、第四季度日本经济将进一步下滑。

受国内结构性矛盾制约和发达国家经济低迷影响，新兴市场经济体经济增速明显放缓。亚洲新兴市场经济体正在实现经济软着陆，作为该区域代表，2012 年以来，印度经济维持低位增长态势，第一季度经济增长 5.3%，第二季度为 5.5%，制造业和矿业增长疲软，全年经济增长前景不容乐观，因此印度政府表示将通过扩大港口、公路和电厂等基础设施投资来刺激经济增长。拉美新兴市场经济体呈现停滞状态。以巴西为例，2012 年上半年巴西经济仅增长 0.6%，为应对全球经济不景气，确保巴西经济实现适度增长，在 2011 年 9 月至 2012 年 10 月的一年时间里，巴西央行已连续十次降息，同时不断推出其他经济刺激政策。受益于石油价格上涨，独联体国家仍表现出相对较快的经济增速。俄罗斯第一季度经济增长 4.9%，远超市场预期，但第二季度减缓到 4%，下半年将进一步减速，为防止经济硬着陆，俄罗斯新政府进一步加大能源项目的引资力度，并做了通过财政政策刺激经济增长的预案，预计全年经济增长 3.7% 左右。土库曼斯坦由于拥有丰富的天然气和石油资源，2012 年经济增速仍可以达到 8% 左右的水平。

2. 失业率总体上居高不下，但部分国家就业形势出现积极变化

受欧洲债务危机和世界经济疲软等因素影响，欧元区失业率屡创有该项统计指标以来的最高纪录，2012 年 8 月欧元区失业率上升到 11.4%。根据法国劳工部公布的最新数据，截至 2012 年 8 月底，法国本土失业人数已达 301 万，创 13 年来新高，预计 2012 年底失业率将升至 9.9%。根据德国联邦统计局的数据，2012 年 8 月德国失业率下降到 5.4%，为 1991 年 6 月以来 21 年的最低水平，也远远低于国际金融危机爆发前的水平。德国失业率下降的重要原因之一在于德国经济，特别是工业和出口表现较好。据德国联邦统计局 9 月的统计数据，近 5 年来德国对外贸易量增加了 2.5 倍，特别是由于加强同新兴市场经济体的合作，同期德国与中国、俄罗斯、印度、巴西“金砖国家”的贸易量增长了近 7 倍。

作为最大的经济体，美国劳工部发布的数据显示，经季节调整后 2012 年 9 月美国非农就业人数增加 11.4 万人，失业率降至 7.8%，为 2009 年 1 月以来最低水平。这表明美国就业市场出现积极变化，主要原因是企业对未来市场信心改善、再工业化有利于就业增加以及总统竞选导致的短期就业需求等，但由于“二战”后婴儿潮时期出生的职工大量退休、部分长期失业者退出劳动力市场，以及美国经济前景依然低迷，美国失业率仍将继续居于高位。

由于采取了就业优先政策，尽管经济增速放缓，俄罗斯和巴西失业率仍处于持续下降状态。俄罗斯联邦统计局的数据显示，2012 年 8 月俄罗斯失业率下降到 5.2%，为有该项统计指标以来的最低水平；巴西六大城市的失业率 2012 年 8 月下降到 5.3%，创有该项统计指标以来的同期历史最低水平。

3. 全球贸易低迷

受欧洲债务危机和新兴经济体经济减速影响，2012 年全球贸易增速出现急速回落倾向。9 月世界贸易组织发布的报告预计，2012 年全球贸易量增长 2.5%，低于前次预估的增长 3.7%，更低于 1990 ~ 2008 年 6.0% 的实际平均值。

根据 IMF 最新预测，从出口来看，发达国家的出口增长率将从 2011 年的 5.3% 下降到 2012 年的 2.2%，下降了一半多。而新兴市场和发展中国家出口增长率从 2011 年的 6.5% 下降到 4.0%，降幅为 38.5%。进口增速与出口增速的变化趋势大致相同。2012 年发达国家进口增速大幅下降，从 2011 年增长 4.4% 下降到仅增长 1.7%，新兴市场和发展中国家进口增长率从 2011 年的 8.8% 降至 7.0%。

4. 通货膨胀趋缓，但自 8 月出现全球同步上升现象

受全球经济增速放缓、需求低迷等因素影响，2012 年上半年，全球通货膨胀压力明显趋缓。但从 8 月开始，全球物价再次出现同步上升的趋势。究其原因，主要有两个方面。一方面，美国超过一半的陆地面积遭受严重干旱，受此影响，从 6 月 15 日开始全球农产品期货价格出现猛烈的上升，美国是世界上最大的粮食出口国，粮食年出口量占全球份额常年稳定在 35% 左右，其中小麦出口所占份额更是高达 60%，美国粮食生产出现波动必然会影响世界粮食市场。另一方面，美国量化宽松政策推动了国际石油价格上升，直接导致物价上涨。

二　2013 年世界经济发展趋势及影响因素分析

受国际金融危机和主权债务危机影响，未来世界各国将会更加注重结构调整和经济增长，发达国家将会进一步采取措施以降低债务危机的影响，关注就业并注重实体经济的发展；新兴市场和发展中经济体将会进一步刺激内需，促进国际收支平衡，实现经济的可持续发展，并继续成为世界经济增长的动力和源泉。同时，美国金融市场已相对稳定，欧洲债务危机的影响也将相对减弱。相对于 2012 年，影响世界经济增长的有利因素在增多。但是，未来一段时期世界经济发展仍将面临一些不利因素，发达国家缺乏新的经济增长点，欧洲债务危机的影响将持续存在，贸易摩擦也仍将持续。因此，虽然 2013 年世界经济增速将快于 2012 年，但仍处于低速增长状态，通货膨胀压力有所降低。

（一）影响 2013 年世界经济发展的有利因素

1. 同 2012 年相比，主权债务危机的影响将有所减弱

影响 2012 年世界经济发展的最大障碍是欧洲债务危机，该地区的主权债务危机严重影响了投资者的预期。但在 9 月 6 日，这一局面出现标志性的转机，欧洲央行宣布将在二级市场无上限购买重债国短期国债。虽然这一救助计划附有严格的约束条件，但债务问题继续向其他国家蔓延的可能性将因此大大减低，并为其他国家和地区提供了解决债务危机的思路，从而增强了各经济主体的信心，降低了不确定性。

2. 美国金融市场稳定，次贷危机的影响逐步消除

美国金融市场趋于稳定，银行业盈利改善，次贷危机的影响逐步消除。贷款损失准备金下降、贷款及其他资产增长是美国银行业盈利改善的主要因素。美国联邦储蓄保险公司（FDIC）发布的最新季度报告显示，2012 年全美 7246 家银行及储蓄机构第二季度共计实现利润 345 亿美元，较上年同期增长 20.7%，至此美国银行业已连续 12 个季度实现盈利同比增长；同时，第二季度 62% 的银行盈利实现同比增长，仅有 10.9% 的银行未实现盈利。与此同时，第二季度美国“问题银行”数量已经连续五个季度下降。截至6月底，该公司统计的“问题银行”数量从3月底的772家进一步降至732家，为2009年底以来的最低水平，“问题银行”总资产规模从2920亿美元下降至2820亿美元。

3. 以美国为代表的发达国家更加重视实体经济发展

再工业化不仅是奥巴马政府的口号，而且也是其重要的政策基点，即使政府的计划目标不能完全实现，但美国去工业化趋势已经停止。从现实条件来看，美国也具备再工业化的可能。一方面，美国的劳动生产率较高，在发展中国家工资上涨的情况下，一些商品在美国制造业已具备一定成本优势；另一方面，美国还具有大量剩余产能，2012年8月美国工业产能利用率为77.6%，低于1972～2010年80.4%的平均利用率，这意味着在不增加固定资产投资成本的情况下仍可提高工业产出。

从现实情况来看，美国实体经济发展也在出现积极变化。美国全美独立企业联盟2012年9月11日公布的最新数据显示，得益于企业主对经济前景及未来销售情况信心的提升，美国小企业信心指数在8月实现上升；与此同时，小企业的招聘意愿也有所提高。2012年10月1日，美国供应管理协会报告显示，9月美国制造业采购经理人指数为51.5，分行业来看，在18个制造业中，当月有11个行业实现扩张，包括服装和初级金属等传统行业。同时，以3D打印和智能机器人为代表的高端制造业发展也出现迅猛态势。

4. 新兴市场和发展中经济体将继续成为世界经济增长的动力和源泉

从政策方面看，新兴市场国家尚有较大的放松空间。首先，当前印度和巴西等国的基准利率仍保持8%及其以上的水平，还有一定的下调余地。其次，新兴市场国家财政赤字水平较低，财政政策还有放松的空间。最后，经济体制的改革将释放出巨大的经济增长动力。

从实体经济方面看，当前新兴市场和发展中国家仍处于资本积累快速增长的周期，在技术上又可发挥后发优势，人口众多且年轻，消费意愿和能力在不断增强，这也是新兴市场国家历经全球金融危机和发达国家债务危机仍然持续保持快速增长的原因。上述因素在短期内不会消失或减弱，并将继续推动新兴市场和发展中国家的经济增长。以中国和印度为代表的新兴市场经济国家都处

于转型时期，均需要先进的技术和设备，这也带动了发达国家的对外贸易和经济增长。因此，新兴市场和发展中经济体将继续成为世界经济增长的动力和源泉。

5. 供给改善减轻通胀压力

首先，2012 年美国干旱导致粮食产量下降，这必将促使世界各国更加重视粮食安全，加大农业投入，从而提高 2013 年粮食供给，在此情景下食品价格将不会大幅上涨。其次，新兴市场和发展中国家更强调结构调整和供给管理，从而抑制物价上涨。比如，印度政府在“十二五”（2012～2017 年）经济发展规划中，强调将发展重点放在产品及服务的供给方面，意在防范通胀的同时满足未来 5～10 年经济快速增长的需求。俄罗斯和巴西也采取了类似措施。最后，各国对页岩气的开发和利用也将增加能源供给，抑制国际石油价格进一步上涨。

（二）影响 2013 年世界经济发展的不利因素

1. 欧洲和日本经济仍将低迷

欧洲债务危机虽现曙光，但现在的政策依然是治标不治本，多年累积的矛盾和财政赤字问题在短期内难以化解，实体经济的低迷和僵化的用工制度将继续影响欧洲国家的就业水平。由于人口老化等问题，日本经济内生动力匮乏，中日经济关系降温也将影响日本经济，预计 2013 年日本经济将会出现负增长，继续低迷状态。

2. 技术进步推动的经济增长短期难以实现

一方面，从全球范围看，仍然缺乏能够引领经济进入新一轮增长的新技术革命，导致发达国家不可能出现技术推动的经济增长；另一方面，从国际合作来看，发达国家不积极向发展中国家转移先进技术设备，资金缺乏导致对外援助下降，贸易壁垒却在不断加强，技术进步对发展中国家的促进作用也在降低。在此情景下，世界经济将继续低速增长。

3. 贸易保护影响经济增长

受经济增长放缓和失业率居高不下等因素影响，全球金融危机爆发后贸易保护有不断加强的趋势。贸易保护的领域由传统的战略型产业向金融、高新技术和新能源等行业延伸，贸易保护措施变得更加隐蔽、复杂且难以量化。经济理论和实践都表明，贸易保护不仅不能解决增长和就业问题，而且是实现世界经济全面复苏的“绊脚石”。

4. 流动性泛滥导致通胀压力长期存在

美国推出的宽松货币政策和欧洲央行购买国债的政策都将进一步导致流动性泛滥和继续本币贬值，流动性泛滥必将对国际大宗商品价格上涨造成巨大压力，同时通过传导效应导致普通商品同样存在价格上涨的压力。

三　对我国经济的影响及其对策

2013 年，国际金融危机的影响还将继续显现，世界经济发展仍将面临一些不确定和不利因素，世界经济低速增长和贸易保护仍将不利于我国经济和外贸发展，美国等国家的再工业化政策也将对我国形成一定冲击。针对国际经济的新形势，我国应采取措施积极应对，促进经济平稳较快发展。

首先，积极促进出口增长。在外需继续疲软、国内劳动力等生产成本不断上升和人民币汇率上升趋势的情况下，贯彻落实近期出台的促进外贸稳定增长八大措施，尤其是出口退税政策、出口信用保险政策、贸易融资等金融支持政策。同时，还应积极采取措施促进出口产品结构升级、努力提高出口产品附加价值、促进和密切国际贸易分工与合作。

其次，积极扩大进口，努力实现进出口平衡增长。通过扩大技术和设备进口促进国内产业升级。当前，我国应当加强装备制造业、节能节水和环保技术、高新技术以及传统制造业高端产品和技术的引进，淘汰落后产能，实现相关设备的更新换代，提高劳动生产率，使我国的整体生产水平上一个新的台阶。与此同时，可以充分利用国际人力资源，吸收一些专家和技术人员到我国企业从事研发、生产和教育培训工作，加快我国对先进技术的消化吸收过程。

再次，加强与新兴市场经济体的合作和交流。由于我国同其他新兴市场国家在经济方面存在较强的互补性，相互影响越来越大，随着世界经济格局的变化，这种趋势在未来将不断加强。

最后，积极应对国际产业转移和供应链可能出现的新变化和新特点。针对

我国产业升级和国内生产成本提高，以及近期出现的部分日资企业可能将生产能力向其他东南亚国家转移甚至向日本回流的情况，我国应高度关注并研究应对国际产业转移和国内产业结构调整的新趋势、新问题。

参考文献

IMF:《世界经济展望》，2012 年 10 月。

IMF:《全球金融稳定报告》，2012 年 10 月。

G.13
2012年世界主要经济体宏观经济政策分析及2013年展望

王江昊*

摘　要：

2012年，全球经济复苏进程明显放缓，欧债危机反复发作。为了巩固前期救市成果，防止形势进一步恶化，发达经济体相继推出量化宽松政策，新兴经济体则在灵活调整利率和准备金率的同时，出台了大规模的经济刺激计划。从目前来看，"直接货币交易计划"的出台在一定程度上缓解了市场对欧债危机继续升级的担忧，其他政策的效果仍有待观察。但除了稳定经济、金融形势之外，各经济体还面临着经济政策深度调整的重任，而调整的结果将在很大程度上决定各国未来的发展前景。

关键词：

量化宽松　经济刺激计划　深度调整

一　主要发达经济体推出新一轮量化宽松政策，但目标和效果各异

2012年9月13日，美联储宣布实施QE3，连同年初以来欧洲央行、日本央行以及英国央行推出的资产购买计划，发达经济体新一轮量化宽松潮到来。各国采取的宽松措施虽然相似，但出发点和效果各异：美联储试图通过实施量化宽松（QE）来提振就业的目的虽然可能无法实现，但将加速房地产业的复苏；欧洲央行两轮长期再融资操作（LTRO）虽然未能降低重债国的融资成

* 王江昊，国际关系学硕士，国家信息中心经济预测部，研究方向为世界经济。

本，但“直接货币交易计划”（OMT）为欧债危机的解决开辟了新的途径；英国和日本央行虽然多次扩大资产购买规模，但依然难以扭转经济的下行趋势。

（一）各国实施量化宽松的出发点各异

美联储试图通过实施 QE 来提振就业。2012 年上半年，美国经济温和复苏，但失业率一直在 8.1% ~8.3% 徘徊。为了创造更多的就业岗位，美联储于 6 月 20 日宣布将扭转操作延长至 2012 年底，规模增加 2670 亿美元，并将超低利率水平至少维持到 2014 年底。但第二季度以来的经济减速拖累了就业形势的好转，因此美联储在 9 月 13 日决定加大刺激力度，不预设期限地每月购入 400 亿美元机构抵押债券，并将超低利率水平至少维持到 2015 年中期。连同扭转操作，美联储在 2012 年底之前每月释放的流动性将高达 850 亿美元。此外，美联储的最新预测结果显示，美国失业率最早将于 2014 年底降至 7%。如果 QE3 届时宣告结束，其规模将达到 11030 亿美元。

欧洲央行创新政策工具应对主权债务危机。2012 年，欧债危机加速向欧元区核心国家扩散，西班牙和意大利的 10 年期国债收益率一度接近 7.5% 和 6.5%。为了应对危机，欧洲央行创新政策工具，相继采取了多项措施：2011 年 12 月和 2012 年 2 月，欧洲央行各实施了一轮长期再融资操作，共计向银行业提供了 1 万亿欧元的低息贷款；7 月 5 日，欧洲央行将隔夜存款利率下调 25 个基点至 0，以鼓励银行业购买重债国国债并向企业发放贷款；9 月 6 日，欧元区央行推出了 OMT，表示将在二级市场上无上限购买那些恪守财政紧缩与结构改革承诺的成员国短期国债，并放弃优先偿债权。应对策略的不断加码表明，欧洲央行将不惜一切代价保卫欧元。

日本央行为保增长和稳物价，三次扩大资产购买规模。2012 年，世界经济复苏进程放缓，欧债危机反复发作，日本经济的海外环境进一步恶化。为了实现经济可持续增长和物价稳定的双重目标，2 月 14 日，日本央行宣布将资产购买规模扩大 10 万亿日元；4 月 27 日，日本央行又决定购买 10 万亿日元的短期国债，并同时减持 5 万亿日元银行固定利率基金；在美联储推出 QE3 之后，为了防止日元升值拖累经济复苏，日本央行随即宣布将分别购买 5 万亿日元的财政部贴现票据和日本国债，并取消了对最低竞标利率的限制。经过三

次调整，2012 年以来，日本的宽松规模共扩大了 25 万亿日元，达到 80 万亿日元。

英国央行为了提振经济，两度追加流动性。虽然英国央行已于 2011 年 10 月实施了一轮总额为 750 亿英镑的资产购买计划，但受国内外需求低迷的影响，政策并未见效，2011 年第四季度，英国 GDP 环比折年率更是出现了负增长。为了加大政策的刺激力度，英国央行分别于 2012 年 3 月和 7 月将资产购买规模各扩大 500 亿英镑。

（二）各国量化宽松政策的效果不同

QE 无助于改善美国的就业形势，但或将巩固房地产业的复苏势头。前两轮量化宽松对改善美国就业的效果并不理想，而 9 月美国失业率的意外下降，也与扭转操作延期或 QE3 无关：首先，美国早已进入流动性陷阱，量化宽松释放的流动性难以进入实体经济。而且，即便宽松政策起效，也需要一定的时间。而失业率作为一个滞后指标，其改善过程通常更加缓慢。其次，9 月新增非农就业人数仅有 11.4 万，尚不及第三季度的平均值 14.6 万；就业人口总数环比上升 87.3 万，也与前 3 个月基本持平。结合 9 月政府雇佣人数的大幅增加（环比上升 95.1 万）和近几次总统大选年 8 月、9 月失业率的变动情况，我们认为，为筹备总统大选而设置的临时性岗位大幅增加可能是此次失业率意外走低的主要原因。根据美联储对公开市场委员会成员和地方联储主席的问卷调查结果，2012 年美国平均失业率将在 8% ~8.2%，最早也将于 2014 年底才能降至 7%。因此，美联储通过量化宽松来提振就业的打算可能落空。而 2012 年初以来，美国房地产业延续了温和复苏的势头，新屋开工量和住宅建设支出基本保持逐月上升，待售房屋数量持续减少。不预设期限地购买机构抵押债券，尤其是房地产抵押债券或将进一步压低房地产贷款利率，减少房地产贷款违约，吸引更多的潜在购买者入市，进而推动房地产业的复苏。

OMT 为欧债危机的解决开辟了新的途径。年初以来，欧债危机的扩散和升级表明，通过商业银行业大规模买债或由“三驾马车”提供救助来满足重债国融资需求的做法已经难以为继。在财政一体化尚无法实现的背景下，OMT

为欧债危机的解决开辟了新的途径。根据规则，只要重债国恪守财政紧缩和结构改革承诺，欧洲央行便可以在二级市场上无上限购买该国的短期国债，从而切断了主权债务危机向银行业和其他成员国扩散的链条。OMT 的出台在一定程度上缓解了市场的担忧，重债国的国债收益率显著走低，也为相关国家进行财政紧缩和结构改革赢得了宝贵的时间。

量化宽松难以扭转英国和日本经济的下行趋势。由于早已进入流动性陷阱，英国和日本央行采取的宽松措施对刺激经济的效果非常有限。措施出台后，英国制造业和服务业采购经理人指数仅出现了一个季度的短暂回升，此后就重新步入下行通道，GDP 环比折年率更是连续三个季度负增长，经济陷入衰退。相比之下，日本经济虽然仍保持正增长，但由于灾后重建接近尾声以及对欧洲出口连续下滑，GDP 环比折年率（不变价经季节调整）已经由第一季度的 5.3% 迅速跌至第二季度的 0.7%；第三季度，日本的外贸形势进一步恶化，对中国和美国的出口也出现了负增长，出口总额环比下降 4.4%，贸易逆差激增 32.9%，GDP 环比折年率初值下降 3.5%。在当前全球经济复苏势头放缓，日本与中、韩关系持续紧张的背景下，单纯扩大资产购买规模无法提振日本的国内外需求，也难以扭转经济的下行趋势。

二　主要新兴经济体综合运用多种手段提振经济，但效果尚难预测

与发达国家相比，主要新兴经济体防止通胀反弹的压力更大，在放松货币政策上相对谨慎，以灵活调整利率和准备金率为主，没有推出大规模的资产购买计划。为了弥补货币政策力度的不足，各国相继出台了经济刺激计划，但效果尚难预测。

（一）各国出台经济刺激计划，并灵活调整利率和准备金率

印度开启经济自由化改革。2012 年上半年，印度经济同比增长 5%，创 10 年来新低，财政和贸易赤字也进一步攀升。为了提振经济，印度政府于 8 ~ 10 月密集出台了一系列自由化改革措施：将外资在保险、养老金、航空、零

售和广播电视领域的持股比例上限分别提高至26%、49%、49%、51%和74%；并计划对60%的国有银行进行股份制改革，分别转让印度斯坦铜业公司、国家铝业公司、矿产和金属交易公司以及印度石油公司9.5%、12.15%、9.33%和10%的股权；削减燃料补贴，提高柴油价格。此外，年初以来，印度央行已经连续3次下调了存款准备金率，累计达到150个基点，3月降准的幅度最大，达到75个基点。

俄罗斯着手治理资本外流，并将西伯利亚和远东开发作为新的经济增长点。2012年，俄罗斯继续呈现资本大规模流出的局面：1～8月，资本净流出额达到520亿美元。为了减轻资本外流的压力，俄罗斯央行结束了2011年的降息操作，于9月14日将再融资利率上调0.25个百分点至8.25%。为了增强对外资的吸引力，俄罗斯政府还启动了西伯利亚和远东开发计划，于5月成立了远东发展部。目前，俄罗斯政府已经加大了招商引资力度，正在筹划设立远东项目投资基金和制定税收优惠政策。

巴西连续降息，并推出大规模基础设施建设计划和贸易保护措施。受全球经济复苏乏力、能源和资源类产品需求不足以及雷亚尔大幅升值的影响，2012年，巴西外贸形势持续恶化，1～9月，巴西共实现贸易顺差157.2亿美元，同比减少31.8%，其中，出口下降4.9%，进口下降1.2%。为了应对经济困局，巴西政府打出了包括连续降息、出台基础设施建设计划、提高关税税率、对国内企业进行税收减免或提供财政补贴等措施在内的“政策组合拳”。2012年以来，巴西央行已经连续7次下调基准利率，降幅累计达到375个基点。

（二）刺激政策的效果尚难预测

印度自由化改革前景尚不明朗。印度政府的经济自由化改革方案引起了部分民众的强烈不满，多地爆发了大规模游行，联合执政的草根国大党也宣布退出执政联盟，但总理辛格不愿妥协，强调改革必须进行下去。目前双方仍在激烈博弈，改革前景尚不明朗。如果改革取得成功，印度的财政负担将显著下降，经济活力也将得到进一步释放，2013年经济增速有望回升至7%～8%；如果改革最终搁浅，印度经济的下行风险将继续增大。

西伯利亚和远东开发或将成为俄罗斯经济的转折点。当前，国际长、短期

资本的流动趋势出现分化，长期资本仍在由新兴经济体流出，而短期资本则开始回流。在主要发达经济体推出新一轮量化宽松的背景下，俄罗斯央行提高再融资利率或将吸引大量的短期资本流入。但短期资本的大进大出只会加剧俄罗斯经济的波动，无助于经济复苏。当前，西伯利亚和远东开发计划虽然尚未进入实施阶段，但如果俄罗斯政府能够消除对中国企业的歧视和戒备，中国长期投资的迅速增长有望从根本上扭转俄罗斯资本持续流出的局面，拉动经济复苏。

通胀率高企或将削弱巴西经济刺激方案的实施力度。虽然巴西政府已经公布了大规模基础设施建设计划，但并未明确项目何时启动、公共投资与民间资本和外资在各个项目中的配比以及政府税收优惠或财政补贴的力度等细节，这可能主要是由于巴西政府担心大力刺激经济或将再次引发通胀率的飙升，采取了相对谨慎的态度。自国际金融危机爆发以来，巴西的物价水平一直较高，全国消费者物价指数（INPC）的同比增幅基本保持在 5% 以上，民众要求政府治理通胀的呼声此起彼伏，相关团体还组织了数次大规模游行示威。

三 主要经济体均面临经济政策的深度调整

（一）美国需要在金融监管与科技创新中找到平衡

10 月初，美国政府就富国银行涉嫌房地产贷款欺诈提起诉讼，再次引发了全球对金融监管问题的关注。金融危机爆发后，加强金融监管的必要性凸显，经过一年多的酝酿和激辩，美国国会通过了《华尔街改革和消费者保护法》，对美国的金融监管体系进行了全面的补充和修正。

加强监管虽然有助于降低金融风险，但可能阻碍科技创新，拖累美国经济乃至世界经济的复苏进程。从历史经验来看，金融创新一直是科技创新的重要保障：由于科技创新的周期长、风险高，企业难以从商业银行和个人投资者手中获得融资，投行、私募、风投等风险偏好较高的机构成为科技创新重要的资金来源。

当前，美国虽然在页岩气开发和智能工业等领域取得了一些进展，但新的经济增长点远未确立，许多企业仍在从事新技术的研发。《华尔街改革和消费者保护法》及其确立的沃克尔规则加强了对高风险交易的监管，压缩了金融机构的盈利空间，将对企业的科技创新融资构成阻碍。因此，未来美国政府需要在加强金融监管与推动科技创新中找到平衡，在防范金融风险的同时，尽可能为科技创新融资提供便利。

（二）欧洲重债国面临福利制度和劳动力市场改革的重任

社会福利水平远超经济发展的承受能力被认为是引发欧债危机的重要原因，而劳动力市场缺乏活力又被认为是失业率持续走高的罪魁。因此，“三驾马车”将削减福利水平、增强劳动力市场活力作为提供救助的重要条件，要求重债国效仿德国，从削减政府福利开支、提高个人缴费标准、延迟退休年龄、增强企业用工灵活性等方面着手进行改革。但两次改革的背景存在显著差异，主要表现在以下三个方面。

首先，改革的时机不同。2002～2007 年，德国经济保持了温和增长的势头，为改革创造了相对稳定的社会环境。相比之下，当前西班牙、希腊等国经济陷入衰退，失业率达到或接近 25%。此时启动改革必然遭到民众的强烈反对。其次，改革的主要推动力不同。德国的改革是该国政府为了减轻财政负担、增强经济活力而主动采取的预防性措施，而重债国的改革是由外部强加的，触犯了受援国的财政主权和民族尊严。最后，改革的节奏不同。德国的改革方案经历了较长时间的讨论和酝酿，获得了朝野两大政党和多数民众的支持。但“三驾马车”坚持重债国必须先作出改革承诺才能获得救助，没有给受援国政府协调国内立场预留充足的时间。有鉴于此，欧洲重债国的福利制度改革和劳动力市场改革必将困难重重，无法在短期内完成。

（三）日本消费税改革难以取得预期效果

在过去的 20 多年中，日本经济增长陷入停滞，财政负担日益加重，只能通过不断发行国债来维持政府运转。为了破解财政困局，抑制国债规模的过快增长，日本国会通过了《社会保障与税制一体化改革法案》，授权政府分别于 2014 财年和 2015 财年将消费税税率由目前的 5% 上调至 8% 和 10%。据日本政府测算，如果消费需求保持稳定，改革完成以后，财政收入每年有望增长

13.5 万亿日元，相当于 2011 财年财政收入总额的 14%。

但日本政府的估计显然过于乐观。结合日本在 20 世纪末开征消费税和提高消费税税率的经验，改革之初，日本的财政收入有可能小幅增加。但当民众的消费习惯调整之后，社会总消费需求将明显萎缩，并逆向传导到生产和流通领域，造成总产出水平下降，财政收入减少。此外，日本对所有商品实施统一税率，没有对食品、药品等生活必需品提供税收优惠，加重了低收入群体的生活负担，或将引起他们的强烈不满。因此，《社会保障与税制一体化改革法案》虽然已经通过了日本国会的审批，但对改善财政状况的作用将非常有限，并可能引发严重的经济问题和社会问题。

（四） 印度需要妥善治理双赤字

20 世纪 90 年代中期以来，印度的财政和贸易项下一直保持巨额赤字。全球金融危机的爆发进一步恶化了印度的出口形势，贸易逆差在 5 年间（2007～2011 年）增长了 103.4%；而政府采取的救市措施又加速了财政赤字的扩张，其中仅 2008 年，赤字规模就同比增长了 134.6%。

印度政府意识到双赤字问题的严重性，于近期采取了多项经济自由化改革措施：其中，削减燃料补贴和出售国有企业股份有助于减轻财政负担；放宽对外资进入保险、养老金、零售、航空以及广播电视等行业的限制，有助于改善投资环境和国际贸易的失衡。虽然新政被认为是印度 20 余年来力度最大的经济改革措施，但能否落实尚未可知。20 世纪 80 年代以来，印度政府提出的多项改革计划因遭到议会或民众的抵制而未获实行。

（五） 俄罗斯经济结构调整依然任重道远

冷战结束后，虽然历经 20 多年的改革和调整，但结构不合理依然是当前俄罗斯经济的一大顽疾。资源、能源类产品开采加工和军工等部门在国民经济中的占比仍然偏高，而轻工业、高端制造业和现代服务业的发展依旧滞后。受大宗商品需求萎缩、价格持续低迷的影响，2011 年中期以来，俄罗斯经济增长陷入停滞，资本持续大规模流出，经济结构调整已经迫在眉睫。

根据竞选纲领，普京将在本届总统任期内继续推动俄罗斯经济结构调整，建立促进创新经济发展的高效机制，重点发展基础设施、医药、化工、航空、信息通信、复合材料和纳米技术、核能、航天以及现代农业和服务业，增强俄罗斯经济的竞争力。但俄罗斯现有的经济结构是在长期的历史过程中形成的，改革的难度很大：2000 年普京首次当选总统以来，历届俄罗斯政府均大力倡导经济结构调整，但一直收效甚微。而近两年资本的持续大规模流出将阻碍新兴产业和高新技术的发展，拖累俄罗斯经济结构调整的进程。

（六）私有化改革或将成为巴西经济新的推动力

20 世纪 90 年代初，巴西政府放松对民间资本和外资的限制，先后启动了对淡水河谷、巴西电信等大型国有企业的私有化进程。但由于遭到了民众的强烈反对，改革被迫中止。当前经济增速的大幅下滑迫使巴西政府重启私有化改革：2012 年 2 月，巴西政府将国内三大机场的经营权对外转让，并决定在新推出的大规模基础设施建设计划中吸引约 1300 亿美元的私人资本参与高速公路及铁路建设，而将政府的投资额压缩至 1000 亿美元。

如果巴西的私有化改革能够取得突破，将为提振内需和刺激出口提供重要动力。但要吸引更多民间资本和外资参与改革进程，巴西政府还需要进行税收、劳动力市场、管理机构等多项改革，不可能在短期内完成。

G.14 2012年国际金融市场形势分析及2013年展望

张茉楠*

摘　要：

2012年，全球金融形势及市场呈现四大特点：一是欧债危机由重债小国蔓延至重债大国，主权债务问题仍是全球经济金融运行的最大风险；二是"保增长"重归政策主基调，全球流动性过剩、信贷紧缩与美元短缺出现并存局面；三是全球资本流动不稳定性加剧，新兴经济体整体"由进转出"；四是国际金融市场经历阶段性剧烈震荡，但风险敞口逐步收敛。展望2013年，美国"财政悬崖"风险、主权债务融资风险以及新兴经济体尾部风险会左右全球金融市场走势，国际金融格局可能出现主权债务货币化，全球短期资本与长期资本流动分化，以及全球金融市场"钝化"的新常态。

关键词：

全球金融市场　量化宽松　资本流动　尾部风险　债务货币化

一　2012年全球金融形势基本特征及其市场表现

1. 全球金融市场首要风险仍在欧元区

欧洲已经在债务泥潭中挣扎了整整三年，2012年第一季度，在经历了两轮LTRO操作之后，欧债危机暂获平息，但由于希腊政治局势恶化可能导致退

* 张茉楠，经济学博士后，国家信息中心经济预测部世界经济研究室副研究员，主要研究国际金融与国际资本流动、全球经济失衡、国际货币体系改革等。

出欧元区，以及欧元区经济衰退程度加深，欧债危机再次升级。进入5月，随着西班牙银行业坏账和地方债问题集中爆发，西班牙国债收益率持续飙升，导致政府举债为银行业融资的模式难以为继，银行业和主权债融资接近瘫痪，市场忧虑1000亿欧元的救助计划未必能够覆盖其风险敞口，双向恶性循环或让西班牙转向全面救助。而危机向银行业的溢出效应进一步显现，针对欧洲银行业的降级行动已经波及核心成员国，欧洲多重危机的叠加效应成为全球金融稳定的最大威胁。

2. 重归“保增长”主基调，流动性过剩、信贷紧缩与美元融资缺口并存

（1）各国央行通过扩张资产负债表应对危机

面对持续恶化的主权债务局势和世界经济普遍出现的增长减缓、停滞甚至衰退，各国又重回“保增长”政策轨道。在摩根士丹利跟踪研究覆盖的33个央行中，自2011年11月以来已有16家央行采取了宽松措施，10个发达经济体中有7个宽松，23个重要新兴市场国家中也有9个采取了下调基准利率或存款准备金率的宽松政策。面对债务持续飙升的局面，发达国家央行更是在不到一个月时间里相继展开前所未有的量化宽松竞赛。

两轮长期再回购操作（LTRO）之后，欧央行资产负债表总规模达到了3.2万亿欧元；美联储资产负债表为2.9万亿美元左右，预计，此轮欧洲央行针对二级国债市场进行无限量冲销式的国债购买（OMT）和美联储开放式QE3（见表1），可能导致2013年底欧洲央行和美联储资产负债表飙升至4万亿美元，而日本央行启动购买资产计划以来第九次追加额度，发达国家量化宽松底线大大被突破。

（2）全球流动性过剩，但难改“去杠杆化”“去债务化”长周期

目前全球央行的资产规模约为18万亿美元，占全球GDP的30%，是十年前的两倍，全球流动性相对过剩，然而却改变不了仍处于“去杠杆化”“去债务化”长周期的事实。2011年底全球银行体系内流动性枯竭、信贷冻结的情况在2012年以来已有较大改善，3月期Libor-OIS① 息差有所回落（见图1），

① 三个月期美元Libor利率与隔夜指数掉期利率（OIS）之间的息差，反映信贷压力。

表 1　美联储三轮量化宽松政策持续时间及购买规模

政策	时　间	购买内容	持续时间	平均每月规模	总规模
QE1	2008 年 11 月至 2010 年 3 月	1750 亿美元机构债券	16 个月	109 亿美元	1.725 万亿美元
	2008 年 11 月至 2010 年 3 月	1.25 万亿美元抵押贷款支持证券	16 个月	780 亿美元	
	2009 年 3 月至 2010 年 3 月	3000 亿美元长期国债	12 个月	250 亿美元	
QE2	2010 年 11 月至 2011 年 6 月	6000 亿美元长期国债	8 个月	750 亿美元	6000 亿美元
QE3	2012 年 9 月至 2013 年 12 月或 2014 年 6 月	6230 亿～8630 亿美元抵押贷款支持证券	16～22 个月	400 亿美元	1.163 万亿～1.673 万亿美元
	2013 年 1 月至 2013 年 12 月或 2014 年 6 月	5400 亿～8100 亿美元长期国债	12～18 个月	450 亿美元	

资料来源：根据美联储数据整理。

但美元融资缺口依然巨大。根据国际清算银行计算，因欧债危机和全球经济减速推高了美元避险需求，截至 2012 年第二季度末，对美元需求已经达 1999 年以来最高，全球银行业和企业存在 2 万亿美元的缺口，为 2008 年 4000 亿美元的 5 倍，全球金融体系普遍存在信贷紧缩压力。

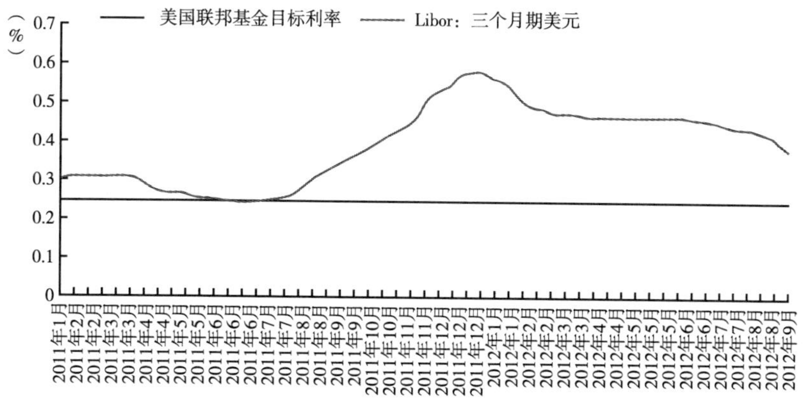

图 1　美联储基准利率与美元 3 个月 Libor 利率

资料来源：Wind 资讯。

3. 全球资本流动不稳定加剧，资本从高风险资产流向避险资产

（1）全球跨境资本整体表现为由新兴经济体向发达经济体回流

金融危机以来，资本流动对发达经济体顺周期性减弱，对新兴经济体顺周期性明显增强。2009～2010年，新兴经济体在危机中率先企稳复苏，资本流入随之出现大幅增长；2011年至今，新兴经济体增速出现较大幅度放缓，欧债危机加重导致资本流入逆转。上半年，发展中国家及新兴经济体资本流入总量收缩44%，其中俄罗斯2012年前8个月资本净流出为520亿美元，巴西资本净流入只有230亿美元，比上年同期的600亿美元减少一半以上。自QE3推出之后，短期资本再次回流新兴市场，中国（以香港地区为代表）开始吸引大量外来资本，但与2009年期间相比，新兴市场国家资本流入整体放缓趋势并未得到根本性改变。

（2）发达经济体内部，“美进欧出”趋势极为明显

从发达经济体来看，以美国为代表的北美地区资金流入明显，欧洲呈整体流出趋势。全球投资者对欧债风险敞口的担忧导致欧洲整体呈现资金流出态势。目前，西班牙等国面临着非常严重的资本外逃，2012年上半年流出西班牙的私人资本总量高达2198亿欧元，此后的三个月间流出资金量占其GDP的52.3%，其严重程度已超过亚洲金融危机期间的印度尼西亚等国。

4. 国际金融市场剧烈动荡，三大市场及资产价格走势总体好于2011年

（1）全球股指“冰火两重天”，中美股市呈现典型牛熊背离格局

全球股市大起大落，下半年，在美国股市带动下全球股市开始走出2011年第三季度以来的低谷，全球股票市场总体表现优于2011年。截至2012年10月19日，摩根士丹利国际资本公司编制的MSCI美国指数、全球指数、欧洲指数以及新兴市场指数分别较年初上涨13.95%、11.81%、11.58%和9.79%，不同市场之间差异较大，中美股市呈现出典型的牛熊背离格局。中美增长趋势导致微观主体情绪明显差异，2012年以来，受益于美国经济温和增长，房地产市场筑底回升，银行和部分高科技企业利润的持续提升，以及美元的“安全港”效应，美国三大股指均创出或正接近历史新高，而与此同时，中国经济增长大幅减速、资本外流，以及企业利润持续下滑等因素导致股指难以在短期政策利好刺激下提振，中国上证综指回落至十年前水平。

(2) 全球汇市大幅震荡，区间“锯齿形”走势特征明显

自 2011 年 10 月以来，作为全球“货币锚”的美元指数“双向波动”幅度加大（最低至 76.48，最高至 84.02），大部分时间段处于强势区间。第三季度以来，美国年底“财政悬崖”临近，以及 QE3 使美元全线承压，美元指数回落至年初水平（见图 2）。在非美货币方面，随着欧债危机的间歇式发作，以及新兴经济体同步减速，欧元、新兴经济体货币波动性也由此增强，对美元、日元出现较大幅度贬值，其中以变异系数衡量，2012 年第二季度中，汇率波动幅度最大的五种货币分别是巴西雷亚尔、印度卢比、墨西哥比索、俄罗斯卢布和欧元。近期，QE3 刺激风险偏好有所恢复，中国人民币、俄罗斯卢布、印度卢比对美元出现较大幅度升值，巴西雷亚尔和南非兰特贬值幅度较前三季度有所收敛。

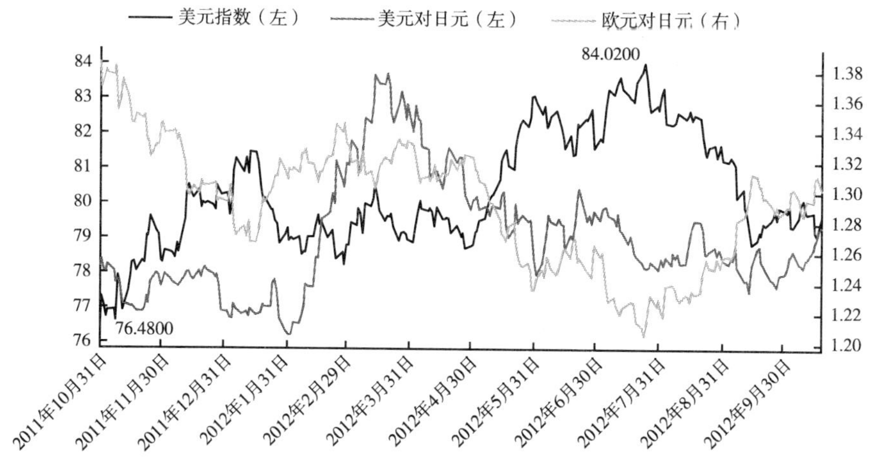

图 2 2012 年美元主导全球汇市大幅波动

资料来源：Wind 资讯。

(3) 全球债券市场趋于分化，资金持续流入美债以及新兴市场债券

全球债券市场总体优于股票市场，但表现趋于分化：一是 PIIGS 国家债券市场融资压力较大。第二季度以来，随着希腊退出欧元区的疑虑升温以及西班牙债务危机急剧恶化，欧元区外围国家国债收益率持续飙升，7 月初，西班牙 10 年期国债收益率一度突破 7% 的警戒线，但欧洲央行宣布启动直接购债计划（OMT）以及 ESM 启动后，西班牙、意大利、葡萄牙、希腊国债收益率出现明显下降。

二是具有安全港效应的债券资产备受市场追捧，债券收益率下行，美国10年期国债收益率跌至60多年的新低（见图3），日本国债10年期国债收益率创下9年来新低，德国国债10年期收益率甚至为负数。廉价融资也使美国垃圾债市场供不应求，2012年前8个月，美国国债公开发行额首次超过10万亿美元，海外投资者持有量占总债券比例已升至53%。2012年以来，垃圾债券市场融资规模创下了1.32万亿美元的历史新高，呈现泡沫化趋势。

图3 美国国债延续2011年底以来的“安全港效应”

资料来源：Wind资讯。

三是由于新兴市场债券回报率高，资金涌向新兴市场国家债券基金正成为一种趋势。根据摩根大通的数据显示，新兴市场债券基金回报率为 14%，远高于美国国债同期平均回报率的 2.4%。根据全球资金追踪机构新兴市场投资基金研究公司（EPFR）最新统计的数据，从 2012 年初至 10 月初，流入资金达 400 亿美元，流入新兴市场债券的资金额为流入其股票市场的 4 ~5 倍。

二　影响 2013 年全球金融市场运行的三大风险

欧债危机是当前全球经济和金融市场的最大风险，但不是唯一风险，美国财政悬崖风险临近，目前财政赤字已占到美国 GDP 的 4.3%，如果“财政悬崖”不能有效解决，可能将美国经济拖入衰退。此外，2013 年全球债务融资风险以及新兴经济体可能出现的尾部风险依然不能排除。

1. 美国“财政悬崖”风险不可低估，须警惕 2011 年美债降级冲击全球金融市场重演

2012 年底至 2013 年初，美国将有至少 4 个短期和中长期的重要财政议题在时间上重合，即所谓的“财政悬崖”：第一，要确定 2013 财年后半年的联邦政府预算；第二，要决定美国公共债务上限该如何提高；第三，要决定未来数年内个人收入所得税等税率，并决定是否要开展新一轮税制改革；第四，是否要切实削减联邦政府的财政赤字以降低美国公共债务。

从时间窗口看，从总统选举结束后至 2013 年初之前，美国国会有 7 周左右时间解决“财政悬崖”可能对经济拖累的问题。我们认为，尽管两党可能会达成某种程度的妥协，绝对的预算僵局可能避免，但面对“跛脚”的政治体制，“财政悬崖”在短期内得到实质性解决的机会甚微，美国主权评级被进一步下调的可能性依然存在，需警惕 2011 年全球金融市场走势重演对全球货币和资本市场带来的连锁式冲击。

2. 发达国家对债务融资高度依赖，短期融资紧张压力持续存在

在资产负债表式衰退情况下，政策刺激只是“缓兵之计”，很难彻底逆转债务危机所带来的巨大阻力。截至目前，发达经济体政府债务融资升至 10.4 万亿美元，其中短期债务占经合组织成员国总发债比例的 44%，这使得发达

国家越来越形成对债务融资的高度依赖。

2013 年，除作为债务风险高发区的欧洲和因面临财政悬崖风险的美国之外，日本也将步入还债高峰期。据彭博统计，2013 年日本的到期债券（包括国债、金融债、CPI 挂钩债等）本金高达 1.98 万亿美元，较 2012 年增长超过 45%，债券利息为 1139 亿美元，未偿还贷款 1071 亿美元。在短期内无法靠增长解决债务危机的大背景下，主要经济体仍不得不继续艰苦的融资斗争，全球金融市场波动性可能随之加剧。

3. 结构性问题突出，新兴经济体债务和银行两大尾部风险尚未排除

（1）“双赤字”问题可能进一步放大债务风险

在美国去杠杆化、欧洲陷入漫长债务危机的背景下，新兴市场国家也难独善其身，特别是一些贸易依存度较高的出口导向型国家，外需减少、出口下滑所造成的经济增速减缓，使其面临贸易赤字和财政赤字并存的“双赤字”困扰。IMF 数据显示，截至 2011 年底，印度政府债务总额占 GDP 之比已达 68.1%，巴西为 66.2%，均已远超新兴经济体 37.6% 的平均水平。由于财政赤字高启，经济增长乏力，标准普尔公司先后将南非和印度的主权评级展望由“稳定”调降至“负面”，并将印度的主权信用评级调至 BBB - 级。此外，越南、菲律宾、土耳其、罗马尼亚、乌克兰等新兴市场国家也饱受“双赤字”困扰。因此，不排除个别新兴国家由于外部冲击触发债务危机的可能性。

（2）新兴经济体银行资产质量问题也开始逐步暴露

由于经济的高速增长和直接融资市场的有限体量，新兴经济体多数存在经济“过度银行化”特征，特别是储蓄率较高的亚洲，表现为银行资产负债表快速膨胀、信贷占 GDP 比率较高等。目前来看，新兴经济体银行业的系统性风险正在上升。9 月 27 日，穆迪宣布下调阿根廷 30 家银行信用评级；8 月，穆迪下调了越南最大私营银行亚洲商业银行的评级，而越南银行业的总坏账率已经从 2008 年的 3% 大幅攀升至 10%；第二季度，印度央行对 100 家银行的调查结果显示，银行坏账已经对印度金融系统构成了最大风险，新兴经济体尾部风险不容小视。

三　2013 年全球金融呈现三大趋势

2012 年 10 月初，IMF 发布了《世界经济展望报告》《财政监测报告》和《全球金融稳定报告》，三份报告从整体上勾勒了未来世界经济走势、各国财政问题以及全球金融市场的全景。全球经济同处变局、乱局和迷局之中，局部债务风险还在继续暴露，我们认为 2013 年全球金融运行将呈现三大趋势。

1. 央行“异化”推动长期低利率和债务货币化趋势

（1）央行倾向靠量化宽松维持债务循环

2008 年之后欧美主要央行的逻辑，是央行与财政关系的重新定义，这种重新定义实际上让中央银行走上了一条“去独立性”之路。观察美联储、欧洲央行、日本央行以及英国央行的量化宽松或准量化宽松政策，其货币政策目标已经清晰地变为竭力维持岌岌可危的政府债务循环。

量化宽松的本质是债务货币化。从全球角度来看，政府债务占 GDP 比例已经上升到几十年以来最高水平：全球拥有 AAA 主权评级的包括美国在内的所谓“安全政府”都相继失去 AAA 评级，当前在最高主权评级阵营的发达国家为数寥寥。随着 2012 财年美国财政赤字连续五年超过万亿美元大关，美国联邦政府债务已经飙升至 16 万亿美元。近十年来，美国债务总规模提高了两倍多，如果以目前每天增加 35 亿美元新债的速度增长，美国政府的债务总额将会在 2015 年突破 20 万亿美元大关。

欧盟委员会最新数据显示，2011 年欧元区债务比率达到 87.3%，创下历史新高，适龄劳动者人均债务已达 3.77 万欧元，其中爱尔兰、意大利和希腊处于欧元区最高水平，分别为 5.5 万欧元、4.8 万欧元和 4.7 万欧元，法国和德国虽然比上述三国低，但也分别高达 4 万欧元和 3.9 万欧元，都高于欧洲的平均水平。

再看日本，无论是债务总额与 GDP 之比、财政赤字与 GDP 之比、还是国债依存度，目前日本都是世界发达国家中最差的国家之一。数据显示，截至 2011 年底，包括国债、借款和政府短期证券在内的日本国家债务总额共计 919.1511 万亿日元，创历史最高纪录，达到 GDP 的两倍。以人口计算，平均

每个日本人负担 721.6 万日元。

（2）央行货币政策异化趋势带来三大问题

发达国家普遍通过长期低利率或量化宽松等方式来减轻债务负担，从而走上了债务货币化的道路，但央行异化趋势会带来以下三大问题。

一是长期极度宽松的货币环境掩盖了潜在的资产负债表问题，由于极度宽松的货币政策使以美国为代表的主权债务成本处于历史低位，新发债务的利息成本较低，这减弱了政府进行财政整顿和结构性改革的意愿，财政可持续问题的解决被延误，影响长期宏观经济和金融的稳定。

二是长期极度宽松货币政策可能会扭曲金融市场价格体系。长期国债收益率是经济决策的重要参考指标，人为降低长期利率和金融市场风险价差的大规模国债购买扭曲市场信号，导致资源错配。

三是债务货币化大大稀释债权人利益，导致东西方长期财富分配失衡。截至 2011 年底，发展中国家储备资产达 7 万亿美元，这些储备大多数以美国国债或其他低收益主权债券的形式投资，等于为发达国家进行债务融资，长期债务货币化势必严重侵蚀债权人的资产和金融权益。

2. 国际短期资本流动与长期资本流动分化趋势

2008 年全球金融危机以来，国际资本流动模式显著变化，不仅有周期性因素，还有结构性因素和扰动因素。当前，发达国家再度联手量化宽松的溢出效应开始逐步显现，新兴经济体持续近一年的短期资本流出转变为新一轮短期资本流入。事实上，在美国国内债券收益率走低、股市提前透支第二轮量化宽松政策利好、实体经济复苏缓慢等形势下，未来，大部分货币资金受利益驱动，可能流向投资收益较高的大宗商品市场及新兴市场国家，但由于发达国家主权债务危机旷日持久、全球经济再平衡进程加快推进以及新兴市场资本回报率的降低等因素，新兴经济体长期产业资本大规模净流入的局面正在面临拐点。

从中长期看，影响国际资本流动的主要因素正在发生趋势性改变，以往经济全球化中的过度消费、过度借贷、过度福利、过度出口的失衡关系正在被打破：发达国家主权债务危机正在开启一场旷日持久的“去杠杆化”进程，这会导致海外资本的持续回流，而作为资本输出大国的美国正在加速推进“再

工业化”战略，促进产业资本回流，重组全球产业链，全球资本大规模流向新兴经济体的趋势可能正在悄然发生改变，短期资本与长期资本分化的趋势可能成为常态。

3. 全球金融市场震荡程度与前两年相比，将呈现“钝化”趋势

欧债危机救助机制的构建与实现是影响全球金融市场走势的关键。当前，欧债危机初露曙光，欧洲央行量化宽松加码，欧盟永久性援助基金——欧洲稳定机制（ESM）也终于正式启动。ESM 可以看做欧洲统一财政部的雏形，它通过对欧元区各国的财政约束，实现债权国对债务国的财政转移支付，从而达到救助债务国的目的。我们认为，欧洲推进银行和财政联盟是向正确方向迈进，但分歧和坎坷仍多，由于短期内风险偏好难以根本性逆转，美联储投放的超额货币供给可能不及市场对美元的需求量大，美元保持相对阶段性强势是大概率事件，新兴市场货币对美元升值空间有限。此外，各国经济复苏的差异性、不同国家宏观政策溢出作用，以及资本流向的改变都会给全球金融市场带来新的调整和动荡。展望 2013 年，尽管短期风险可能不断，但大的系统性风险已开始逐步释放，全球金融市场震荡的程度相比 2011 年和 2012 年，将呈现出“钝化”趋势。

G.15

2012年世界贸易形势分析及2013年展望

刘 宇*

摘 要：

当前全球经济放缓和贸易保护加剧，将使国际贸易陷入低迷态势。贸易的先行指标出口商信心指数、国际航运市场和大宗商品价格走势已表明贸易增长不容乐观。IMF预测2013年全球贸易增长率为4.5%，发达国家和发展中国家出口分别增长3.6%和5.7%，进口分别增长3.3%和6.6%。伴随经济的复苏，各国政府的贸易保护措施不但没有下降，反而迅速增加，非常规贸易措施的撤销速度也放缓。与贸易数量相比，更加值得关注的是，保护主义出现了新的趋势，贸易救济手段已经呈现出更加复杂和难以监控的特点。贸易摩擦形式不断翻新，涉及产业不断扩大。其中，修改贸易防御体系和出口管制等潜在贸易保护措施风险大幅上升，因此，预计2013年全球贸易增长不容乐观。

关键词：

贸易 展望 保护

伴随着世界经济复苏乏力，世界贸易增长放缓。IMF预计2012年和2013年世界经济将缓慢复苏，而世界贸易增长前景不容乐观，尤其是一些发达经济体的贸易将受到较大冲击。各国失业率居高不下以及国内产业的压力导致贸易保护主义情绪升温，贸易冲突加剧。

---

* 刘宇，管理学博士，毕业于中国科学院。现为国家信息中心经济预测部副研究员，主要从事宏观经济分析、全球动态GTAP模型和区域CGE模型开发与应用，以及国际贸易研究。

一　2012 年全球贸易增速大幅放缓

伴随着全球经济下滑，贸易也呈现回落态势。贸易与经济增长存在长期稳定的正向关系，而且贸易的波动要强于经济变化，所以，世界经济波动尤其是发达国家的经济波动对世界贸易有显著的影响（见图 1）。受金融危机影响，2009 年世界贸易增长率大幅跌至 -10.4%，创“二战”以来的最大跌幅。2010 年，伴随全球经济增长复苏，世界贸易增长率大幅回升至 12.6%，这是 1980 年以来最高的年度增长率（见表 1）。2011 年世界贸易增长率又大幅下滑至过去十年的平均水平 5.7%。鉴于全球经济呈现缓慢复苏的态势，国际组织纷纷下调 2012、2013 两年的贸易增速预测。国际货币基金组织（IMF）10 月预测，2012 年世界贸易增速将放缓至 3.2%（比 4 月预测值下调了 0.6 个百分点），略高于 2008 年金融危机时的 3%；预测 2013 年世界贸易增长率提高至 4.5%（比 4 月预测值下调了 0.7 个百分点），但仍然低于危机前的平均增长。由于欧元区债务危机以及美国和中国贸易增长乏力，世界贸易组织（WTO）下调了贸易预测，2012 年 9 月 WTO 预测 2012 年货物贸易增长 2.5%①（比 4 月预测值下调 1.2 个百分点），2013 年世界货物贸易增长 4.5%（比 4 月预测值下调 1.1 个百分点）。

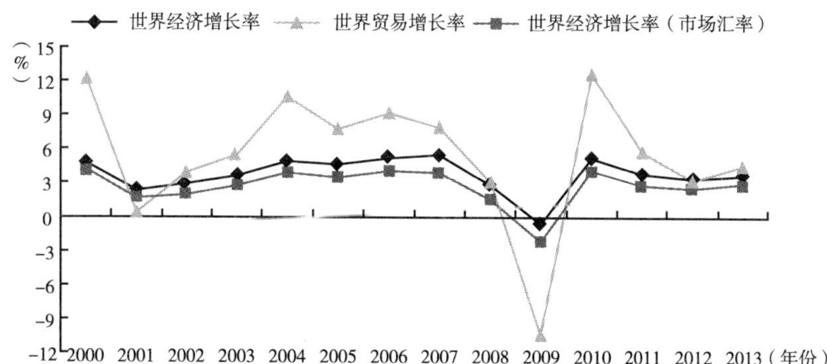

图 1　2000～2013 年世界经济与贸易增长率变化趋势

资料来源：IMF《世界经济展望》，2012 年 10 月。

① 国际货币基金组织（IMF）与世界贸易组织（WTO）对贸易量的定义有所不同，IMF 用的贸易定义是包括货物贸易和服务贸易，而 WTO 只是指货物贸易。因此，两组数据的口径不一致。

（一）从年度数据看，发达和发展中国家贸易增速双双回落

根据IMF最新预测，发达国家的出口增长率将从2011年的5.3%下降到2012年的2.2%，下降58.5%；而新兴市场和发展中国家出口增长率从2011年的6.5%下降到2012年的4.0%，降幅只有38.5%，降幅只有发达国家降幅的65.8%。进口增速与出口增速变化趋势大致相同。2012年发达国家进口增长率从2011年的4.4%下降到1.7%，而新兴市场和发展中国家进口增长率从2011年8.8%降至7.0%（见表1）。从贸易平衡项看，2012年发达国家出口增速快于进口，取得部分贸易盈余，而发展中国家的情况正好相反，进口增速快于出口，贸易平衡项有所恶化。

表1　2009～2013年世界贸易增长趋势

单位：%

项　　目	2009年	2010年	2011年	2012年*	2013年*
世界贸易量(货物和服务)	-10.4	12.6	5.8	3.2	4.5
出口:发达国家	-11.3	12.0	5.3	2.2	3.6
新兴市场和发展中国家	-7.6	13.7	6.5	4.0	5.7
进口:发达国家	-11.9	11.4	4.4	1.7	3.3
新兴市场和发展中国家	-8.3	14.9	8.8	7.0	6.6

注：2012年*和2013年*为预测值。
资料来源：IMF《世界经济展望》，2012年10月。

（二）从月度数据看，全球贸易增速出现放缓迹象

2012年9月，荷兰经济分析局（CPB）发布报告指出，继5月世界贸易量环比大幅上升2.9%之后，6月和7月贸易量环比分别下降1.5%和0.2%（见图2）。虽然进出口都下降，但出口下降幅度要大于进口。从区域来看，亚洲国家的进口和出口均出现大幅下滑。而发达国家出口除美国外，欧盟和日本均出现增速下滑的态势，日本的出口增幅比欧盟下降更大。

由于单月贸易数据波动性较大，所以，我们通常更关注六个月移动平均增长率的变化。从图3可以看出，世界贸易继5月增长1.7%后，6月和7月平

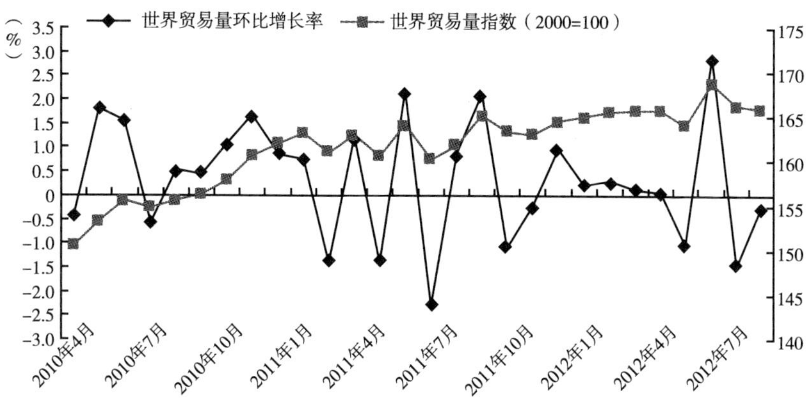

图 2　2010 年 4 月至 2012 年 7 月世界贸易量指数变化趋势

注：贸易量数据经季节调整。

资料来源：荷兰经济分析局（CPB）2012 年 9 月世界贸易监测指数。

均增长率分别下降到 1.36% 和 1.02% 。该指标连续出现两个月的下降，而且前六个月的增长率都很低，平均只有 1.5% 左右，远远低于 2011 年同期近 4% 的增长率。

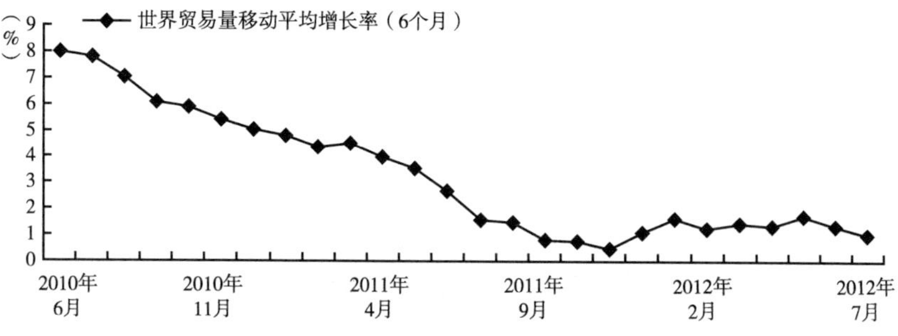

图 3　2010 年 6 月至 2012 年 7 月六个月移动平均环比增长率变化趋势

资料来源：荷兰经济分析局（CPB）2012 年 9 月世界贸易监测指数。

二　2013 年全球贸易仍然低迷

对于 2013 年全球贸易走势，我们认为伴随着全球经济的放缓，全球贸易增长将维持在较低的水平，但略高于 2012 年。这主要是基于两方面的判断：

第一，对当前国际贸易先行指标走势的判断；第二，对2013年决定贸易走势主要因素的分析。

（一）先行指标变化显示国际贸易增长放缓

国际航运市场持续走低，接近金融危机时的水平。波罗的海干散货指数（BDI）是国际贸易的重要先行指标，该指标通常能提前反映未来国际贸易的走势。波罗的海干散货指数自2010年5月达到高点4078之后一直处于下降通道。截至2012年10月，BDI指数大幅下滑到777点，不足2010年5月高点的1/5。从指数运行看，目前只相当于金融危机爆发时（2008年底）的水平（见图4）。从国际航运业看，BDI指数也远远低于航运业的盈亏平衡点。一般认为，BDI指数低于2000点，国际运输企业就很难盈利了。集装箱租船指数（HRCI）也显示，2011年5月突破900点之后一直处于回落态势，特别是2012年9月大幅跌至469点。根据全球著名海运咨询机构克拉克松（Clarkson）统计，截至目前，全球共有46艘集装箱新船订单，较上年同期减少74%。2012年全球干散货贸易同比增长4%，低于2011年的6%。所以，疲软的国际航运和集装箱市场走势预示着贸易将会走低。

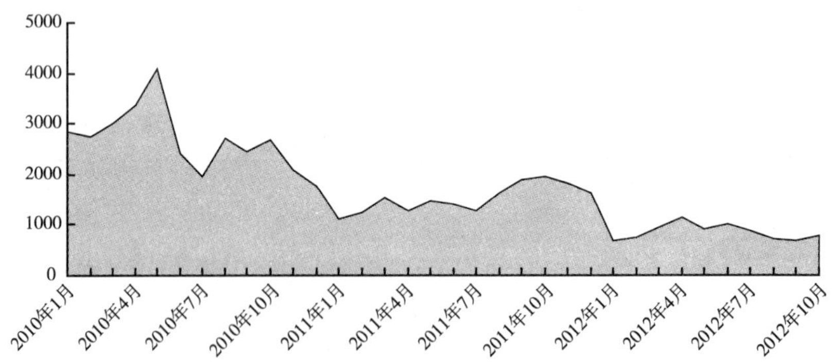

图4　2010年至2012年10月波罗的海干散货指数变化趋势

资料来源：Bloomberg数据库，2012年10月。

大宗商品价格出现回落态势。国际商品价格是影响国际贸易的重要因素，据IMF研究显示，商品价格的变化是造成贸易剧烈波动的一个主要原因。从

图 5 可以看出，IMF 预测 2012 年大宗商品价格整体上呈下降的态势，其中总体价格指数下降 2.5%，除化石能源价格基本持平外，食品饮料和非化石能源价格分别下降 3.1% 和 9.5%。预计 2013 年世界经济增速放缓，国际大宗商品价格将继续走低。IMF 预计 2013 年总体价格指数、食品和化石能源价格同比将分别下降 2%、2.2% 和 1.5%。因此，国际价格的回落将导致国际贸易增速下滑。

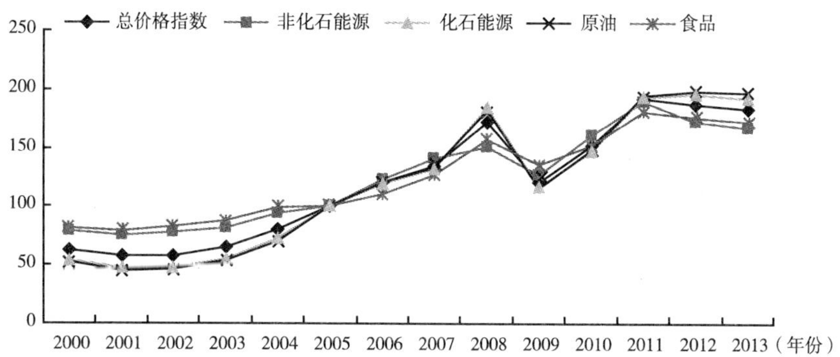

图 5　2000～2013 年，主要国际大宗商品价格指数变化趋势（2005＝100）

资料来源：IMF 初级产品价格数据库，2012 年 10 月。

香港贸发局出口商信心指数持续下滑。香港作为重要的国际贸易中转城市，其出口商的信心直接反映了未来贸易走势的变化。香港贸发局编制的季度出口商信心指数分水岭是 50，如果高于 50 意味着信心扩张，低于 50 意味着信心收缩。该指数从 2010 年 2 月达到顶峰 59.1 后持续回落，尤其是 2012 年第三季度下跌至 35.3，创下 2009 年第二季度以来的新低。78% 的受访者表示买家需求更趋疲弱，令出口信心急跌。约 1/5 受访者称，汇率走势不利及竞争激烈等因素令出口前景恶化。总体来看，该指数基本上回到了 2008 年第三季度金融危机爆发时的水平（见图 6）。从出口市场看，对所有主要市场的出口信心均见下滑，对欧盟市场最为悲观，信心指数下跌至 39.5。从行业看，几乎对所有主要行业的出口信心指数都同步下滑。这种情况预示，2013 年世界贸易的增速将会放缓。

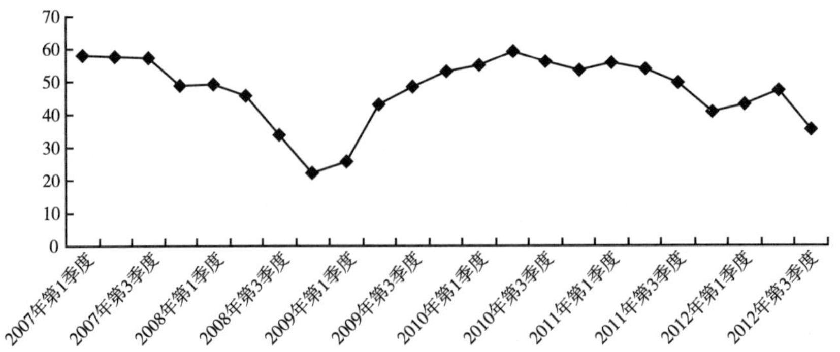

图 6　2007 年第一季度至 2012 年第三季度香港贸发局出口商信心指数

资料来源：香港贸发局第三季度贸易季刊，2012 年 9 月。

全球新出口订单指数持续走低。截至 2012 年 10 月，Markit 公布的最新全球 PMI 指数显示，全球新出口订单指数已经连续 5 个月大幅下滑，不仅远低于长期趋势，而且还一举创下 2009 年 3 月以来的最低水平。其中，德国新出口订单指数大幅下降，显示来自全球的需求大幅减弱；日本的新出口订单指数也持续走低；中国 9 月的新出口订单指数降至 44.9，创 42 个月以来的最低水平，显示世界环境给中国出口带来压力。此外，美国、亚洲和欧洲的大部分国家的新出口订单指数均有所下降，势必会冲击到未来的国际贸易。

（二）2013 年全球需求疲软将抑制贸易增长

国际组织预测 2013 年全球需求依旧低迷。三大国际组织对 2013 年全球经济预测基本相同，一致认为 2013 年经济增长将略好于 2012 年，但仍然维持一个很低的增速（见表 2）。其中，2012 年 10 月国际货币基金组织的预测最乐观，预测 2012 年全球经济将实现 3.3% 的增长，其中发达国家增长 1.3%，发展中国家增长 5.3%；预测 2013 年全球经济增长 3.6%，呈现缓慢复苏，但增速比 4 月的预测值有所下调。另外，2012 年 10 月 OECD 综合领先指标（CLI）显示，未来几个季度内大多数主要经济体经济增速将继续维持减弱趋势。预计疲软的全球需求将对贸易增长形成制约。

表 2　2012～2013 年国际组织经济增长率预测

单位：%

类　别	国际货币基金组织		世界银行		联合国	
	2012 年	2013 年	2012 年	2013 年	2012 年	2013 年
世界	3.3	3.6	2.5	3.0	2.5	3.1
发达国家	1.3	1.5	1.4	1.9	1.2	1.8
发展中国家	5.3	5.6	5.3	5.9	5.3	5.8

资料来源：国际货币基金组织展望数据库，2012 年 10 月；世界银行展望数据库，2012 年 6 月；联合国展望数据库，2012 年 6 月。

（三）潜在贸易融资风险上升

据统计，当前全球 80% 以上的贸易活动都离不开融资、担保、保险和其他贸易金融服务的支撑。因此，贸易融资风险直接影响全球贸易活动。目前两方面的因素将会推高全球贸易融资成本。一方面，美国近期推出的 QE3 导致美元供应紧张。美国的“扭曲操作”，即美联储卖出短期国债，买入长期国债，吸引了大量美元资金回流，造成全球金融市场短期美元流动性出现一定程度的吃紧。另一方面，2013 年开始实施的《巴塞尔协议Ⅲ》迫使银行提高资本金。该协议要求将 3 个月期的贸易融资视为一年期敞口，促使银行针对这些贷款持有足够的、高质量的资本金，因此，银行将会提高贸易融资成本。其实，随着欧债危机的演进以及《巴塞尔协议Ⅲ》将表外贷款转至表内要求的影响，欧洲多家银行已经大规模减少了贸易融资贷款，其中法国兴业银行提出削减出口贷款和其他类型的贷款，德国商业银行甚至宣布撤回其在德国和波兰以外的所有贷款。由于欧洲银行业在亚洲和拉丁美洲的业务占到了全球贸易融资贷款总量的 1/3 以上。所以，潜在的贸易融资风险上升将会大幅抑制贸易活动。

（四）高失业率和政治周期导致贸易保护会进一步加剧

经济增长下滑和失业率上涨诱发了新一轮的贸易保护主义。2012 年由于经济下滑导致三大经济体的失业率居高不下。失业率是一个滞后指标，历史经验表明，在经济衰退结束之后两年甚至更长时间里，失业率仍将处于较高水平，所以，2013 年各国的失业率会徘徊在高位。据 IMF 预测，2012 年和 2013 年发达国家的失业率将会分别达到 8.03% 和 8.08%，2013 年美国、欧元区和日本将分别达到 8.1%、11.5% 和 4.4%。鉴于各国失业率往往是出台更具保护性贸易政策的重要催化剂之一，预计 2013 年各国出台贸易保护政策的风险大幅增加。此外，2012 年是大选之年，从目前情况看，世界经济下行风险仍在加大并与政治周期叠加。有限的政策选择和危机的加深使得不少国家更倾向于用贸易保护主义来缓解政治压力、取悦民心，从而贸易保护主义将会进一步加剧。

最后，鉴于先行指标变化、需求因素、融资条件和贸易保护等不利影响，2013 年的全球贸易仍将维持缓慢的增长，我们预计 2013 年全球贸易增长率为 5.0%，略高于 IMF 的预测，但低于世界银行和联合国的预测（见表 3）。

表 3　2012～2013 年国际组织对贸易增长的预测

单位：%

类　别	国际货币基金组织		世界银行		联合国	
	2012 年	2013 年	2012 年	2013 年	2012 年	2013 年
世界	3.2	4.5	5.3	7.0	4.1	5.5
出口	—	—	5.3	7.0	3.9	5.5
发达国家	2.2	3.6	4.8	6.5	2.7	4.7
发展中国家	4.0	5.7	6.8	8.4	5.6	6.7
进口	—	—	5.2	7.3	4.2	5.5
发达国家	1.7	3.3	4.0	6.6	2.1	3.8
发展中国家	7.0	6.6	8.1	8.8	6.8	8.0

注：表中贸易为实际量，即剔除物价和汇率因素。

资料来源：国际货币基金组织展望数据库，2012 年 10 月；世界银行展望数据库，2012 年 6 月；联合国展望数据库，2012 年 6 月。

三　全球经济的复苏并没有阻止贸易保护的加剧

危机以来，各国政府不断调整贸易政策，但出台的措施具有明显的贸易保护倾向，妨碍了国际贸易的正常流动，违背了不采取保护主义措施的承诺。总体来说，近期全球贸易保护主义主要有以下几个趋势。

（1）全球经济的复苏并没有阻止贸易保护主义的蔓延。经济复苏以来快速增长的贸易保护措施表明，全球经济复苏并没有像人们期望的那样限制了世界贸易保护主义的扩散和延续，相反，全球贸易保护似有愈演愈烈之势。根据 WTO 最新统计，2011 年 5 ~ 10 月，各国政府共出台了 155 项新贸易限制措施，影响到 G20 国家货物进口额的 0.5%、全球进口额的 0.6%。而 2011 年 10 月至 2012 年 5 月的 7 个月，各国政府出台的贸易限制措施增加到 182 项，影响到 G20 国家货物进口额的 1.1%、全球进口额的 0.9%。可见无论是从新实施措施的数量，还是影响的贸易量都在显著上升。此外，一个重要的转变是，这一波贸易保护浪潮看起来并不像是为对抗危机而出台的短期政策，更像是为加速经济复苏的长期措施，贸易保护的潜在驱动因素发生了根本的变化。因此，未来一段时间，全球仍将面临保护主义措施的负面影响。

（2）与以往不同，G20 国家正在成为全球贸易保护措施的主导者。虽然每届 G20 峰会的与会各方都宣称坚定支持开放的贸易和投资，抵制各种形式的贸易保护主义，但保护主义的浪潮似乎越加泛滥，承诺能否化为行动让人怀疑。全球贸易预警（GTA）最新报告统计，2009 年 G20 国家实施的贸易保护措施占全球贸易保护措施的比重为 60%，而截至 2012 年 6 月该比重上升到 79%，也就是说，平均每 10 起贸易保护就有 8 起是由 G20 国家发起的。可见，G20 国家更青睐于采用贸易保护措施保护本国经济。另外，G20 取消贸易限制措施的速度也在放缓。2008 年 10 月以来，G20 国家出台的 802 项贸易限制或潜在限制措施中，仅有 18% 被取消，而上次报告被取消的比重为 19%。因此，这表明 G20 国家已经取代发展中国家成为全球贸易保护措施的主要实施者。

（3）贸易保护的领域由传统的战略型产业向金融、高新技术和新能源等行业延伸。一般来说，贸易保护主要集中在大宗商品和战略性产业，但是近年来，我们发现贸易保护有向金融、高新技术和新能源等行业蔓延的趋势。如在金融领域，美国对想在其国内设立子公司的外国银行的监管设置非常高的进入成本。高技术产业是国际市场竞争的重要领域，也是当前贸易保护的重点对象，近期，欧盟委员会对我国中兴通讯和华为科技展开调查，威胁称若发现得到中国政府补贴将对其予以处罚。同样，这两家企业也受到澳大利亚和美国的禁止和指控。2012 年以来，新能源领域的贸易保护也非常严重。美国和欧盟纷纷对我国光伏产业发起反倾销调查。其中，9月初欧盟正式宣布对华光伏组件等发起反倾销调查，涉及产品范围超过此前美国“双反案”，涉案金额超过200亿美元，是迄今为止欧盟对华发起的最大规模贸易诉讼。同时，一些发展中国家如印度也开始针对我国的太阳能组件展开反倾销调查。

（4）贸易保护措施变得更加复杂且难以量化。除了贸易保护的数量之外，贸易保护措施也呈现出更加复杂且难以监控的特点。第一，修改贸易防御体系。一个最新的案例是，欧盟正在修改其贸易防御体系，计划绕过企业申请直接发起调查。2012年初，法国成立了11个委员会，对其国内包括航空航天、科技、可再生能源等在内的核心产业进行监督，以在这些领域挫败不受欢迎的并购。意大利也于近期开始效仿法国的做法。第二，针对出口管制的限制。欧美日对中国稀土的诉讼，也是一个争端方向转变的典型案例。过去的案例往往是指责一个国家过多向他国出口，冲击了他国的产业，然而现在，战略资源的博弈引发对出口管制的争议。此外，很多政策涉及许可证或监管的变化，而不是反倾销、反补贴等容易衡量的措施。比如，巴西和阿根廷近来贸易争端升级，两国一直都在提高对方出口商的许可发放标准。

G.16

2012年世界主要货币汇率走势及2013年展望

赵硕刚*

摘　要：

2012年以来，国际外汇市场在世界经济复苏不确定性增多且风险不断积累的情况下震荡加剧。年内，美元因市场风险偏好情绪的变化而大幅波动；欧元、英镑随欧债危机缓和与恶化的交替而先抑后扬；日元年初急剧贬值，后在避险需求推动下逐步反弹；资源型国家货币受大宗商品价格波动影响宽幅调整；新兴经济体货币伴随资本流出压力的释放而降中趋稳。展望2013年，美元作为全球资本避风港的地位将进一步增强；欧债危机的反复发作将使欧系货币阶段性涨落。由于未来避险需求依然较旺，日元有望继续高位运行。资源型国家货币在通胀预期上升及良好基本面支撑下可能继续走高；新兴经济体货币也将随国内经济的企稳而稳中有升。2012年，人民币对主要货币汇率均先升后贬，未来人民币对美元汇率将更趋稳定，双向波动特征将更加明显。

关键词：

汇率　美元指数　人民币

一　2012年主要货币汇率走势

（一）美元因市场风险偏好的变化而大幅波动

年内美元走势大体可以划分为三个阶段：1～4月，美元指数整体维持在

---

* 赵硕刚，经济学硕士，国家信息中心经济预测部，研究方向为世界经济。

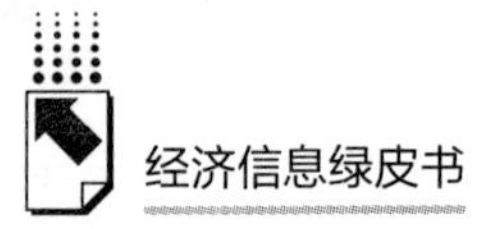

79～80窄幅波动；5～7月，美元指数快速上扬，其中5月大幅上涨5.49%，并在7月24日升至84.09的新高；8月以来，美元逐步回落，9月底美元指数降至79.37，较年内高点下降5.95%（见图1）。

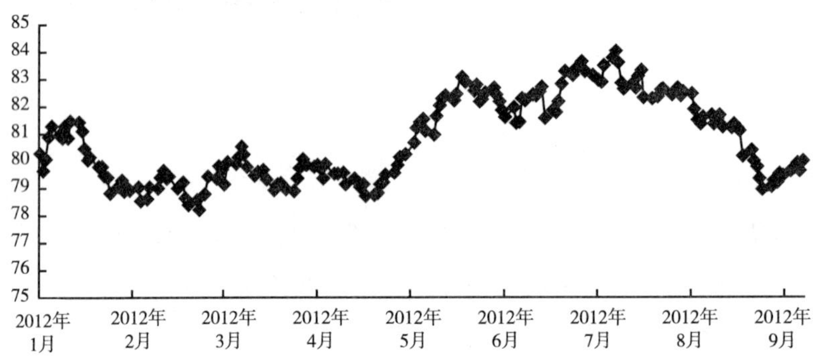

图1　2012年美元指数走势

资料来源：Wind资讯。

美元指数5月以后大起大落，波动加大，主要源于市场风险情绪的急剧变化。世界经济第二季度明显减速，同时欧债危机急剧恶化导致对美元的避险需求迅速上升，对全球经济前景的担忧及美国相对良好的基本面使国际资本流向美元资产避险，推动美元大幅升值。之后，欧元区解体风险在希腊第二轮选举后显著降低，欧洲央行宣布无限量购债极大缓解了市场对债务危机继续蔓延的担忧，而且美、日央行接连宽松则进一步提振了市场信心，美元因市场风险偏好回升而连续回落。此外，美联储推出的新一轮量化宽松政策（QE3）也通过提升通胀预期加大了美元贬值压力。

（二）欧系货币随欧债危机缓和与恶化的交替而先抑后扬

欧元年内呈“N”形走势：1～2月，欧元对美元汇率小幅升值并在2月24日升至1.3485（见图2）；3～7月，欧元对主要货币全面走低，对美元汇率最低触及1.2041（7月24日），对日元汇率当天也跌至94.07，创2000年10月以来的新低。8月以来，欧元逐步反弹，对美元汇率最高回升至1.3172（9月17日），对日元汇率也回升至103上方。

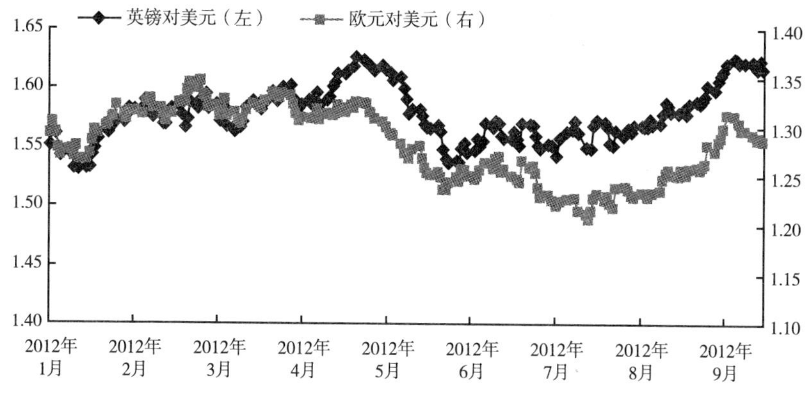

图 2　2012 年欧元对美元、英镑对美元汇率走势

资料来源：Wind 资讯。

欧债危机的反复是左右 2012 年欧系货币走势的主导因素。年初，欧洲央行两轮长期再融资操作的实施及希腊债务问题的缓解暂时遏制了欧债危机蔓延的势头，同时欧元区消费者信心指数、制造业 PMI 等先行指标改善也为欧元提供了基本面支撑。进入第二季度，法国、希腊大选结果存在的不确定性及西班牙银行业和地方债务风险的逐步暴露令欧债问题再度升温，并且重债国持续的经济衰退开始威胁到德、法的经济增长，欧元因此承压走低。之后，希腊退出欧元区的风险在支持紧缩的政党组成执政联盟后降低，其他欧洲国家也加大了危机应对力度，欧洲央行更宣布将无限量购买成员国国债，欧债危机因此再度缓和，欧元随之反弹。

英镑作为传统欧系货币，与欧元的走势在 4 月中下旬一度出现分化，对美元汇率在 4 月 30 日触及 1. 6300 的 8 个月新高，这主要是由于欧元区债务危机恶化导致资金纷纷逃离重债国，而英国不仅财政风险相对较小，而且金融业发达，地理位置又与欧元区相邻，因此英镑随资本的流入而走强。但从基本面看，英国经济表现并不支持强势英镑，随着英国经济先于欧元区在第一季度就陷入二次衰退，同时第二季度各项宏观经济数据也不及预期，英镑对美元汇率转而下跌。

（三）日元先后受内外因素的影响而急降缓升

日元对美元汇率呈倒“V”形走势：1 ~ 3 月中旬，日元对美元下跌，其中在2月初至3月中旬的一个半月时间里，贬值达10.75%，最低降至84.01∶1（3月15日），创2011年4月以来的最低水平。3月中旬以来，日元对美元汇率震荡上升，9月底回升至77.96∶1附近（见图3）。

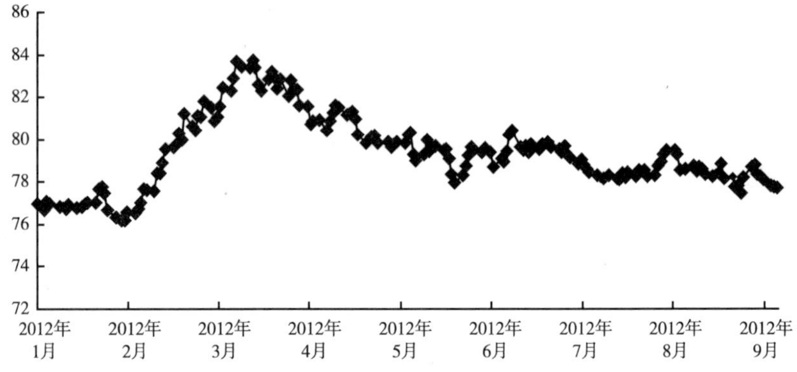

图3　2012年美元对日元汇率走势

资料来源：Wind资讯。

年内日元急降缓升主要是源自日本国内外经济形势的变化。由于出口不振及能源进口大幅增加，日本2011年出现31年来的首次逆差，而且2012年1月逆差额更创出有统计以来新高，贸易状况的恶化导致日元贬值压力加大。同时，日本央行为刺激经济再次扩大量化宽松规模，进一步加剧了日元贬值预期。但是，第二季度以来，欧债危机深化蔓延及全球经济前景趋于黯淡，令市场避险情绪快速上升，避险需求开始主导日元走势，日元汇率震荡回升。7月下旬以来，由于QE3导致美元贬值预期增强，日元对美元延续升值态势。

（四）资源型国家货币随大宗商品价格波动而宽幅调整

年内资源型国家货币走势可以分为三个阶段：1～2月，澳元、加元对美元升值（见图4）。其中，澳元对美元汇率在2月29日达到1.0856的年内高位，加元对美元汇率也升至0.9895∶1，分别较年初升值6.11%和2.86%。3～6月初，澳元、加元对美元汇率下跌，并分别最低跌至0.9580（6月1日）和1.0446（6月4日）。6月以来，澳元、加元逐步反弹并在9月14日升至1.0624和0.9630的半年新高。

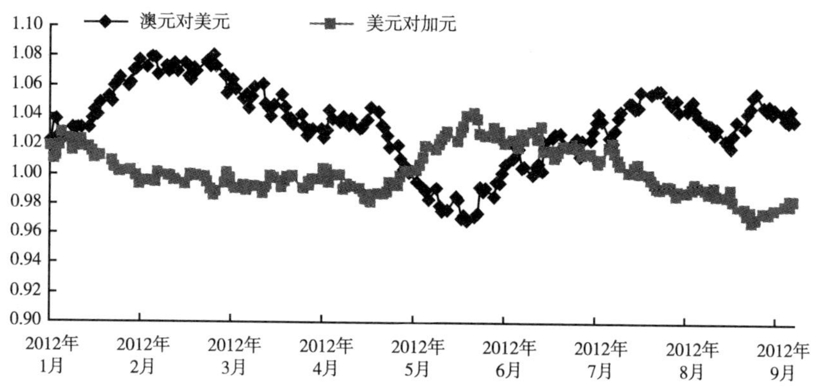

图 4　2012 年澳元、加元对美元汇率走势

资料来源：Wind 资讯。

资源型国家货币的走势依赖于国际大宗商品价格的变化。年初国际大宗商品价格在全球经济前景改善及欧债危机缓和的推动下止跌反弹，澳元、加元也随之升值。随后，全球经济前景再度恶化，尤其是大宗商品的重要需求方中国等新兴国家经济增速进一步放缓，导致国际大宗商品价格持续下跌，以出口铁矿石、煤炭为主的澳大利亚受到较大冲击，澳元汇率因此快速下行。加元受原油价格相对稳定及美国经济持续复苏的影响，在 4 月总体维持震荡态势，但 5 月以后因希腊退出欧元区风险显著上升也大幅下跌。6 月以后，市场对全球货币政策进一步宽松的预期逐渐强烈，大宗商品价格开始反弹并带动澳元、加元回升。尤其是 8 月底以来，三大央行相继宽松推动大宗商品价格及资源型国家货币汇率大幅上升。

（五）新兴经济体货币伴随资本流出压力的释放而降中趋稳

新兴经济体货币对美元汇率年内呈“L”形走势。1 ~6 月，新兴经济体货币对美元汇率大幅贬值，尤其是 3 ~6 月，巴西雷亚尔对美元贬值 17.43%，印度卢比对美元贬值 13.09%，并在 6 月 25 日创出 57.13∶1 的历史新低。俄罗斯卢布同期贬值幅度也在 13% 以上（见图 5），南非兰特、马来西亚林吉特、墨西哥比索等货币对美元也不同程度贬值。7 月以后，各国货币对美元开始止跌趋稳，总体呈低位调整态势。

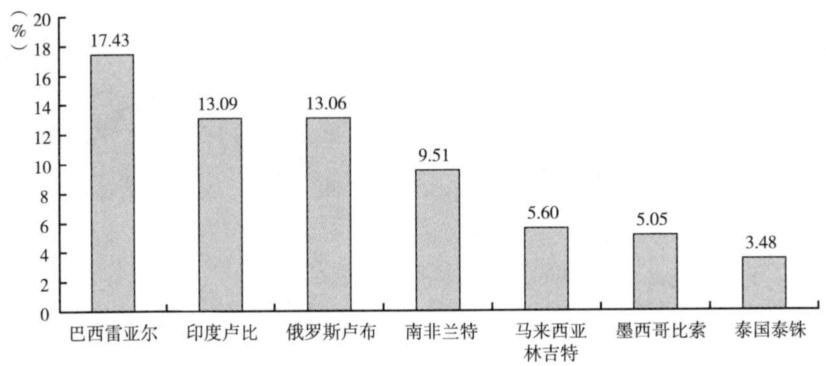

图5　2012 年 3～6 月部分新兴经济体货币对美元贬值幅度

资料来源：Wind 资讯。

上半年新兴经济体货币出现急剧贬值主要是受到内外两方面的压力。一方面，前两个季度新兴经济体经济未能止住减速势头，经济增速进一步放缓，引发市场对其经济前景的悲观预期。同时，这些国家为刺激经济不断降息，压缩了套息交易的空间，国际资本因此开始流出新兴经济体。另一方面，全球经济增长预期减弱及欧债危机深化蔓延令国际金融市场避险情绪上升，进一步加剧了资本流出趋势。

二　2013 年世界主要货币汇率走势展望

回顾 2012 年以来国际外汇市场的表现可以看出，世界经济增长预期的变化、欧洲债务问题的反复和深化、各国复苏态势的相对分化以及全球货币政策的进一步宽松化是影响 2012 年货币间汇率走势的主要因素。而且在世界经济复苏不确定性增多且风险不断积累的情况下，投资者风险偏好频繁变动导致的国际资本无序流动更加剧了汇率波动。展望 2013 年，世界经济增速虽有望略快于 2012 年，但“弱增长”的格局难以改变，不确定不稳定因素依然较多，主要货币汇率走势也将更趋复杂。

（一）美元仍将充当全球资本“避风港”的角色

从当前情况看，美元指数在 2012 年底到 2013 年初将出现较大波动，但

2013 年整体仍将维持在较高水平。2013 年美国将迎来“财政悬崖”，债务总额也可能再次触及上限。鉴于大规模财政紧缩可能给经济造成的不利影响，美国国会最终可能就延长减税政策并降低减赤力度达成一致，债务上限规模也可能再次提高，但两党间的政治博弈将导致这一过程充满曲折反复，美国主权信用评级也有可能再次遭到下调，市场信心将受到冲击，而这将对美元走势产生两种可能性结果。如果期间欧债危机不出现明显恶化，新兴经济体增速也趋于平稳，加之美联储推行 QE3 提升了美元长期贬值预期，美元指数可能承压下行。反之，全球经济前景的急剧恶化可能造成市场恐慌情绪快速上升，反而促使资金集中流向美元资产避险，进而推升美元。无论哪种情况发生，美元在财政风险解除之前，都可能出现较大幅度的波动。但在此之后，由于全球经济疲弱的复苏态势难有改观，各种不确定因素依然较多，而美国经济复苏的势头仍在延续，尤其是房地产市场已出现了一些积极现象，这将使美国相对其他发达经济体保持较好的经济前景，美元作为全球资金“避风港”的角色将进一步加强，从而支撑美元维持在较高水平。

（二）欧系货币将随欧债问题的反复发作而呈阶段性涨落

尽管 2012 年以来欧洲国家为解决债务危机进行了诸多努力，并在增强防火墙规模以及建立银行业和财政联盟方面取得了一定进展，但 2013 年欧债危机的化解之路仍不平坦，依然将充满反复曲折，这将对欧元乃至英镑、瑞士法郎等欧系货币走势产生重要影响。首先，欧债危机的爆发源于欧元区的制度性缺陷，欧洲央行推出无限量购债计划、ESM 正式投入运行虽有利于缓解重债国的融资压力，但并不能解决欧元区统一的货币政策与分散的财政政策这一根本性矛盾，因而也就不能真正化解危机。而且，欧元区对重债国的援助依然限定了严格的先决条件，未来围绕援助条件的谈判也将使欧债危机充满波折。其次，尽管西班牙寻求全面援助或已不可避免，欧洲央行的无限量购债计划也可确保西班牙不会出现债务违约。但由于意大利同样面临经济衰退造成债务负担不降反增的困境，而且 2013 年初还将迎来大选，市场压力可能在西班牙求援之后转向意大利，这将使欧元承受较大的下行压力。所以，在欧债危机短期内无法得到根本性解决、而欧洲央行的无限量购债措施又使欧元区不至于崩溃的

情况下，未来欧债问题将在可控范围内反复发作，欧元也将随形势的变化呈阶段性涨落。英镑和瑞士法郎分别受英国疲弱经济拖累以及瑞士央行最低汇率目标的限制，对美元汇率整体仍将追随欧元走势。

（三）日元在避险需求支撑下将维持高位运行

2013 年虽然日元贬值的内在压力将进一步增强，但全球经济缓慢复苏以及不确定不稳定因素增多的大环境将使日元仍能保持在当前水平上。一方面，受灾后重建效应减退以及外需低迷影响，2013 年日本经济增速可能进一步放缓，贸易赤字局面短期内也难有显著改观，而且日本央行仍可能进一步扩大量化宽松规模，这些因素均提升了日元内在的贬值压力。但另一方面也要看到，在当前严峻的国际经济形势下，日元仍是继美元之后为数不多的外汇避险资产。日本经济虽然低迷，但这种不温不火的局面由来已久；政府债务负担虽在增大，但国内居民持有比例高以及物价持续通缩使得政府债务风险短期内暴露的可能性较小，这都有利于日元继续充当避险货币的角色。所以，在 2013 年国际环境依然复杂的情况下，避险需求仍将使日元维持在较高水平，但日元内在的贬值压力以及日本央行对日元采取干预措施的预期将限制日元的升值空间。

（四）资源型国家货币将宽幅震荡并可能继续走高

2013 年澳元、加元仍将随国际大宗商品价格的变化而波动调整，而且作为有相对良好基本面支撑的风险资产，对美元汇率在风险偏好回升时可能出现较大幅度的升值。首先，由于 2013 年全球货币政策宽松的趋势不会有大的改变，充裕的流动性将支撑大宗商品价格保持高位运行。而且，美国推行 QE3 不仅增大了全球通胀风险，还将通过提高美元贬值预期推升以美元计价的大宗商品价格。其次，尽管 2012 年大宗商品需求减弱已经影响到澳大利亚和加拿大经济，但两国经济基本面仍相对较好，财政状况也相对健康，澳大利亚是目前全球仅剩的 7 个具有 AAA 国债评级的国家之一。同时，澳大利亚年内虽然两次降息，但基准利率水平仍达到 3.25%，远高于美、日、欧等其他发达经济体，加拿大甚至还在考虑加息。所以，相对较好的基本面及高利差都有利于

资源型国家货币走高。此外，作为交易规模较小且国际化程度较高的货币，澳元、加元更容易成为国际资本炒作的对象。

（五）新兴经济体货币继续贬值的压力将进一步释放

在全球货币政策宽松的背景下，新兴经济体货币走势将取决于国际资本流向的变化，而这又依赖于新兴经济体能否遏制住经济减速势头以及相应的货币政策取向。目前来看，新兴经济体经济随着政策的放松，经济可能会企稳回升，资本外流压力将有所减小。但同时，由于外需不振及新兴经济体内部存在结构性矛盾需要调整，经济增速难以恢复到国际金融危机前水平。并且在国际环境仍然严峻的背景下，新兴经济体货币政策宽松可能使内外利差继续缩小。所以整体来看，2013 年新兴经济体货币难有大的起色，低位企稳并小幅回升的可能性较大。部分新兴经济体（如东南亚国家）由于仍有较大的增长空间，国内丰富的廉价劳动力资源也有利于承接新一轮国际产业转移，这将吸引国际资本持续流入并推动其货币升值。

三 世界主要货币汇率波动对人民币走势的影响

（一）2012 年人民币对主要货币先升后贬，且更具弹性

1～5 月，人民币对美元汇率延续了 2010 年 6 月以来的升值趋势（见图 6），但升值步伐有所放缓。5 月 2 日，人民币对美元汇率中间价创出汇改以来新高，达到 6.2670∶1，较年初升值 0.53%。之后，由于我国经济减速的局面未出现明显改观，外部环境也再次趋于严峻，人民币持续升值的局面出现逆转，对美元汇率中间价开始震荡回落。截至 9 月 28 日，人民币对美元汇率中间价降至 6.3410，较年初贬值 0.65%。在此期间，由于人民币单边升值预期被打破，我国从 4 月 16 日起将银行间即期外汇市场人民币对美元交易价浮动幅度由 0.5% 扩大至 1%，人民币对美元汇率的双向波动显著增强。

人民币对欧元、日元中间价也经历了先升后降的过程。由于欧元因欧债危机恶化大幅贬值，人民币对欧元汇率中间价在 7 月 25 日升至 7.6473∶1，创欧元诞生以来新高，较年初升值 6.97%；人民币对日元汇率中间价受年初日元

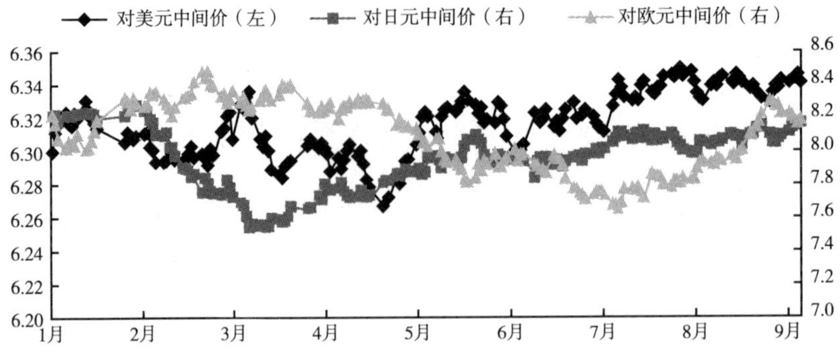

图6　2012 年 1～9 月人民币对美元、欧元、日元中间价走势

资料来源：Wind 资讯。

急速贬值的影响，3 月 21 日升至 7.5419 的年内新高，较年初升值 8.25%。在分别达到年内高点之后，人民币汇率逐步回落，目前对欧元和日元汇率中间价分别降至 8.2000 和 8.1000 附近。人民币名义有效汇率年内呈倒“V”形走势，在 6 月达到 106.49 的年内高位之后，到 8 月降至 105.79。

（二）2013 年人民币汇率将趋于平稳，双向波动的特征也更加明显

随着经济增速下行压力的进一步释放以及各项稳增长措施成效的逐步显现，2013 年我国经济将企稳回升。而且从国际环境看，2013 年世界经济增速也有望略快于 2012 年，内外环境的改善均有利于人民币汇率保持平稳，出现持续、大幅度贬值的可能性较小。但同时，人民币对美元汇率连续单边升值的情况也很难再次出现。一方面，2013 年我国出口对外仍将面临需求不振、国际竞争加剧以及贸易保护主义上升等挑战，对内承受的劳动力、资源环境约束也将继续增强，增速难以出现大幅回升。另一方面，随着外资流入放缓以及国内企业“走出去”步伐加快，资本项下的资金双向流动也将更趋平衡。长期以来推动人民币持续单边升值的“双顺差”格局将逐渐改变。此外，伴随我国外汇市场价格发现功能的完善以及交易主体自主定价和风险管理能力的日渐增强，我国可能进一步推进人民币汇率形成机制改革，未来人民币汇率受市场因素的影响将会更大，双向波动的特征将更加明显。

G.17

2012年国际大宗商品价格走势分析及2013年展望

李继峰　蔡松锋*

摘　要：

2012年，全球经济未能呈现全面复苏态势，美国经济复苏乏力，欧元区经济第三季度负增长基本已成定局，新兴市场国家经济增速逐渐放缓探底，各国经济宽松政策盛行，地缘政治问题复杂多变。受此影响，国际市场大宗商品价格呈现先抑后扬之势。展望2013年，全球经济将继续温和复苏，但不确定因素仍然较多。分析影响大宗商品价格的各种因素，我们认为，未来利空因素总体占上风，大宗商品价格再次探底的可能性较大。但由于短期政策因素和突发情况的存在，也会出现阶段性上行和较大波动的可能。

关键词：

大宗商品　基本金属　黄金价格　粮食价格　阶段性上升

一　2012年国际大宗商品价格走势

1. 总体形势

2012年国际大宗商品市场跌宕起伏，主要商品价格都呈现出较大幅度的

* 李继峰，管理学博士，国家信息中心经济预测部副研究员，主要从事宏观经济分析、数量经济模型开发及应用和国际商品市场研究；蔡松锋，管理学硕士，国家信息中心经济预测部助理研究员，主要从事数量经济模型开发及应用、国际商品市场研究和农产品价格研究。

涨跌互现。从总体来看，如图 1 所示，与 2011 年的高位相比，2012 年大宗商品价格仍然呈现下降态势。分季度来看，根据 IMF 初级产品价格统计数据显示，第一季度，以原油、基本金属为代表的主要大宗商品价格均呈现明显上涨。初级产品综合价格指数 3 月上升至 201.6，比 2011 年 12 月高出 17.7%。其中原油涨幅最大，IMF 原油价格指数在 3 月升至 222，比 2011 年 12 月高了 25.7%。布伦特原油价格一度超过了 127 美元/桶，成为金融危机以来的最高点。但进入 4 月，由于受到欧债危机恶化的影响，主要大宗商品价格逆转进入下行通道；第二季度末，IMF 初级产品价格综合指数仅为 169.7，比年初水平下跌了 14.2%，比第一季度末的高点下跌了 31.9%。进入第三季度，在欧元区推出量化宽松政策、美国如期出台 QE3 以及美国和俄罗斯主要粮食出口国遭遇大旱等多重因素的推动下，大宗商品价格获得了上涨动力，进入上行通道；第三季度末，IMF 初级产品价格综合指数为 179.8，比第二季度末上升了 10.1%，重新回到了年初水平。其中，石油价格涨幅最大，形成典型的“V”形反弹，IMF 原油价格指数在 9 月升至 200.5，比 6 月高了 17.3%。但是，进入 10 月以后，受美国 QE3 影响减弱、世界经济下行压力加大和欧元区经济第三季度或将负增长等不利因素的影响，大宗商品价格进入小幅震荡下行阶段。本文重点将分析基本金属、粮食和黄金的价格走势。

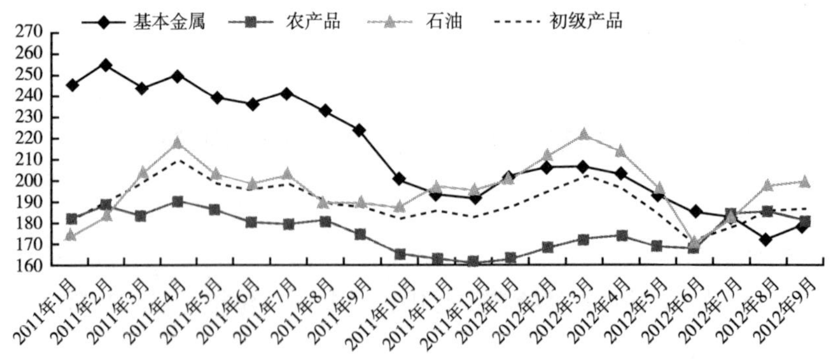

图 1　2011～2012 年 IMF 国际初级产品价格指数

资料来源：IMF 初级产品价格统计。

2. 主要基本金属价格走势

2012 年铜和铝的价格形成了一峰一谷的态势。如图 2 所示，伦敦商品交易所现货铜价格的峰谷差达到 1423.5 美元/吨，谷底相对峰值下降 16.4%。铝价的波幅更大，达到 21.8%（见图 3）。以伦敦金属交易所（LME）现货铜价走势为例，在 2011 年底铜价震荡筑底之后，2012 年 1 月铜价开始恢复性反

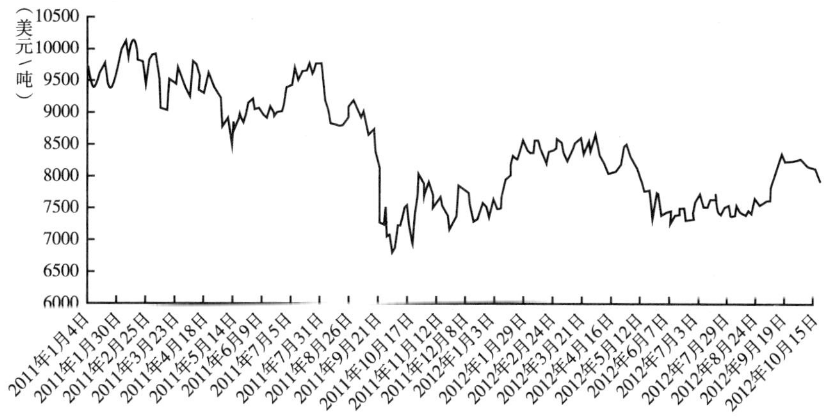

图 2　2011 ~ 2012 年伦敦金属交易所现货铜的价格走势

资料来源：Wind 资讯。

图 3　2011 ~ 2012 年伦敦金属交易所现货铝价格走势

资料来源：Wind 资讯。

弹，1月底达到8614.5美元/吨的高位，比2011年12月高出14%。之后，在2~4月，铜价在8500美元/吨上下小幅震荡，从5月开始，铜价快速下跌，最低探至7251美元/吨。6~8月，铜价呈现了在7500美元/吨的谷底长期震荡的态势，直至9月，欧洲推出量化宽松政策和美国推出QE3利好大宗商品，铜价获得上涨动力，9月中旬达到8400美元/吨。9月中旬至10月中旬铜价进入震荡整理阶段，基本稳定在8200美元/吨左右。进入10月下旬后，受欧元区第三季度经济可能负增长的影响，铜价大幅下跌，回落到8000美元/吨以下。

3. 主要粮食产品价格走势

2012年初以来，总体上看，国际主要粮食产品价格均呈现上涨态势，1~9月，玉米、大米、大豆和小麦的价格分别上涨17.5%、9.1%、39.3%和28.6%。其中第三季度，玉米、大豆和小麦的价格分别上涨20%、17.8%和28%。美国、俄罗斯等世界粮食主产区出现的严重旱灾是推动第三季度粮价上涨的主要因素。美国商品交易委员会（CFTC）数据显示，在农产品价格大幅上涨的第三季度中，芝加哥期货交易所的小麦、玉米期货非商业持仓（以对冲基金为主的投机性机构持仓）多头仓单数分别上涨了36%和62%。

另外，不同粮食作物价格的变化也存在一定差异。主要分为三类，第一类是大米，由于各大米生产国气候良好以及世界大米出口市场竞争日趋激烈，其价格在前三个季度稳中有升并带有一定的波动，基本维持在每吨550~600美元，第三季度虽然受到美国大旱的影响价格有所上升，但上升幅度不大。第二类是大豆，受到气候因素和投机资本炒作的影响，价格在前三个季度保持连续上扬。尤其是在7月，受到美国大旱大豆产量预期下降的影响，大豆价格大幅上升，大豆价格7月相对于6月上升16.7%。第三类是玉米和小麦，前两个季度价格保持稳定，与1月相比，6月玉米价格下降2%，小麦价格上升0.47%。进入第三季度，受到美国和俄罗斯等主要粮食出口国的大旱影响，其价格迅速上升，7月玉米和小麦价格分别比上月上升24.6%和25.2%。进入10月，粮价在维持了较长时间的上涨以后震荡回落，但仍然维持在历史高位。

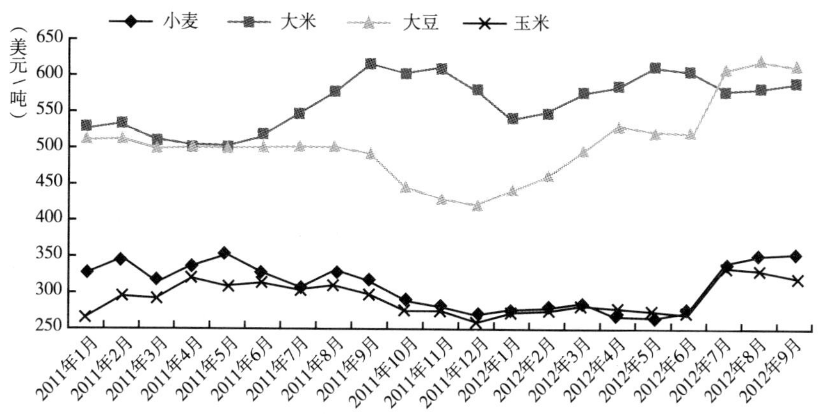

图 4　2011～2012 年主要粮食产品价格走势

资料来源：IMF 初级产品价格统计。

4. 黄金价格走势

如图 5 所示，2011 年 9 月～2012 年 10 月，黄金价格总体上呈现宽幅震荡走低态势，形成了三个明显的阶段性谷底形态。

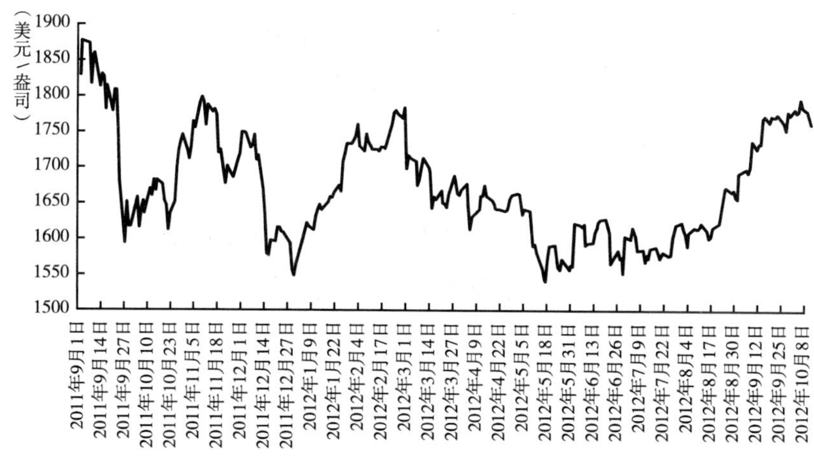

图 5　2011～2012 年纽约商品期货交易所黄金期价走势

资料来源：Wind 资讯。

第一阶段为 2011 年 9 月初至 2011 年 11 月中旬，此阶段特点为持续时间较短，终点与起点价格相比降幅较大。2011 年 9 月随着欧债危机的进一步发酵和美国债务问题趋于缓解，大笔投机资金开始撤出金市，转投美元和美债，令黄金价格骤然下降，9 月底黄金价格达到谷底价格 1620 美元/盎司，较月初峰值下降 15%。10 月黄金价格进入谷底小幅震荡整理阶段，直到 10 月底，由于美国经济咨商局发布的 10 月消费者信心指数环比下跌，明显低于预期，使得市场对美国出台 QE3 的预期加强，黄金价格进入震荡上行通道。

第二阶段为 2011 年 11 月中旬至 2012 年 2 月底，此阶段呈现出典型的“V”形，下跌和恢复速度较快，起点和终点价格接近。2011 年 11 月中旬，美国公布的工业产值数据好于预期，再加上欧债危机解决方案悬而未决，问题层出不穷，欧元一度被拖累而利好美元，美元指数震荡走高，黄金价格震荡走低。2012 年初美联储计划延长 0 ~ 0.25% 的超低利率至 2014 年，超出市场预期，对美元的悲观情绪加剧，黄金价格重获上涨动力。

第三阶段为 2012 年 2 月底至 2012 年 9 月底，此阶段呈现出典型的“U”形，谷底震荡调整时间长。2011 年 2 月底由于美联储上调了美国经济预期，从而使黄金又进入震荡下行阶段，而且此次震荡下行持续时间较长，一直持续到 7 月底。8 月市场对美国 QE3 预期加强，9 月 7 日欧洲推出“欧版量化宽松”，9 月 13 日美国出台 QE3，黄金价格在 8 月震荡上行后获得上涨动力，经历了两次强势上涨后，创下 2012 年 2 月底以来的新高。进入 10 月以后，随着美国 QE3 影响的释放，金价有所回落，并进入震荡阶段。

二 影响 2013 年国际大宗商品价格走势的主要因素分析

展望 2013 年，利空与利好大宗商品价格的因素相互交织，从经济形势来看，全球经济在 2013 年保持温和复苏，但是主要发达经济体增长依然乏力，新兴经济体增速放缓，对大宗商品不能形成有利的支撑。从政策方面来看，全球主要经济体经济政策宽松利好大宗商品。但总体来看，2013 年大宗商品市场依然低迷，大宗商品价格主要受以下 5 个因素的影响。

1. 欧债危机的不确定性拖累全球经济，利空大宗商品

欧债危机的持续发酵拖累全球经济，对大宗商品需求乏力，是影响大宗商

品价格走势的重要因素。一方面，2012 年第二季度以来，德国经济明显减速，特别是希腊退欧疑虑、西班牙银行业寻求救助以及西班牙、意大利国债收益率高达 7% 以上等事件对欧洲经济造成了严重的冲击，致使欧元区经济再次萎缩。从欧元区经济敏感指数、商业景气指数以及制造业 PMI 指数等先行经济指标来看，欧元区经济在第三季度负增长基本已成定局，国际货币基金组织（IMF）在其《全球经济展望》报告中预计，欧元区经济 2012 年将萎缩 0.4%；2013 年将仅增 0.2%，较之前的预测值调低了 0.5 个百分点。这意味着大宗商品的需求依然乏力，利空大宗商品。另一方面，欧洲银行资产负债表出现问题，大量资金回流弥补银行体系的资金缺口，用于投资大宗商品的资金减少。

2. 新兴经济体经济增速放缓，国际大宗商品需求萎靡不振

受发达国家经济增长低迷、主权债务危机以及自身经济发展的结构性问题的影响，新兴经济体经济增长放缓，其中金砖国家的经济增速明显放缓。印度和俄罗斯 2012 年第二季度的实际 GDP 同比仅分别增长 5.5% 和 4%，巴西同期的增长率更是低至 0.5%，与欧洲关系紧密的俄罗斯和南非的出口更是萎靡不振。由于世界经济增长最重要的动力来自新兴经济体，国际大宗商品需求的增长也主要来自新兴市场经济体的快速发展，因此其经济放缓必然严重影响大宗商品的需求，利空大宗商品。

3. 全球货币宽松政策推高大宗商品

2012 年，欧债危机的反复和蔓延，严重影响了欧元区的经济，对其他经济体的外需也造成较大冲击，全球经济出现明显减速。为此，美、日、欧等发达经济体相继放松货币政策，欧洲央行推出“直接货币交易计划”，以减低重债务成员国的融资成本，美联储推出第三轮量化宽松政策压低美国长期利率，日本央行将资产购入基金规模由 70 万亿日元增至 80 万亿日元。以金砖国家为代表的新兴经济体则在放松货币的基础上进一步推出了以拉动投资为主的经济刺激政策。这些措施一方面造成全球通胀上升，从而推高大宗商品价格，另一方面会使全球资本流动性持续加速，其中大量资本会涌入国际大宗商品市场，加剧金融投机资本对国际大宗商品的炒作，成为推高大宗商品价格的重要因素，也将加剧国际大宗商品价格的波动性。

4. 地缘政治问题和气候灾害刺激大宗商品价格上涨

一方面，地缘政治问题一直是刺激大宗商品尤其是石油和黄金价格短期上涨的重要因素。2012 年，伊朗核问题、中东局势等地缘政治问题时刻牵动着石油和黄金的价格。2013 年地缘政治问题依然复杂，并有加剧的可能，从而加剧大宗商品价格的波动。另一方面，气候变化是影响农产品价格的重要因素。2012 年，美国和俄罗斯等国的大旱导致以玉米、大豆和小麦为主的农产品价格快速上扬，推高了全球通胀水平，并进一步带动其他大宗商品价格的上涨。2013 年部分农产品因气候灾害影响价格上升的可能性极大。

5. 大宗商品供需依然保持紧平衡关系

全球大宗商品的供求关系仍然呈现紧平衡。国际铜研究小组（ICSG）公布的数据显示，2012 年 1 ~7 月，全球铜累计供应量为 991.3 万吨（见表 1），累计消费量为 1038.6 万吨，供应依然略小于需求。铜的需求直接取决于全球经济发展走势，目前铜市仍处于胶着状态，然而一旦欧洲渡过欧债危机难关，未来铜需求的预期有望进一步提高。

表 1　全球铜市供需平衡表

单位：万吨，%

项　目	2007 年	2008 年	2009 年	2010 年	2011 年	2011 年 1 ~7 月	2012 年 1 ~7 月
全球供应量	1793.3	1823.9	1827	1900.6	1965	954.8	991.3
全球需求量	1819.6	1805.3	1807	1937.1	1988.7	967.9	1038.6
供需过剩	-26.3	18.6	20	-36.5	-23.7	-13.1	-47.3
过剩率	-1.45	1.03	1.11	-1.88	-1.19	-1.35	-4.55

资料来源：国际铜研究小组（ICSG）。

2012 年度粮食的供求关系紧张将持续。联合国粮农组织对 2012 年世界谷物产量的最新预测为 23.707 亿吨，比 2011 年增产 1.1%；预测 2012 年度世界谷物利用量将达到 23.6 亿吨，比 2011 年度增加 1.4%。供需处于紧平衡状态，需求增幅大于供应，但需求绝对量低于供应量，气候灾害或投机因素极易推高粮价上涨。

表 2 世界谷物供需形势

单位：亿吨，%

项 目	2009 ~ 2010 年	2010 ~ 2011 年	2011 ~ 2012 年	2012 ~ 2013 年
全球产量	22.627	22.537	23.441	23.707
全球需求量	22.344	22.754	23.247	23.572
供需差额	28.3	-21.7	19.4	13.5
差额率	1.27	-0.95	0.83	0.57
库存量	5.336	5.006	5.152	5.24
世界库存量与需求量之比	23.88	22.00	22.16	22.23

资料来源：联合国粮农组织全球粮食和农业信息预警系统。

三 2013 年国际大宗商品价格形势展望

1. 大宗商品价格总体判断

总体看，2013 年国际经济环境依然复杂多变，全球经济仍将处于深度结构调整之中，经济增长动力不足，但有利因素逐渐增多，预计经济增长比 2012 年将温和复苏。但是，受美国"财政悬崖"、欧债危机和新兴经济体发展势头减弱等因素影响，世界经济不确定因素仍然较多，特别是主要经济体的低迷需求难以支撑国际大宗商品价格的全面上涨。预计 2013 年，国际大宗商品价格总体上将处于震荡筑底态势，但也会有部分商品价格在突发事件以及投机资本炒作下出现阶段性上行和较大波动的可能。

2. 基本金属价格走势判断

从 2012 年初至今，受欧债危机和世界经济复苏缓慢的影响，基本金属价格一直处于下降趋势，IMF 在《世界经济展望》报告中认为，在最近几个季度剧烈下降后，市场价格会有所回升。受世界经济复苏和中国经济刺激措施的影响，基本金属价格在 2013 年会有所上升。我们也认为，未来一年基本金属价格相比当前价格有较大的反弹空间，预计仍会达到 2012 年所出现的高位水平，甚至可能回到 2011 年的历史高位。

3. 粮食价格走势判断

2012 年受极端气候和投机炒作等因素影响，国际粮价在第三季度快速上升到较高水平。从短期来看，2012 年 9 月联合国粮农组织大幅下调了对 2012 年全球粮食（主要包括小麦、粗粮、大米）的产量预期，预计比上年下降 5200 万吨至 22.95 亿吨，降幅为 2.2%。其中美国玉米和俄罗斯小麦产量将分别下降 13% 和 29%。由于减产幅度超出需求降幅，2012 ~ 2013 年度将出现 2180 万吨的产需缺口，全球粮食库存将进一步降低。与此同时，全球货币政策宽松注入大量流动性，将为投机资本参与炒作农产品价格提供充裕的资金支持。因此，在 2012 年第四季度，在供需基本面趋紧以及全球流动性充裕的情况下，部分农产品价格很可能在风险事件刺激下出现新一轮上涨。但从中期来看，极端气候的影响将会逐渐平息，供给偏紧和贸易限制的情况将有所改变，预计 2013 年粮食价格将会有所回落。

4. 黄金价格走势判断

在多重因素的共同推动下，2013 年黄金价格有望创造新高。首先，避险功能是黄金处于牛市的基本保证。2013 年国际局势尤其是世界经济前景并不乐观，美国经济的低增长将成为本次复苏的常态，欧债危机有所缓解但经济增长前景黯淡，新兴经济体增速继续探底。因此，黄金会凸显出其避险功能，而且伊朗核问题、中东局势等地缘政治紧张局势将强化黄金避险功能，这成为另一提振金价的重要因素。其次，需求旺盛和季节因素为推高金价提供支撑。一方面，全球实物黄金的需求增长比较快，加剧了国际黄金市场的供需矛盾，保证了金价上涨基本面上的支撑作用，主要体现在全球央行对黄金的避险需求有增无减，世界黄金协会发布的数据显示，2011 年全球央行净购入黄金量飙升至 439.7 吨，创下自 1964 年以来的高位，可以预计在经济复苏前景不明的情况下，各央行在 2012 年增加买金的趋势将会持续。而且，目前新兴市场国家黄金占外汇储备的比重偏低，因此对于黄金的需求非常大。另一方面，黄金在每年第四季度由于需求旺盛都有一个季节性的上涨规律。最后，全球主要经济体的货币宽松政策将提高全球的通胀水平，从而刺激金价上升。而且与历史高位相比，现在黄金 1700 多美元/盎司的价格还是有一定的投资价值和上涨空间。预计 2013 年国际金价有望突破 1900 美元/盎司的历史高位水平。

G.18

2012年国际油价走势分析及2013年展望

牛犁*

摘 要：

2012年以来，国际油价呈现出典型的波段性大涨大跌走势，WTI原油期价基本在每桶77～110美元波动，完全在上年的波动区间之内运行；预计2012年WTI原油期价平均为95美元/桶，与上年基本持平。展望2013年，全球经济增速仍将温和低速增长，石油需求与2012年基本持平，美国原油及页岩气等继续大幅增产，石油供给将保持宽松状态；美、欧、日等经济体同步推出新一轮量化宽松政策，全球流动性充裕导致投机炒作可能加剧以及美元币值疲软等因素将会助推国际油价上涨，但是这一轮量化宽松缺乏中国、印度等国经济增速的急剧反弹作为支撑，因而对油价的推动作用有限。美、欧等主要国家大选结束后，中东等产油国地缘政治风险存在加剧的可能。因此，2013年国际油价运行区间可能会向上突破，但全年平均水平不会显著提高，初步预计，2013年纽约市场WTI原油期货均价约为每桶98美元。

关键词：

国际油价　波段涨跌　区间上移　小幅上涨

一　2012年国际油价呈现出波段性大涨大跌走势

2012年以来，国际油价大起大落、波动剧烈，呈现出典型的波段性涨跌

* 牛犁，国家信息中心经济预测部宏观经济研究室主任，副研究员，主要研究国内外宏观经济、能源、国际油价等问题。

走势。WTI 原油期价在每桶 77 ~ 110 美元波动，峰谷波幅超过了 40%，完全处于上年运行区间之内，既没有创新高，也没有创新低。截至 10 月底，纽约市场 WTI 原油期价平均为 95.6 美元/桶，同比增加约 1 美元，微涨 1.1%，北海 Brent 原油期价平均为 112.2 美元/桶，同比增加不到 1 美元，微涨 0.9%。WTI 原油期货价格与 Brent 的差距保持在每桶 16 美元左右。总体来看，年底前 WTI 原油期价将在每桶 80 ~ 100 美元剧烈震荡，预计 2012 年全年 WTI 原油期价平均约为 95 美元/桶，与上年基本持平。

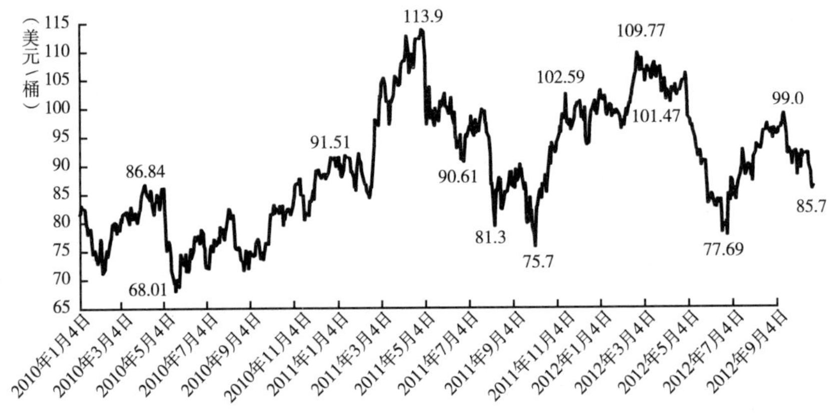

图 1　2010 ~ 2012 年 WTI 原油期货价格走势

资料来源：美国能源情报署。

分阶段看，2012 年初以来在伊朗局势紧张、全球经济增速好于预期等因素推动下，国际油价出现大幅上涨；5 月初以来，随着世界经济增长动力不足、伊朗局势有所缓解等因素作用下，国际油价出现了跳水式大幅下跌；7 月初以来，在主要国家普遍采取刺激经济政策、美联储推出第三轮量化宽松的预期等因素推动下，国际油价出现显著反弹；9 月中旬以来，在美联储 QE3 出台、沙特阿拉伯等国增产等因素作用下，国际油价出现获利回吐、震荡回落态势。

（一）年初以来伊朗局势助推国际油价大幅上涨

与上年非常相似的是，2012 年初地缘政治动荡成为推动油价上涨的主要

因素，只不过 2011 年为中东北非政局动荡以及利比亚战争，而 2012 年为伊朗核问题。同时，2012 年初全球经济增长好于预期，第一季度美、日、欧 GDP 分别增长 2%、5.3%和 0，均好于预期。因此，2012 年初，国际油价呈大幅上涨态势，WTI 原油期价由上年底的每桶 98.8 美元大幅飙涨至 2 月 24 日的 109.77 美元，上涨了 10.9 美元，涨幅达到 11.1%，并创出年内最高水平。此后直到 5 月初，WTI 油价一直在 100 ~ 110 美元的高位窄幅震荡。估计这段时间“地缘政治溢价”约为每桶 10 美元。

（二）5 月初之后国际油价暴跌回归基本面

5 月初以来，伊朗迫于欧美国家的金融制裁乃至石油禁运措施，被迫重新回到谈判桌前，欧美大国也因国内大选问题，无心进一步扩大伊朗核问题紧张局势，随之国际油价逐步回归基本面，而全球经济下行风险不断加大，第一季度美、日、欧 GDP 分别增长 1.3%、0.7%和 -0.7%，较第一季度显著放缓，全球石油需求也较上年减弱，但因利比亚产量恢复和美国大幅增产使得石油供应大幅增长。因此，5 月初以来，国际油价出现跳水式的大跌走势，至 6 月底，WTI 原油期价跌至每桶 77.69 美元，创出过去 9 个月来的新低，较年内高点猛跌 32 美元，下挫了 29.2%。

（三）7 月初以来量化宽松预期刺激国际油价反弹

由于上半年经济增长乏力，主要国家特别是新兴经济体竞相采取降息、降准等稳定经济增长的政策措施，美联储出台新一轮量化宽松的预期不断升温，美元呈贬值趋弱态势，投机力量逐渐加大。6 月底至 9 月中旬，美元指数由 75 左右下跌至 71，下跌约 5%，纽约原油期货市场基金多头持仓量由 2.96 亿桶增加至 3.96 亿桶，大增 34%。因此，这一时期国际油价出现了大幅度反弹，至 9 月 14 日，WTI 原油期价反弹至每桶 99 美元，较 6 月底回升了 27.4%。

（四）9 月中旬之后国际油价获利回吐

9 月初以来，美联储出台了第三轮量化宽松政策，每月购买 400 亿美元机构抵押贷款支持债券（MBS），无限期、无限量地实施量化宽松；同期，欧洲央行推出了“直接货币交易计划”（OMT），日本央行也扩大了10万亿日元购债计划。正当人们普遍担心量化宽松推动国际油价飙涨之际，国际油价却一路下行。这是因为量化宽松由预期变为现实之后，短期内获利投机资金开始减仓，特别是人们并不看好量化宽松之后的经济增长，同时，沙特阿拉伯等国明确表示将增产以保持国际油价稳定。此外，美国总统大选临近，美国监管部门不会允许投机资金炒作油价。自9月中旬的一个月来，纽约原油市场基金多头持仓量减少了8%，而空头持仓量增加了23%。截至10月底，WTI原油期价已经跌至85美元附近，较9月中旬高点下跌了13%左右。

二　2013年国际油价波动区间将进一步扩大

（一）全球经济将温和低速增长，石油需求将保持稳定

展望未来，全球经济仍将处于深度结构调整之中，但有利因素逐渐增多。一是制造业数字化、智能化等新技术进步、能源价格较低、QE3宽松政策等支持美国经济复苏势头增强。二是欧洲央行推出“直接货币交易计划”，有助于遏制欧债危机的扩散。三是印度放开零售、航空和广播电视等行业外资持股比例，将增强外资进入印度市场的信心，俄罗斯加入世界贸易组织和推进远东开发将加速其“新经济”进程。四是全球主要国家同步采取支持经济增长的调控政策，有助于稳定全球经济。当然，全球经济不确定因素仍然较多，欧债危机短期内难以从根本上解决，美国将面临“财政悬崖”风险，日本与周边国家挑起领土争端，金砖国家整体发展势头减弱，全球量化宽松背景下通胀压力上升等。因此，2013年全球经济将保持温和低速增长态势。IMF《世界经济展望》秋季报告预测，2013年世界经济将增长3.6%，较2012年微升0.3个百分点；其中，发达经济体将增长1.5%，新兴和发展中经济体将增长5.6%（见表1）。

2013年，在全球经济将温和低速增长的情况下，全球石油需求将保持稳步增长态势。近几年来美、日、欧等发达经济体石油需求增量均呈负增长态势，而随着经济增长放缓，新兴经济体石油需求增速也在大幅放缓，特别是占全球石油需求增量约40%的中国经济由快速增长期转向中速增长期，其石油

需求趋于稳定增长。根据国际能源署、欧佩克和美国能源情报署的最新报告预计，2013 年全球石油日需求量分别同比增加 80 万、78 万和 92 万桶，分别增长 0.9%、0.9% 和 1.0%（见表 2）。

表 1　世界及主要经济体经济增长预测

单位：%

国家或地区	实际		预测	
	2010 年	2011 年	2012 年	2013 年
世界经济	5.1	3.8	3.3	3.6
发达经济体	3.0	1.6	1.3	1.5
美国	2.4	1.8	2.2	2.1
欧元区	2.0	1.4	-0.4	0.2
日本	4.5	-0.8	2.2	1.2
新兴和发展中经济体	7.4	6.2	5.3	5.6
中国	10.4	9.3	7.8	8.2
印度	10.1	6.8	4.9	6.0
俄罗斯	4.3	4.3	3.7	3.8
巴西	7.5	2.7	1.5	4.0
南非	2.9	3.1	2.6	3.0
世界贸易总量	12.6	5.8	3.2	4.5
石油价格	27.9	31.6	2.1	-1.0

资料来源：IMF《世界经济展望》秋季报告，2012 年 10 月。

表 2　全球石油需求变化预测

单位：百万桶/天

国家或地区	2010 年	2011 年	2012 年	2013 年
OECD 国家	46.22	45.83	45.45	45.23
美国	19.18	18.95	18.67	18.77
加拿大	2.24	2.29	2.26	2.24
欧洲	14.62	14.29	13.93	13.73
日本	4.44	4.47	4.70	4.62
其他 OECD 国家	5.49	5.54	5.57	5.53
非 OECD 国家	41.02	42.47	43.65	44.78
前苏联地区	4.43	4.65	4.89	5.13
欧洲	0.73	0.75	0.76	0.76
中国	9.39	9.85	10.21	10.61
其他亚洲国家	9.81	10.22	10.38	10.40
其他非 OECD 国家	16.65	16.99	17.41	17.88
世界	87.23	88.31	89.09	90.01

资料来源：美国能源情报署，2012 年 10 月。

（二）石油供给将较快增长、剩余产能和库存充裕

1. 全球石油供给仍将较快增加

近年来，石油开采技术的进步以及页岩油气的开发，美国国内石油产量激增。到2012年9月底，美国原油产量达到660万桶/天，创1995年以来的新高。美国能源情报署预计，到2013年，美国原油产量将突破700万桶/天，加上液化石油气、生物燃料等非常规能源，美国石油产量将达到1144万桶/天，同比增加54万桶/天。但是，金融危机使得美国石油需求下降，因而美国石油出口将会大幅增长，截至10月底，美国石油日出口量达到289万桶，是金融危机前2007年的两倍。此外，2013年，巴西、加拿大、哈萨克斯坦、伊拉克等国具有一定的石油增产潜力。美国能源情报署预计，2013年全球石油日供给量为9060万桶，较上年增加143万桶，同比增长1.6%（见表3）。

表3　全球石油供给变化预测

单位：百万桶/天

项　目	2010年	2011年	2012年	2013年
OECD国家	21.43	21.59	22.50	23.04
美国	9.70	10.14	10.90	11.44
加拿大	3.43	3.60	3.90	4.09
墨西哥	2.98	2.96	2.94	2.89
北海	3.73	3.35	3.23	3.13
其他OECD国家	1.58	1.55	1.52	1.49
非OECD国家	65.38	65.48	66.67	67.56
OPEC国家	34.94	35.12	36.64	36.83
原油	29.76	29.83	31.02	31.02
其他石油气	5.18	5.29	5.62	5.81
前苏联地区	13.22	13.31	13.37	13.52
中国	4.30	4.29	4.34	4.43
其他非OECD国家	12.92	12.76	12.32	12.77
世界总产量	86.81	87.07	89.17	90.60

资料来源：美国能源情报署，2012年10月。

2. 欧佩克石油剩余产能接近过去十年平均水平

美国能源情报署预计，2013 年欧佩克原油剩余产能仍将保持较高水平，预计将达到 268 万桶/天，基本接近过去十年平均约 270 万桶/天的水平，剩余产能保持较大规模有助于稳定国际市场油价（见图 2）。

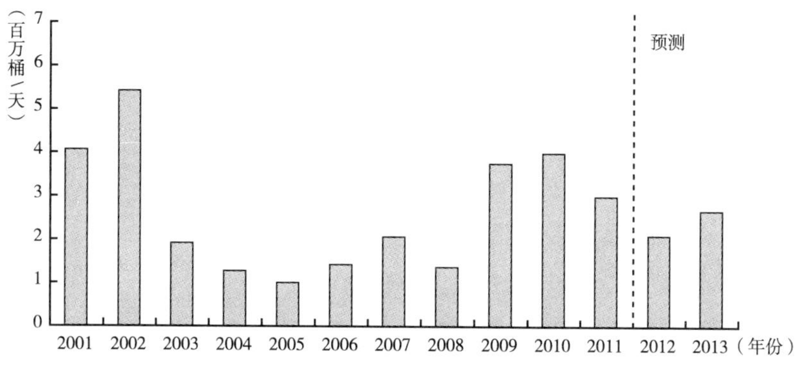

图 2　2001 年以来欧佩克原油剩余产能变化

资料来源：美国能源情报署，2012 年 10 月。

3. 发达国家商业石油库存仍将充裕

2013 年，美国经济虽然将维持温和增长，但是美国制造业数字化等方面取得较大进展，失业率居高不下，居民收入增长缓慢，新增汽车量有限，因而经济增长并不会带来石油需求增长。而欧洲经济难以摆脱主权债务危机的束缚，石油需求将明显呈负增长，日本经济震后重建恢复性增长之后将会减速，石油需求仍将不旺。受新兴经济体增速放缓、石油需求减弱的影响，加拿大、澳大利亚等资源国经济难以强劲增长。因此，主要发达经济体石油商业库存仍将比较充裕。美国能源情报署预计，2013 年 OECD 国家商业石油库存平均约为 27 亿桶，可供满足 OECD 国家 60 天左右的需求（见图 3），仍将处于过去五年平均水平的上限附近，这将有助于稳定国际石油市场价格。

（三）美元币值仍将保持疲软态势

国际金融危机以来，美元币值始终处于疲软态势，2013 年美元也难以走强，但贬值空间有限。一是美国经济增长动力不足，仍将处于深度结构性调整之中，经济基本面难有根本性改变。二是近年来美国财政赤字均在 1 万亿美元以上，财政赤

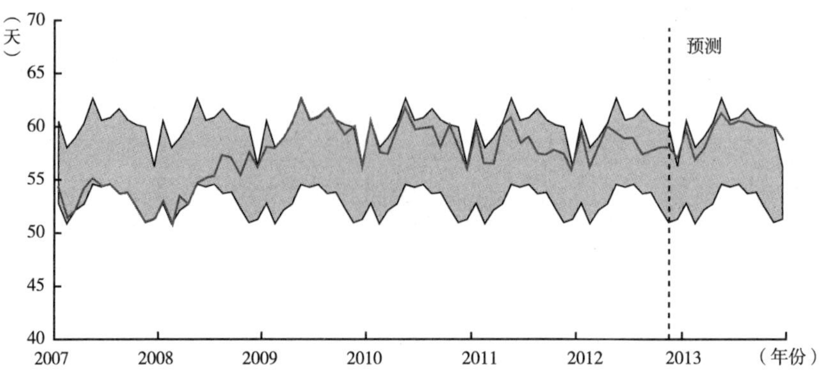

图 3　OECD 国家石油商业库存可供应天数变化

资料来源：美国能源情报署，2012 年 10 月。

字占比以及国债总额占比均大大高于国际警戒线，2013 年虽然开始执行减赤计划，但是"财政悬崖"问题使得减赤进展很难乐观。三是美联储实施无限期、无限量的量化宽松政策，使国际资本流向发生较大变化，出现了重新流向新兴经济体的迹象，大肆印钞的结果必然是通货膨胀和货币贬值，同时，美国到 2015 年中期之前保持零利率不变，这都将使美元币值承压。当然，为了保持美元国际货币的强势地位，美国不会允许美元继续大幅贬值，此外，避险功能会在一定程度上增加美元需求。因此，2013 年美元仍将保持疲软态势，对国际油价形成一定的支撑（见图 4）。

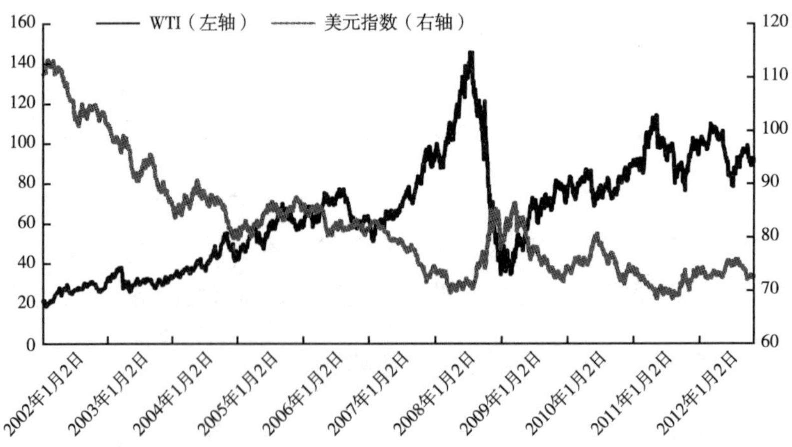

图 4　2002 年以来美元与 WTI 原油期价走势对比

注：每年起始点为 1 月 2 日。

（四）石油期货市场投机炒作力量可能会加强

一方面，美、欧、日等发达国家均推出新一轮量化宽松货币政策，必然带来流动性的大幅增加，而实体经济的低迷，使得新增流动性将会在石油等商品期货市场上大肆炒作，推动国际油价大幅波动。另一方面，2013 年美、欧主要大国大选结束，对石油等期货市场的监管力度可能会放松。数据表明，近几年来商品期货市场上基金的多头持仓比例始终呈上升趋势。但是，此轮量化宽松与 2008 年金融危机之初量化宽松的背景不同，当前中国、印度等新兴经济体增长放缓，石油供需比较宽松，投机资金炒作的基本面基础并不牢靠。因此，2013 年国际石油市场上投机资金炒作力量可能较上年增加（见图 5），国际油价的波动幅度加剧，但不会出现 2003 ~ 2008 年中期那样单边向上的过度投机情况。

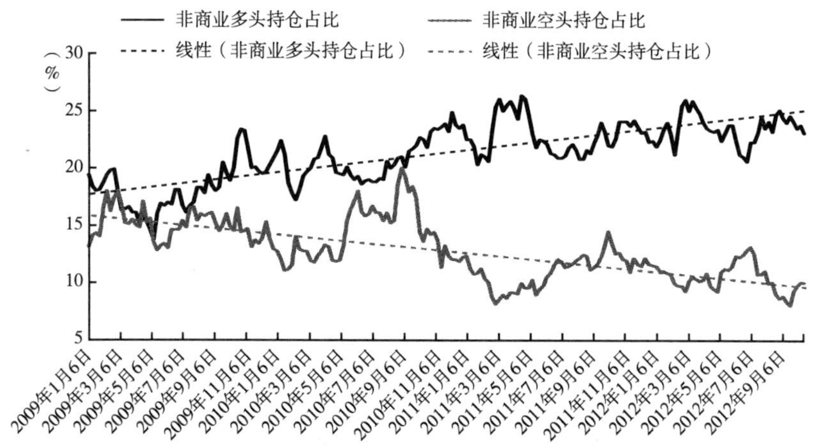

图 5　2009 ~ 2012 年纽约市场非商业性原油期货持仓比例

资料来源：美国商品期货交易委员会（CFTC）。

（五）地缘政治动荡对国际油市的影响可能会加剧

随着能源独立战略逐步取得实效，美国对中东等政局动荡地区的石油依赖大幅减轻，美国国内油气资源开发改变着世界能源供求格局，这使得美国具有更大的战略回旋余地来实现其全球战略目标，美欧干预中东、北非等热点地区的风险加大，特别是在伊朗核问题上，美欧将可能采取更加强硬的立场。虽然经过一年多欧美对伊朗的金融和石油制裁措施，伊朗石油产量和输出量已经明显减少，但是，伊朗所处的战略位置仍然极其重要，一旦因伊朗核问题发生战争冲突，整个中东地区石油供应都会受到严重冲击。此外，叙利亚政局一直动荡不定，成为中东局势稳定的重大隐患，利比亚、苏丹等重要产油国政局也不稳定。因此，随着欧美大国大选结束，2013 年全球热点地区地缘政治动荡的风险可能会上升，对国际石油市场的影响将会加大。

综上所述，2013 年世界经济将温和低速增长，石油供求关系比较宽松，但地缘政治风险、投机炒作对国际油价的影响将会加大，国际油价运行区间将会向上移动，但基本面抑制国际油价过快上涨。初步预计，2013 年纽约市场 WTI 原油期货平均价格约为每桶 98 美元，较上年略有回升，WTI 原油期货价格将在 80 ~ 115 美元波动。如果欧债危机继续蔓延扩散、美国“财政悬崖”没能得到有效解决，部分新兴经济体出现“硬着陆”，世界经济增长明显低于预期，石油需求减弱，那么，国际油价运行区间将会向下调整。而如果欧美发达国家的债务问题得到有效解决，新兴经济体重新恢复强劲增长，世界经济增长将明显好于预期，石油需求也将较预期更为旺盛，那么国际油价运行区间将会进一步向上调整。

近期，国际机构对国际油价走势作出了预测。2012 年 10 月 IMF《世界经济展望》秋季报告预计，2013 年世界油价（WTI、Brent、Dubai 三个市场油价简单平均）为每桶 105.1 美元，同比下降 1%。2012 年 10 月底，路透社调查显示，2013 年 WTI 和 Brent 原油期货均价分别为 98.5 美元/桶和 108.8 美元/桶。美国能源情报署 2012 年 10 月《短期能源展望》预计，2013 年 WTI 和 Brent 原油期货均价分别为 92.63 美元/桶和 103.38 美元/桶，同比分别下降 3.1% 和 7.5%。

G.19

2012年美国经济形势分析及2013年展望

陶丽萍*

摘　要：

2012年，美国经济继续缓慢复苏，自2009年第二季度结束衰退以来已连续13个季度保持增长，房地产市场出现逐步复苏迹象是2012年经济中的一大亮点，同时消费者信心有所增强，但就业市场依然低迷。2012年后期及2013年，由于面临就业、总统大选、“财政悬崖”、欧债危机等许多不确定因素的困扰，美国经济难以快速回升，将继续缓慢温和地增长。

关键词：

美国经济　复苏缓慢　缓慢温和增长

一　2012年以来美国经济运行情况

（一）经济低速增长

2012年前三个季度，美国GDP环比折年率分别增长了2.0%、1.3%和2.0%（初步数据），截至第三季度，美国经济自2009年第二季度结束衰退以来已连续13个季度保持增长。第二季度，由于美国遭遇严重的旱灾，农业库存下降了53亿美元，从而使美国经济创下了2011年第三季度以来的最低季度增长率；但下半年以来，个人消费开支增长加速、联邦政府开支增加以及住房

* 陶丽萍，国家信息中心经济预测部高级经济师，主要从事中国经济、世界经济分析与预测。

市场改善，使美国经济有所提速。第三季度，美国个人消费支出增长2.0%（见表1），对经济增长的贡献为1.42个百分点；联邦政府开支上升了9.6%，而前一季度为下降0.2%，对经济增长的贡献由第二季度的-0.02个百分点上升到0.72个百分点；私人住宅固定投资大幅增长14.4%，高于前一季度的8.5%，对经济增长的贡献由第二季度的0.19个百分点上升到0.33个百分点。不过，第三季度美国联邦政府开支上升主要是由于国防开支大幅增加了13%，而此前为连续四个季度下降。如果除去国防开支对经济增长0.64个百分点的贡献率，第三季度经济增速将为1.36%，与第二季度基本持平，表明美国经济复苏进程仍然缓慢。

表1　美国主要经济指标增长率及对经济增长的贡献

单位：%

指　标	2011年	2012年		
		第一季度	第二季度	第三季度
GDP及其构成增长率(经季节调整折年率)				
国内生产总值	1.8	2.0	1.3	2.0
个人消费支出	2.5	2.4	1.5	2.0
私人国内投资	5.2	6.1	0.7	0.5
商品和服务出口	6.7	4.4	5.3	-1.6
商品和服务进口	4.8	3.1	2.8	-0.2
政府消费和投资总额	-3.1	-3.0	-0.7	3.7
GDP及其构成对经济增长的贡献				
国内生产总值	1.8	2.0	1.3	2.0
个人消费支出	1.79	1.72	1.06	1.42
私人国内投资	0.62	0.78	0.09	0.07
商品和服务净出口	0.07	0.06	0.23	-0.18
政府消费和投资总额	-0.67	-0.60	-0.14	0.71

资料来源：美国商务部经济分析局。

（二）就业市场持续低迷

2012年前8个月，美国月度失业率一直在8.1%～8.3%，虽然与2011年8月9.1%的高位相比已明显下降，但并不表明就业市场已经出现根本性好转，

只是由于许多失业者因长期找不到工作而退出求职大军，从而从统计范围内被剔除，这是失业率统计数据的“下降”。即便如此，截至 8 月美国失业率已经连续 43 个月徘徊在 8% 以上的高位，同时就业参与率也降至 31 年来最低水平，创下 20 世纪 30 年代经济“大萧条”以来最长周期。9 月，美国失业率由 8.1% 意外降至 7.8%（见图 1），创近四年最低水平，但就业参与率仅由 63.5% 微升至 63.6%，这说明放弃找工作的失业人员仍然在增加，失业率并不能真实客观地反映美国的就业形势。按照共和党总统候选人罗姆尼的计算，“如果加上退出劳动力市场的人口，美国失业率不是 7.8%，而是 10.7%”。

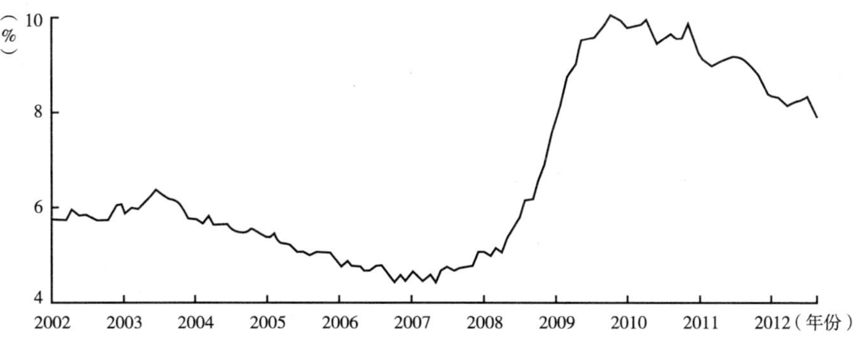

图 1　美国失业率

资料来源：美国劳工部。

总体来看，美国经济复苏的迟缓以及较低的新增就业岗位数量都不足以推动失业率实现持续、显著地下降。且随着“财政悬崖”日益临近，美国企业增加招聘的意愿受到遏制，未来失业率还有可能出现反弹。美联储主席伯南克认为，尽管失业率下降速度比人们预期要快，但失业率下降速度并不足以振兴经济，未来数年内美国失业率恐将依旧维持在高点，经济复苏步伐也将依旧缓慢。

（三）房地产市场出现逐步复苏迹象

自 2006 年初房地产泡沫破裂后，美国房地产市场一直在剧烈调整，近期出现逐步复苏迹象，成为经济中的一大亮点。全美房地产经纪人协会发布的报告显示，8 月美国二手房销量经季节调整按年率计算为 482 万套，为 2010 年 5

月以来最好表现，比2011年同期增加9.3%，连续14个月实现同比增长；当月美国二手房销售中间价为18.74万美元，同比增长9.5%，为2006年1月以来最大增幅。自2012年初以来二手房销售中间价已累计上涨21%；8月二手房库存环比增长2.9%，经季节调整折年率为247万套，按现有销售速度需要6.1个月全部消化，为2012年1月以来最低水平。在美国房地产市场上，旧房销售占整个楼市销售量的90%以上。

按照美国商务部的数据，8月美国新房销量经季节调整按年率计算为37.3万套，比2011年同期增加27.7%，处于近两年的高点。8月新房销售中间价为25.69万美元，为2007年3月以来的最高水平，较上年同期上涨17%，为2004年12月以来的最大涨幅（见图2）。2012年以来美国新房销售中间价已累计上涨16%。截至8月底，美国市场待售新房经季节调整为14.1万套，与上月基本持平。按照当前销售速度，市场上的待售新房需4.5个月才能够销售完。9月美国新房开工量环比大增15%，经季节调整按年率计算为87.2万套，创2008年7月以来新高；与2011年同期相比，当月新房开工量增加了34.8%，为4月以来最大增幅（见图3）。新房销量虽占整个楼市销量比例不大，但对就业和个人消费有着重要拉动作用。根据美国全国住宅建筑商协会的测算，每建一套新房平均可在一年内创造3个就业岗位和9万美元的税收。

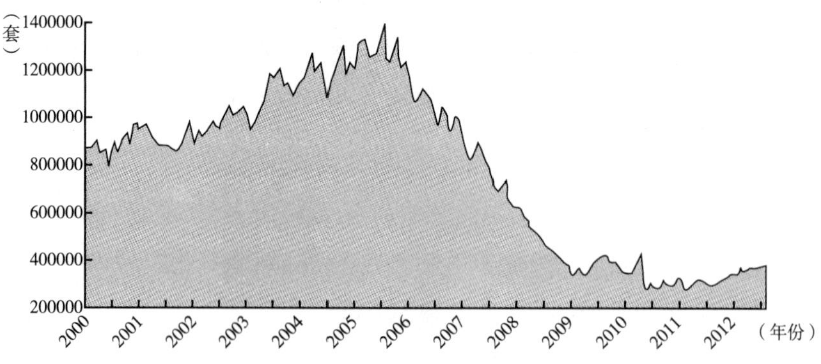

图2　美国新房销售量

资料来源：美国普查局。

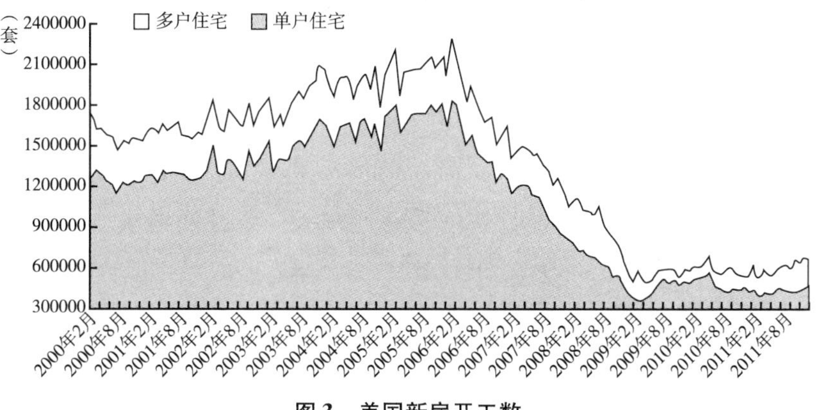

图 3　美国新房开工数

资料来源：美国普查局。

综合来看，住房抵押贷款利率保持在历史低位等因素有助于提高购房者的承受能力，推动美国房地产市场复苏，但受信贷条件紧缩等因素拖累，美国楼市完全走出危机仍需时间。

（四）消费者信心有所增强

2012 年第二季度，美国个人消费开支增长疲弱，增长率为 1.5%，低于第一季度的 2.4%，为 2011 年第三季度以来最低季度增幅，对经济增长的贡献由第一季度的 1.72 个百分点下降到 1.06 个百分点。但第三季度，由于美国消费者大力购买了包括汽车、苹果公司 iPhone 5 在内的一系列产品，个人消费开支增长 2.0%，对经济增长的贡献上升到 1.42 个百分点。

由于消费者看好经济复苏前景，美国 10 月密歇根大学消费者信心指数终值为 82.6，明显超过 9 月 78.3 的终值，同时创下 2007 年 9 月以来的最高纪录。从分项指标来看，消费者经济现状指数增至 88.1，超过 9 月 85.7 的终值；消费者预期指数从上月的 73.5 攀升至 79，创 2007 年 7 月以来的最高水平。从历史数据来看，在截至 2009 年 6 月的 18 个月衰退期内，该指数的平均值为 64.2；在衰退之前的 5 年扩张期内，平均值为 89。

个人消费开支约占美国经济总量的 70%，是美国经济增长的主要推动力。消费者信心及支出很大程度上决定了美国经济的增长前景，但除非居民收入上升，否则在就业市场缺少动力的情况下，消费者开支仍将保持温和。

（五）长期通胀预期依然稳定

受能源价格上升带动，2012 年前三个月美国消费者价格指数（CPI）连续三个月环比上升，涨幅分别为 0.2%、0.4% 和 0.3%。但跟随能源价格波动，4～7 月美国 CPI 连续四个月环比持平或下降，8、9 月环比分别上升 0.6%，创 2009 年 6 月以来最大涨幅。扣除价格波动性较大的能源和食品，9 月美国核心 CPI 上涨 0.1%，涨幅与前两个月持平，为年内最低水平（见图 4）。但过去 12 个月，美国 CPI 和核心 CPI 均上升 2%，达到了美联储设定的 2% 的警戒线。

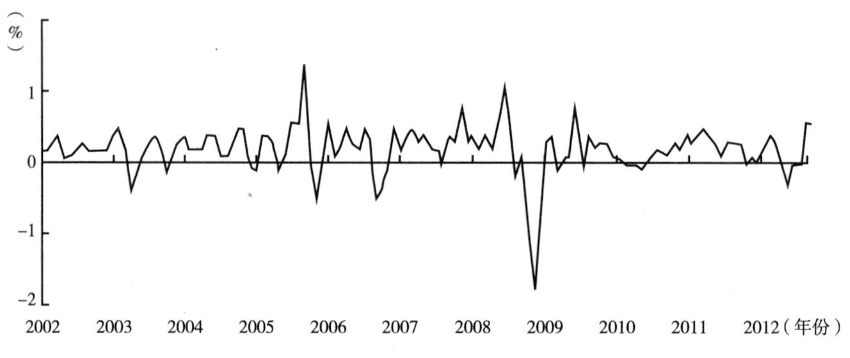

图 4　美国 CPI 走势

资料来源：美国劳工部。

消费价格指数是衡量通货膨胀的重要指标，核心通胀数据尤其受美联储关注，是美联储制定货币政策的重要参考依据。美联储在最近一次货币政策例会后宣布维持现有宽松货币政策不变，并认为油价上涨将暂时推高通胀水平，但美国长期通胀预期依然稳定。

二　影响美国经济的不确定因素及经济发展趋势

（一）经济面临许多的不确定因素

1. 就业市场仍不容乐观

与失业率相比更加令人忧心的是美国新增就业岗位增长过于缓慢。2012

年初美国就业市场曾出现加速复苏迹象，第一季度平均每月新增非农就业岗位 22.6 万个。但经济复苏的迟缓让许多雇主减少了新增雇用，第二季度就业市场表现尤为低迷，平均每月新增非农就业岗位仅 6.7 万个。虽然第三季度平均每月新增非农就业岗位上升至 14.6 万个，但新增就业岗位数量呈逐月下降态势。2012 年前 9 个月，美国平均每月新增非农就业岗位 14.6 万个，少于 2011 年的 15.3 万个。

在本轮经济衰退中，美国总计损失了 800 万个工作岗位，是第二次世界大战以来美国历次经济衰退中失业人数最多的一次。而眼下美国约有 1209 万人仍处于失业状态，其中超过 40% 的人已失业 6 个月以上。在经济衰退 4 年半之后，长期失业仍是美国面临的最迫切问题之一。对美国而言，每个月至少要保障 15 万个新增就业岗位，才能确保新劳动力能够进入市场。而若要失业率降至 6% 的金融危机前水平，美国需要长期保持月均新增 25 万个就业岗位的水平。整体看，美国结构性失业问题仍然严重且经济复苏进程依旧缓慢，就业市场要走出低谷将需很长时间（见图 5）。

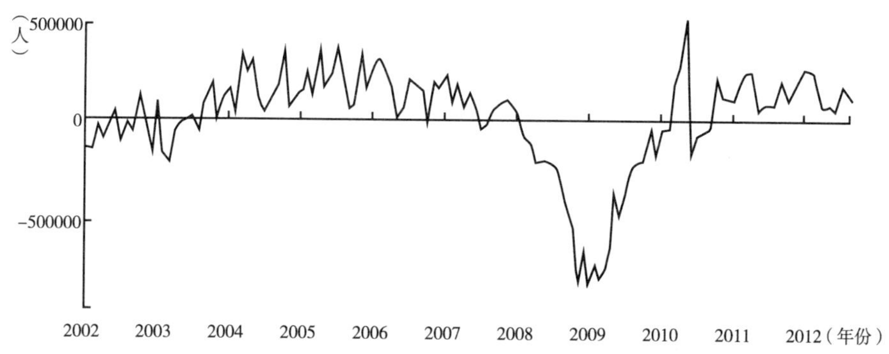

图 5　美国就业变化

资料来源：美国劳工部。

2. “财政悬崖”可能会推动经济进入衰退期

美国当前面临着“财政悬崖”的困局。“财政悬崖”是美联储主席伯南克最先提出的概念，是指 2012 年 12 月 31 日美国政府多项减税政策和刺激政策集中到期，包括 2001 年和 2003 年小布什减税政策、2011 年奥巴马启动的失

业救助和降低工资税政策等，同时2011年美国国会超级委员会达成的“自动支出削减机制”将在2013年初启动。由此带来的收入增加和支出减少，将使得2012~2013财年美国联邦政府财政赤字水平呈现断崖式下降（约6070亿美元）。

目前看来，在11月6日的总统大选举行前，分别掌控美国参、众两院的民主党及共和党，都不会就“财政悬崖”达成协议，“财政悬崖”最早要到大选后才有望解决。但如果两党在大选结束后的2012年最后两个月中仍不能就未来财税政策应如何调整达成协议，那么美国在2013年初就会陷入财政自动减支并增税的困境。这将意味着美国企业和国民税负骤增，美国人的个人所得税将普遍上涨，约1.6亿工薪阶层的薪资税税率将上升2个百分点，数百万长期失业者将失去救济金。这6070亿美元，相当于国内生产总值的4%，无疑会对美国2013年经济增长前景构成严重威胁，很可能扼杀经济复苏势头，甚至使美国经济重回衰退。此外，“财政悬崖”问题将带来政策上的巨大不确定性，打击投资者信心，加剧金融市场波动。目前已经有评级机构发出降低美国主权债务评级的警告。

3. 欧债危机前景不明威胁美国经济复苏

欧债危机是威胁美国经济复苏的因素之一。2012年上半年，欧债危机的反复和蔓延，严重影响了欧元区的经济。自从7月底欧洲央行行长德拉吉作出将“尽其所能捍卫欧元”的承诺后，欧债危机形势似乎呈现出一些好转迹象。尤其是9月初欧洲央行宣布出台新的购债计划后，市场信心开始回暖，西班牙和意大利的融资压力得到明显缓解。而10月8日，欧洲永久性救助机制——欧洲稳定机制（ESM）正式启动，也为重债国稳定经济和债务注入了信心。然而，欧债危机并没有达到拐点，仍有可能再度恶化。目前重债国的经济前景极为黯淡，除了希腊、葡萄牙经济继续深度衰退之外，西班牙和意大利两大重债国的经济形势也很不乐观。特别是财政紧缩与促进增长的“两难”困境仍未能得到解决，希腊和西班牙的形势也有可能继续扰动国际市场。

总体来看，欧债危机的演变还存在很大的不确定性，威胁着美国的金融体系和实体经济。特别是，美国是欧洲的主要贸易伙伴，欧债危机令美国商品需求受到打压，同时也推高了美元汇率，使美国在商品出口方面面临较为不利的环境。

4. 新一轮量化宽松政策或作用有限

美联储 9 月 13 日推出了第三轮量化宽松货币政策（QE3），每月将购买 400 亿美元机构抵押贷款支持证券，直到美国失业率降至 7% 以下。另外，美联储还决定将联邦基金利率保持在 0 ~ 0. 25% 超低区间的时限从之前的 2014 年底延长到至少 2015 年中期，并将旨在压低长期利率的“扭转操作”延续至 2012 年底。这次不设上限、不设期限的 QE3，目的在于压低抵押贷款利率，刺激房地产市场，并借此刺激经济增长。

从短期看，量化宽松可以压低国债收益率，降低全社会的融资成本，有利于提振当前疲弱的美国经济。风险资产价格上升带来的财富效应也将对投资和消费起到支撑作用，美元贬值亦有助于出口。但从长期来看，QE3 对经济的提振效果有限。首先，2008 年以来，美联储已经将联邦基金利率降至 0 ~ 0. 25% 的历史低位，并通过两轮量化宽松购入约 2. 3 万亿美元的美国国债和房利美、房地美等机构发行的抵押贷款证券，并决定延期超低利率政策至 2014 年下半年，此外还将 6 月底到期的资产负债表“扭转操作”延期至 2012 年底，以压低中长期利率，扩大信贷和投资活动。这些举措对帮助美国经济走出当时的困境起到了一定作用，但因为资金很少流入实体经济，对经济增长的作用有限，并且成本过高。特别是在进行了两轮大规模的刺激后，QE3 效果将大打折扣，处置不当还会点燃通胀。靠非常规货币政策带动就业的用意更是遭到美联储一些官员的诟病，认为就业市场存在结构性问题，货币政策鞭长莫及。其次，QE3 将导致美联储的资产负债表进一步恶化，为未来积累了更多的赤字。9 月 4 日美国国债总额已突破 16 万亿美元，是美国 GDP 的 102%，2013 年初美国还将面临“财政悬崖”，美国主权债务评级面临再次降级的风险。在经济低迷的发展前景下，美债削减遥遥无期，从长期看，量化宽松最终将损害美国的信用和美元的特殊地位。最后，QE3 不可避免地将再次殃及新兴经济体，为其带来新一波流动性过剩的冲击和输入性通胀的压力。

（二）经济将继续缓慢温和地增长

美联储最新的“褐皮书”全国经济形势调查报告显示，8 月底和 9 月，美国经济整体略有好转。由于住房和汽车销售的改善，美国大部分地区经济出现温和扩张。美联储所有 12 个辖区中除 1 个地区经济增长持平、1 个地区经济增速放缓外，其他地区经济继续缓慢增长。而在此前一份“褐皮书”报告中，美联储所有 12 个辖区中仅有 3 个地区的经济活动适度增长，6 个地区的经济活动微弱增长，另外 3 个地区经济活动有所减速。同时，自上一份“褐皮书”报告发布以来，消费者支出整体上呈现出持平到小幅增长的走势；制造业状况在某种程度上有所改善；虽然就业市场状况几乎没有发生改变，但有多家地方联储报称，就业市场缺少高技能的劳动者。与美国总统选举、美国财政政策和欧洲主权债务危机相关的不确定性抑制了就业；房地产市场情况改善，是过去一段时间的经济复苏亮点。现房销售量有所增加，价格稳中有增，多数区域的抵押贷款在增长；多数地区物价水平稳定。美联储预计未来几个季度美国经济增速仍将较为温和，但 2013 ~2015 年经济增速将加快，2012 年增长 1.7% ~2.0%，2013 年将增长 2.5% ~3.0%。

IMF 在其 2012 年 10 月发布的《世界经济展望》报告中预计，美国经济在 2012 年和 2013 年将分别实现 2.2% 和 2.1% 的稳定增长，但前提是美国国会必须在 2012 年底敲定新的预算计划，并极力避免在 2013 年掉下“财政悬崖”，即启动自动增税及减支措施。一旦自动预算在政治僵局中被启动，经济将重新陷入衰退，2013 年 GDP 将会萎缩超过 4%。

在我们看来，虽然目前美国经济没有再次陷入衰退的风险，但全球金融市场的紧张态势以及美国财政政策的不确定性将给美国经济带来持续不断的风险，这些都影响了企业的招聘及投资决策，因而经济增长疲软、失业率高企的局面还会持续一段时间，但中长期的经济状况将不断改善。在再工业化战略的指引下，美国制造业将进入上升期。房地产市场将对美国经济增长产生积极影响，但与过去经济复苏时房地产市场的水平相比，依然存在很大的差距。中长期通胀预期基本稳定，但仍有小幅上升的可能。

G.20

2012年欧元区经济形势分析及2013年展望

赵　坤*

摘　要：

2012年，欧债危机波及德、法等核心国家，导致欧元区经济将在金融危机后陷入二次衰退。但欧元区国家务实处理财政整顿、结构性改革和经济增长关系，推出了一系列政策措施，为重债国赢得解决债务问题和国内结构问题的时间，同时继续推进一体化进程。预计2013年欧元区经济将摆脱负增长，实现零或微弱增长。建议加强中欧合作，应对欧债危机对我国经济带来的负面影响。

关键词：

欧元区经济　欧洲债务危机

一　2012年欧元区经济将再次收缩

2012年第一季度，在德国经济强劲反弹的带动下，欧元区经济意外实现零增长，暂时止住衰退的步伐。但第二季度以来，德国经济明显减速，特别是希腊退欧疑虑，西班牙寻求救助，以及西班牙、意大利国债收益率破7%等事件对欧洲经济造成了严重的冲击，致使欧元区经济再次萎缩，第二季度环比下降0.2%。在核心国家中，除德国和荷兰经济分别比上一季度增长0.3%和0.2%外，法国经济连续三个季度零增长，其他国家经济则陷入负增长。从近

* 赵坤，经济学博士，国家信息中心经济预测部副研究员，主要从事中国经济、世界经济跟踪分析与预测以及数量模型研究。

期欧元区经济敏感指数、商业景气指数以及制造业 PMI 指数等先行经济指标来看，欧元区经济第三、四季度负增长的可能性较大，从而将在金融危机后陷入二次衰退，预计 2012 年全年将出现 0.5% 左右的负增长。

1. 德国经济复苏进程放缓，独力难支欧元区经济增长

2012 年上半年，德国对欧元区危机国家出口大幅下滑，其中对葡萄牙、西班牙、希腊和意大利出口分别下降 14.3%、9.4%、9.2% 和 8.2%。而进入下半年后，因金砖国家经济增速持续放缓，德国出口形势越发严峻，前 8 个月出口仅同比增长 5.5%，远远低于 2011 年全年 11.4% 的增幅。德国哈雷经济研究所（IWH）甚至预测，德国经济可能因外需萎靡不振受到影响，在第四季度陷入停滞。

德国国内生产和消费增长也呈现趋缓迹象。客户因经济不景气而压缩订单，企业也纷纷改用短时工，德国制造业 PMI 指数连续 7 个月下滑，工业订单、工业生产和建筑业生产等指标连续数月再现同比负增长。与此同时，前 8 个月零售业营业额名义增长 2.3%，实际仅增长 0.2%，汽车消费尤其惨淡，销量连续 3 个月下滑。安永会计事务所的调查也显示，2012 年上半年德国各大银行盈利同比下降了 42%，13 家接受调查的金融机构净盈利从 93 亿欧元下降至 54 亿欧元。

各种经济指标表明，德国经济发展后劲明显不足，特别是企业气氛持续恶化，经济增速将继续放缓。德国基尔世界经济研究所（IfW）、慕尼黑 Ifo 研究所、莱茵—威斯特法伦经济研究所（RWI）和哈雷经济研究所联合发表秋季预测报告，将 2012 年德国经济增长率预测由 0.9% 下调至 0.8%，2013 年由 2% 下调至 1%。德国作为欧元区第一大经济体，深受欧债危机影响，已独力难支欧元区经济增长。

2. 就业形势不断恶化，失业率再创新高

2012 年，欧元区失业率再创 11.4% 的新高，失业人口一年增加了 214 万，目前已经超过 1800 万，且随着危机国家经济的进一步衰退，就业形势仍将继续恶化。根据国际劳工组织的报告①，欧元区 44% 的失业人口待业时间超过一

---

① 国际劳工组织：*Euro Zone Job Crisis*：*Trends and Policy Responses*，http：//www.ilo.org/wcmsp5/groups/public/——dgreports/——dcomm/documents/publication/wcms_ 184965.pdf。

年，特别是青年就业面临巨大挑战，25 岁以下青年平均失业率为 22%。重债国的情况尤为严峻，意大利、葡萄牙、斯洛伐克的青年失业率为 30%，西班牙和希腊甚至高达 50%。为此，国际劳工组织批评欧元区现行的紧缩财政政策并不能有效减少赤字，反而会对就业市场造成严重影响，呼吁欧元区尽快采取有效措施刺激经济增长、增加就业，否则未来 4 年欧元区将新增 450 万的失业人口。

为了缓解不断恶化的就业形势，帮助在全球贸易分工模式改变中失去工作的欧盟成员国人员重回劳动力市场，欧盟委员会预算委员会于 10 月 10 日通过一项全球化调整基金使用决议，拟拨款 2540 万欧元资助爱尔兰、法国、荷兰、瑞典和西班牙因为经济危机而失业的人员。这一政策措施在短期内可能改善受资助国家的就业形势，但长期效果仍有待观察。表面上看，金融危机、债务危机以及紧缩政策是导致近两年欧元区失业率不断创出新高的主要原因；然而从深层次原因来看，这实际上是由欧盟一体化进程中所产生的结构性问题，特别是劳动力市场的结构矛盾造成的。只要欧洲各国不下定决心通过改革解决这些结构性问题，失业率就仍将维持在高位。

3. 通胀水平相对稳定，欧央行货币政策由控通胀向促增长转变

2012 年以来，尽管欧元区通胀率一直在 2.5% 以上的高位，高于欧洲央行设定的 2% 的警戒目标，但核心通胀率相对稳定，维持在 1.6% 左右。这一方面说明在德拉吉上任后欧洲央行对通胀的容忍能力在不断增强，另一方面也为欧洲央行逐渐放松货币政策单一目标的限制、向促进经济增长方面转变创造了条件。

7 月 5 日，欧洲央行宣布将金融机构基准利率下降 25 个基点，隔夜存款利率降至 0。德拉吉甚至在欧洲议会上表示，“降息通道已经敞开，利率还有下调空间，欧洲央行完全有可能根据经济数据变化采取进一步行动”。欧洲央行此举是要阻断各商业银行通过央行存款获得利润的来源，迫使那些资金充裕的核心国银行向实体经济借贷，同时把富余资金拆借给那些只能依赖欧洲央行贷款支持的高负债国银行，降低他们对欧洲央行的依赖，缓解欧洲银行间市场压力。然而，事与愿违，欧洲整体经济环境恶劣，恢复正常货币市场流通渠道仅靠“零利率政策”显然力度不够。特别是对处在债务危机旋涡中的欧元区高负债国来说，在国际评级机构多次下调信用评级后，许多商业银行的信用等级已降至垃圾级，核心国银行为防范风险，宁愿放弃利息收入也不希望向外借贷。尽管这种情况至今并未发生明显改变，但欧洲央行的举动已表明了支持经济增长的态度。

此外，虽然欧元区整体通胀形势相对稳定，但需要警惕各国已经出现分化，西班牙和葡萄牙这两个处于欧债旋涡中心国家的通货膨胀率高企，与德国和法国欧元区核心成员国通货膨胀率下降的状况形成对比。这一走势背离可能会加大外围国家恢复经济增长的难度。

4. 希腊资本“外逃”现象向其他危机国家全面扩散

2012 年，由于各种突发事件对欧洲投资者信心的反复冲击，希腊资本“外逃”现象加速扩散至其他危机国家。2012 年 1 ~ 7 月，西班牙银行资金流失的比例达到 7%，幅度较之前的 6 个月增加 3%；葡萄牙从 1% 上升至 6%；爱尔兰更是从 2011 年下半年的零“出逃”突然上升至 2012 年前 6 个月流失 10% 的水平。野村证券的报告也指出，6 ~ 8 月，西班牙流失的资金量高达 GDP 总量的 52.3%，超过了亚洲金融危机时资本外流最严重的印度尼西亚创下的 23% 的纪录。这种情况表明，在经济不振、失业率居高不下的欧元区外围国家，恐慌情绪越来越严重，资本“外逃”现象正在向危机国家全面扩散。

IMF 在《全球金融稳定报告》① 中指出，在货币联盟解体忧虑驱使下，欧元区外围国家资本正向欧元区核心国家“外逃”，已引发欧元区资金市场出现“极度割裂”。这一局面正给各银行带来新的压力，迫使它们缩小资产负债比，尤其是深陷财政困境国家的银行。同时，资金大量“外逃”将令 2013 年希腊、塞浦路斯、爱尔兰、意大利、葡萄牙和西班牙等欧元区边缘国家的经济增长下降 4 个百分点。如果欧洲不能实施财政紧缩，或者无法按时间表建立单一银行监管体系，将导致欧盟 58 家银行最多抛售 4.5 万亿美元资产。

二 欧债危机迎来转机，可望在 2013 年有所缓解

由于欧元区自身的制度性缺陷，欧盟各国以及欧洲央行至今未能找到妥善

① 国际货币基金组织：*Global Financial Stability Report*，2012 年 10 月。

解决欧债危机的有效方案，致使其反复发作和蔓延，重债国因无力筹措资金削减债务，相继陷入衰退。但是，2012 年以来欧元区国家更加务实，一方面通过创新政策工具为重债国赢得解决债务问题和国内结构问题的时间，帮助它们在进行结构调整的同时恢复经济增长；另一方面则在要求各成员国，特别是重债国经济结构改革的基础上继续推进包括财政联盟和银行联盟等一体化进程。基于此，预计 2013 年欧元区经济将摆脱负增长，实现零或微弱增长。

1. 2012 年欧债危机继续反复和发酵

（1）希腊退欧疑虑和争论

2012 年上半年，希腊债务危机依然是扰动投资者信心的最大风险，“希腊退出欧元区”一度成为国际上争论最多的话题。5 月、6 月的大选让希腊陷入了政治乱局，尽管支持财政紧缩的希腊新民主党成功组阁，但新政府仍面临重重挑战，欧盟一些国家和金融机构甚至私下为希腊可能退出欧元区作分析和各种准备，以防范可能出现的冲击。

希腊退出欧元区将对欧元区乃至世界经济产生巨大的冲击，是各方都不愿看到的结果，为此，德国总理默克尔强势表态留住希腊，同时欧洲央行也做出了不惜一切代价捍卫欧元和欧元区的姿态，从而使希腊退出欧元区的风声逐渐消退。但是，近期“三驾马车”发现，希腊如果不进行进一步债务重组，可能将再次陷入“退出”旋涡。为了防止欧美经济体政治、经济多重不确定性叠加引发全球市场剧烈动荡，“三驾马车”将推迟公布希腊经济评估报告。而在报告公布前，希腊无法获得下一步援助资金，希腊如何应对在此期间到期的债务，或是假定“三驾马车”最后评估未能通过下一轮救助计划希腊前景将会怎样，仍将是欧债危机的焦点之一。

（2）西班牙即将转向全面救助

尽管欧元区国家 2012 年 6 月同意以非常优惠的条件为西班牙银行业提供 1000 亿欧元的“有限”救助，但这丝毫未能扭转西班牙的紧张形势。10 月，西班牙有 240 亿欧元债务到期，而此时标准普尔又将西班牙两年期国债评级从 BBB + 下调两个等级至 BBB -，使西班牙国债遭遇市场抛售的风险大增，10 年期国债收益率再次攀升至 6% 左右，融资陷入困境。

从目前形势来看，西班牙转向全面救助只是时间问题。欧盟已经为此作好了准备：欧洲央行启动了“直接货币交易计划”（OMT），宣布在一定条件下无限量购买欧元区国家国债；拥有5000亿欧元贷款能力的欧元区永久性救助基金——欧洲金融稳定机制（ESM）也已全面启动；欧盟也在积极推动建立银行业联盟，为危机国家银行业纾困并稳定市场信心。但是，西班牙政府仍在犹豫：因为一旦接受救助，就意味着财政主权的沦丧，西班牙希望为自己争取到更好的条件。何时、以何种方式向欧盟提出全面救助，在西班牙政府确定之前仍将扰动国际金融市场。

2. 欧元区国家更加务实，拒绝欧元区解体

（1）推出各种政策工具，积极应对流动性风险

除已建立的更加广泛的美元互换体系外，欧洲央行推出了两期一万亿欧元的长期再融资操作（LTRO）；欧盟提前启动了ESM，再加上欧洲金融稳定基金（EFSF）杠杆化后的6000亿欧元，可以提供1.1万亿欧元的救助能力。同时，欧盟峰会还同意更加灵活使用欧洲稳定基金，包括直接向银行注资、购买努力削减赤字和债务国家的国债、向没有被纳入救助计划的国家开放等。

特别是9月5日，欧洲央行宣布了OMT，在二级市场无限量购买成员国国债，以压低成员国融资成本，不惜一切代价捍卫欧元和欧元区。虽然这一被称为“欧洲版扭曲操作”的救助计划附有严格的约束条件，但已经可以看到西班牙和意大利债务问题继续向其他国家蔓延的链条被切断的可能，至少可以为这两个国家赢得解决债务问题和国内结构问题的时间。

（2）不再过度强调紧缩，而是更加重视增长，务实处理财政整顿、结构性改革和经济增长关系

6月29日，欧盟27国领导人正式通过了“增长与就业契约”，以作为此前已经通过的旨在加强财政纪律的“财政契约”的补充，其核心是推出了1200亿欧元的“一揽子”经济刺激计划。这表明，欧盟各国领导人在坚持单个国家财政纪律的同时，开始考虑欧元区整体的经济增长，提供财政风险的分担机制。通过第三方资金，如欧洲投资银行（600亿欧元）、结构基金（550亿欧元）和发行项目债券（50亿欧元），支持中小企业发展以及年轻人就业，加强能源、交通与宽带等基础设施建设。

另外，原来坚持紧缩的国家和机构有所放松，不再过分强调以财政紧缩来恢复信心。德国仍坚持整顿计划，但最终批准了ESM和预算财政协定。法国

也从标准的紧缩政策转向更加重视增长，通过货币政策和财政政策等刺激经济增长。IMF 不再坚持苛刻援助条件，将开始对希腊援助计划相关条款可能做出的变动进行谈判。

（3）坚定经济结构改革，继续推进欧盟一体化进程

一是推进构建财政联盟的步伐。经过欧债危机的煎熬和洗礼，欧元区各国已经充分认识到欧元区结构上存在的深层次问题，并且达成了一个最基本共识，那就是要继续维系欧元区这个统一货币联盟的存在，就必须推进构建财政联盟的步伐。在欧元债券遭遇德国强烈反对而无法继续之后，建立中央预算的提议为欧元区探索财政联盟之路提供了一个新的方向，也带来了新的希望。尽管目前建立欧元区中央预算的方案尚无具体的措施，但该方案已经得到了德国和法国两大欧洲经济强国的支持。

二是推进欧洲银行业联盟的建立。9 月 12 日，欧盟委员会公布了欧洲央行对欧元区银行实施监管的计划，作为成立欧盟银行业联盟的首个措施。根据欧盟委员会设想，欧洲银行业联盟的建立将分三步走：首先，赋予欧洲央行对欧元区所有银行的监管权，欧元区以外的欧盟国家的银行可以自主选择是否加入这一监管体系；其次，由银行自己出资设立一个基金以应对可能出现的银行破产清算；最后，建立一个健全的存款保险机制，在银行破产或重组时保护欧元区储户利益。欧洲银行业联盟有助于切断主权国家与银行间的联系，从而部分解决当前债务和金融危机。

三 加强中欧合作，应对欧债风险

2012 年，欧债危机对我国经济也造成了较大的负面影响：一方面，我国对欧出口连续 7 个月呈负增长，1 ~9 月累计同比下降 5.6%，其中对德、法、意出口分别下降 8.7%、8.5% 和 26%；另一方面，因债务危机导致的经济增长停滞，引发了更多的贸易保护，目前中欧贸易摩擦已经由货物贸易领域扩展到服务贸易领域和知识产权、投资领域，欧盟发起多项针对我国的“双反”调查。为了更好地应对欧债危机，最大限度地降低其对我国的影响，建议我国采取以下措施加以应对。

第一，积极参与全球治理，适时适度对欧洲施以援手。由于欧债问题、国际金融体系改革、气候变化等全球性问题直接影响到我国的经济发展，积极参与全球治理，不仅可以维护我国的经济利益，而且还有利于提升我国在国际事务中的话语权和影响力。为此，我国一是应在欧洲各国财政改革取得重大进展时，通过 IMF 或者联合金砖国家等多边方式对欧洲进行援助；二是通过联合国、二十国集团等多边合作平台积极参与全球治理，增进与主要经济体在宏观经济政策方面的沟通与协调，减少政策外溢效应对我国经济可能造成的负面影响。

第二，鼓励加快对欧投资，以直接投资带动出口增长和提高技术竞争力。欧元区将政策重点从紧缩逐步转向增长，加上欧元区的实体经济仍具有强大的竞争力。我国应加快对外直接投资的开放力度，进一步在欧元区寻找机会。一是在推动国有企业加快走到欧洲的同时，鼓励民间资本加快对欧投资。二是以中国进出口贸易为中心，进行上下游的延伸和拓展，通过投资批发零售市场和港口、收购当地品牌等办法，使中国的进出口贸易进一步向销售延伸，并提高出口产品的附加值。三是通过在欧洲设立技术中心或设计中心，提高企业的技术水平，也可以购买一些国际知名品牌，从技术、设计和品牌等方面提高中国企业在海内外的竞争力。

第三，继续稳步推进本币互换，加大对出口贸易融资、出口信用保险等的支持力度。欧洲金融机构在贸易融资领域发挥着重要作用，但近期受欧债危机严重的影响，其提供的贸易融资比例大幅下降。欧洲银行为日本以外的亚洲国家提供贸易融资的比重，从 2011 年的 28.2% 下降到 2012 年前 5 个月的 5.8%，日本的银行弥补了部分欧洲银行退出带来的空白。但即便如此，也给亚洲的国际贸易带来不利影响。为此，可继续稳步推进本币互换，为贸易融资提供必要的流动性支持。同时，加大对出口贸易融资及出口信用保险的财政支持力度。

第四，战略性使用外汇储备，寻找双赢机会。将部分外汇储备加上配套人民币资金，设立专门的基金，加强与欧元区的国家、公司及个人合作，以资本投入、补贴等方式，购买欧洲的技术，引入欧洲的专业人才，提高对国内低碳产业的支持力度，加大对空气及水等环境治理力度。这既有利于缓解外汇储备的潜在风险，又可不扩大现有产能地刺激本国经济，同时在加强与欧洲环保合作的基础上，提高未来谈判的筹码。

G.21
2012年新兴市场经济体形势分析及2013年展望

程伟力*

摘　要：

受欧洲债务危机和2011年紧缩性货币政策影响，2012年新兴市场经济体经济放缓，对外贸易增速下降，但就业市场仍然得以改善，通胀压力有所下降。展望2013年，新兴市场经济体经济增速将略高于2012年，对外贸易有所好转，就业状况继续改善，通货膨胀虽有压力但依然可控。我国应加强与新兴市场经济体的合作和交流，同时积极防范资本大进大出的风险。

关键词：

新兴市场经济体　通货膨胀　就业　对外贸易

一　2012年新兴市场经济体经济形势分析

1. 新兴市场经济体增速普遍回落

受欧洲债务危机和2011年持续紧缩性货币政策影响，新兴市场经济体经济增速普遍回落。不过，由于新兴市场经济体发展空间较大，经济增速仍然超过发达国家。

受中国和印度经济增速回落影响，亚洲新兴市场经济体出现软着陆现象。2012年以来，印度制造业和矿业增长疲软，经济维持低速增长态势，第一季度经济增长5.3%，第二季度为5.5%，全年经济增长前景不容乐观。在此背

---

* 程伟力，国家信息中心经济预测部副研究员，研究方向为世界经济和计量经济学。

景下印度政府计划通过扩大港口、公路和电厂等基础设施的投资来刺激经济增长。越南信贷紧缩已使企业陷入困境，2012 年上半年，越南已有 26324 家企业解体或停止生产，致使企业还贷能力下降，银行系统坏账增加了 45.5%，受此影响，前三季度经济同比只增长了 4.7%。东盟其他国家情况与越南类似。

由于经历了 20 世纪 90 年代金融危机的洗礼，拉美新兴市场经济国家经济发展相对稳健。不过，2012 年拉美新兴市场经济体经济增速出现分化，作为拉美经济的“领头羊”，巴西失去了昔日的辉煌。受紧缩性货币政策和外需下降影响，2012 年上半年，巴西经济仅增长 0.6%。为应对全球经济不景气，确保巴西经济实现适度增长，2011 年 9 月至 2012 年 10 月，巴西央行已 10 次降息，同时不断推出其他经济刺激政策。秘鲁和智利由于产业结构相对合理，受欧洲债务危机影响较小，2012 年上半年，经济增速领先拉美新兴市场经济体，同比分别达到 5.8% 和 5.4%。阿根廷上半年经济增长 2.5%，增速放缓的主要原因是国内因素，包括农业遭遇旱灾以及对金融和外贸实施限制措施。

受地缘因素影响，欧洲新兴市场经济体受债务危机影响较重，增速普遍较低。以波兰为例，2012 年第二季度 GDP 仅增长 2.4%，低于预期的 2.9%，这是自 2009 年第三季度波兰经济增长 1.6% 以来的第二个低点，固定资产投资仅增长 1.9%，个人消费下降 0.2%，这些数据显示波兰经济出现下行信号。其他东欧国家经济基本面都弱于波兰，预计全年经济增速都在 2% 以下。

受益于石油价格上涨，独联体国家经济出现温和复苏。作为独联体最大国家，俄罗斯预测 2012 年全年可实现 3.7% 的增长，略低于 2011 年。石油出口国固定资产投资继续增加，受此影响，土库曼斯坦 2012 年经济增速将接近 8%。

2. 物价呈现先抑后扬趋势

2012 年上半年，新兴市场经济国家通货膨胀普遍下行，下半年则呈现上扬趋势，但仍低于往年水平。2012 年 9 月，印度批发物价指数在接近 8% 的高位运行，巴西消费者价格指数同比上涨 5.3%，俄罗斯同比通货膨胀率上升到 6.6%，为防范通胀，9 月 18 日俄罗斯央行决定自 2011 年 12 月以来将再融资利率和其他业务利率提高 0.25 个百分点。新兴市场经济体通货膨胀上升主要

有如下原因。

首先，极端天气导致粮食减产推动了物价上涨。多年来，印度坚持以城市为中心的发展战略，对农业投入不足，加上天气因素，导致粮食产量供不应求，农产品价格率先上涨。作为粮食出口大国之一，干旱导致俄罗斯 2012 年粮食大幅减产，价格随之上升。

其次，消费结构升级推动物价上涨。研究表明，发展中国家由低收入阶段向中等收入阶段转变时，消费结构相应地处于快速升级阶段，突出表现为直接用于消费的粮食数量停止增长或开始减少，但畜产品消费急剧增加，由此形成的粮食需求爆发性增长。

再次，美国量化宽松政策导致大宗商品价格反弹。巴西、俄罗斯等资源出口国家虽然受益于价格上涨，但在全球经济放缓、需求减少的背景下，价格上涨对资源出口的利好有限。另外，进口商品价格上涨反而会引发成本上涨，像印度这类高度依赖石油、粮食进口的国家，大宗商品价格上涨必然诱发物价上涨。

最后，国内宽松的货币政策也推动了通货膨胀。2012 年以来，为促进经济增长，大多数新兴市场经济国家纷纷采取了降息、下调存款准备金率等货币政策，在此背景下，由货币诱发的通货膨胀在所难免。

3. 部分国家就业形势好转

巴西六大城市的失业率 2012 年 8 月下降到 5.3%，创造有该项统计指标以来的同期历史最低水平。在经济增速放缓的背景下，巴西失业率下降主要是经济政策使然。自卢拉执政以来，巴西以加速经济增长和提高就业为目标制定经济和社会政策，其中一项重要的政策是“第一次就业计划”，该计划是为16 ~ 24 岁第一次就业的低学历青年人准备的，目前成绩说明政策的实施取得了较好效果。俄罗斯联邦统计局的数据显示，2012 年 8 月俄罗斯失业率下降到 5.2%，为有该项统计指标以来的最低水平，原因与巴西类似。

4. 贸易增速放缓但仍超发达国家

根据 IMF 最新预测，从出口来看，2012 年发达国家的出口增长率将从 2011 年的 5.3% 下降到 2.2%，下降 3.1 个百分点，增速下降一半有余；新兴市场和发展中国家则从2011年的6.5%下降到4.0%，降幅只有2.5个百分点。很明显，同发达国家相比，新兴市场经济和发展中国家出口增速下降幅度相对较小。从进口来看，与出口增速变化趋势大致相同。2012年发达国家进口增速从2011年4.4%下降到1.7%，而新兴市场和发展中国家进口增长率从2011年的8.8%略降至7.0%。

二　影响2013年新兴市场经济体发展的因素及趋势分析

1. 影响2013年新兴市场经济体发展的有利因素

其一，新兴市场经济体经济仍然处于上升期。经济增长理论表明，资本积累、人口增长、技术及管理水平的提高是影响经济增长的基本要素，相对于发达国家，新兴市场国家在每一项发展要素提高上都具有明显的比较优势。首先，由于基础薄弱，资本积累速度远远超过发达国家；其次，发达国家的成熟技术和管理经验转移到新兴市场国家仍然表现为技术进步和管理水平的提高；再次，人口优势明显高于发达国家，只要通过教育将人口优势转化为劳动力优势，经济增长便具有较大潜力；最后，新兴市场原有制度不够成熟，制度变迁同样会促进经济增长。

其二，从金融市场和实体经济来看，新兴市场经济体发展前景比较乐观。在金融方面，20世纪拉美及东亚金融危机给予这些地区的国家以深刻的教训，因此，面对当前的国际金融危机，亚洲及拉美新兴市场经济国家普遍采取了稳健的经营模式，将大多数金融资源投资于实体经济，购买欧美债券的数量微乎其微，金融体系受国际金融危机直接冲击相对较小。

其三，从实体经济来看，多年的国际产业转移促进了新兴市场经济国家的出口，在世界经济复苏的情况下出口部门会率先繁荣，经常项目也积累了大量盈余，未来经常项目盈余将继续增长，这为新兴市场经济体自身发展和对外投资提供了资金。

其四，从政策方面看，各国都在采取有效措施在促进经济增长的同时防范

通货膨胀。比如，在“十二五”规划（2012～2017 年）中，印度政府把发展的重点放在产品及服务的供给方面，在防范通胀的同时满足未来 5～10 年经济快速增长的需求。

其五，新兴市场国家还有很大的政策空间。尽管巴西连续 10 次降息但至今仍保持较高利率，货币政策还有很大空间。另外，新兴市场经济国家财政赤字率相对较低，财政政策也有一定余地。

2. 影响 2013 年新兴市场经济体发展的不利因素

当然，新兴市场经济体在发展过程中不可避免地面临一些不利因素，主要有如下几个方面。

首先，银行业系统性风险正在上升。2012 年第二季度，印度央行对 100 家银行的调查结果显示，“银行坏账已经对印度金融系统构成了最大风险”；8 月，穆迪下调了越南最大私营银行亚洲商业银行的评级，越南银行业的总坏账率已经从 2008 年的 3% 攀升至 10%；9 月上旬，巴西央行下令关闭两家银行，其中 Cruzeiro do Sul 是 2005 年以来最大银行破产案。银行业风险上升的主要原因有三个：一是经济增速放缓导致企业效益下滑，信贷风险逐步暴露；二是 2011 年各国央行为抑制高通胀、回收危机期间的流动性，不断采取紧缩性货币政策，进一步加速了不良贷款的形成；三是国际资本大规模流动进一步放大了银行风险。金融危机前，高利率吸引国外资本流入新兴市场国家银行，为信贷激增提供了基础，导致银行过度承担风险，但 2011 年底以来，新兴经济体外资流入放缓，甚至多次出现短期逆流现象，使得银行资本不足的长期隐患开始暴露。

其次，发达国家贸易保护制约新兴市场经济体经济增长。受经济增长放缓和失业率居高不下等因素影响，发达国家针对发展中国家的贸易保护有不断加强的趋势，这必将影响以出口为导向的新兴市场经济体的经济增长。

最后，新兴市场经济体不可能完全同发达国家脱钩。尽管新兴市场经济国家内需相对旺盛，但 2012 年的经济现实说明它们不可能完全与发达国家脱钩，发达国家经济低迷不可避免地影响其经济增长。

3. 2013 年新兴市场发展趋势分析

展望 2013 年，新兴市场经济体仍将继续引领世界经济增长，通货膨胀压

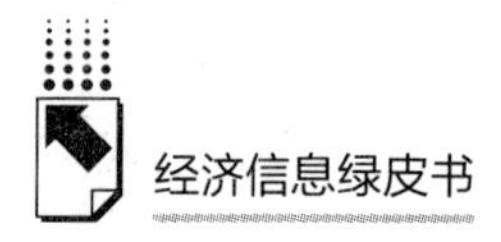

力虽大但在供给政策的影响之下仍然是可控的，就业形势将继续好转，对外贸易有所改善。预计中、印两国全年经济增长都将超过7%，在其带动下亚洲新兴市场经济体将继续拉动亚洲和世界经济的增长。拉美新兴市场经济体作为粮仓和矿产地，将继续从出口中受益，巴西、秘鲁、哥伦比亚和智利等国2013年经济增长将保持在4%左右。预计俄罗斯2013年经济增长4%，在其带动下独联体国家2013年增长也将在4%左右。欧洲新兴市场也将逐步摆脱债务危机的阴影，2013年增速将在3%左右。

三　加强与新兴市场经济国家合作的建议

由于我国同其他新兴市场国家在经济方面存在较强的互补性，相互影响越来越大，随着世界经济格局的变化，这种趋势在未来将不断加强。我国应顺应这一历史潮流，加强与新兴市场经济国家的合作和交流。

（1）积极参加新兴市场经济体基础设施建设，继续扩大贸易往来。基础设施落后是制约大多数新兴市场经济国家经济发展的瓶颈之一，加快基础设施建设是其经济起飞的必要条件，但欧美国家不愿也无力涉足这一领域。我国目前处于基础设施建设的高峰期，具有显著的比较优势。同时，基础设施建设有利于我国重工业产品、工程与交通运输设备以及劳务的输出，对化解我国产能过剩、缓解就业压力和稳定出口具有重要意义。

（2）积极探索经济增速下降情况下的就业增长模式。2012年巴西和俄罗斯等国在经济增速回落的情况下失业率却创历史新低，说明增加就业不一定依赖经济高速增长。未来我国经济增速将低于过去十年，因而应借鉴国际经验，探索经济增速下降情况下的就业增长模式，促进经济和社会的和谐发展。

（3）加强外债尤其是短期外债的监管，防范国际资本大进大出。外债是影响新兴市场经济体金融市场稳定的重要因素，截至2012年6月底，我国外债余额约4500亿美元，其中长期外债余额为1000亿美元，占外债余额的22%；短期外债余额约3500亿美元，占外债余额的78%。尽管我国是第一大外汇储备国，但数千亿美元的外债如果要求在短期内偿还的话，同样对我国外

汇管理体系造成巨大冲击。因而 2013 年应进一步加大监管力度。一方面在当前我国国内资金充裕的情况下尽可能降低外债规模；另一方面要加强对短期外债的监管，防止国际热钱以债务形式大规模地流入流出。

参考文献

IMF：《世界经济展望》，2012 年 10 月。

IMF：《全球金融稳定报告》，2012 年 10 月。

G.22

2012年日本经济形势分析及2013年展望

张　鹏*

摘　要：

在灾后重建需求的拉动下，日本经济在2012年保持了增长，但受世界经济增长趋缓的影响，日本经济呈现“前高后低”的特点，增速逐步回落。日本政府负债规模巨大，已无力实行大规模的财政刺激措施，因此2012年里主要依靠量化宽松的货币政策抑制通缩和缓解日元升值。依据目前经济运行情况判断，预计2012年日本GDP增速在1.5%~2.0%。展望2013年，日本经济将继续缓慢增长，增速低于2012年。

关键词：

日本经济　重建需求　政府债务　老龄化

一　2012年经济运行的基本特点

（一）“重建需求”拉动经济保持增长

2012年上半年，日本经济在发达经济体中属于表现较好的一类（见图1），之所以具有外向型经济特征的日本经济能够在外需疲软的大环境下保持增长，主要是受到大地震后“重建需求”的拉动。

第一季度，内需对日本经济增长发挥了主要作用，对当季GDP增长贡

---

* 张鹏，博士研究生，国家信息中心经济预测部仿真政策研究室副主任，副研究员，主要研究数量经济、世界经济和宏观经济。

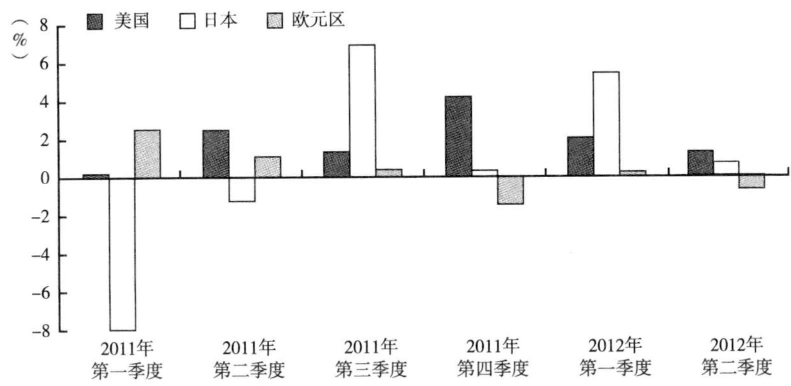

图 1　美、日、欧 GDP 增速比较（环比折年率）

资料来源：Wind 资讯。

献了 1.2 个百分点。随着震后重建项目逐渐展开，第一季度公共需求增长 1.5%，拉动 GDP 增长 0.4 个百分点。受益于汽车销售、旅游、餐饮业的景气，当季个人消费增长 1.1%，也是拉动经济增长的重要因素。在外贸方面，汽车等产品出口的强劲反弹拉动第一季度出口环比增加 3.4%。进口方面，因液化天然气等发电用燃料需求持续增加，当季日本进口增加 2.2%。

虽然第一季度日本经济增速较快，但是第二季度出现较大回落，GDP 环比增速降至 0.2%。第二季度拉动经济增长的主要动力来自投资，其中公共投资环比增长 1.8%，企业设备投资增长 1.4%（见表 1）。公共投资增长与在地震中受到重创的福岛县、宫城县以及岩手县的清理和净化活动有关，而企业投资增长也与重建需求有密切的关联。

（二）持续的贸易逆差拖累经济增速回落

出口是拉动日本经济增长的长期动力，但遭遇地震与海啸重创后，日本关闭了几乎所有的核电站，不得不增加化石能源进口以增加火电供应，这造成日本外贸形势的恶化。在 2011 年 4 月到 2012 年 3 月的财政年度里，日本创下 4.41 兆日元（540 亿美元）的历史上最大的贸易逆差（见图 2）。

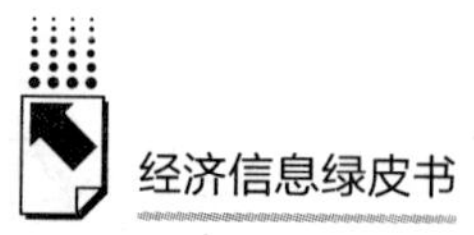

表1　日本经济增长率（环比）

单位：%

指　　标	2011 年	2012 年	
		第一季度	第二季度
国内生产总值(GDP)	-0.8	1.3	0.2
国内需求	0.1	1.1	0.2
民间需求	-0.1	1.0	0.2
民间消费	0.1	1.2	0.1
住宅投资	5.7	-1.6	0.9
企业投资	1.3	-1.6	1.4
公共需求	1.0	1.5	0.5
政府消费	2.0	1.1	0.2
政府投资	-3.5	3.6	1.8
货物和服务出口	-0.1	3.4	1.2
货物和服务进口	6.5	2.2	1.6

资料来源：日本内阁府经济社会综合研究所。

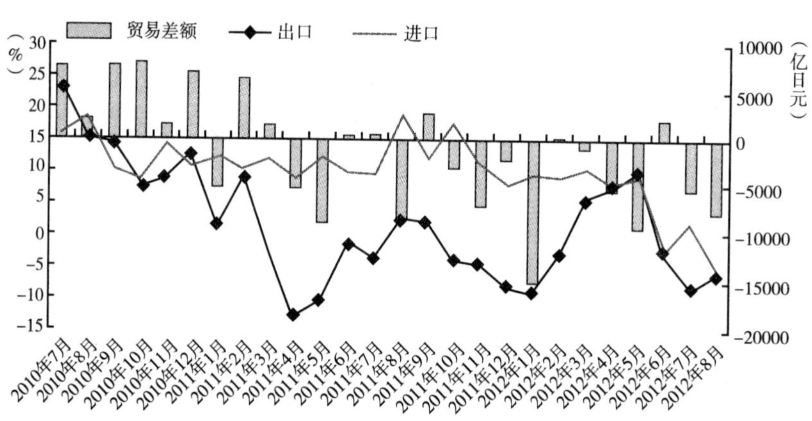

图2　日本进出口增速和贸易差额

资料来源：日本统计局。

2012 年前 9 个月中，除了 2 月和 6 月出现小幅顺差外，其他 7 个月日本外贸均为逆差。

2012 年世界经济呈现“先高后低”的格局，第一季度各国经济相对较好，但第二季度后经济增长明显减速。与此对应，日本进出口形势在 2012 年前几

个月较好，但 5 月后，进出口均大幅下挫。从产品上看，船舶、钢铁等商品出口下滑明显，而原油、非铁金属、煤炭等进口减少明显。

从国别上看，对美国的出口保持了较高增速，前 8 个月增长了 17.3%，但同期对欧盟和中国的出口却分别下降 13% 和 9%，这在一定程度上反映了当前的世界经济形势，即美国的消费需求正在逐步复苏，欧洲在债务危机的泥潭中经济停滞，中国经济仍在逐步探底。日本对中国的出口下降一方面与中国经济减速有关，另一方面也与钓鱼岛领土争端有关。2012 年前三季度中日双边贸易总值已经下降 1.8%，明显受到中日争端的较大影响。

（三）通货紧缩依旧

日本通货紧缩的局面没有根本改变。2012 年 1 ~5 月，由于汽油、电费和公用事业费涨价的影响，日本 CPI 连续 5 个月保持同比正增长。但随着出口和工业生产受到外需下降的拖累，6 ~8 月日本 CPI 又重新同比下降（见图 3）。

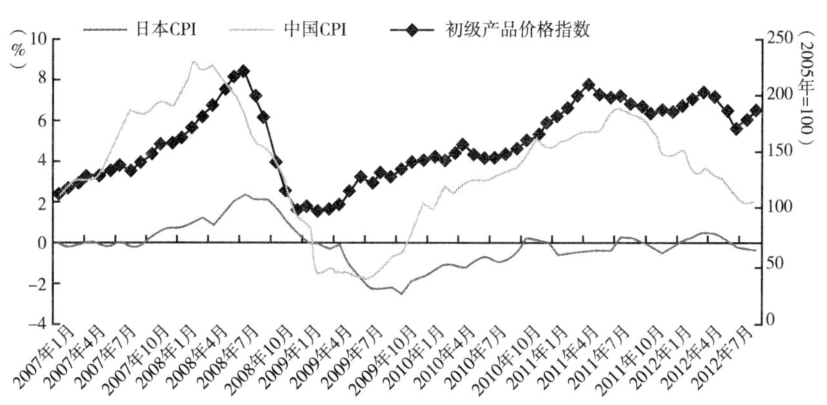

图 3　世界初级产品价格指数及中国、日本 CPI

注：世界初级产品价格指数 2005 = 100。

资料来源：世界银行、Wind 资讯。

全球化条件下，各国物价变化受国际市场的影响极大，具有同步特征。2008 年雷曼兄弟银行的倒闭诱发了世界经济的一波急剧下滑，但在各国政府的强力政策刺激下世界经济出现了一轮急速反弹，即所谓的“雷曼后复苏”（Post-Lehman Recovery）。在这期间初级产品价格大幅上升，诱发各国物价水平大涨。但是，不同于中国、美国等国，日本的物价水平在2010年和2011年这段全球通胀水平较高的时期没有恢复正增长。目前，世界经济再次陷入停滞，初级产品价格上涨的动力减弱，这意味着日本通货紧缩的局面更难以改变。

（四）日元升值压力依然较大

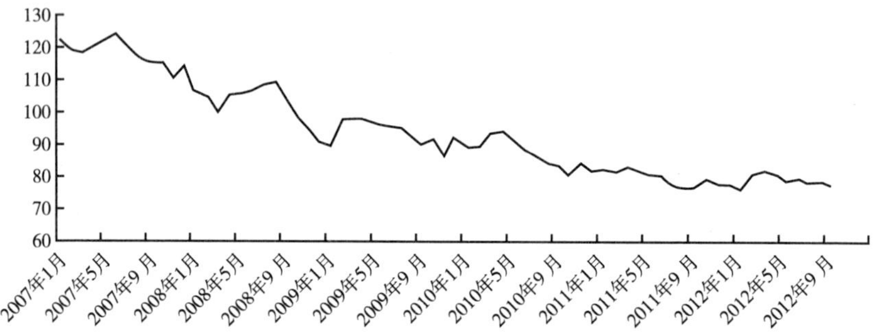

图4　美元对日元汇率

资料来源：Wind资讯。

由于欧债危机不断发酵，日元资产成为国际金融市场上的避险资产。截至2012年中，境外投资者持有的日本国债升至创纪录的近1万亿美元，显示在欧洲债务危机未现缓解迹象之际投资者依旧偏好安全资产。雷曼破产引发国际金融危机后，海外投资者为套现一度抛出日本国债，但欧债危机发生后，转而认为日本的国债相对安全并再次积极买进。欧债危机波折不断，美国经济复苏缓慢，投资者对世界经济信心的脆弱，日债的投资洼地态势凸显了出来。

从2008年以来的经验看，债券收益率是评估投资者对债券安全性信心的有效指标。2012年上半年，日本国债收益率跌至0.79%，创下了9年来的新低，而与此同时，被认为是避险优势明显的美国长期国债，收益率一直在1.6%左右徘徊。对比之下，显示出市场对日债更加青睐。

资金流入推动日元升值，对日本出口极为不利。由于日元升值对出口企业的压力较大，日本经济界纷纷要求政府和央行采取干预汇市等积极措施扭转日元升值趋势。但日本政府在2012年里的几次出手干预日元，效果均不佳。

二　日本经济政策分析

2012 年，日本经济在震后重建的拉动下保持了增长，但外需疲软传导到国内，造成民间消费和投资不振，要求政府实行刺激性经济政策以稳定经济形势。可是，自 2000 年以来日本持续使用“定量宽松”政策以求经济走出通缩和停滞的困境，但依然没能在一个“失去的十年”之后摆脱另一个“失去的十年”。不仅如此，扩张性政策的负面作用是造成债务负担沉重。IMF 预计，2012 年日本政府债务总额将增加至其 GDP 的 237%，这一比例甚至高于希腊 198% 和意大利 126% 的水平，在发达经济体中居首。高负债大大限制了日本的经济政策空间。因此，2012 年日本刺激性经济政策的力度不大，并以货币政策为主。

2012 年日本货币政策的特点是：紧随美联储在货币政策上被动加码。2012 年初，鉴于美联储提出超低利率政策将至少维持到 2014 年底和 2% 的长期物价增长率目标，日本央行也相应提出“1% 左右、2% 以下的长期物价增长率目标”，并将用于购买国债等金融资产的基金额度从 55 万亿日元提高到 65 万亿日元以支持经济增长。

至 4 月，由于日本经济环境日益严峻，日本央行决定实行新一轮量化宽松（QE）以推动经济复苏。日本央行扩大资产购买计划（The Asset Purchase Program）规模至 10 万亿日元，并将资产购买计划的到期时间延长 6 个月。日本央行之所以加大了资产购买的规模，很大程度上是借鉴了美联储的经验。但对比美国，日本的量化宽松力度显然不够。例如，尽管日本央行此次扩大了资产购买的规模，但它的购买速度并未加快。按照日本央行公布的时间表，它将首先在 2012 年底前增加 5 万亿日元，余下的 5 万亿日元将在 2013 年底前投放。

从实际执行情况来看，日本 4 月的新 QE 政策没有产生明显效果。日本国内的企业和个人仍在削减开支，加强还贷，以使负债最小化，而银行贷款欲望也不高。以银行主导的辛迪加集团在缩减信贷的情况下购买国债，只是把金融系统中过剩的流动性基本凝结到国债里。因此，日本实体经济的货币供应量并没有实质性的增加。

9月初，欧洲央行启动直接货币交易计划（OMP），在二级市场无限量购买成员国国债，以压低成员国融资成本。紧接着，美联储宣布无限量、无限期的QE3（第三次量化宽松）计划，每月至少购买400亿美元的抵押贷款支持证券（MBS）。面对欧洲、美国货币当局大规模增发货币的举动，为了维持日元汇率稳定，日本央行宣布增加国债购买规模5万亿日元，增加贴现国库券5万亿日元，并维持0～0.1%的超低利率不变。同时日本央行取消在资产购买计划项目下购买日本国债利率0.1%的最低限，实际上不再设定日本国债的最低收益率。

三　2013年展望

预计2012年日本GDP增速在1.5%～2.0%。展望2013年，世界经济将继续呈现“弱增长”局面。发达国家需求不旺必然制约日本经济增长，加之钓鱼岛问题导致日本最大贸易伙伴——中国对日本商品的需求减少，预计出口对日本经济的拉动不大。在内需方面，灾后重建需求对GDP的贡献将逐步递减，而日本政府受制于债务负担，无法大规模增加公共支出，这意味着内需增长潜力较小。因此，预计2013年日本经济增速较2012年有所下降，在1.5%左右。

下面从贸易、财政和长期经济增长潜力方面分析日本经济走势。

1. 对外贸易将拖累经济增长

预计2013年日本贸易逆差将持续下去，主要原因有以下三点。

第一，世界经济增长继续疲软。2013年欧元区预计仍将处于衰退期。美国经济虽然将延续复苏，但劳动市场至今未根本改善，高失业将继续抑制消费需求。由于中国需求不会很快恢复，预计俄罗斯、巴西等资源密集型国家的经济形势在2013年不会明显改善。这些因素都将拖累世界经济和国际贸易的增长。

第二，能源进口仍将居高不下。由于日本社会对核电发展缺乏统一认识，因此核电站大都无法正常运行，使日本对能源进口的依赖越来越严重。2013

年，美国 QE3 和欧洲的 OMP 将使金融市场货币泛滥，必然导致大宗商品价格居高不下，这会使日本进口保持在较高水平。高进口和低出口的结果仍将是贸易逆差。

第三，中日贸易受领土争端严重影响。目前中国是日本最大的贸易伙伴、出口市场和进口来源国。据日方统计，2011 年中日贸易总额、对华出口和进口三者皆创历史最高水平，分别增长 14.3%，20% 和 8.3%。但在 2012 年前 8 个月，中日双边贸易下降 1.4%。目前日本经济对中国经济的依赖程度很高，如果 2013 年中日关系仍受钓鱼岛争端的影响，则日本出口企业将遭受更多损失。

2. 高负债限制财政政策空间

2012 年 8 月日本政府通过了 2013 财政年度的财政预算准则，宣布将把不包括偿债的政府支出维持在 2012 年 71 万亿日元的水平，新借贷总额将控制在 44 万亿日元以内。经济合作与发展组织（OECD）估计，日本 2013 年财政赤字将为 GDP 的 9%。

自 20 世纪 90 年代以来，日本经济极度依赖政府支出，造成日本政府的债务负担日益加重。目前，尽管利率极低，日本仍需要用一半税收来支付国债利息。由于赤字过高，预计 2012 财年（2012 年 4 月 ~ 2013 年 3 月）日本政府的借债规模将超过税收总额。

但是，金融市场上并未出现日债违约的信号，10 年期日本国债收益率仅为 1% 左右，世界上只有瑞士比日本更低。这确实有令人费解的地方。那么，为什么投资者没有对日本国债产生违约的担忧呢？原因主要有以下两点：首先，日本国民保持了数十年的高储蓄率，使日本政府能够轻松地在国内为赤字融资，从而维持银行体系和停滞的日本经济的运转。绝大部分日本国债由其本国银行、养老基金、保险公司和庞大的邮政储蓄系统持有，外国投资者持有的比例微乎其微。这与处于债务危机中的欧美国家有很大区别。其次，凭借以前数十年庞大的贸易盈余，日本已经购买了价值数万亿美元的海外资产，这些资产将带来持续回报，可以维持日本家庭和企业资产负债表的平衡。

但是，持续的扩张性支出和老龄化问题正在推动日本走向债务灾难。按照 200% 的国债 - GDP 比率和 1% 的平均利率计算，仅国债利息每年就消耗了日本名义 GDP 的 2%。而自 1991 年以来，绝大多数年份日本的名义 GDP 增速均低于 2%。这意味着，除非日本 GDP 增速大幅上升，否则仅国债利息就会推动国债 - GDP 比率无休止地上升。

目前，老龄化、房价下跌和经济停滞已经使日本庞大的居民储蓄存量开始萎缩，而控制这些储蓄的日本金融机构一直是日本国债的主要买家。未来面对现金的净流出，这些机构会停止购买国债，甚至出售国债，必会引发日本财政崩溃。

2013 年预计日本实际 GDP 增速能接近 1.5%，而价格水平继续下跌，意味着名义 GDP 增速将在 1% 以下，除非日本进行重大财政改革，否则其国债 - GDP 比率将继续攀升。

3. 消费税将成为 2013 年财政政策的焦点

日本政府计划在 2014 年 4 月和 2015 年 10 月将现行 5% 的消费税率陆续提高至 8% 和 10%。据官方预测，一旦消费税率提高至 10% 后，日本中央和地方政府每年能增加消费税收入 13.5 万亿日元，极大缓解财政压力。

但是提高消费税在 2013 年面临诸多难题。这是因为以提高消费税为核心的社会保障税一体改革相关法案在日本议会通过时造成了民主党分裂。虽然野田政府通过向自民党、公明党妥协换取了法案通过，但同时也留下诸多亟待解决的问题。特别是从目前野田内阁和民主党的支持率来看，一旦举行大选，持续了 3 年的民主党政权将会崩溃，野田也将被迫下台，而自民党则有望通过新一轮大选重新上台。未来一旦自民党党首安倍晋三当选首相，则消费税问题会再次引发政治动荡。未来消费税能否顺利实行还存在诸多难题。

首先，日本政府必须为提高消费税创造适宜的经济环境。提高消费税是一种无奈的选择，原因是日本政府已经难以承受国债负担。目前，每年超过一半的政府预算靠发行国债，如此下去，日本将面临国家破产的局面。为了重建财政，提高消费税不可避免，但提高到 10% 远远不够，按日本政府估算，到 2020 年，每年仍有 16 万亿日元的财政赤字，难以达到重建财政的目标。为此，有必要把消费税提高到 16%。但目前的问题是，由于提高消费税，造成物价上涨，人们控制消费，有可能造成经济恶化，日本经济复苏有夭折的危险。

其次，提高消费税对低收入家庭会造成严重影响。日本厚生劳动省公布的“国民生活基础调查”显示，2010 年每户家庭平均收入为 538 万日元（约合人民币 43 万元），较上年减少 13.2 万日元，已降至 1988 年同等水平，较 1994 年最高时的 664 万日元减少了 126 万日元。收入减少主要是因为就业环境恶化及非正式员工增多。调查发现，感到生活艰苦的家庭比例高达 61.5%，创下 1986 年开始调查以来的最高纪录。另据日本大和综合研究所推算，年收入 300 万日元的家庭每年因提高消费税等将多支出 24.96 万日元，这对生活日益窘迫的日本家庭来说是雪上加霜。

最后，提高消费税对中小企业打击沉重。提高消费税会使中小企业进口原材料价格上涨 3 ~5 个百分点，这对利润有限的中小企业来说不是一个小数字。由于日本电力紧张，日本政府已同意东京电力公司提高家庭电价 8.47%、企业电价 14%。目前日本中小企业已经不堪重负，不断上升的电价和消费税将使中小企业受到双重打击。因此，如何保护处于弱势地位的中小企业是政府需要解决的难题。

4. 劳动力减少降低了经济潜在增长率

老龄化是日本经济增长停滞的重要原因。老龄化的出现是由于进入工业化社会后，日本人口生育率降低，而人口寿命大大提高。1970 年日本的粗出生率为 18.7‰，而到了 2010 年已经下降到 8.5‰，在 40 年间下降了 1 个百分点。2007 年之后，由于出生率低于死亡率，日本总人口开始持续减少，目前每年大约减少 1‰的人口。在出生率下降的同时，日本人均寿命在不断提高。目前，日本人口的预期寿命为 82.9 岁，高于美国的 78.2 岁、英国的 80.4 岁、德国的 80.0 岁，在全球居于前列。老年人的寿命不断提高，而新生儿数量不断减少，出现老龄化也就在所难免了。

从图 5 可以看出，比较美国和德国等发达国家，日本老龄化问题更为严重，不仅老龄化速度前所未有，而且老龄化比例也高于其他国家。

但是，老龄化问题并非日本所特有，之所以老龄化问题特别困扰日本经济，不仅和日本老年人数量增长快有关，还和日本的劳动力市场结构有关。女性劳动参与率低和严格的移民政策使日本无法像其他发达国家那样增加劳动力供给。日本女性在结婚后大都辞职在家相夫教子，并没有受西方社会女权运动

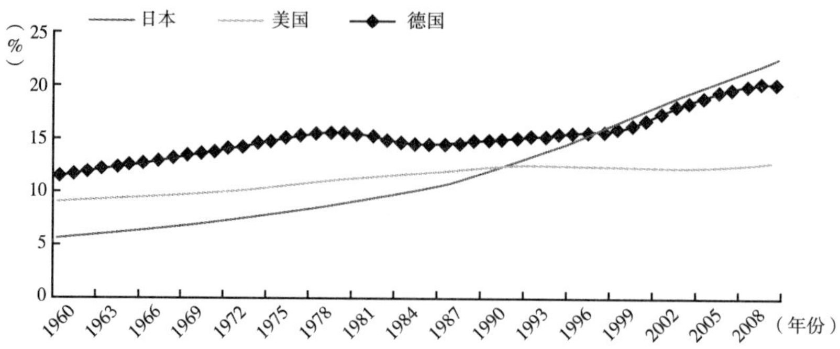

图5　日本、美国、德国65岁以上人口占总人口的比例

的影响，因此，在过去30年的时间里女性劳动参与率基本保持在50%的水平没有很大改变（见图6）。

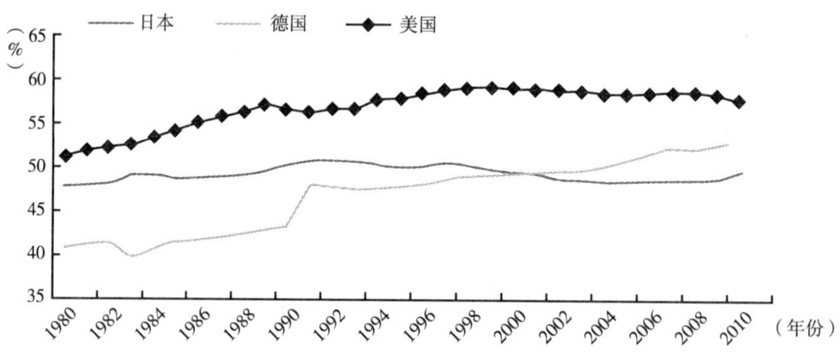

图6　日本女性劳动参与率

日本还严格限制外国移民数量，不像欧美国家那样向外来移民敞开大门，这限制了日本青年劳动力数量的增长。

除此之外，劳动力市场的僵化也是日本面临的严重问题。在日本经济繁荣阶段，日本劳动力工作时间呈上升趋势，但在经济陷入停滞后日本劳动力工作时间持续下降，目前日本就业者每周平均工作时间已经比20世纪90年代最高点减少了3.5个小时。工作时间的减少说明，在经济不景气的情况下企业并没有通过裁员提高效率，而是依然坚持终身雇佣制度。这就造成日本一方面劳动力短缺，另一方面企业存在大量冗员，效率低下。

产业发展篇

Industrial Development

G.23 2012年工业运行分析及2013年展望

陈 强 魏琪嘉*

摘 要：

2012年以来，受成本上升、外需疲弱的影响，我国工业面临较大的下行压力，主要经济指标总体上呈减速运行态势，至今仍未出现明显的企稳回升信号。伴随着工业景气的下降，部分行业产能过剩更加明显，“三角债”问题开始浮出水面，部分外向型制造业出现向发达国家回巢和向其他发展中国家转移的趋势，我国工业遭遇到前所未有的挑战。2013年，随着欧债危机的舒缓以及国内稳增长政策的落实，我国工业经济运行的宏观环境将较2012年有所好转，工业增长将出现一定转机。加快去库存、去产能进度，促进结构转型升级，将成为工业的政策主线。

* 陈强，中国人民大学经济学硕士，国家信息中心经济预测部高级经济师，从事宏观经济趋势、产业经济研究。魏琪嘉，英国巴斯大学博士，从事产业政策、货币政策模型研究。

关键词：

工业　运行分析　展望

一　2012年工业运行形势及特征

在全球经济放缓、欧洲债务危机仍未有效解决的背景下，我国工业经济总体上延续了2011年下半年以来的放缓趋势，并呈现出明显的结构调整特征。2012年1~9月，规模以上企业工业增加值累计同比增长10%，增幅逐月降低。下滑趋势由重工业向轻工业、由中游行业向上游行业和下游行业扩散，工业对国民经济的拉动作用减弱，并呈现出以下四个结构性特点。

1. 轻重工业同时减速，重化工业遭遇增长瓶颈

目前，投资仍是拉动我国经济增长的主要力量，重工业增长的快慢直接决定整个工业的基本走向。1~9月，重工业增加值累计同比增长9.7%，轻工业累计同比增长10.4%，重工业增幅持续明显小于轻工业，但差距趋于缩小（见图1）。从2003年以来，我国重工业增速始终快于轻工业，2012年出现慢于轻工业的情况，说明我国投资消费结构发生了重大变化，反映了结构调整取得进展。

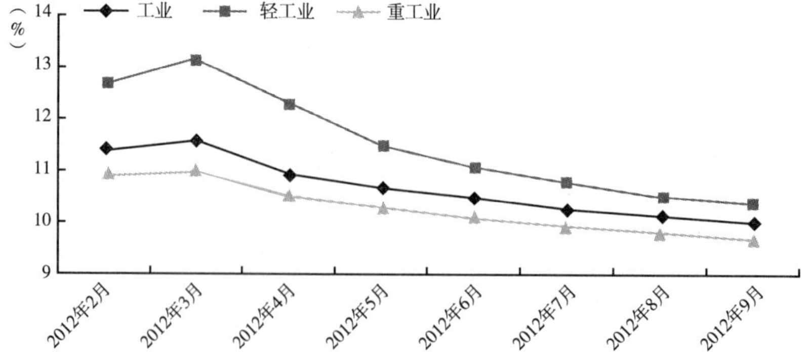

图1　工业增加值累计同比对照

注：本文图表如无标注，数据来源均为Wind资讯。

2. 欧债危机影响工业品出口，外需型工业进入“寒冬”

随着我国全球制造大国地位的形成，工业扩张的产能有很大一部分是针对国际市场需求的，国际经济形势的变化会左右我国工业运行速度的快慢，特别是西方经济的二次探底，对我国出口产生明显影响，“一枝独秀”的光景已成为过去。数据显示，我国新出口订单指数由 4 月的 52. 2 逐月回落，截至 9 月，新出口订单指数为 48. 8。工业新订单指数从 4 月的 54. 5 逐月回落到 9 月的 49. 8（见图 2）。在全球经济难以明显好转的情况下，我国工业近期很难走出持续调整的趋势，去产能、去库存的周期还要持续一段时间。

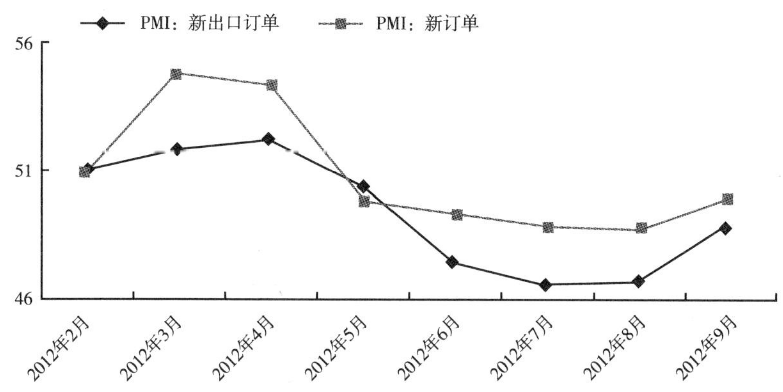

图 2　2012 年新出口订单指数和总的新订单指数对比

3. 上游原材料工业与宏观经济同步下行，下游消费品行业相对稳定

我国历次工业调整基本上是按照由上游行业向中游行业再向下游行业的链条传递的。而本次调整已从上游行业影响到中游行业，但下游行业目前仍然表现出较强的抗周期性。统计数据显示，上游原材料行业增速下滑幅度明显大于消费品行业的增速下滑幅度。这说明，目前工业的调整还没有结束，工业运行仍然存在下行的可能性。

4. 西部地区工业投资增长较快，产业转移步伐加快

引导劳动密集型、资源密集型产业有序向中西部转移，一直是我国产业政策调整的方向。受金融危机以及东部沿海地区劳动力成本上升的影响，2012 年以来我国产业转移的推进速度明显加快。国家统计局数据显示，1 ~ 9 月，东部地区累计投资额达121764亿元，同比增长18.4%，累计增速比1~8月回落0.2个百分点；西部地区投资累计61715亿元，同比增长24.1%。东部地区的固定资产投资增速明显低于西部地区，这一方面说明东部沿海地区正在经历痛苦的产业调整，另一方面也说明区域间产业转移正在加快。

二　主要工业行业运行情况

在工业增速下降的情况下，大部分行业的增长速度也出现同步下降。在39个行业中，1~9月工业增加值同比增速上升的只有18个，而下降的多达21个，其中，与投资高度相关的原材料工业、装备制造工业下降最为明显。

1. 原材料工业

受基础设施和房地产投资萎缩等因素影响，包括钢铁、有色、建材和化工在内的原材料工业生产形势低迷，部分行业处在整体性亏损边缘。从生产情况看，原材料工业增速呈下滑趋势，反映了产能过剩对原材料行业的影响。其中，钢铁行业受到房地产调控政策影响，前三个季度平均增速约为8%，远远低于2011年的水平；化学工业受需求和价格下跌因素影响，生产增长明显放缓（见图3）。

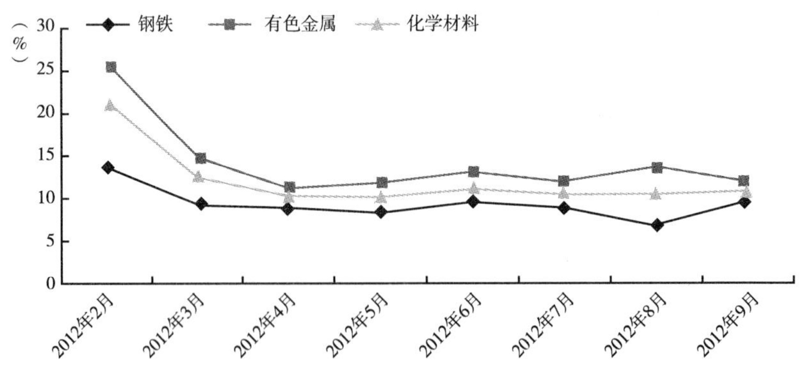

图3　2012年2~9月主要原材料行业工业增加值增长速度

从利润情况看，原材料行业利润累计同比增速为负，呈现“降”字当头的特点。受市场需求和出口增速减缓的影响，2012年7月钢铁行业、有色金

属行业、化学原料行业利润总额同比分别下降 60.77%、26.10% 和 21.30%，三大行业经济效益都跌至近 5 年来的新低。

表 1　2012 年 2～8 月主要原材料行业利润总额增速

单位：%

时　间	化学原料	钢　铁	有色金属
2012 年 2 月	-28.79	-94.02	-12.25
2012 年 3 月	-23.09	-83.46	-12.39
2012 年 4 月	-24.44	-56.98	-20.12
2012 年 5 月	-23.02	-56.90	-19.31
2012 年 6 月	-22.48	-56.45	-21.36
2012 年 7 月	-21.30	-60.77	-26.10
2012 年 8 月	-20.20	-67.40	-29.00

2. 装备制造业

生产增速均比上年同期有不同程度的下降，其中以交通运输设备制造业增速下降的幅度最大。该行业向来是工业经济的“晴雨表”，该行业增速大幅减慢反映出工业增速下行的严重性。

从利润情况看，通用设备、专用设备、交通运输、电气机械行业规模以上企业利润和总体利润均呈下降势头（见图 4、表 2），反映当前装备制造业的盈利能力受到挑战。

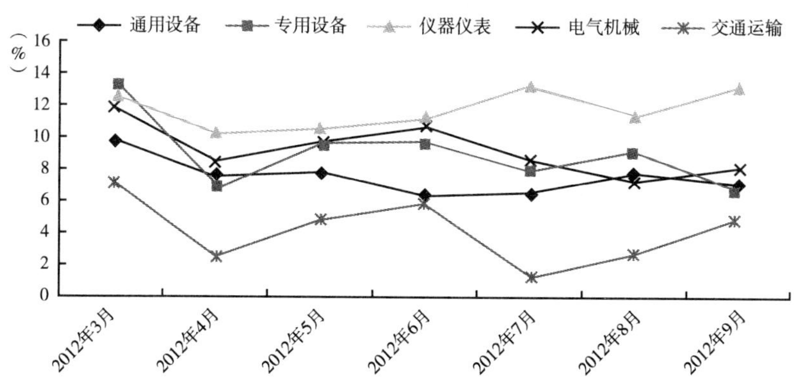

图 4　2012 年 3～9 月主要装备制造业工业增加值增长速度

表 2　2011 年 12 月～2012 年 8 月主要装备制造业利润增长速度

单位：%

时　间	通用设备	专用设备	交通运输	电气机械	仪器仪表
2011 年 12 月	28.96	25.62	17.30	14.52	18.15
2012 年 2 月	-4.61	3.49	-7.54	-3.45	-18.71
2012 年 3 月	-0.49	3.58	-5.99	-2.45	-3.53
2012 年 4 月	-2.40	-1.24	-13.36	-5.17	4.85
2012 年 5 月	-2.69	-0.61	-18.69	-2.32	5.21
2012 年 6 月	-0.61	-2.00	-13.74	-1.54	8.68
2012 年 7 月	-0.93	-1.32	-16.69	1.04	8.35
2012 年 8 月	-2.00	-1.60	—	1.40	—

3. 消费品工业

从生产情况看，主要消费品工业的情况相对好于其他行业，内需拉动作用较为明显。截至 9 月，纺织业、食品制造业和饮料制造业、医药制造业工业增加值增速分别为 10.1%、10.4%、12.7%和 14.2%（见图 5）。但由于成本上升过快，主要消费品工业利润总额基本呈环比下降趋势（见图 6）。

4. 电子制造业

电子制造业生产增速平均水平低于 2011 年同期。1～8 月出口交货值累计同比增长 9.8%。但存在增产不增收的问题：2012 年 2 月以后，电子制造业利

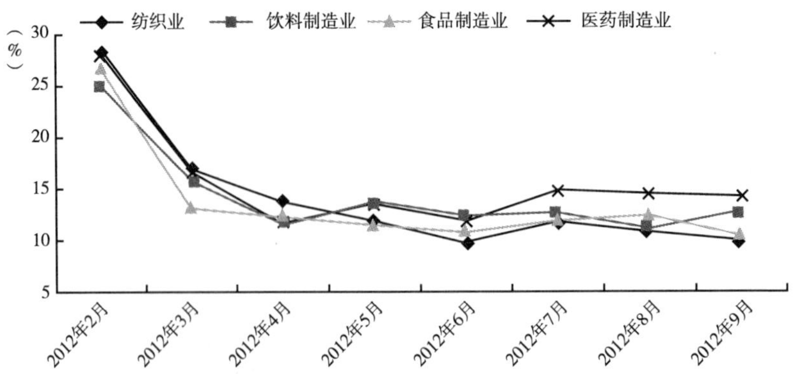

图 5　2012 年 2～9 月主要消费品工业增加值同比增长速度

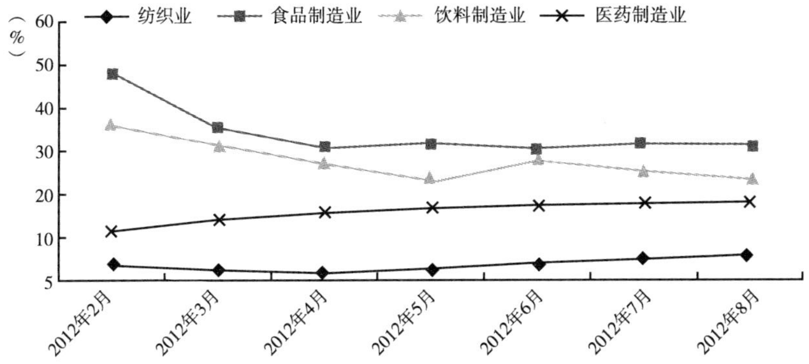

图 6　2012 年 2～8 月主要消费品工业利润总额同比增速

润一直处于急剧下降的状态，3、4 月利润同比分别下降 17%、16%（见表 3），受国际市场需求萎缩的影响，部分外向型企业处于破产倒闭的边缘。

表 3　2011 年 12 月～2012 年 9 月电子制造业主要经济指标

单位：亿元，%

时　间	增加值增速	出口交货值	累计同比增长	利润总额	累计同比增长
2011 年 12 月	15.4	3563.9	14.0	252.51	8.65
2012 年 2 月	24.1	3030.4	8.2	12.30	-40.83
2012 年 3 月	12.2	3249.8	8.6	31.98	-12.17
2012 年 4 月	11.4	3168.6	11.2	42.22	-17.02
2012 年 5 月	13.3	3356.5	11.1	55.85	-16.50
2012 年 6 月	9.6	3497.6	11.2	89.72	-2.75
2012 年 7 月	10.9	3330.6	10.7	100.71	-1.63
2012 年 8 月	9.9	3543.1	9.8	116.51	-2.90
2012 年 9 月	10.0	—	—	—	—

三　当前工业运行中存在的主要问题

目前工业减速，是周期性因素和结构性因素产生共振的结果。产能过剩引起的供需失衡，制造成本上升以及技术进步缓慢导致的竞争力下降，都是当前工业运行中存在的突出问题。

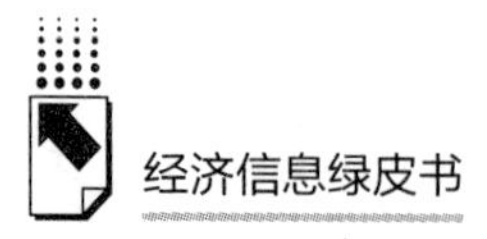

1. 部分外向型制造业出现转移和“回巢”迹象

从统计数据来看，近年来美国制造业对华投资明显放缓，我国成为美国制造业“回巢”的重点区域。2011 年，美国制造业对外直接投资增长 10.4%，相比 2010 年放缓 0.8 个百分点。从区域分布来看，美国对亚太、欧洲投资增速放缓，对北美投资增速大幅加快，其中，对我国制造业投资增速放缓 12.7 个百分点（见表 4），位居各主要投资东道国之首。这说明，受劳动力成本上升、人民币升值、原材料价格飙升的影响，加上全球经济增长放缓等因素，中国制造业目前已经进入低谷和调整期。

表 4　2010 ~ 2011 年美国制造业对外直接投资增速变化情况

单位：%，个百分点

国家或地区	制造业对外直接投资增速		
	2011 年	2010 年	变化
所有国家	10.4	11.2	-0.8
中国	10.4	23.1	-12.7
欧洲	6.4	8.6	-2.2
亚太地区	14.2	24.5	-10.3
印度	-3.6	2.2	-5.9
墨西哥	13.9	5.7	8.2
加拿大	19.6	2.6	17

资料来源：作者根据美国商务部数据计算。

2. 部分行业产能过剩问题凸显

目前，产能过剩已成为制约我国工业增长的最主要因素。其过剩程度为：钢铁 21%，汽车 12%，水泥 28%，电解铝 35%，不锈钢 60%，农药 60%，光伏电池 95%，玻璃 93%。如此大范围、大规模的产能过剩如果不能有效解决，将使我国工业陷入长期的萧条。

3. “三角债”问题浮出水面

受外部需求放缓和资金紧张的影响，“三角债”问题开始凸显，并有进一步蔓延扩大的趋势，其中机械制造、煤炭、钢铁行业的企业债务问题较为突出。1 ~7 月，机械行业应收账款高达 2.51 万亿元，同比上升 16.89%，远高于同期行业主营业务收入增长率（9.60%）。1 ~7 月重型矿山、电工电器、工

程机械等行业应收账款占主营业务收入的比重分别为 37.5%、33.4% 和 35.7%。与 20 世纪 90 年代初的“三角债”危机不同，此次各种类型企业均有涉及，且中小企业和民营企业更为严重，地方投融资平台和大型基建项目成为三角债的源头之一。

4. 工业生产成本压力增大

一是税赋、融资成本居高不下。目前中国企业的借贷成本已经超过 10%，超过了大多数行业的资金利润率水平，企业盈利空间因贷款成本上升而被压缩，很多行业仅能维持保本微利经营。二是物流成本过高。据测算，中国的物流成本不但高于以制造业为主的印度、巴西、越南、菲律宾等发展中国家，而且也高于美国等大部分发达国家。三是中国的劳动力优势正在丧失：近年来我国工人平均工资增长率为 20%，如果以 GDP 平均增长率（10%）来衡量效率增长率，则可以看出相对成本越来越高。

四 2013 年工业发展环境和趋势分析

2013 年，我国工业经济运行可能进入最近一轮调整周期的尾声，保持工业稳定发展的有利因素虽然不少，但各方面的压力还比较大，回升的基础还比较脆弱，一些不确定性因素可能会对工业运行带来不可预见的冲击。

1. 工业发展的宏观环境有望改善

一是积极的财政政策将给企业注入更多活力。在前不久召开的经济座谈会上，温家宝总理明确表示要特别注意完善结构性减税，扩大营业税改增值税试点范围，减少流通环节税收和费用，减轻小微企业税负。因此，2013 年财政政策仍然延续“积极”的基调，并在税收政策上进行适当调整，以提振微观经济的活力。

二是中小企业的发展环境将有所改善。首先，随着央行连续降息，加上对小微企业的信贷支持，中小企业资金紧张状况将有所缓解，财务成本将明显下降。其次，财政结构性减税的推进以及国家出口退税政策的完善，将提高中小企业的盈利能力，刺激企业扩大投资和生产。最后，“新非公 36 条”的逐步落实和完善，将激发激活民企的投资热情，并为此前的铁路、能源、电信、金融等国有垄断型行业注入市场化基因，形成新的消费动力，从而全面刺激消费、拉动内需。

三是国家对战略性新兴产业的扶持力度加大。截至2011年底，共有24个省市设立了战略性新兴产业专项资金。国家新批复了41支创投基金的设立方案，共吸引社会资本70多亿元。2012年7月9日，国务院印发了《关于“十二五”国家战略性新兴产业发展规划的通知》，在节能环保产业、信息技术产业、生物产业、高端装备制造产业、新能源产业、新材料产业、新能源汽车产业方面制定了明确的发展目标，并由中央财政设立专项资金。这意味着2013年战略性新兴产业将进入快速发展的轨道，并为整个工业增长提供新的增长动力。

四是企业主动去库存接近尾声。2012年9月产成品库存指数为47.9%，达到2012年以来的最低水平。同时，原材料库存有所上升，这使得原材料库存与产成品库存的差值开始回升，一定程度上预示着未来一年内工业增加值环比增速可能触底回升。

2. 工业运行中的不稳定、不确定性因素仍然较多

虽然我国工业存在回升的动力，但这种回升仍会受内外各种因素的干扰。2011年以来我国经历的工业调整，并不是一个小周期层面的调整，而是一个较长的中期产能调整过程，整个工业增速下滑的时间、幅度可能超过之前的预期。

从国际形势看，欧债危机呈现进一步扩散和恶化的趋势，欧元区大部分国家同时深陷债务与景气“双重危机”境地。美国失业率出现反弹，消费者信心下降，经济复苏动力不足。新兴经济体面临结构调整压力，经济减速超过预期。因此，世界经济面临的不确定性增加，我国经济发展的外围环境依然严峻。由于欧债危机走势仍呈不确定性，中美贸易摩擦不断发生，中国对欧美地区的贸易依赖度仍较大，因此，2013年工业品出口形势仍不容乐观。同时，在全球市场疲软的情况下，各种形式的贸易保护主义措施也将随之增多，国际间贸易和汇率摩擦可能会进一步加剧，也进一步压缩了我国优势产品出口的空间。

从国内形势看，经过十多年的高速增长，房地产业作为一个经济支柱已

迈过顶峰，在房地产投资逐步放慢的情况下，目前还没有出现能拉动整个经济增长的新引擎。因此，我们认为，在七大战略性新兴产业成为经济增长新引擎之前，经济将迎来漫长的转型痛苦期，大部分行业包括一些垄断行业的日子都会很紧、很难过。这说明，本轮工业增速的持续回调，已经超越了通常意义上的商业周期，是多重周期因素叠加和中长期潜在增长率下降共同作用的结果。因此，目前我国正处在新技术和新产业寻求突破的时期，在新的技术获得最终突破前，工业经济将由过去的高速增长转换为中速甚至低速增长阶段。

从工业企业看，企业转型升级可谓困难重重。目前我国工业增速减慢，一方面受到出口减少、国内需求不旺的影响，另一方面在于企业缺乏创新能力、缺乏新的增长引擎。发展科技含量高、附加价值大的战略性新兴产业，具有投资大、周期长、见效慢和风险大的特点，而目前大多数工业企业都面临“去库存化”和“去产能化”的双重压力。在企业经营普遍困难、实现利润大幅降低的情况下，产业转型升级缺乏资金和技术支持，工业结构优化和调整依然处于“阵痛”期。

3. 2013 年工业运行将缓中趋稳

综合考虑国内外经济环境和工业运行的自身趋势，我们认为 2013 年工业经济发展尚不具备大幅度增长的基础，但随着“稳增长”政策的陆续出台以及地方投资力度的加大，工业增速将在 2013 年呈现温和复苏态势，预计工业增加值增长 10.5%。

（1）原材料工业增速将有所回升

2013 年原材料工业的增速将有所回升，行业结构调整步伐将加快。首先，钢铁行业产能过剩的局面短期内难以扭转。其次，有色行业将延续分化势头，总体将进一步放缓，下行压力明显。第三，世界石油价格走低，将在一定程度上缓解我国石化行业的成本压力，同时化肥、农药等农化产品的需求量将随着国家对农业投入的不断增加而增强，汽车等行业的稳步增长也将拉动其他化工产品的需求。

（2）装备制造业增长止跌企稳

2013 年，装备制造业面临着较为良好的发展机遇，预计全年增速将在

12%左右。特别是现代航空装备、卫星及其应用产业，先进轨道交通装备业，海洋工程装备业和智能制造装备业的几个大项目，将成为拉动整个装备制造业增长的核心动力。随着新兴战略产业规划对高端制造业的支持以及扩大内需政策的跟进，装备制造业有望回暖，全年可实现较快增长。

（3）消费品工业增速小幅回升

2013 年消费品工业增速将有所回升，但回升幅度有限。从具体行业看，国家财政补贴节能家电政策将促进轻工业维持一定增速；纺织产品随着棉花价格的稳定不会出现大幅下滑的局面；医药行业得力于国家医改的推进和药品定价机制的完善将稳步增长。但是，由于出口形势依旧严峻，依靠外需推动消费品工业增长能力有限，使得消费品工业增速回升有限。

（4）电子制造业增长继续放慢

2012 年，电子制造业在生产、出口、投资三个方面的增速均有明显回落，未显现出到达谷底的迹象。预计 2013 年增速将继续放缓。受固定资产投资增速下滑的影响，2012 年热门电子行业如光电器件和光伏电池的急速降温，加之对德国、意大利等欧洲国家的出口全线为负，2013 年，整个行业增速不会出现反弹。

五　促进我国工业健康发展的对策建议

为稳定工业增长，一方面要综合利用财政、税收、产业政策，出台必要的刺激措施，以扭转增速持续下滑的局面；另一方面要利用经济下行的倒逼机制促进结构转型升级，探索出一条“稳增长”与“调结构”协调同步推进的工业发展道路。

1. 大力扶持中小企业，促进民营经济发展

中小企业是工业经济发展的关键所在。拓宽中小企业投资渠道，对促进工业经济发展具有重要作用。“新非公 36 条”为民间资本进入垄断性行业提供了政策保障，现阶段的重点是落实各项政策，及时跟踪实施情况和效果，使“玻璃门”成为绿色通道甚至特殊通道，从而真正达到该项政策鼓励民间投资的本意，促进产业结构的升级和调整。

2. 合理减税，切实减轻企业负担

减轻中小企业负担的措施之一就是要减轻企业税负，只有减轻企业税负，才能真正把扩大内需落到实处。企业税负过重，直接影响企业的投资再生产。在政策具体操作层面，在同等条件下要优先受理中小企业缓缴社会保险费及享受社会保险补贴、岗位补贴和在职培训补贴的申请。此外，应该认真总结营业税转增值税的经验，避免重复征税。在生产、流通两个环节上切实减轻企业负担。除了减税外，对涉企的相关行政事业性收费应该给予减免，清理整顿和规范涉企行政事业性收费，同时简化审批程序，加大落实力度。

3. 扩大政府投资和采购，形成良性循环机制

强化财政支出管理，扩大政府采购。政府投资有利于拉动内需、刺激消费。通过政府采购提高政府资金使用效率，并引导中小企业自主创新和产业升级，形成一套良性循环机制。在政府采购中，同等条件下要优先考虑中小企业，以体现对中小企业的扶持。

4. 加快产业结构调整，实现工业可持续发展

实现工业可持续发展的根本性举措就是加快产业结构调整。加快产业结构调整，关键是由外需拉动向内需拉动转变，淘汰落后产能，积极发展新兴战略产业，促进工业企业转型升级，形成以创新和科技进步为动力的工业企业增长新模式。同时，统筹考虑加工贸易、区域经济的协调发展，推动加工贸易向中西部地区转移。在要素投入结构方面，努力形成产业集群，并充分发挥集群产业的带动作用。

5. 完善中西部地区基础设施，打造新的产业集聚区

加快中西部地区城镇化进程，尽快启动和推进一批对区域经济发展带动作用大、社会效益好的交通、能源重点工程，争取在“十二五”时期实现中西部地区基础设施的全面改善，消除基础设施对经济社会发展的制约；支持制造业向中西部地区的战略转移，选择重点中心城市，推进产业集聚区建设，打通上下游产业链，提升中西部地区的产业配套能力。

G.24
2012年房地产市场运行分析及2013年展望

邹士年*

摘　要：

2012年上半年，房地产投资持续放慢，销售逐步萎缩。但随着通货膨胀压力的减小，依赖土地财政的地方政府对放松房地产调控要求迫切。存款准备金率和利息率的连续下调助推经济发展，也带来房地产市场的短时回暖，7、8月楼市淡季不淡，但随着限贷、限购政策取消的预期落空，9、10月又迎来旺季不旺的局面，而土地市场从第三季度却开始上演拿地疯狂。预计，2013年房地产市场从严调控的局面不会有根本改变，但刚性需求会随政策的微调不断释放，推动房价温和上升，但是不会出现大幅上涨，而且随着保障房的大量上市会对市场需求有一定平抑，房地产调控长效机制正逐步建立，房地产投资会更受约束和趋于理性。

关键词：

房地产市场　运行分析　展望

一　2012年以来房地产市场运行特点

为了巩固房地产市场调控成果，2012年以来，中央政府在面临经济下行的压力下坚持房地产调控不动摇。一方面坚决遏制投资、投机性需求，另一方

---

* 邹士年，经济学博士，国家信息中心经济预测部发展战略研究室助理研究员，主要研究方向为宏观经济、房地产经济等。

面支持和保护刚性需求。30 多个城市通过公积金贷款额度上调和首次置业税费减免等方式鼓励刚性需求，货币预调微调力度加大，催生市场回暖。

1. 国房景气指数逐月下滑，但下滑幅度大幅缩小

有“房地产业温度计”之称的国房景气指数，是一个全国房地产开发的综合指数，在本轮市场调控中于2010 年3 月触顶后整体处于下滑趋势。2011 年 11 月下滑到 100 以下的不景气区间，2012 年 1 ~9 月仅 8 月有过短暂回升，其他均呈现逐月下滑的态势，但是从 6、7 月起下滑幅度开始大幅缩小（见图 1）。

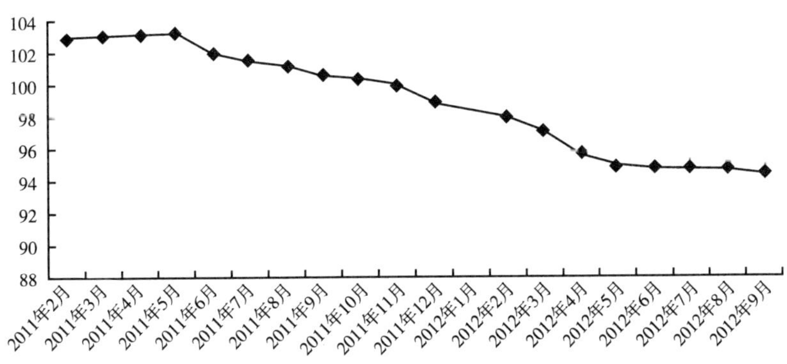

图 1　2011 年 2 月 ~2012 年 9 月国房景气指数

注：本文所有数据均来源于 wind 资讯。

2. 房地产投资增速低于固定资产投资，住宅投资增速低于房地产投资

2012 年以来，在调控政策不放松和市场需求观望情绪严重的情况下，房地产投资的增速明显下滑，1 ~9 月，全国房地产开发投资 51045. 93 亿元，累计同比名义增长 15. 4%，增速比上年同期下降 16. 6 个百分点（见图 2）。房地产中的住宅投资比重下降更大，1 ~9 月住宅投资完成额 35126. 17 亿元，累计同比增长 10. 5%，比上年同期增速下降 24. 7 个百分点，也大大低于房地产投资增速。而整个房地产业投资增速（18. 70%）从 2012 年 4 月开始就低于固定资产投资增速（20. 2%）。

3. 房地产投资中外资大幅下降，自筹资金增幅下降较快

1 ~9 月，房地产投资资金来源总额为 68231. 62 亿元，同比增长 10. 1%

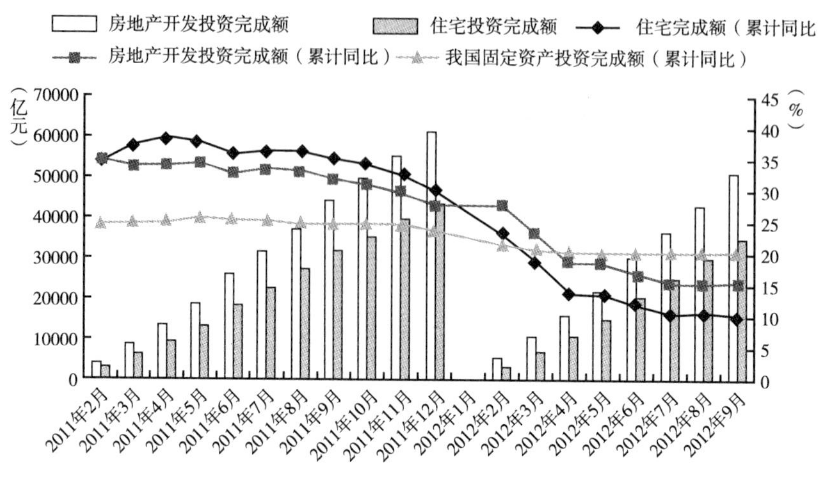

图2　2011年2月~2012年9月房地产与住宅累计开发投资额与增速

（见图3），增速低于2011年同期12.6个百分点。从资金来源的结构分析，国内贷款、自筹资金分别为11008.12亿元和28437.71亿元，分别占资金来源的16%和42%，其中国内贷款占比与2011年持平，自筹资金上升2个百分点。从同比增速看，国内贷款同比增长12.9%，高出2011年同期9.2个百分点，自筹资金同比增长11.4%，比2011年同期低22.1个百分点。利用外资出现大幅下降，1~9月累计同比下降53.3%。尽管贷款、定金预收款增速均有回升，但行业资金仍处于紧张状态。

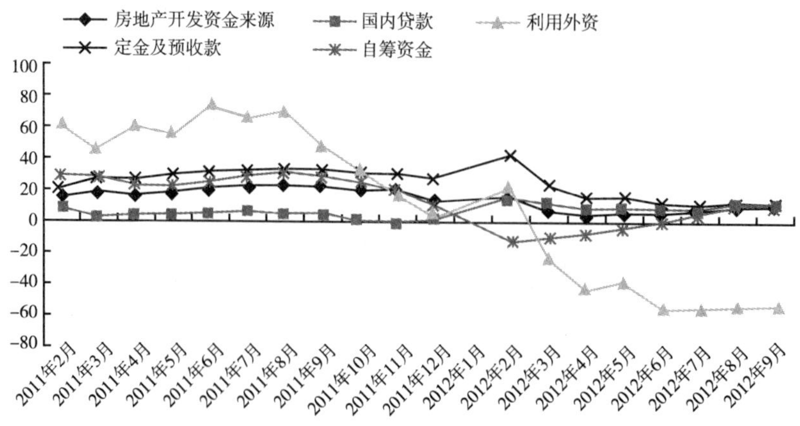

图3　2011年2月~2012年9月各类房地产开发资金来源累计同比增速

4. 商品房销售跌幅逐月收窄，商品住宅销售受政策影响较大

1 ~9 月商品房销售面积为 68441 万平方米，同比下降 4%（见图 4），而 2011 年同期是增长 12.9%；销售额 40354 亿元，同比增长 2.7%，增幅同比下降 20.5 个百分点，但跌幅逐渐收窄。受限购、限贷政策的影响，1 ~9 月商品住宅销售面积同比下降 4.3%，但销售额同比增长 3.3%（见图 5）。1 ~9 月办公楼和商业营业用房销售面积同比增长好于住宅，分别增长 3.3% 和 -0.2%，反映出调控政策对房地产结构的影响。

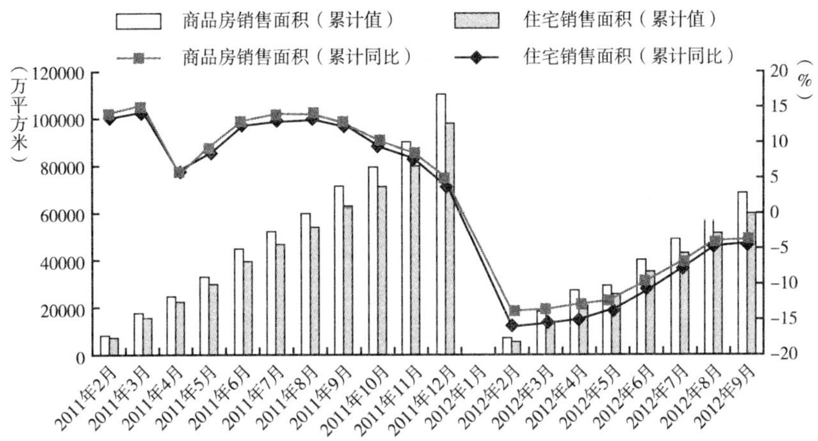

图 4　2011 年 2 月 ~2012 年 9 月商品房与商品住宅累计销售面积及增速

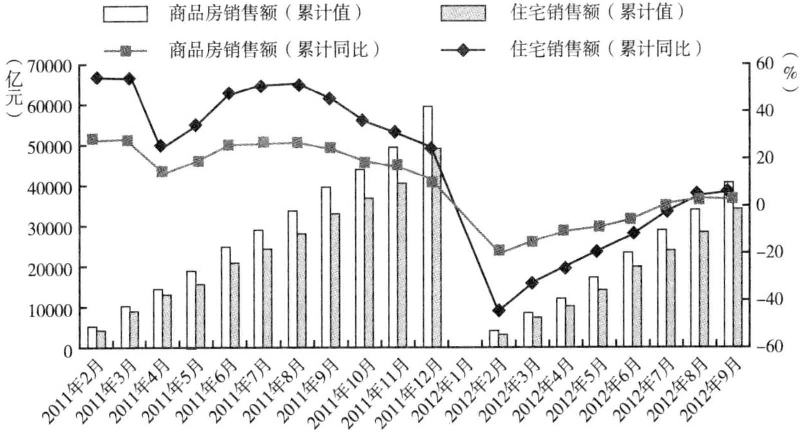

图 5　2011 年 2 月 ~2012 年 9 月商品房与商品住宅累计销售额及增速

5. 房价呈现"V"形走势，住宅价格指数环比一线城市波动大

从1~9月百城住宅市场看，均价具有明显的"V"形走势，5月的8684元/平方米为近期的谷底（见表1）。从百城住宅价格指数环比走势看，百城价格指数环比6、7月保持较快上升，之后开始连续下滑（见图6），这与货币政策宽松及对放松房市调控的预期有关。一线城市价格波动幅度较大，二线城市最为平稳，三线城市涨幅最低。

表1　2011年1月~2012年9月百城住宅均价与价格指数环比

单位：元/平方米，%

时　间	百城住宅均　价	百城住宅价格指数	百城住宅价格指数(一线城市)	百城住宅价格指数(二线城市)	百城住宅价格指数(三线城市)
2011年1月	8645	0.95	0.89	0.92	0.86
2011年2月	8686	0.48	0.60	0.38	0.46
2011年3月	8738	0.59	0.30	0.45	0.55
2011年4月	8773	0.40	0.23	0.28	0.39
2011年5月	8819	0.53	0.53	0.07	0.78
2011年6月	8856	0.41	0.08	0.43	0.49
2011年7月	8874	0.21	0.35	0.09	0.20
2011年8月	8880	0.07	0.00	-0.09	0.27
2011年9月	8877	-0.03	0.00	-0.14	0.03
2011年10月	8856	-0.23	-0.24	-0.11	-0.21
2011年11月	8832	-0.28	-0.26	-0.45	-0.11
2011年12月	8809	-0.25	-0.50	-0.09	-0.26
2012年1月	8793	-0.18	-0.10	-0.17	-0.27
2012年2月	8767	-0.30	-0.30	-0.37	-0.48
2012年3月	8741	-0.30	0.08	-0.42	-0.18
2012年4月	8711	-0.34	-0.66	-0.04	-0.39
2012年5月	8684	-0.31	-0.28	-0.19	-0.40
2012年6月	8688	0.05	1.09	0.05	-0.30
2012年7月	8717	0.33	0.15	0.35	0.34
2012年8月	8738	0.24	0.39	0.33	0.09
2012年9月	8753	0.17	0.24	0.34	0.09

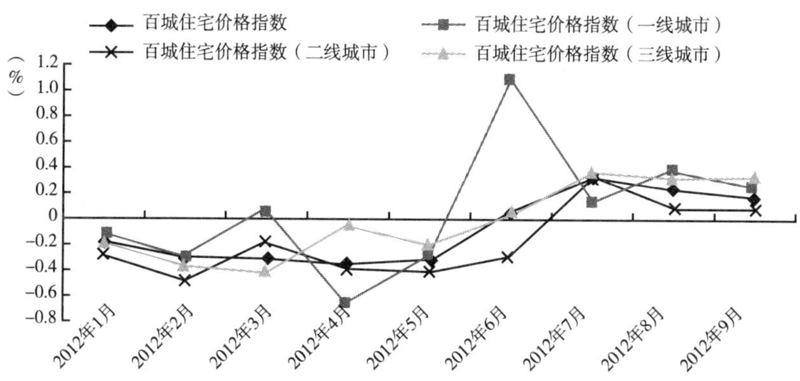

图 6　2012 年 1 ~ 9 月百城住宅价格指数环比

6. 保障房建设进展顺利，完成年度计划无忧

根据中央预算报告，2012 年，中央住房保障支出安排为 2117.55 亿元，同比增长 23.1%，2012 年新开工量为 700 万套，比 2010 年少 300 万套，基本建成 500 万套。根据国家统计局数据，2012 年 1 ~ 9 月，全国城镇保障性安居工程新开工 720 万套，开工率为 97%，基本建成 480 万套，完成投资 9600 亿元。从目前进度看，完成年度保障房计划没有问题。

二　2012 年我国房地产调控政策实施效果及存在的问题

1. 投资、投机性需求继续得到遏制，刚性需求不断得到鼓励

2012 年以来，地方政府楼市微调不断，但中央对房地产调控依然坚持从严的方针，有违限价、限购的地方政策均被叫停。毫不动摇的楼市调控使得投资、投机性需求继续得到遏制，第一季度，北京市九成购房者为首次置业，广州上半年七成以上购房者为首次置业。

在遏制投资、投机性需求的同时，央行、住建部等支持首套房需求，央行明确指出在贷款方面，首先满足首次购房客户贷款需求，央行的货币政策预调微调力度加大，两次降准和两次降息，30 多个城市上调公积金贷款额度，都有效鼓励了刚性需求。

2. 房价过快上涨趋势继续得到有效遏制，但是房价还未回归理性

1～9 月 70 个大中城市新建商品住宅环比上涨的城市从 1 月 0 个上升到 7 月高点的 50 个后下降，同比上涨城市个数从 1 月以来基本呈下降趋势。二手住宅环比上涨的城市从 1 月的 5 个上升到 7、8 月高点的 38 个后下降；同比上涨城市个数 4 月以来基本稳定。从百城房价均价和一、二、三线城市房价环比增长率可以看出，百城住宅均价并没有出现较大下降，近期反而呈“V”形上升趋势，这为未来的房地产调控增添诸多变数（见图 7）。

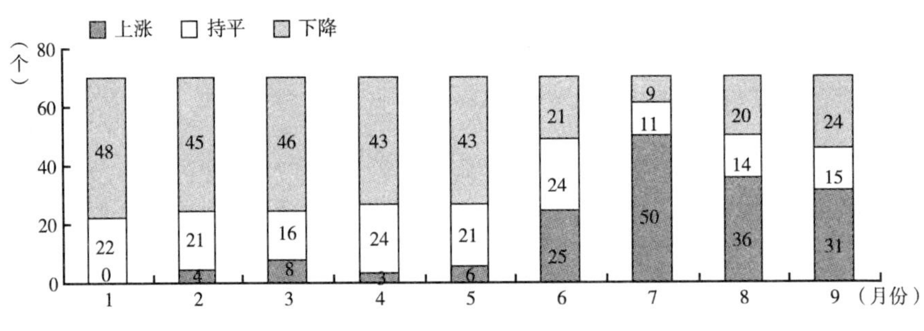

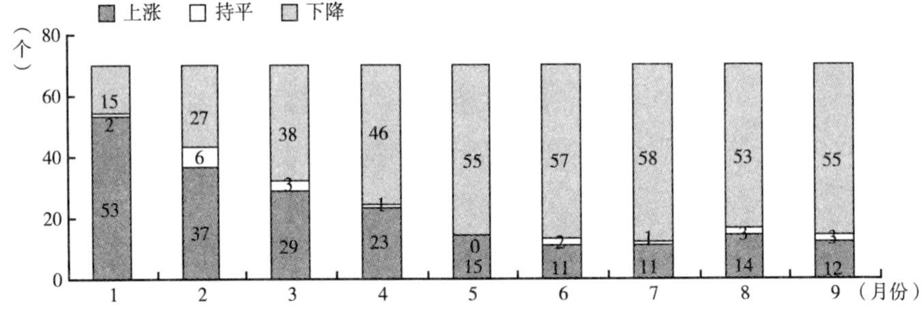

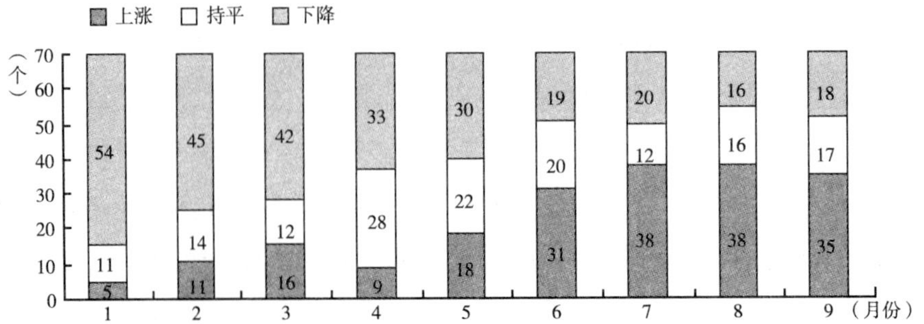

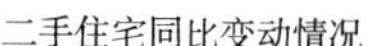

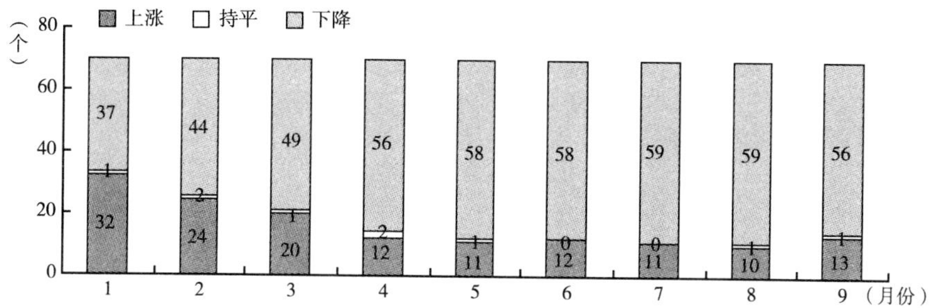

图 7　2012 年 1 ~ 9 月 70 个大中城市新建和二手住宅价格环比、同比变动情况

3. 保障房建设资金筹集难度加大

2012 年我国计划新建保障房 700 万套，虽然比 2011 年少 300 万套，但 2011 年开工的 1000 万套保障房中至少有 2/3 需要 2012 年继续建设，加之此前遗留的部分项目收尾工程，整体在建规模将达到约 1800 万套。如果按照 2011 年的资金需求标准，2012 年总体保障房资金压力可能会攀升到 1.8 万亿 ~ 2 万亿元。庞大的资金需求量加剧了保障房融资的困难。而且当前在房地产调控以及限购政策作用下，土地市场降温，土地出让收益下降，制约了地方政府对保障房建设的筹资能力。而社会资金进入保障房建设目前难度还较大。因此，随着保障房开工规模越来越大，资金的问题将是制约其进展的主要问题。

4. 土地供给制度仍然缺乏足够弹性，影响土地供给数量和地价

本轮调控没有根本触及土地供给制度，虽然在 2012 年 1 月国土资源部允许北京、上海试点集体建设用地建设租赁房，但还不能对市场形成有效供给，而且试点范围过小。土地供给缺乏弹性，无法适应我国当前快速城市化过程中迅速增长的城市土地需求，从而对住宅市场供给的增长构成硬约束。

5. 现行政策仍然不能有效逼出存量房，市场供给量仍然不足

本轮调控政策是以限购和限贷为主，并未涉及房地产保有环节的税收，所以调控只是对新的投资和投机性需求形成影响，对调控前持有多套住房的房地产所有者来说，持有住房的成本并未发生明显改变，在市场博弈导致房价没有出现显著下调、房租反而还上涨的情况下，多套住房的持有者更是不急于出售，房价的合理回归也就变得更加漫长。在中央丝毫不放松调控的背景下，开发商降低了拿地速度，虽然从8月底在市场回暖趋势下土地市场明显复苏，但是1~9月累计开发商购置土地面积同比仍下降16.5%，这必然引发对未来房产供给的担忧，进而可能引发对未来房价大涨的担忧。

6. 货币政策的预调微调改变市场预期，加大房地产调控难度

住房市场与货币环境密切相关，宽松的货币环境及低利率条件下形成的住房需求，一定会高于均衡环境下的需求水平。我国当前经济减速导致的货币政策预调和微调，改变着市场的预期，而本轮住房调控政策的效力随着时间的推移正在减弱，如果没有新的政策加码，市场观望的情绪在货币政策放松的情况下很容易造成刚需的恐慌性释放。因此，在货币政策出现调整时，即使是传统房产交易的淡季也会引起房价和成交量的快速攀升。另外，2012年房地产中报显示，房地产企业现金流状况好转，开发商以价换量的动力显然不足，也加大了房地产市场调控难度。

7. 控房价与稳增长的政策存在冲突，使调控陷入两难境地

限购限贷措施对房地产投机需求确实起到了遏制作用，但是限购的效果正在遭遇扩内需的干扰。目前限购还没有使房价出现较大下降，更没有回到合理价位，刚性需求等待者的信心已经开始动摇。而其他政策如贷款利率下调又促进了刚需的释放，削弱了限购政策的效果。国家为了“保增长”需要加大信贷力度，地方政府财政紧张，为了生存也纷纷开展自救，于是通过购房补贴、退税、调整公积金贷款的数额和期限等手段来促进房地产市场活跃。市场的回暖和货币政策宽松的预期，使得开发商降价的动机大大减弱，使房价调控政策陷入两难境地。

三　2013年我国房地产市场走势判断

2013年，货币政策的进一步预调微调将对房地产市场发生较大影响，中央新一轮的投资计划带来的流动性也影响人们对房价走势的预期。预计2013年房地产市场各项指标会高于2012年，房价会温和上升，但是大涨的可能性不大。

1. 房地产投资会明显加快，投资同比将会增长25%左右

2012年受到前期销售量和价格的影响，房地产投资步伐明显放慢，1~9

月房地产投资同比只增长 15.4%。但是随着 7～8 月房地产市场的回暖，房地产开发商拿地也变得更为积极，投资积极性也大为提高。可以预计这种积极性随着货币政策的进一步预调微调，将会一直持续到 2013 年，预计 2013 年房地产投资将增长 25% 左右。

2. 商品房销售将转降为升，价格有所上涨，但大涨概率不大

2013 年中央政府在稳增长的基调下，宏观政策的预调微调力度会加大，将增加刚需的释放，房价将出现温和上升，但大涨概率不大，因为上涨过快中央必将出台新的调控政策，再就是保障房的大量入市会在一定程度上平抑房价。预计 2013 年房地产销售面积将增长 10% 左右，销售金额将增长 13% 左右。

四　2013 年房地产调控政策建议

1. 要促使房价回到合理价位，限贷、限购政策仍需延续

从 70 个大中城市房价上涨和下降个数以及百城房价指数看，2012 年全国房价继续上涨的趋势虽然得到遏制，但还远远没有回归到合理价位。在货币政策的预调微调以及中央实施“稳增长”政策的背景下，房价上涨预期加大，7～8 月传统的商品房销售淡季变成旺季就是例证，当然，只要限购、限贷不放松，这种恐慌性刚需会在释放一阵后消退，9、10 月旺季不旺就已经证明。因此，在房地产调控长效机制还没有建立、货币政策趋松的背景下，限购、限贷政策仍需坚持。

2. 提高土地供给弹性，创新用地制度

多渠道提高土地的供给弹性，根据各城市经济和人口发展的状况确定土地供应目标，制定出稳定的土地投放计划，并公之于众，这样就可以大大降低由土地供应带来房价不稳定的预期。根据市场对土地价格的反应程度适度调节对土地的供应，尤其是盘活存量土地，进行合理规划，加大土地利用程度，提高容积率。对地价居高不下的一、二线城市积极考虑如何盘活集体土地。目前，国土部批准北京和上海利用集体土地建造公租房的试点可以加大力度，并扩大试点范围，还应考虑将小产权房转化为保障房。创新用地制度，改土地批租模式为年租模式，真正体现“平均地权、涨价归公”。还可以考虑对土地实行垂直管理，使土地供给摆脱对地方财政增收因素的干扰。

3. 全面开征房产税，形成遏制投机性购房的长效机制

房地产市场调控，长期看要控制投机性需求，近期看要增加有效供给，而在当前土地供给缺乏弹性的情况下，逼出存量房是增加有效供给的重要手段，开征房产税又是最为有效的手段。目前住房信息联网已经为开征房产税创造了必要条件，建议尽快全面开征，应对人均居住面积做一定扣除，实行较高的累进制，而不宜以家庭为单位扣除，这会导致假离婚现象的增多。另外，加快推行阳光法案也是有效逼出存量房的方式之一，大量腐败案件揭出贪官普遍拥有大量房产，阳光法案的推行，会让他们自动抛盘。

4. 多渠道筹措保障房资金，吸引更多社会资本的进入

保障房建设规模要与可筹集的资金相匹配，对于资金缺口较大的地区，应根据实际情况增加省级财政预算的投资安排，确保按规定渠道和比例投入资金。加快社会融资机制和方式的创新与突破，除争取公积金以贷款方式支持保障房建设外，还应研究在风险可控的前提下，采取公积金直接投资保障房建设的新方式。在地方土地财政萎缩的背景下可以继续扩大地方发债试点工作，以用于保障房建设。积极探索和创新社会资本进入保障房建设，尤其是保险资金，应促进保监会同住建部、国土资源部一起出台保险资金参与保障房投资及管理的具体实施细则，促进保险资金参与保障房建设的实质性运作。

5. 做好房地产市场顶层制度设计，着眼于房地产长效机制的建立

应抓紧做好房地产制度的顶层设计，着眼于稳定房地产长效机制的建立。改变地方土地财政模式，从源头上降低房价；加快推进房产税的实施和严格征缴，发挥房产税对房地产市场的去泡沫化和去投资化的功能；继续推进和完善房地产市场基础制度建设，完善住房统计以及信息发布等基础制度建设，使居民能获得准确的住房供求信息，从而稳定购房预期，避免出现恐慌性购房现象；抓紧完善保障性住房建设、分配、管理、退出等制度，形成对各类住房需求全覆盖的住房供应体系。

G.25

2012年汽车行业形势分析及2013年展望

王 硕*

摘 要：

2008~2011年我国汽车行业经历了大起大落的发展，受金融危机爆发、四万亿元投资计划、国内汽车消费刺激政策出台及退出、消费结构升级等众多因素的综合影响，我国汽车市场波动幅度很大，国内汽车销量增长速度一度从2008年6.7%跃升到2009年的45.5%和2010年的32.4%，并再度下滑到2011年的2.45%。经过这种过山车式的增长之后，2012年汽车行业恢复了平稳增长，增速在低谷中缓慢回升。但由于经济下行压力增大及交通、环境限制因素增多，国内汽车销售形势依然严峻，汽车行业在产能规划、结构调整、技术升级等方面仍存在很多问题，导致行业竞争越发激烈，经济效益增速有所下滑。在总量增速放缓的情况下，未来汽车行业的增长动力将更多来源于结构调整和技术进步，以实现与社会、环境协调的可持续发展。

关键词：

汽车 形势分析 展望

一 2012年汽车行业增长形势

1. 汽车行业生产增速小幅回升

2012年前两个季度，汽车行业工业增加值增速呈现稳步回升势头，由于上

---

* 王硕，经济学硕士，国家信息中心经济预测部高级经济师，主要从事产业经济分析与预测、行业景气研究。

年同期的增长基数较高，导致第一季度工业增加值仅增长 8%；随着上年同期增长基数的回落，第二季度汽车工业增加值增速开始逐渐上升，上半年全国汽车行业规模以上企业累计工业增加值同比增长 10.2%，增速比第一季度提高 2.2 个百分点。第三季度以来，汽车行业工业增加值在 7、8 月维持平稳小幅波动态势，但在 9 月出现一定回落，1～9 月汽车行业工业增加值同比增长 9.7%，增速比上半年回落 0.5 个百分点，但比第一季度仍提高 1.7 个百分点。

由于 2009～2010 年实行的汽车购置税优惠、汽车下乡、以旧换新等鼓励汽车消费的刺激性政策在 2011 年相继退出，导致 2011 年汽车销售增速出现明显下滑；2012 年以来，由于经济转型力度加大，消费对经济增长的贡献有所提升，汽车消费恢复了平稳增长势头，带动汽车行业生产增速呈现企稳回升的走势（见图 1）。同时，为鼓励汽车消费、扩大内需，国家再次出台刺激汽车消费的政策，对 1.6 升及以下排量的节能汽车提供了 60 亿元的补贴，对节能汽车、新能源汽车的市场销售形成有力支持，拉动了汽车行业生产增速的回升。随着增长基数平稳，我国居民汽车消费能力稳步提高，汽车销售逐渐恢复平稳增长轨道，也有利于行业增加值增速的回升。

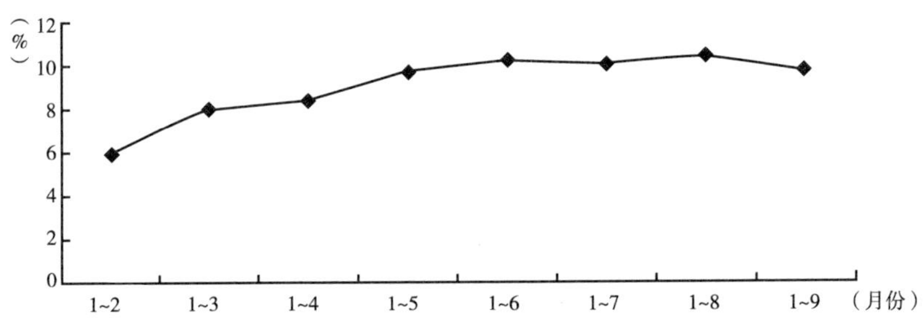

图 1　2012 年 1～9 月汽车行业增加值增速

由于 2010 年汽车市场井喷效应的翘尾影响，2011 年第一季度汽车产量增速依旧较快，较高的基数导致 2012 年第一季度汽车产量同比出现下滑；其中 1 月汽车产量下降幅度达到 27.47%，此后降幅逐月缩小，反映出汽车市场的逐渐回稳。随着增长基数减小，汽车产量增速 4 月恢复正增长，5、6 月增速继续上升，呈现较好的回升态势。1～9 月，汽车产量达到 1413 万辆，同比增长 4.98%，增速同比略有上升（见图 2）。

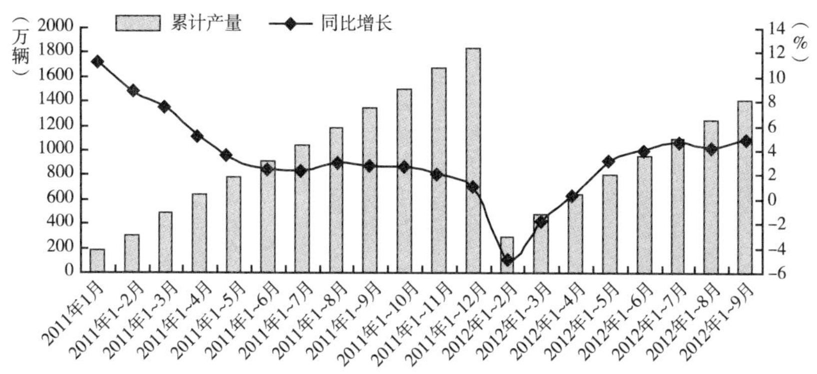

图 2　2011 ~ 2012 年汽车累计产量及增长

2. 汽车销售维持小幅增长态势，增速逐渐回升

受经济增速下行影响，2012 年全国汽车销售形势一度低迷，第一季度汽车行业销售产值增速仅为 9.24%，比上年同期回落接近 10 个百分点；随着增长基数的降低以及市场回暖，汽车销售产值增速逐渐有所回升，1 ~ 9 月汽车行业累计销售产值增速回升到 12.3%，比第一季度上升了 3.05 个百分点，但仍低于上年同期水平，汽车市场需求保持在小幅平稳的增长阶段（见图 3），政策刺激方面只有节能汽车补贴在发挥作用，政策鼓励效应明显不如高速增长的 2009 年和 2010 年。但我国居民消费能力的稳定增长以及社会保障日益完善，内需增长的潜力仍在不断释放，国内汽车消费能力依旧很大，能够支撑汽车行业保持小幅稳定增长势头。

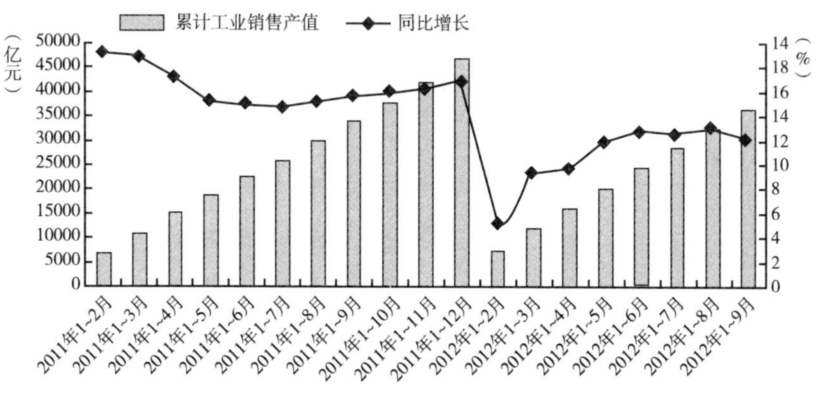

图 3　2011 ~ 2012 年汽车累计工业销售产值及增长

汽车市场销量方面，由于经济形势和政策环境的变化，2012 年第一季度汽车市场销量有所下滑，第一季度全国汽车销量同比下降 3.4%。第二季度以来，随着国家放松宏观调控政策，加大了刺激内需的力度，汽车市场销售形势开始逐渐好转，5 月当月恢复正增长。1～9 月全国汽车累计销量完成 1409 万辆，同比增长 3.37%（见图 4），规模保持在月均 160 万辆左右，依旧是全球第一大汽车销售市场。

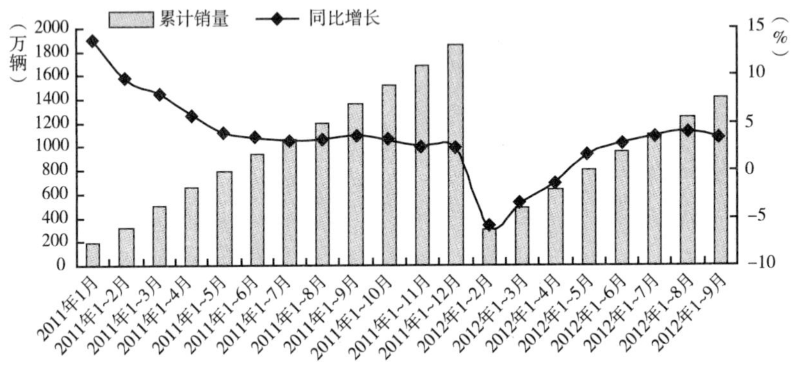

图 4　2011～2012 年我国汽车市场销量及增长

3. 汽车进出口保持稳定快速增长

2012 年以来我国汽车进出口形势良好，进出口量保持稳定快速增长（见表 1），1～9 月全行业汽车出口实现 75.1 万辆，同比增长 23.3%，增速比上年同期回落 31.3 个百分点。其中，小轿车出口累计完成 36.7 万辆，同比增长 38.1%；货车出口完成 25.0 万辆，同比增长 16.2%。

表 1　2012 年 1～9 月汽车进出口数量及增长

单位：万辆，%

种　类	出口量	同比增长	进口量	同比增长
汽车	75.1	23.3	90.0	23.60
四轮驱动轻型越野车	0.4	-80.8	35.3	17.90
货车	25.0	16.2	1.6	9.80
小轿车	36.7	38.1	36.2	21.60
小客车	5.5	14.2	13.8	28.30

进口方面，国内汽车市场需求稳定增长，进口车的竞争力依旧很大，1～9月汽车进口量达到 90.0 万辆，同比增长 23.6%，增速与上年同期基本持平。其中，四轮驱动轻型越野车和小轿车是进口的主要品种，分别达到 35.3 万辆和 36.2 万辆，同比分别增长 17.9% 和 21.6%。小客车需求增长很快，进口量达到 13.8 万辆，同比增长 28.3%。

4. 汽车行业经济效益稳定增长，增速回落

由于汽车销售进入低速增长阶段，汽车行业收入和利润增速也比前几年继续有所回落。1～9 月，汽车制造业累计实现主营业务收入 32495 亿元，同比增长 9.9%；实现利润总额 2562 亿元，同比增长 10.8%。

由于经济减速运行，原材料成本有所下降，1～9 月全国工业生产者购进价格同比下降 1.5%，其中钢铁、有色金属和化工原料购进价格分别同比下降 6.2%、6.3% 和 3.7%，使得汽车行业成本增速相对较低，1～9 月汽车制造业主营业务成本同比增速为 9.5%，低于同期收入增速，有利于增加利润。但由于人力成本的上升和 2011 年连续收紧货币政策的后续影响，2012 年以来汽车行业管理费用和财务费用增长很快，1～9 月汽车制造业管理费用和财务费用分别同比增长 18.0% 和 72.6%，对行业利润形成较大影响，导致行业经济效益增长速度继续有所回落。

二　汽车行业发展的环境分析

1. 投资增速下滑拖累商用车销售

由于 2011 年国内通货膨胀形势严峻，国家收紧了货币政策，使得国内固定资产投资增长速度连续下滑，导致 2011 年国内商用车市场销量下降 6.31%。2012 年以来投资增速回落的态势依旧没有改变。由于国民经济逐渐降温，国内投资热情进一步受到抑制，同时国家对房地产市场依旧采取严格的调控措施，导致国内投资增长速度继续回落。1～9 月，全国固定资产投资同比增长 20.5%，增速比上年同期回落 4.4 个百分点。受投资增速回落的影响，商用车市场销售形势继续低迷，1～9 月国内商用车市场销量完成 282.3 万辆，同比下降 8.8%（见表2），降幅比上年同期扩大 4 个百分点，其中，货车和半挂牵引车市场销量分别同比下降 5.49% 和 28.39%。由于货车和半挂牵引车占商用车市场销量的 70% 以上，且市场需求跟投资密切相关，所以商用车销量受经济下行和投资减速的负面影响较大。

表 2　2012 年乘用车和商用车市场销量及增长

单位：万辆，%

月　份	乘用车销量	同比增长	商用车销量	同比增长
1 月	116.1	-23.8	22.9	-37.2
1～2 月	237.4	-4.4	58.1	-11.9
1～3 月	377.4	-1.3	101.9	-10.6
1～4 月	504.9	1.9	136.8	-11.6
1－5 月	633.0	5.5	169.4	-10.3
1－6 月	761.4	7.1	198.5	-10.4
1～7 月	873.5	7.5	224.4	-9.4
1～8 月	995.4	8.0	252.1	-8.9
1～9 月	1127.0	6.9	282.3	-8.8

2. 限购城市增多冲击汽车行业发展

前些年汽车需求快速增长使得汽车保有量急剧增加，汽车产业发展和社会、环境不协调的矛盾日益突出，城市交通、停车等基础设施的承载压力越来越大，道路拥堵已经成为大城市的突出问题。受此影响，自 2011 年北京、贵阳成为限购城市后，2012 年 7 月广州也采取了对汽车的限购措施，同时西安、南京等十多个城市均传出有汽车限购的政策研究，汽车限购对汽车销售的影响将越来越大。根据广州的限购政策，自 2012 年 7 月 1 日起一年内广州新增的中小汽车的配额仅为 12 万辆，而广州 2011 年汽车销量达到 25 万辆，这意味着广州第一个限购年内的汽车销量将比上年少一半，这对汽车市场将产生极大的冲击。

限购对自主品牌的中低档轿车的销量将产生更大的影响。由于摇号和牌照拍卖的概率较低及难度很大，消费者一般倾向于买中高档合资品牌或进口汽车。有调查显示，自限购政策执行后，北京汽车市场自主品牌汽车市场份额从 2010 年的 19.8% 下降到 2011 年的 10% 左右，部分自主品牌如奇瑞、吉利、华

晨和比亚迪等在北京地区的销量骤跌 2/3 以上。

3. 汽车行业存在产能过剩的危险

2012 年以来，通用、东风、大众、日产、现代等汽车企业仍在继续扩大产能，菲亚特、捷豹、陆虎等品牌也增大了在中国的投资规模。据不完全统计，国内 30 家主要汽车企业 2015 年的产能规划已达到 4000 万辆，仅一汽、上汽、东风、长安、广汽、北汽六大汽车集团 2015 年生产目标就超过 2800 万辆。而 2012 年全国汽车总销量难以突破 2000 万辆，还剩三年时间期待汽车市场销量翻番显然是不可能的，即便考虑到出口外销规模，国内汽车市场产能仍将过剩。

2012 年国内汽车市场销售增速依旧较低，离多数厂商年初制定的平均 10% 的增长目标仍有很大差距。据调查，2012 年全国汽车行业平均产能利用率仅为 70%，比 2010 年下降了 15 个百分点左右，本土厂商中一半未达到 75%，自主品牌汽车的市场销量明显受到打压，产能过剩问题更加严重。

4. 新能源汽车市场规模远低于预期

国家为鼓励新能源汽车的开发应用，陆续出台了多项措施支持新能源汽车的发展，但目前我国新能源汽车市场规模仍然较小。2009 年，国家确定了 25 个节能和新能源汽车示范推广城市，截至 2011 年底，这 25 个城市总的新能源汽车保有量仅为 11949 辆，远远低于其规划的 2012 年底要达到 52621 辆的规模。目前我国新能源汽车市场主要集中在城市公交和环卫车等政府购买的领域，由于技术成熟度、基础设施保障、动力性、经济性等原因，居民购买新能源汽车的仍寥寥无几。

根据中国汽车工业协会数据，2012 年 1 ~ 8 月，国内主要生产厂商共销售新能源汽车 6019 辆，其中纯电动汽车 2661 辆，混合动力汽车 3358 辆，按目前的销量推算，全年新能源汽车的销量为 9000 辆左右，比 2011 年增长不足 10%，在规模和增长速度上，都离能源、环境协调发展的要求还相距甚远，在性价比、方便性、可靠性方面获得消费者认可之前，新能源汽车难以成为支撑汽车产业平稳较快增长的力量。

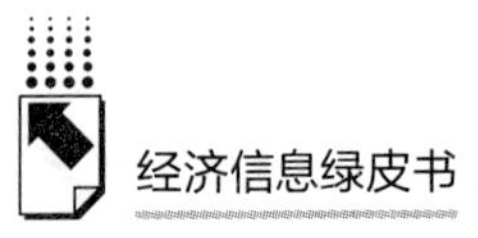

三　汽车行业发展展望

1. 2012 年汽车销售好于预期

综合考虑到经济增速下行、增长基数较大、政策效应减弱、投资放慢、货车销量继续下滑等因素的影响，我们曾在 2011 年预测 2012 年我国汽车市场销量会同比微幅下降 2.8%。从 2012 年前 9 个月的汽车销售形势看，汽车市场销量一度表现为负增长，但第二季度后增速有所回升，主要由于国家放松了货币政策并采取新的节能汽车补贴措施，对汽车销量增长起到一定拉动作用，同时国家提高了社会保障水平、增大了医保的投入和报销比例，加快释放了居民的消费购买力。9 月汽车市场销量增速比前 8 个月有所回落，显示出汽车需求回升的动力不足。由于经济下行速度开始放缓，第四季度国民经济增速会有所企稳，汽车销量增速在第四季度不会明显放慢，预计全年汽车市场销量小幅增长 3.5% 左右。

2. 2013 年国内汽车销量会维持小幅增长态势

2012 年汽车市场在困难中维持了小幅增长的态势，表明我国居民消费结构升级对汽车需求的拉动作用仍很强大，在一个年销量已经超过 1850 万辆的汽车市场上，仍能继续保持销量的上升，证明国内居民的购买力仍在不断释放。

从经济增长形势看，随着通胀的缓解，刺激经济增长的调控政策具备了更大的操作空间，2013 年国民经济增速会止跌企稳并有所回升；同时世界经济受欧洲对债务危机的救援措施和美国推出 QE3 的影响，复苏进程会有所加快，也有利于我国出口的增长，这将为我国汽车销量保持平稳增长提供有利条件。

从汽车市场环境看，自 2002 年以来我国汽车销量年均增速达到 23.6%，而世界平均增速仅为 4%（见图 5），中国经济的发展阶段和高速增长是汽车市场的强大动力。未来中国经济增速将有所回落，对汽车需求的拉动也会有所减弱，特别是经过 2009～2010 年的爆发式增长之后，国内汽车需求已经开始受到能源、交通、环境等因素的制约，汽车行业的发展将进入低速平稳的增长轨道。

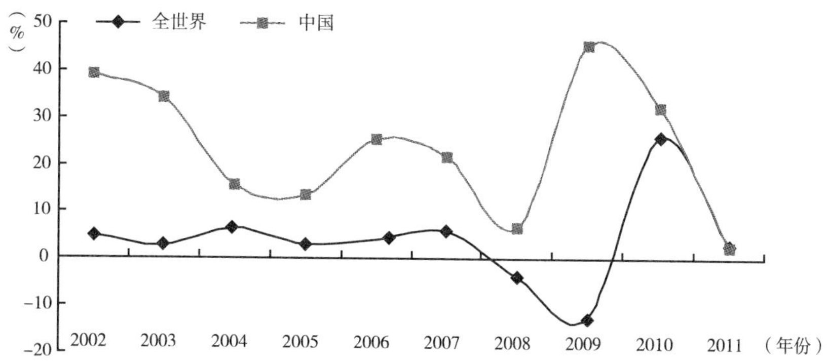

图 5　中国汽车销量增长速度与世界平均水平对比

从汽车需求看，我国居民消费升级的趋势仍给汽车需求增长提供了强大支撑，特别是我国养老、医疗等社会保障水平的日益提高，有利于释放居民购买力，继续支持汽车需求保持稳定增长。初步预测，2013 年我国汽车市场销量将达到 2050 万辆，同比增长 7% 左右。

3. 新能源汽车产业会加快发展

2012 年 7 月，国务院正式出台《节能与新能源汽车产业发展规划（2012 ~ 2020 年）》，计划至 2015 年，纯电动汽车和插电式混合动力汽车累计产销量力争达到 50 万辆；到 2020 年，纯电动汽车和插电式混合动力汽车生产能力达 200 万辆、累计产销量超过 500 万辆。按照这一规划目标，未来我国新能源汽车产业应有大幅增长。

从国际比较来看，发达国家都制定了自己的新能源汽车发展目标，美国计划 2015 年电动汽车保有量达到 100 万辆，韩国和英国分别制定了 120 万辆和 24 万辆的发展目标。而日本、德国和法国的目标是到 2020 年电动汽车保有量分别达到 200 万辆、100 万辆和 200 万辆。发达国家加大新能源汽车的发展力度，也给我国新能源汽车的国际合作提供了有利条件，有利于我国新能源汽车产业的加快发展。

另外，新能源汽车的普及仍存在很多困难，需要在关键技术上提高可靠度和成熟度，并加快相关配套基础设施的建设。同时，由于我国仍处于汽车普及性发展的过程，居民对汽车产品的需求更多停留在耐用、可靠、安全、便捷等方面，环保和节能的意识还不足，这使得传统能源汽车仍然具有较大吸引力，同时新能源汽车成本的相对较高也会影响消费者的选择，因此新能源汽车的发展仍存在不确定性，还需要政策更有力的支持。

4. 汽车市场将加快向二、三线城市转移

由于城市基础设施和环境的承载容量有限，一线城市的汽车市场开始进入饱和期，特别是汽车限购城市增多之后，汽车市场会加快向二、三线城市转移，一线城市的汽车销售增速将放缓，而二、三线城市汽车市场空间依然很大。数据显示，我国一级城市拥有1.5亿人口，占全国的11.2%；二级城市拥有3.5亿人口，占25.9%；三级及以下城市和地区拥有8亿人口，占62.9%。

根据中国汽车工业协会的数据分析，在过去几年里，一线城市汽车市场的份额在逐年下降，平均每年下降2~3个百分点，而二、三线城市汽车市场的份额在迅速提升，2010年的份额为29.3%，2011年已经超过30%。由于城市拥堵日益严重，汽车尾气对城市空气质量的影响也明显增大，一线城市的汽车保有量离城市容量极限越来越近，汽车限购力度会不断增强。以北京为例，北京市政府增强了对空气质量PM2.5指标的监控，而根据北京市环保局的检测，在城市大气污染总量当中，汽车尾气对PM2.5的贡献率大约为20%。这表明，一线城市能承载的汽车总量已经接近极限，而二、三线城市由于汽车保有量相对较低、城市发展空间还很大，将成为汽车企业重要的市场开拓领域。

5. 自主品牌汽车市场份额下降压力继续增大

2011年小排量汽车购置税优惠和汽车下乡政策的退出，已经导致自主品牌汽车市场份额有所下滑，2012年受汽车限购城市增加、上海市汽车牌照拍卖难度增大等因素的影响，自主品牌汽车市场份额再次遭到打压。由于技术研发不足、汽车油耗指标较高、低端产能过剩等原因，自主品牌汽车厂商未来仍然处于竞争劣势。

政策方面也对自主品牌汽车厂商形成新的压力。2012年10月1日国家实行了新的节能汽车补贴政策，提高了节能汽车认定的油耗标准，将入围节能汽车产品目录的平均油耗门槛从6.9升/百公里提升至6.3升/百公里，单车补贴3000元标准不变。油耗标准提高后，原来的节能汽车产品中有七成将不再享受政策补贴，收紧的节能汽车补贴政策对自主品牌厂商将产生更大的冲击。

G.26

2012年钢铁行业运行分析及2013年展望

耿德伟*

摘　要：

2012年，受国内外经济形势低迷的影响，我国钢铁行业发展遇到较大困难，主要表现为下游需求不振，出口不畅，产能过剩问题突显，钢铁产品价格不断回落，企业经济效益下滑。展望2013年，虽然钢铁行业会受益于国家为“稳增长”推出的各项刺激政策以及上游原燃料价格的不断走低，但在国内外总体经济形势没有根本性改观的情况下，钢铁行业发展的内、外需环境仍然偏紧。预计2013年钢铁行业规模以上增加值增长9.0%，粗钢产量增长3%。为促进钢铁行业早日走出困境，应着力加大钢铁企业的整合力度，淘汰落后产能，加快产业升级步伐，提高钢铁行业可持续发展能力和国际竞争力。

关键词：

钢铁　运行分析　展望

一　2012年钢铁行业运行情况分析

1. 钢铁产量增速出现下滑

受宏观经济形势低迷以及下游需求疲软的影响，2012年我国钢铁产量增长速度比上年同期大幅下降。1～9月，我国粗钢产量累计达54234万吨，较上年同期累计同比增长1.7%，增长速度较上年同期大幅下降9个百分点。钢

* 耿德伟，经济学博士，国家信息中心经济预测部助理研究员，研究方向为产业经济。

材累计产量达70828万吨，同比增长5.7%，增长速度较上年同期下降8.25个百分点。

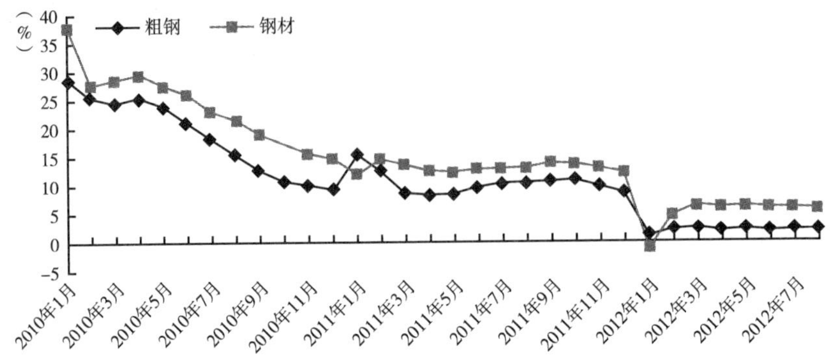

图1　2010年1月至2012年9月我国钢铁产量累计同比增速

2. 下游需求疲软

由于整体经济形势较为低迷，2012年我国的固定资产投资增速出现一定程度下降，由此导致下游行业对钢铁产品的需求总体较为疲软。2012年1～9月，固定资产投资完成额累计增长20.5%，增幅较上年同期下降4.4个百分点。其中，建筑安装工程总投资1～9月累计同比增长21.7%，较上年同期下降8.4个百分点。房地产开发投资增速也维持在较低的水平，2012年1～9月，房地产开发投资完成额累计同比增速为15.4%，较上年同期大幅下降了16.6个百分点。

在主要用钢行业中，通用设备制造业、铁路船舶航空航天和其他运输设备制造业、电气机械及器材制造业1～9月规模以上工业增加值累计同比分别增长7.9%、4.2%和9.3%，较上年同期分别下降10.6个、7.9个和6.0个百分点。

3. 钢铁价格快速回落

钢铁价格在2012年延续了2011年5月以来的下跌势头。截至2012年9月第三周，中国钢铁工业协会CSPI钢材综合价格指数为100.80点，较年初的119.99点已经下降了19.19点，下降幅度为16.0%。特别是4月以来，受下游需求疲软以及原燃料价格下降的影响，钢铁价格更是出现了加速下跌势头，

5 个月的时间内钢铁价格下跌了约 17.3%。

主要钢材品种中，无论是长材还是板材，价格都出现较大幅度下跌。根据中国钢铁工业协会的统计，2012 年 9 月第三周长材价格指数为 104.36 点，较年初的 125.87 点下降了 21.51 点，降幅为 17.09%；板材价格指数为 98.20 点，较年初的 116.02 点下降了 17.82 点，降幅为 15.36%（见图 2）。总体来看，长材价格对经济走势更为敏感。

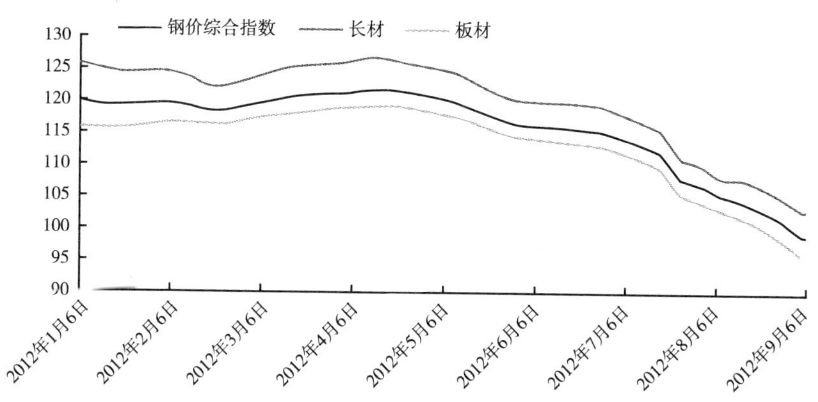

图 2　2012 年中国钢铁价格指数

4. 产品出口受阻

2012 年，国际经济形势较为低迷，欧盟国家仍未能找到解决欧债危机的合理方式，与此同时，美国、日本等主要发达经济体的经济复苏势头进一步减弱。受此影响，我国钢材出口虽然有一定程度的增长，但出口增长速度较上年有所下降。

2012 年前 9 个月，我国钢材累计出口量为 4094 万吨，平均每月出口 454.9 万吨，累计出口量较上年同期增长 10.2%，出口增速较上年同期有所提高，但与 2008 年顶峰时期的出口水平相比还有较大距离（见图 3）。由于国际经济近期难有大幅好转，我国钢铁出口在 2013 年仍将面临困难。

受国际钢材需求疲软影响，2012 年钢材产品出口价格较 2011 年有所回落（见图 4）。1～9 月钢材产品出口平均价格为 953.9 美元/吨，较上年同期的 1044.4 美元/吨下降 90.5 美元/吨，降幅为 8.7%。

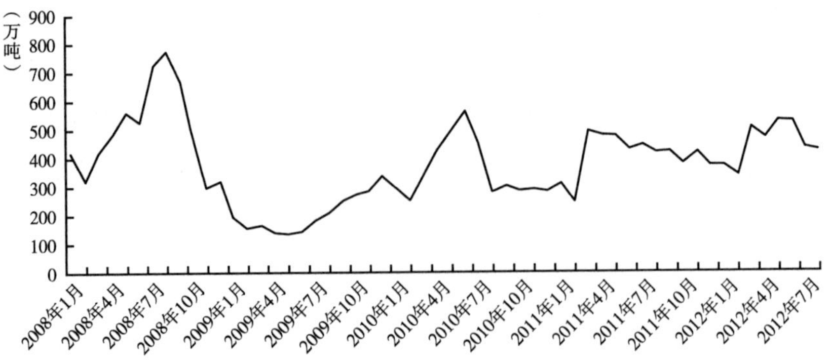

图 3　2008～2012 年我国钢铁出口走势

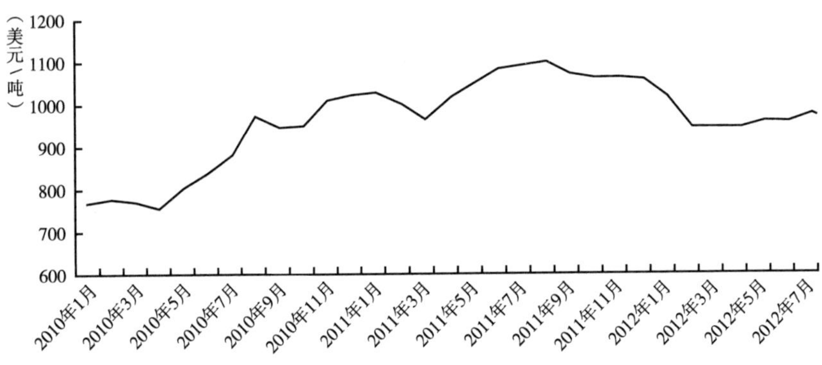

图 4　钢材出口平均单价

5. 社会库存水平持续下降

在需求低迷、价格持续下跌的情况下，钢材贸易商亏损严重，其进货积极性受到抑制，并由此导致钢材库存水平大幅下降。至 9 月 21 日，全国 26 个主要钢材市场五种钢材（中板、冷轧薄板、热轧薄板、线材和螺纹钢）社会库存量为 1306.5 万吨，比上月底下降 126.5 万吨，降幅为 8.8%（见图 5）。这是 2012 年以来钢材社会库存量连续第 7 个月下降。在市场对经济前景信心不足的大背景下，即使钢价持续走低，贸易商的进货积极性仍然很难被激发出来。

6. 原燃料价格不断下跌

由于下游钢材市场需求乏力，钢铁产量增速下降，国内铁矿石供过于求

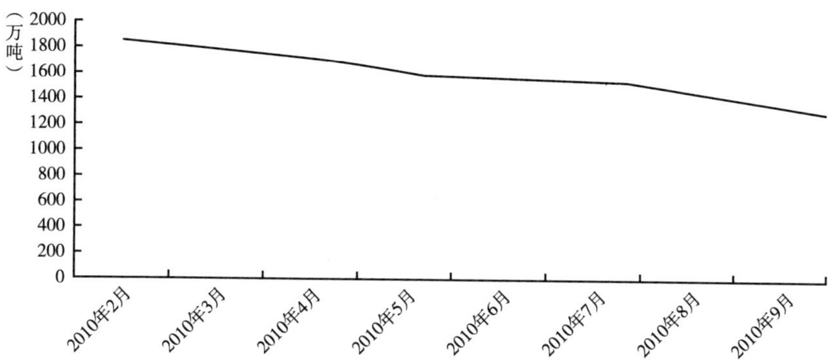

图 5　2012 年各月钢铁社会库存

状况没有得到有效缓解，铁矿石价格不断下跌。2012 年 9 月第三周，中国铁矿石价格指数（CIOPI）为 358.37 点，较年初的 454.11 点下降了 95.74 点，降幅为 21.08%。与钢铁价格走势类似，铁矿石价格也是在 4 月以后出现加速下跌。

铁矿石价格下跌主要受进口铁矿石价格下跌推动。从图 7 可以看出，2012 年国产铁矿石价格走势相对平缓，而进口铁矿石价格在 5 月以后出现加速下跌的迹象。简单的回归分析表明，进口铁矿石价格变动解释了铁矿石价格总体变动的 65%，国产铁矿石价格波动仅能解释铁矿石价格总体变动的 33% 左右。

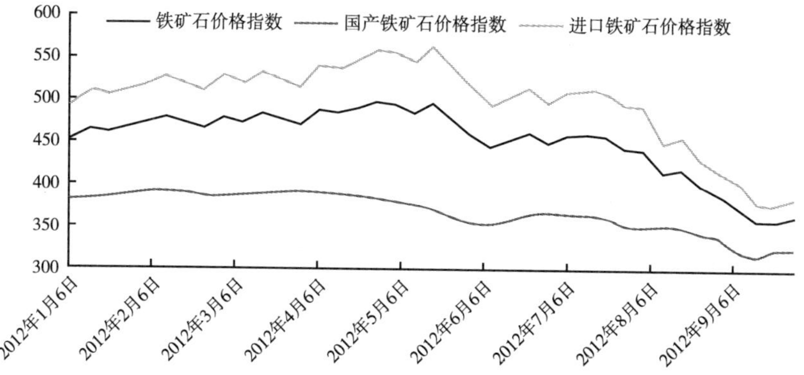

图 6　2012 年铁矿石价格指数

二　当前钢铁行业发展存在的主要问题

1. 产能严重过剩

从总体运行情况来看，产能过剩依然是我国钢铁行业健康发展的主要障碍。在2001年时，中国每月粗钢产量约为1000万吨，而2012年3月以来每月的粗钢产量都超过了6000万吨，11年时间提高了6倍，粗钢产量的增长速度相当于每年17%～18%，远高于同期国民经济的增长速度。虽然目前原燃料价格下跌在较大程度上降低了钢铁企业的运行成本，但在下游需求较为疲软的情况下，钢铁价格的下跌幅度更大，从而造成钢铁企业的经济效益不断下滑。

从较长期来看，我国对钢材的需求将逐步见顶。2011年，我国的人均GDP水平按购买力平价换算达到8000多美元，已经步入了中高收入国家行列。从国际经验来看，当一个国家达到中高收入水平后，产业结构通常会出现较大程度的转型：服务业将在经济中占有越来越高的比重，而工业的比重则会相应下降。目前，在我国的经济发展中，第二产业在国内生产总值中所占的比重仍在50%左右，而美国的第二产业在其总体经济中仅占19.2%。日本的制造业虽然比重较高，但也仅占27.3%。随着中国经济发展水平向发达国家迈进，我国未来的经济发展也将越来越多地依赖于第三产业而不是第二产业。此外，我国的城镇人口比重在2011年达到51.3%，而国际经验显示，城镇化水平达到50%后城镇化速度将逐步放缓。这些宏观因素都将对钢铁需求增长产生抑制作用。

2. 行业集中度较低

我国虽然是世界上的第一大钢铁生产国家，但国内钢铁生产企业数量众多，呈现出大产业、小企业的状况。针对国内钢铁企业林立的现状，工信部曾在2010年出台了《关于进一步加大节能减排力度，加快钢铁工业结构调整的若干意见》（国办发〔2010〕34号文）。根据该文件，我国计划将国内的钢铁企业整合到200家左右。即使该文件能够得到顺利执行，我国的钢铁企业数量仍显过多。在2012年的全球财富500强中，我国钢铁企业中有7家入榜。虽

然上榜企业较多，但与行业排头企业相比仍有较大差距。例如，我国钢铁企业中排名最高的宝钢集团在全球500强中仅排名197位，主营业务收入为489.16亿美元。与之相比，钢铁行业排名最高的安赛乐米塔尔集团则排名70位，主营业务收入944.44亿美元，规模约是宝钢的两倍。

行业集中度较低，限制了我国钢铁行业整体规模优势的发挥。这点尤其体现在钢铁企业与国外铁矿石企业的价格谈判方面。虽然近期对进口铁矿石的依存度有所下降，但目前我国的铁矿石需求中仍有一半以上依赖国外进口，而国际铁矿石市场主要被力拓、必和必拓和淡水河谷三家企业垄断。由于我国钢铁企业数量过多，在铁矿石价格谈判时往往各自为战，从而处于弱势地位。另外，相比于大型钢铁企业，大量存在的中小型钢铁企业由于设备水平偏低、技术落后，不仅产品附加值较低，还带来了高能耗、高污染等问题。

3. 行业经济效益大幅下滑

2012 年以来，虽然原燃料等成本因素的下降在一定程度上对钢铁企业的经济效益产生支撑作用，但由于下游需求持续疲软，钢材价格不断下跌，钢铁企业经济效益出现大幅下滑（见图 7）。

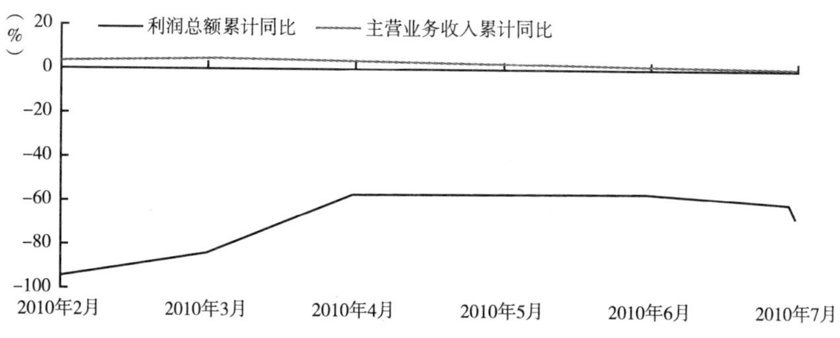

图 7　2012 的钢铁行业经济效益

数据显示，2012 年 8 月，黑色金属冶炼和压延加工业（即钢铁行业）利润总额累计同比下降 67.40%，连续 7 个月出现大幅下降；主营业务收入增长速度不断下滑，8 月同比增长甚至为 -0.40%。在整体需求较为疲软、钢铁价格不断下降的情况下，钢铁企业的经济效益近期难以出现大幅好转。

三　2013 年钢铁行业运行趋势展望

1. 政府加大"稳增长"力度对钢铁行业产生较强支撑

为了阻止经济进一步下滑，中央加大了"稳增长"的力度。9 月初胡锦涛主席在 APEC 峰会上发表演讲时指出，中国将加强基础设施建设，发挥基础设施建设在拉动内需、增加就业等方面的积极作用。温家宝总理则在 9 月 11 日的夏季达沃斯论坛上指出，在稳定经济增长方面，货币政策和财政政策都还有很大的空间。为了推动经济稳定增长，政府将适时动用 1 万亿元的财政盈余以及 1 千多亿元的中央预算稳定调节基金。作为呼应，国家发改委在 9 月已经开始加快了对项目的审批速度，先后批复了涉及 25 个项目共计 8000 多亿元的全国多个城市轨道交通建设规划，核准了 13 项地区公路工程项目，批复了 10 个环保投资项目以及若干机场项目和水电建设项目。这些项目的开工建设，将大大提高对钢材的需求水平，从而对钢铁行业的运营产生一定支撑作用。

2. 国际经济形势不稳定对钢铁出口继续造成压力

受国际经济形势低迷的影响，我国钢材出口已经连续 5 个月呈下降状态。从目前状况看，主要发达经济体的经济形势仍没有明显好转，这将继续对我国的钢材出口造成压力。随着欧债危机继续向核心国家扩散，欧洲经济整体上仍处于衰退的状态。8 月的调查数据显示，欧盟地区的制造业采购经理人指数仅为 45.1%，这意味着欧盟地区的制造业还在继续收缩。美国的经济形势同样不容乐观，虽然其经济在第二季度同比增长了 1.5%，但较第一季度已经有所下滑。更为重要的是美国失业率一直维持在较高水平，9 月失业率仍为 7.8%，为美国经济的复苏前景投下了阴影。日本经济增速同样出现大幅下滑。受出口减弱的影响，日本经济的环比增速从第一季度的 1.0% 猛降至第二季度的 0.3%。预计日本近期也将以缓慢增长为主调，经济形势不会出现大幅好转。

不过，随着美联储推出 QE3 以加大刺激经济的力度，同时数据也显示欧盟核心国家德国的经济形势开始出现一定程度好转，国际经济虽然不可能出现大幅改观，但动荡局面在未来可能会有所缓和。这可能会在未来对我国的经济发展以及钢铁行业运行带来一些正面效应。

3. 钢铁行业经济效益难有大幅改观

从图 8 的趋势看，我国钢铁行业的销售利润率自 2004 年以来就呈逐年下降的态势。虽然缺少 2012 年的数据，但从前 8 个月钢铁行业的运行情况看，2012 年我国钢铁企业的经济效益很不乐观。展望 2013 年，我们认为钢铁行业的经济效益仍难有大幅改观。首先，行业产能过剩仍是制约行业健康发展的关键性因素，这点在 2013 年仍不会有太大改善。其次，虽然 IMF 等国际机构预计 2013 年的世界经济形势较 2012 年会有所好转，但在地缘政治角力不断加剧以及欧洲债务危机迟迟不见好转的情况下，世界经济发展在 2013 年还面临诸多不确定性因素，这些都会对钢铁需求形成抑制。最后，节能减排的大力推进以及人工成本的不断提高也会提高钢铁企业的运营成本。这种不利的形势也会推动中国钢铁工业加快整合力度，淘汰落后产能，努力提高产品附加值，从长远看会推动行业更加健康地发展。

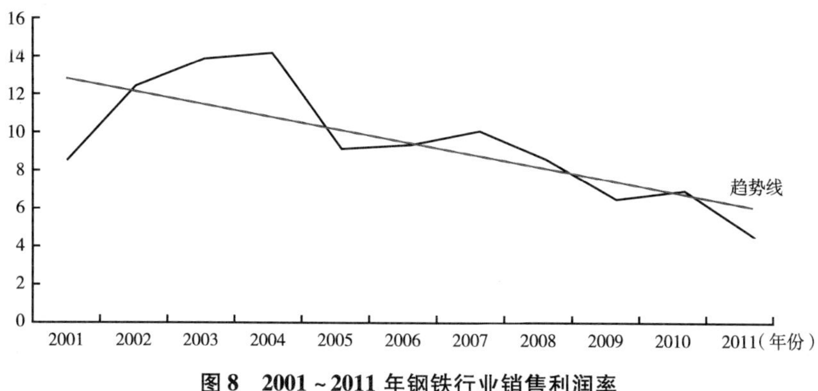

图 8　2001～2011 年钢铁行业销售利润率

4. 钢铁行业主要指标预测

综合以上分析，并通过计量经济模型测算，2013 年钢铁行业将维持中低速增长态势，其中粗钢产量增长 3.0% 左右，规模以上企业增加值增长 9.0% 左右（见表 1）。

表 1　钢铁行业主要指标预测

单位：%

指　　标	2012 年 1～9 月实际	2013 预测
产量增速	1.7	3.0
增加值增速	8.7	9.0

四　促进钢铁行业健康发展的政策建议

1. 加快行业整合步伐，合理控制产能增长

一是要破除地方保护主义。在各地方政府保护主义措施下，许多经济效益较差的钢铁企业仍然能够在市场上生存，降低了资源配置效率。在未来的行业整合过程中应充分发挥市场的主导作用，真正实现优胜劣汰。二是要合理控制产能增长，防止各地盲目乱上钢铁项目。

2. 外部成本内部化，充分发挥市场调节作用

首先要充分发挥市场在原燃料价格形成方面的主导作用。原燃料价格扭曲、价格过低是许多地方盲目乱上钢铁项目的重要原因。未来应让市场在原燃料价格形成方面发挥更大的作用，通过市场价格信号调节钢铁行业的发展。其次，加快研究出台环境税、碳税。钢铁行业是污染大户，也是我国碳排放的主要来源。充分将这些外部成本内部化，不仅可以提高资源配置效率，还可以更好地解决我国经济发展中面临的污染和环境变化问题。

3. 改善产品结构，提高产品附加值

一是要加大创新投入力度。虽然我国是世界第一大钢铁生产国，但大部分产品集中在钢铁产品的低端，产品附加值低。通过加大创新投入，努力扩大我国在钢铁高端产品的市场占有率，提高产品附加值，才能使我国真正成为钢铁强国。二是要有序淘汰落后产能。通过制定详尽的行业标准，坚决淘汰那些能耗高、污染大、品质低的产能，逐步提高行业发展的整体质量。

4. 推动钢铁企业积极“走出去”

2012 年前 8 个月我国的钢铁产量占全球的平均比重约为 47%，而我国的经济总量仅占全球的 10% 左右。随着我国越来越多的地区完成工业化进程，我国对钢铁的需求量将逐步见顶。与此同时，世界上还有许多国家正处于工业化进程的初期，其对钢铁的需求量将不断攀升。在此情况下，我国政府应鼓励钢铁企业积极“走出去”，以消化过剩的产能。

G.27

2012年煤炭行业运行分析及2013年展望

张 峰*

摘 要：

2012年以来，随着我国经济增速持续减缓，煤炭供求关系发生转变，“买方市场”特征显现，量价齐增10余年的煤炭产业面临较大压力。从发展趋势来看，“稳增长”政策效应的逐渐显现以及企业以销定产范围的扩大，将有利于缓解煤炭市场供大于求的状况，在国民经济企稳回升的带动下，2013年煤炭生产、消费将平缓增长，市场供需将趋向平衡，煤炭价格小幅回升。“十二五”时期，经济发展方式转变和能源结构优化调整步伐的加快，将有利于改善煤炭供需关系，促进煤炭产业持续稳定发展。

关键词：

煤炭 运行分析 展望

一 煤炭行业“买方市场”特征显现

金融危机后，伴随“4万亿元”刺激政策的实施，煤炭生产、消费、价格及产能快速增长，行业景气度保持高位。随着欧债危机的深化蔓延和国内调控政策的实施，2011年第四季度以来我国经济增速逐渐放缓，煤炭需求动力减弱，市场价格逐渐回落，在产能持续释放、进口增长加快、水电高产等因素影响下，前9个月煤炭产量和进口量大于消费量约1亿吨，煤炭行业供大于求的“买方市场”格局开始显现，导致5月以来煤炭价格明显下跌，社会库存大幅

* 张峰，国家信息中心预测部高级经济师，研究领域包括宏观经济、产业经济。

增加，企业经济效益下滑。

1. 煤炭需求增势放缓，火电减产影响较大

从近年来我国经济运行的情况来看，重工业走势与GDP高度相关，但增速变化幅度明显大于GDP增速的振幅，经济加速时煤炭等能源需求增幅提高较快，但2012年以来，随着GDP增速由上年底的9.3%减缓到第三季度的7.4%，创下14个季度以来的新低，煤炭市场需求从第二季度开始大幅放缓，全国煤炭消费增速由上年底的6.3%及第一季度的6.4%，快速下滑至上半年的2.8%，前三季度增速依旧为2.8%，增幅同比回落7.5个百分点，消费量达到30.2亿吨（中煤协数据）。

电力、钢铁、建材、化工行业占全部耗煤总量80%以上。2012年以来，多数耗煤产品产量呈现减速态势，特别是火电减产对煤炭消费造成较大影响。（1）火电耗煤少增6000余万吨。外需下滑及投资放缓使工业生产增速回落幅度较大，导致电力供应相对宽松。1~9月发电量同比增长3.6%，增幅比上年同期回落9.1个百分点，这给发电企业减产火电提供了条件。随着汛期来水情况较好，水电增速由负转正，前9个月增长24.3%，同比提高24.9个百分点；而火电产量从4月开始降幅逐月扩大，1~9月累计下降0.2%，而上年同期为增长14.4%，占总发电量的比重回落到78.6%，比上年同期回落4个百分点，为1990年以来同期的最低值。火电减产导致电力行业耗煤量从3月最高的1.69亿吨迅速下滑至6月的1.45亿吨（见图1），前9个月累计电力行业耗煤约14.7亿吨，同比增长1%，增幅回落12.3个百分点（中煤协数据）。占煤炭消费总量50%的火电用煤的迅速萎缩，使得煤炭市场供过于求矛盾激化，成为5月以来煤炭价格大跌的主要原因。如果按照前10年1~9月火电占总发电量的平均比重82.3%计算，发电耗煤减少了6000万吨以上，对煤炭消费影响较大。（2）持续严厉的房地产调控政策及基础设施建设步伐放缓，抑制了下游钢铁、建材等产业的市场需求，1~9月钢材、水泥产量增幅同比分别回落8.3个和11.4个百分点，导致钢铁行业耗煤约4.5亿吨，同比增长3%，增幅回落3.7个百分点；建材行业耗煤约3.9亿吨，同比增长6%，增幅回落2.8个百分点；化工行业耗煤约1.4亿吨，同比增长6.5%，增幅回落4.2个百分点（中煤协数据）。

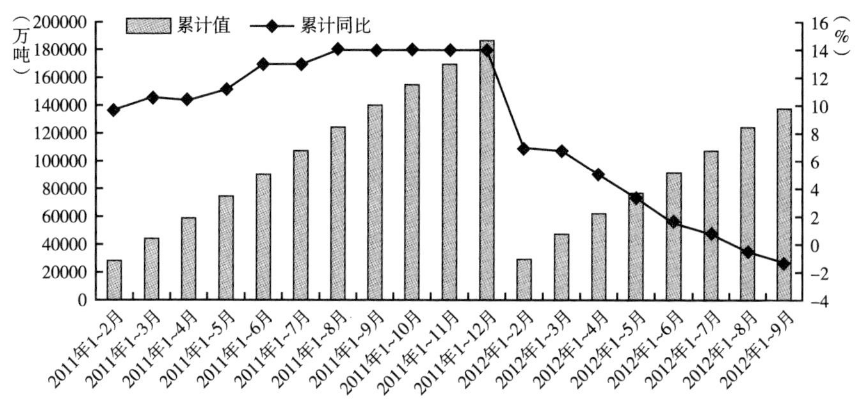

图 1　全国电力行业耗煤总量情况

数据来源：Wind 资讯。

2. 进口激增扩大供给，以销定产效果初显

随着经济运行环境趋紧及市场需求逐渐转淡，在上年高基数影响下，2012 年以来煤炭生产呈现低速增长态势。1 ~9 月，煤炭开采和洗选业工业增加值增长 10. 3% ，增幅同比回落 7. 6 个百分点；原煤产量 29. 65 亿吨，同比增长 5. 2% （中煤协数据），增幅比上年同期回落 8. 7 个百分点。

尽管国内企业放缓生产步伐，但国际煤价下跌刺激了进口的高速增长，煤炭供给增长依然较快。受世界经济持续低迷影响，加之美国页岩气等替代能源快速增长，2012 年以来国际煤炭市场价格持续大幅下滑。澳大利亚 BJ 动力煤现货价格从年初 112. 3 美元/吨左右下降到 9 月底的 86. 75 美元/吨（见图 2），累计下降 22. 8% ，而同期环渤海动力煤价格为 630 元/吨左右（见图 3），加之海运费保持低位，国内外价格形成“倒挂”，推动煤炭进口快速增加。前 9 个月全国煤炭进口量 1. 66 亿吨，同比增长 34. 3% ，增幅提高 32. 4 个百分点；出口 744. 3 万吨，同比下降 38. 6% ，降幅比上年同期扩大 18. 9 个百分点；净进口 1. 58 亿吨，比上年同期增加 4700 万吨。煤炭产量加净进口量合计同比增长 6. 6% ，比原煤产量增速高出 1. 4 个百分点。自 2009 年出现煤炭净进口以来，煤炭进口规模持续扩大，对国内煤炭供需关系的影响日益加深（见图 4）。

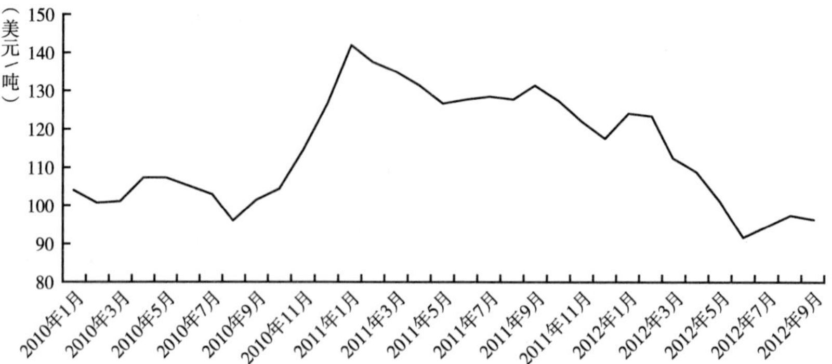

图 2　澳大利亚纽卡斯尔/肯布拉港动力煤现货离岸价格

资料来源：Wind 资讯。

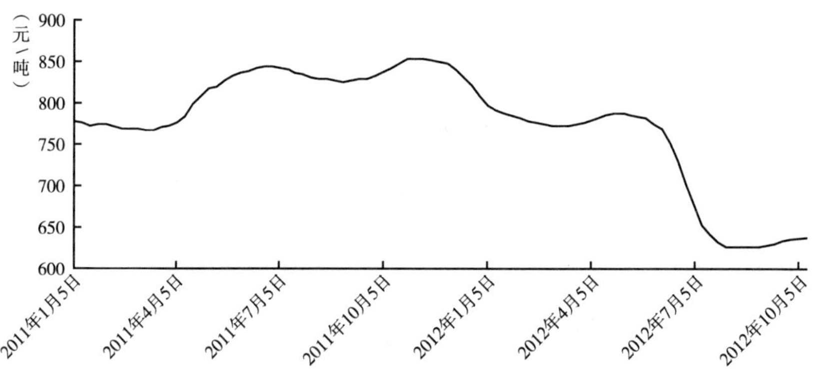

图 3　环渤海动力煤综合平均价格指数

资料来源：Wind 资讯。

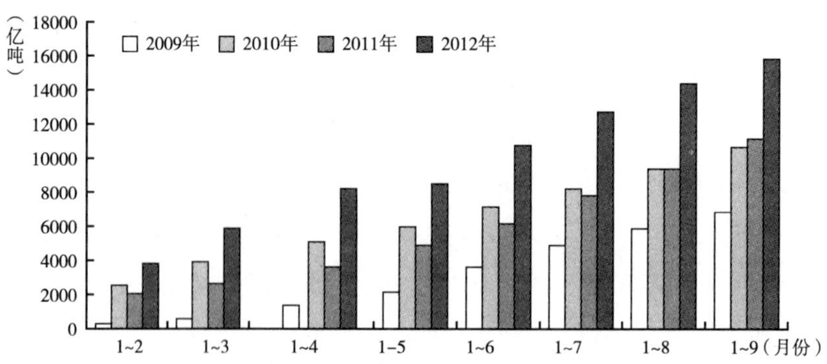

图 4　2012 年各月累计煤炭净进口量变化情况

资料来源：Wind 资讯。

为缓解市场供大于求的状况，煤炭企业停产、限产力度逐渐加强，国家发改委也下调了内蒙古、山西和陕西的产量预期，以销定产效果开始初显。7 月、8 月、9 月煤炭产量环比分别减少 700 万、1800 万和 300 万吨，8 月、9 月产量同比分别下降 4.7% 和 3.5%（见图 5）；进口量环比分别下降 231 万、293 万和 242 万吨。

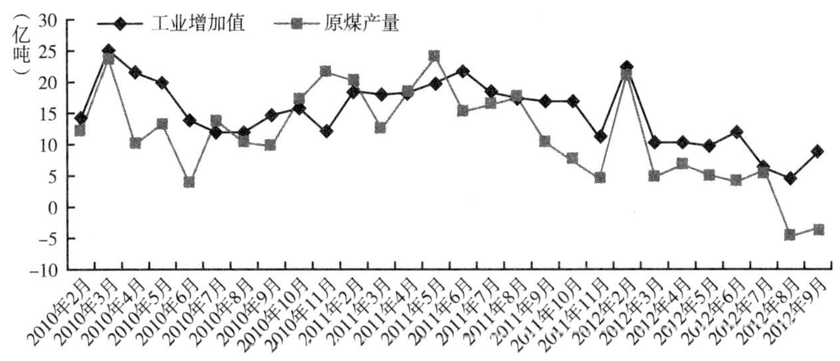

图 5　煤炭工业增加值与原煤产量月度增速

资料来源：Wind 资讯。

3. “买方市场”特征显现，“稳增长”开始起效

在需求放缓、产能释放和进口大量增加的冲击下，2012 年以来煤炭库存大幅增加，煤炭价格快速下行，煤炭市场供大于求矛盾突出。9 月底，全社会煤炭库存 2.87 亿吨，其中，煤炭企业存煤 9800 万吨，同比增长 70.4%；重点发电企业存煤 9028 万吨，同比增长 40%，存煤可用 28 天，比上年同期增加 11 天；主要港口存煤 4500 万吨左右，比上年同期增加约 1000 万吨（中煤协数据）。煤炭市场价格跌回到金融危机时期的水平。9 月底，秦皇岛港 5500 大卡动力煤平仓价为 630 ~ 640 元/吨，比上年最高价位下降 220 ~ 230 元/吨，和年初相比每吨下跌了 170 元/吨，仅高出上月底 10 元/吨，达到 2009 年 10 月以来最低水平。价格下降和成本上升导致行业利润出现金融危机以来的首次下降，企业经营压力加大。自 6 月出现 2009 年 11 月以来的首次下降之后，8 月底煤炭开采和洗选业利润降幅扩大到 13.9%，而上年同期为增长 35.6%；企业应收账款同比增长 29.2%，比上年同期提高 6 个百分点。

“稳增长”政策效果的显现对缓解煤炭供需矛盾开始发挥作用。下半年以来，随着国家加快项目审批进度，基础设施、房地产投资企稳反弹，带动了下游行业需求预期的改善，9 月底社会煤炭库存比 6 月底的最高值减少 700 万吨（见图 6），其中秦皇岛港煤炭库存从最高的 946 万吨已下降到 608 万吨，低于 650 万吨的正常水平，市场价格也呈现止跌企稳态势。

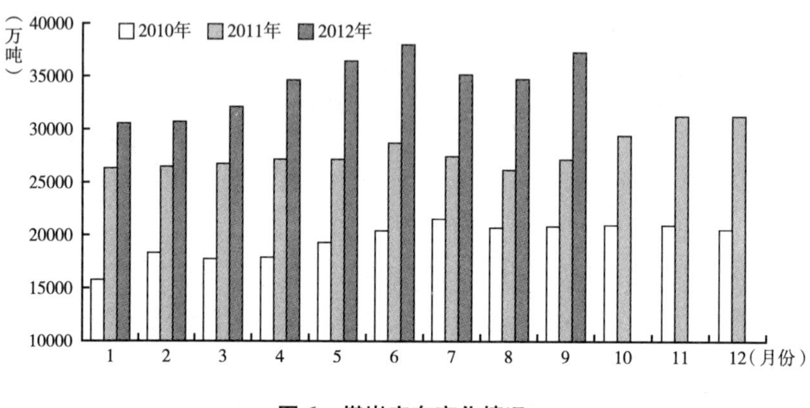

图 6　煤炭库存变化情况

资料来源：Wind 资讯。

二　2013 年煤炭市场供大于求有望改善

展望 2013 年，世界经济将在曲折中温和复苏；国内经济有望企稳回升，房地产投资小幅增长，将带动煤炭需求稳定增长，市场价格平稳趋升。而经济运行环境的好转及融资环境的改善，将有利于企业提高生产信心，煤炭资源整合的集约化发展将促进市场调节能力的提高。随着产业结构调整及能源结构调整的进一步加快，煤炭市场有望趋向供需平衡。

1. 能源结构调整加快，煤炭发展空间受限

随着重工业化进程的加快及城市化速度的提高，粗放型的经济发展模式带动我国以煤炭为主的一次能源消费持续增长，推动煤炭产业的供需两旺。2001 ~ 2011 年 GDP 年均增长 10.4%，而煤炭产量年均增长 8.9%，煤炭消费年均增长 9.5%。“十二五”期间，随着经济规模进一步扩大，煤炭消费量还将持续

增加，而发展方式转变、产业结构调整、能源结构优化和节能减排力度的加强，将影响煤炭需求增长速度逐步放缓，限制煤炭行业粗放式的发展空间。第一，能源强度趋于下降形成“增长约束”。从国外经验看，伴随着工业化和后工业化进程的加快，由于产业结构的变化，能源强度都表现出先扬后抑的变化规律。在我国也是如此，“十一五”期间我国能源消耗强度已经下降了 19%。“十二五”时期，转变经济发展方式、扩大内需、加快服务业发展等举措，将带动能源强度继续下降，使煤炭需求增速放缓。第二，能源结构转变形成“资源约束”。世界煤炭消费占一次能源消费总量的比重不到 30%，而我国煤炭消费比重远超世界平均水平。为此，“十二五”相关规划提出煤炭在一次能源消费结构中的比重由 2010 年的 70% 下降到 2015 年的 63%，非化石能源占比提高到 11.4% 的约束性指标；2015 年煤炭产量、消费总量控制在 39 亿吨左右。而 2011 年煤炭产量、消费量已经达到 35.2 亿和 35.7 亿吨，未来 4 年只要以年均 2.6%、2.2% 的低速增长就能实现目标，能源结构调整优化将进一步挤压传统化石能源的生存空间。第三，节能减排压力增大形成“环境约束”。煤炭作为能源领域排放二氧化碳的主要来源，随着“十二五”规划要求单位国内生产总值能耗和二氧化碳排放分别降低 16% 和 17%，及《“十二五”节能减排综合性工作方案》节能减排目标的贯彻落实，煤炭工业及高耗煤行业发展将受到更加严厉的环境制约。

2. 国内外经济温和复苏，市场环境有望改善

当前，国际经济环境复杂多变，欧债危机结束遥遥无期，美国“财政悬崖”风险巨大，新兴经济体也显露颓势，世界经济不确定因素仍然较多，2013 年全球经济仍将处于深度结构调整之中。但在主要经济体宏观政策宽松的影响下，世界经济温和复苏的可能性较大。IMF《世界经济展望》最新报告预计，2012 年、2013 年世界经济将增长 3.3%、3.6%。我国经济发展的外部环境仍不容乐观，影响出口企业对能源需求的快速增长。

当前，随着稳增长政策措施的逐步见效，我国经济缓中趋稳态势显现。2013 年，国内稳增长与调结构相结合的政策组合将进一步显效，财政政策和货币政策将更加灵活，“十二五”重点建设项目加快推进，落实“十八大”精神和政府换届将进一步调动全国上下的发展热情，“新非公 36 条”的进一步落实将更充分调动民间投资积极性等，将有助于推动经济增长的企稳回升，预计GDP增长8%左右；固定资产投资名义增长22%，比2012年提高1.4个百分点，实际增速提高1个百分点，将有利于煤炭、电力等能源需求的稳定增长。

3. 耗煤行业有所好转，消费需求小幅回升

火电煤炭消费有所反弹。国外经验表明，燃煤发电是煤炭消费的主要方面，发达国家一般都占其煤炭消费总量的80%以上，美国发电用煤达到90%，而2010年我国发电用煤占比仅为48.9%，发电用煤还有很大发展空间。2012年在电力需求放缓的背景下，1～9月水电设备平均利用小时增加416小时，而火电设备平均利用小时减少269小时。这种替代现象并不常见，2008～2011年同期水电设备平均利用小时同比分别增加60、－180、－11、－301小时，而火电设备平均利用小时同比分别增加－166、－284、290、193小时。2013年，经济企稳回升将带动发电设备利用小时数的提高，靠天吃饭的水电难以保障电力供应稳定，需要进一步发挥火电的稳定作用，带动煤炭需求的增长。但2005年以来占火电投资已连续6年持续减少，2012年1～9月同比又下降15%。新增装机容量的持续减少，将制约煤炭需求的增长幅度，我国电力供给保障能力也将面临挑战。

主要耗煤产业需求稳定。2012年以来，“稳增长”政策带动基建投资逐步恢复，货币政策趋于宽松及部分刚性需求重新开始释放，带动房地产市场出现反弹迹象。2013年，作为“十二五”规划的第三年，大量审批并开工的“十二五”规划重点建设项目将有利于基建投资持续增长；而房地产调控难以出现明显放松，保障性住房建设面临较大的资金压力，2012年1～9月，土地购置面积和房屋新开工面积仍分别下降16.5%和8.6%，决定了房地产投资只能处于缓慢恢复阶段。预计2013年房地产开发投资名义增长15%，实际增速与2012年大体持平。2013年投资增幅的小幅回升，将带动占煤炭消费30%以上的钢铁、建材、化工等行业相关产品的需求，拉动煤炭消费需求增长。

“去库存”制约煤炭消费增幅。当前，我国钢铁、建材、化工等高耗煤行业“去库存”过程仍未结束。从反映库存水平的规模以上工业企业产成品资金占用的增长率来看，国际金融危机后的第一轮库存调整，黑色金属冶炼及压延加工业、化学原料及化学制品制造业产成品资金占用增速在2009年8月底

达到最低水平，分别下降 21.4% 和 8.7%，非金属矿物制品业在 2010 年 2 月仅增长 0.07%，刺激政策出台后，上述三行业产成品资金占用增速在 2011 年上升到最高水平，增幅达到 29.7%、32.2% 和 24.8%，而本轮库存调整中，2012 年前 8 个月三行业产成品资金占用增幅虽分别降至 14.9%、12.9%、12.7%，但仍比行业工业增加值增幅高 6.2 个、1.5 个、1.6 个百分点，更没出现库存下降情况。"去库存化"不彻底，企业生产快速增长力量难以积聚，将限制对煤炭需求的拉动力度。

4. 供给能力持续提高，产能过剩成为常态

随着煤炭产业多年处于高位景气状态，刺激了行业投资的持续快速增长。"十一五"期间煤炭投资总额达 12489.7 亿元，是"十五"的 5.54 倍，相当于新中国成立 55 年煤炭投资总和的 2.8 倍。2011 年煤炭开采和洗选业固定资产投资增长 25.9%，2012 年 1 ~9 月增幅仍达到 14.4%。投资居高不下形成了巨大的产能，加之主要产煤省推进资源整合与煤矿技术改造，改造后煤矿已陆续进入产能释放期，造成煤炭供应能力大幅增加，"十二五"规划提出将煤炭产能控制在 41 亿吨，但 2011 年煤炭产量已经突破了 35 亿吨，据中国煤炭工业协会测算，未来几年内全国煤炭新增产能约 20 亿吨，其中仅在"十二五"期间就要释放 15 亿吨，煤炭产能过剩将成为常态。

5. 流动性刺激有限，煤炭价格难以大涨

2012 年以来，受世界经济增长放缓影响，国际大宗商品市场震荡下行。近期，随着欧洲央行启动"直接货币交易计划"及美国实行 QE3，全球货币政策进一步宽松，充裕的流动性推动了国际大宗商品价格短暂走高。但世界经济复苏缓慢，特别是新兴国家需求增长放缓抑制了国际大宗商品价格的持续上涨。与金融危机时期不同，需求因素对国际市场价格的影响力明显大于货币因素。预计 2013 年国际大宗商品价格将呈现震荡上行态势，出现全面上涨的可能性不大。此外，随着美国对页岩气的开采取得重大突破，页岩气对煤炭的替代效应正在进行，导致美国煤炭出口 2011 年大涨至 9700 万吨，占全球海运煤炭贸易总量的 10% 以上。美国能源结构的变化，对世界煤炭市场形成压力，成为制约国际煤炭价格的重要因素。而我国煤炭价格与国际煤炭市场逐渐接轨，随着企业以销定产的实施，预计 2013 年国内煤炭市场价格将呈现震荡向上态势。同时，随着国内外煤炭价差的逐渐收窄，将导致 2013 年煤炭进口增速有所回落。

三　煤炭行业趋势预测及政策建议

2012 年，随着“稳增长”政策效果的逐渐显现、冬季耗煤高峰的到来、企业以销定产范围扩大、国内外价差缩小进口放缓，2012 年第四季度煤炭市场过剩压力将有所缓解。但由于国内经济持续相对低速增长，火电耗煤维持在较低水平，我国煤炭供需整体仍将呈现宽松格局。考虑到 2011 年基数较低，预计 2012 年全国煤炭产量 36.6 亿吨，增长 4% 左右，增幅比上年回落 4.7 个百分点；煤炭消费量 36.8 亿吨左右，增长 3% 左右，增幅比上年回落 3.3 个百分点；煤炭市场价格将呈现小幅震荡态势。上年本报告对煤炭生产进行预测时，尽管预料到煤炭行业发展将有所放缓，但实际经济减速程度已超过预期，对煤炭进口也估计不足，导致 2012 年煤炭行业主要指标明显低于预测值。

2013 年，预期国内外经济将温和复苏，将带动煤炭、电力需求的小幅扩张，但房屋新开工面积等先导指标仍处于下降状态，主要耗煤行业钢铁、建材、化工等库存依然高企，将影响煤炭需求增幅的提高。而产业集中度的持续提高推动企业以销定产，市场调控能力上升，未来煤炭生产对需求变动的适应能力将继续改善。考虑到煤炭市场价格出现小幅上涨的可能性较大，预计进口煤炭的价格优势将逐渐收窄。2013 年我国煤炭市场供大于求的矛盾将有所缓解，煤炭产销将在低速增长中趋向平衡。初步预计 2013 年全国煤炭产量增长 5% 左右，煤炭消费量增长 4% 左右，增幅比上年均有小幅提高。

我国以煤为主的基础能源结构在中长期内不会发生明显改变，“西煤东调、北煤南调”的分布格局也将长期存在，这就决定了我国煤炭产、供、需、运之间的矛盾会时有发生。应抓住煤炭供需相对宽松的有利时机，加快完善煤炭市场化体系。推进电煤价格并轨及煤电价格联动机制改革，深化煤炭资源税改革；建立煤炭价格监测及预警制度，健全煤炭市场交易体系；规范铁路运输市场，加快引入民间资本投资铁路；进一步加强煤炭行业管理，深化煤炭企业改革。

G.28

2012年化工行业运行分析及2013年展望

米建伟*

摘　要：

2012年，我国化工行业总体运行呈回落态势，增速低于年初预期。随着下半年以来我国各项稳增长政策的显效，第三季度化工行业的景气状况有所改善，但一些结构性、长期性问题仍有待解决。展望2013年，影响化工行业发展的有利因素主要是国内经济可望稳步回升，而不利因素主要是成本压力加大以及房地产投资等下游需求回升幅度有限。预计2013年化工行业规模以上工业增加值增长13%，比2012年增速提高1个百分点，利润总额增长10%，扭转2012年的负增长局面。建议2013年从优化区域布局、控制投资规模、鼓励技术进步、扶持新兴业态四个方面入手，进一步提升我国化工行业的发展水平。

关键词：

化工　运行分析　展望

一　2012年化工行业运行情况

2012年，在国内外经济放慢增长步伐的大环境下，化工行业总体运行呈回落态势，主要指标低于年初预期。

---

* 米建伟，经济学博士，国家信息中心经济预测部副研究员，主要研究方向为产业经济和宏观经济。

1. 基本运行趋势

（1）增速逐月回落

2012 年，受国内经济增速持续放缓、国外经济不景气的双重影响，我国化工行业延续了 2011 年以来的下行趋势，1 ~9 月，化学原料及化学制品制造业规模以上增加值累计增长 11.4%，分别比 2011 年和 2010 年同期放缓 3.6 个和 5.1 个百分点（见图 1）。

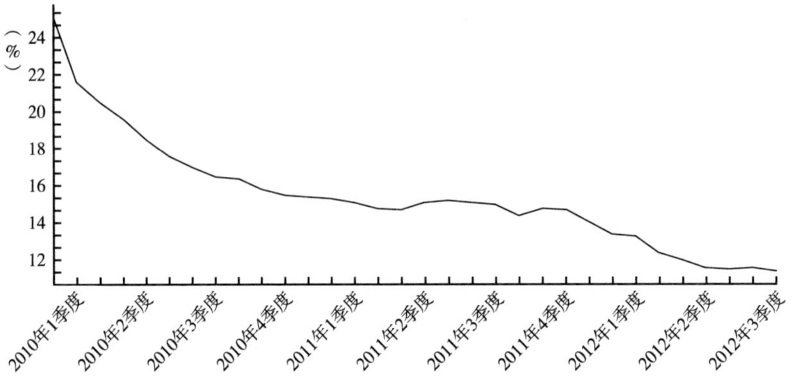

图 1 2010 ~2012 年化工行业规模以上增加值累计增速

数据来源：Wind 资讯。

（2）主要产品生产放缓

2012 年，受投资下滑、出口萎缩以及库存压力较大的影响，化工行业生产比 2011 年和 2010 年明显放缓。主要产品中，有机化工原料和无机化工原料受影响较为严重，产量增速下滑最为明显，农用化工产品和日用化工产品与消费关联度大，表现相对较好，其中，1 ~8 月化肥产量同比增长 13.8%，比 2011 年同期和 2010 年同期分别加快 3.04 个和 9.4 个百分点（见表 1）。

表 1 2012 年 1 ~8 月主要化工产品产量累计同比增速

单位：%，个百分点

产　品	所属门类	2012 年 1 ~8 月	比 2011 年同期加快	比 2010 年同期加快
乙　烯	有机化工原料	-3.6	-18.19	-43.51
硫　酸	无机化工原料	7.2	-7.91	-13.77
化　肥	农用化工产品	13.8	3.04	9.4
洗涤剂	日用化工产品	7.9	-14.68	1.25

（3）行业效益大幅回落

2012 年，受需求回落、价格回调的影响，化工行业利润水平及利润率相比上年同期大幅回落。1～8 月，化学原料及化学制品制造业累计实现利润 1976.6 亿元，比上年同期下降 480 亿元，降幅为 20.2%。行业成本压力加大。1～8 月，化学原料及化学制品制造业主营业务成本同比增加 12.3%，超过主营业务收入增速 2.1 个百分点。1～7 月销售利润率比上年同期下降近 1.8 个百分点，降幅达 30%。1～8 月产品毛利率一直运行于 14% 以下，低于 2010 年 16%、2011 年 15% 的水平。

（4）出口加速下滑

2012 年，受世界经济低迷和上年同期出口基数较高的影响，化工产品出口形势较为严峻。2012 年 1～8 月，SITC 分类产品中，化学成品及有关产品出口金额为 738 亿美元，同比下降 2.9%，增速较第一季度放缓 5.5 个百分点，较上年同期放缓 40.3 个百分点。

2. 对化工行业当前运行态势的总体判断

（1）总体经济不景气使得化工行业增速低于年初预期

年初预计，2012 年化工行业仍将保持较快增长势头，增速略有回落，规模以上工业增加值预计增长 13% 左右（笔者预测数），利润总额预计增长 15%～20%（中国石油和化学工业协会预测数），从实际运行情况看，化工行业主要发展指标低于年初预期。主要原因：一是 GDP 增速持续回落。2012 年前三季度，我国 GDP 增速仅为 7.7%，比上年放缓 1.6 个百分点，比“十一五”时期放缓 3.6 个百分点（见表 2）。二是化工产品价格持续走低。1～9 月，化工产品价格指数累计同比下降 4.5%，降幅逐月扩大（见图 2），而 2011 年同期化工产品价格指数累计同比上涨了 14.2%。三是世界经济持续低迷。2012 年前三季度，欧洲经济处于衰退状态，美国经济复苏步履维艰，日本经济没有起色，新兴经济体增速全面放缓，外需不景气对化工行业造成一定的负面影响。

（2）从短期运行趋势看，化工行业目前正处于景气回升的转折期

第四季度，化工行业有望结束下行趋势，增速将有所加快。一是行业增速缓中趋稳，6～9 月，化工行业规模以上增加值累计增速在 11.5% 左右小幅波

表 2　2006 年以来化工行业规模以上工业增加值增速与 GDP 增速对比

单位：%

年　份	化工行业规模以上工业增加值增速	GDP 增速	年　份	化工行业规模以上工业增加值增速	GDP 增速
2006	20	12.7	2010	15.5	10.4
2007	21	14.2	2011	14.7	9.3
2008	10	9.6	2012(1~3 季度)	11.4	7.7
2009	14.6	9.2			

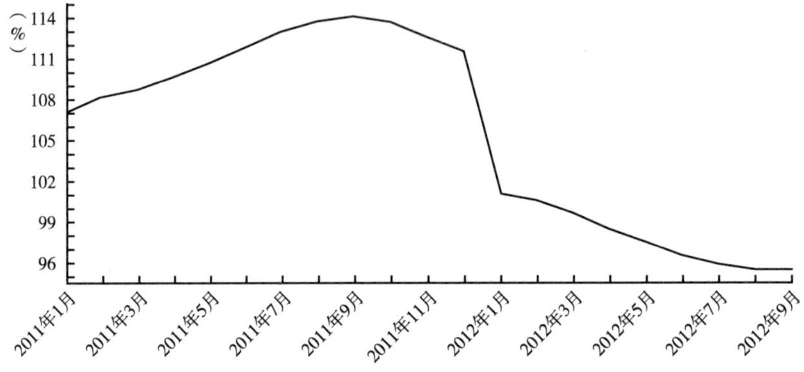

图 2　2011 年以来化工产品价格同比变动情况

数据来源：Wind 资讯。

动，而在此之前，增速从 1~2 月的 13.4% 一路下滑至 1~5 月的 12%；二是库存压力有所缓解，1~8 月化工行业产成品库存指数持续下降，9 月在新订单指数大幅回升、下游需求转暖的市场环境下，产成品库存指数明显回升，表明库存压力消化一段时间后，企业对短期市场前景重新看好，增库存意愿有所增强；三是产品价格出现回升势头，9 月，在国海证券跟踪的 166 种化工产品中，95 种产品均价环比上涨，18 种产品均价环比持平，53 种产品均价环比下跌。

（3）从长期发展阶段看，化工行业目前正处于“规模化发展向精细化发展”的过渡期

2012 年化工行业增速的放缓有深层次的原因，从发展阶段看，随着我国经济结构的调整，化工行业正在由“规模化发展”向“精细化发展”过渡，

增长放缓不可避免。概括来说，我国化工行业将经历两个重要发展阶段。第一阶段（2000～2010 年），在投资和保障民生的政策拉动下，大宗化工品产能迅速提升，如化肥、纯碱、氯碱、石化等子行业大型产能不断投放，产品供需逐渐趋于平衡，甚至出现产能过剩。第二阶段（2011 年以后），随着人民生活水平的提高和社会财富的不断积累，消费领域的化工品需求不断增加，与日化、食品、服装、医药、电子、包装等领域相关的精细化工品（包括特种化学品、新材料等）开始起步。在第二阶段，行业发展的主要瓶颈是技术和市场，技术领先、经营灵活的优势企业具有旺盛的生命力和广阔的发展空间。目前我国化工行业正处于第一阶段向第二阶段发展过渡的阶段，除精细化工产品外，与消费领域相关度较大的化纤、染料、助剂等产品及乙烯、丙烯、芳烃等大宗化工品产能尚不足，仍有一定的发展空间。

3. 行业发展面临的主要问题

（1）大宗化工产品产能过剩

近年来，随着大宗化工产品产能的急剧扩张，化工市场供不应求的局面已经得到根本扭转，产能过剩成为行业发展面临的最大困难与挑战，如 PVC、尿素、甲醇、纯碱等产品产能过剩均超过 30%，部分产品甚至超过了 50%。产能过剩对行业发展的不利影响主要体现在四个方面：一是过度压低产品市场价格，加剧了同质化竞争；二是大量消耗资源能源，造成严重浪费；三是加剧行业波动，造成全行业经营困难；四是造成对出口的过度依赖，易受国际环境变化的影响。

（2）精细化工产品与发达国家存在差距

一是产品结构的差距。目前，精细化工产品产值大约占我国化工产品总产值的 45% 左右，与 20 世纪末占比已达 70% 的欧盟、美国和日本等发达国家差距仍旧非常大。据中国石油和化学工业协会有关专家估计，我国精细化工与发达国家相比整体上仍落后 10 年以上。二是关键技术装备的差距。目前，化工行业达到国际先进水平的技术装备仅占 1/3，催化技术、过程强化技术、精细加工技术、生物化工技术等仍然是制约我国精细化工行业发展的共性瓶颈。三是生产规模的差距。2011 年，世界化工前 20 强企业均来自美国、日本、欧盟和沙特阿拉伯，这些企业多数以生产精细化工产品为主，而我国精细化工企业普遍规模小、资金薄弱、产品更新换代慢，达到国际先进水平尚需时日。

（3）固定资产投资增长偏快

2012 年 1 ~9 月，化学原料与化学制品制造业累计固定资产投资达到 8318 亿元，同比增长 33.6%，比 2011 年同期加快 10.6 个百分点，比 2011 年全年加快 7.2 个百分点，超过制造业 10.1 个百分点。化工行业投资高速增长的原因，主要来源于“国企扩张、区域战略”两个方面：一是 2009 年以来，信贷成本较低，大型石化企业现金充裕，在乙烯、丙烯、丁二烯等国内短缺产品领域的投资规模扩张较快；二是中西部发展煤化工产业的热情较高，投资增速较快。“十二五”规划提出，将重点支持大型企业开展煤制油、煤制天然气、煤制烯烃、煤制乙二醇等升级示范工程的建设。在内蒙古、陕西、山西、云南、贵州、新疆等地选择煤种适宜、水资源相对丰富的地区重点布局煤化工项目基地。但应注意化工行业固定资产投资的区域间、行业间的协调，避免重复建设和新一轮的产能过剩。

（4）“资源环境压力”和“市场需求潜力”使行业发展面临两难选择

一是资源和环境压力不利于化工行业过快发展。化学工业是传统的“高能耗、高污染”行业，中国石油和化学工业协会数据显示，目前，化工行业排放废水、废气、固体废弃物数量分别占全国工业“三废”排放总量的 16%、7% 和 5%，位居第 1、第 4、第 5 位，和国外比，我国化工行业单位产品能耗水平明显偏高，而排放物处理率明显偏低，行业快速发展势必会带来资源环境问题。二是市场需求潜力有利于行业加快发展。近年来，发达国家大规模向外转移重化工业，造成相关产品的供求出现局部紧张，为我国发展化工行业带来机遇，同时，日益增长的内需也为化工行业发展提供了广阔的市场。因此，如何协调资源环境压力、实现可持续发展是化工行业当前发展面临的一大突出问题。

二　2013 年化工行业运行趋势展望

展望 2013 年，影响化工行业发展的有利因素主要是国内经济稳步回升，而不利因素主要是成本压力加大和房地产投资等下游需求难有大的回升。预计

2013 年化工行业增速比 2012 年小幅加快，利润有所回升。

1. 有利因素

（1）国内经济稳步回升

2013 年，我国稳增长与调结构相结合的政策组合将进一步显效，“十二五”重点建设项目加快推进，有助于推动我国经济增长的企稳回升，预计全年 GDP 增长 8% 左右，比 2012 年有所加快。化工行业是典型的周期性行业，宏观经济的稳步向好有助于提振国内需求，酸、碱、烯烃、芳烃等大宗化工原料的市场有望继续改善，库存偏高、开工率不足的现象有望好转。

（2）世界经济温和复苏

2013 年，世界经济增长的有利因素逐渐增多。一是美国房地产市场有望向好，“再工业化”战略对制造业的提振效果继续显现，美国经济回升势头进一步加强；二是在欧盟、G20 的努力下，欧元区解体风险降低，欧债危机对欧洲和世界经济的冲击有所缓解，欧洲经济表现有望好于 2012 年；三是新兴经济体总体仍有望保持较快发展势头。目前，化工行业出口占其工业总产值的比例已经达到 10% 以上，世界经济的向好有助于化工行业出口的恢复。

（3）中西部地区保持较快增长势头

近年来，中西部地区加快发展，成为我国经济增长的新亮点，2012 年 1 ~ 9 月，中西部地区固定资产投资增速分别比东部地区高出 7. 4 个和 5. 7 个百分点，工业增加值增速分别高出 3 个和 4. 2 个百分点。化工行业是中西部地区的招商引资重点，“十二五”以来，大型化工项目的 70% 以上投资于中西部地区。2013 年，中西部地区出台的投资规划将加快落实，为化工行业调整升级、寻找新的利润增长点创造了良好条件。

（4）居民消费平稳增长

2013 年，在经济稳步回升、收入分配改革方案逐步实施的大环境下，我国居民收入有望保持较快增长。同时，为拉动消费，新一轮的家电补贴、汽车下乡等政策有望陆续出台，有利于进一步挖掘农村市场和中小城市市场的增长潜力，数据显示，4 月以来，农村地区社会消费品零售额增速开始超过城市，进入 8 月以后，两者的增速差明显扩大。化工行业与居民消费关联紧密，食品、服装、家电、汽车、医药等行业都对化工行业具有较强的拉动作用。

2. 不利因素

（1）原油价格上涨风险加大

为应对经济下滑，美国、日本、欧盟在2012年再次重启量化宽松货币政策，增大了新一轮流动性泛滥的风险。从历史经验来看，充裕的货币流动性是推升包括原油在内的大宗商品价格的重要因素。从目前的国际原油价格走势来看，总体上仍处于长期高点，2013年如果全球经济基本面转好，不排除油价继续攀升的可能，而原油是化工行业的主要原料，油价上涨无疑会加大化工行业成本压力。

（2）国内资源品价格上涨

2013年，我国将继续推进资源品价格改革。目前，我国资源品价格仍处于较低水平，而价格改革的实施将较大幅度地提高电力、天然气等要素价格，进一步挤压化工行业的利润空间。

（3）国际竞争日趋激烈

近年来，尽管世界经济不景气，但美国、德国、法国等主要竞争对手的化工行业仍保持了较好的增长势头，对我国化工行业形成强劲挑战。以美国为例，美国化学品出口受到海外市场需求增长、美元弱势以及有利的石油和天然气价格比的刺激，预计2012年美国化学品进出口贸易盈余将增长8.8%，到2016年，美国基础化学品进出口贸易盈余将达到540亿美元，比2009年大幅增长50%。

（4）房地产投资回升有限

房地产投资与化工行业相关性强，直接拉动纯碱、PVC等大宗化工产品的市场需求，同时通过对家电行业的影响，间接拉动聚乙烯、聚丙烯、ABS等产品的需求。2012年4月以来，房地产销售出现回暖态势，开发商投资意愿有所增强，但从1~8月数据看，房地产开发企业土地购置面积和房屋新开工面积尚未恢复正增长，9月房地产开发多项指标又出现反复。2013年，由于房地产调控政策不会明显松动，加上保障房建设资金压力较大，预计房地产投资回升幅度有限，难以对化工行业产生大的拉动作用。

3. 主要指标预测

综合考虑2013年化工行业发展面临的有利因素和不利因素，预测2013年化工行业增速将小幅加快，规模以上工业增加值增长13%，比2012年提高1

个百分点，主营业务收入增长 15% 左右，比 2012 年提高 3 个百分点，利润总额增长 10% 左右，扭转 2012 年的负增长局面。

三 政策建议

2013 年，为促进化工行业健康发展，建议从优化区域布局、控制投资规模、鼓励技术进步、扶持新兴业态四个方面入手，进一步提升我国化工行业的发展水平。

（1）优化区域布局，推进行业向中西部转移。积极采取配套政策措施，进一步推动基础化工、煤化工等行业向中西部转移。一是加快落实化工行业“十二五”规划的落实，大力支持重点项目的开工建设与后续投资；二是加强中央规划与各省规划的对接工作，促进项目落地；三是支持中西部地区制度创新，支持各地培育符合自身生产力布局优势的化工产业；四是积极为民营企业投资化工行业创造条件，取消针对民营化工企业的歧视性政策规定。

（2）合理控制投资规模，防止新的产能过剩。一是加强各地规划的协调工作，树立全国一盘棋的总体思路，避免一哄而上，突出优势互补；二是严格项目核准程序，对违规开工项目坚决叫停，追究相关人员与机构的责任；三是适当调整信贷政策，重点支持行业前景好、市场需求潜力大的建设项目，提高产能过剩项目和一般项目的贷款审批条件。

（3）鼓励自主创新与技术进步，提高产业国际竞争力。一是加快化工领域科技成果转化，支持成果转化机制创新；二是加大重要关键性技术的研发支持力度，在经费、人员上给予保证；三是支持企业技术创新，建立科技成果奖励机制；四是建立共性技术服务平台，加大对中小化工企业的技术服务力度；五是鼓励技术引进，简化相关审批手续。

（4）扶持新兴化工业态，占领产业发展制高点。一是加快新能源、新材料产业的发展步伐，提高战略性新兴产业在总体经济中的比重；二是借鉴美国“页岩气革命”的经验，加快页岩气开发，同时跟踪美国、日本等大型石化企业的最新发展动向，培育以天然气为主要原料的新兴化工业态；三是积极开展国际合作，引进先进技术和高端人才，缩短与国际先进水平的差距。

G.29 2012年有色金属行业运行分析及2013年展望

魏琪嘉*

摘　要：

2012年1~9月，有色金属产量总体呈平稳增长态势，但是由于内需和外需同时疲软，投资增速放缓，进出口大幅波动，产品市场价格震荡下行，行业利润明显下降。预计后几个月有色金属行业的内外环境难有明显的改观，2012年全年经营状况将较上年有较大的落差。展望2013年，从需求和供给两方面情况分析，由于下游需求行业回暖尚不具备明显条件，加之行业自身的去库存压力，有色金属整体价格上行可能性不大，主要经济指标将继续在低位徘徊。在行业的低谷时期，加快消化过剩产能和加速产业结构调整，是有色金属工业面临的主要任务。

关键词：

有色金属　发展环境　政策建议

一　2012年有色金属工业运行基本情况

2012年以来，在全球经济增速放缓、欧债危机恶化升级以及美元走强的国内外复杂经济形势下，有色金属需求减弱，有色金属行业工业产销量增速大幅回落，企业盈利能力下降，有色金属价格总体震荡下行，行业景气度持续下滑，经营环境有所恶化。总体上，2012年推出的一系列稳增长措施，只是降低了有色工业下滑的幅度，行业的全面回暖还取决于宏观经济的进一步改善和

---

* 魏琪嘉，英国巴斯大学博士，主要从事产业政策及货币政策模型研究。

产业结构调整的效果。

1. 全行业增产不增收，盈利能力明显下降

从有色金属产品的产量上看，生产运行整体平稳。1～9 月，10 种有色金属产品产量约 2700 万吨，同比增长 7.15%。虽然 10 种有色金属产品产量增速较上年同期有较大幅度回落，但从趋势上看，在经历了第一季度的低迷后，第二、第三季度产量同比增速开始缓慢爬升，单月增速基本都高于"十二五"规划 8% 的目标，有色金属工业生产已经出现企稳回升的态势（见图 1、表 1）。

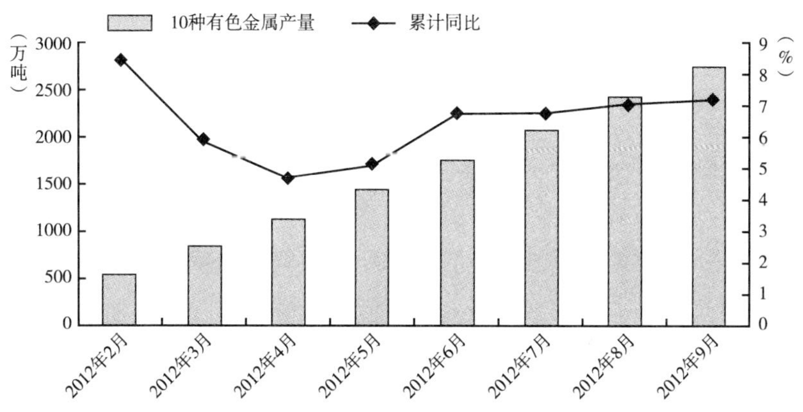

图 1　2012 年 1～9 月我国 10 种有色金属产品累计产量及同比增速

资料来源：国家统计局。

表 1　2012 年 1～9 月主要有色金属产品产量和累计同比增速

单位：万吨，%

指标名称	累计产量	累计同比	指标名称	累计产量	累计同比
10 种有色金属	2725.92	7.15	铅	357.37	10.93
铜材	851.75	9.62	锌	350.46	-6.27
氧化铝	2875.42	9.84	电解镍(镍)	14.47	2.47
铝材	2169.56	13.09	锡	10.73	-5.05
精炼铜(铜)	442.55	7.31	锑	16.11	5.11
原铝(电解铝)	1476.43	10.6	镁	49.86	-5.94
铝合金	328.32	12.49			

资料来源：Wind 资讯。

在产量增速加快的同时，有色金属工业的利润情况却不容乐观。1～8月有色金属矿采选业累计利润总额为444亿元，同比下降4.76%；冶炼及压延加工业利润总额累计671亿元，同比下降29.00%（见表2）。造成行业利润下降的原因一是短期内需求萎缩，供给却相对过剩，部分冶炼产品产能过剩；二是国内外市场有色金属价格比2011年同期回落，而电力、能源及原材料价格明显上涨，利息支出等费用大幅度增加；三是行业结构性问题突出，内生动力不足，企业自有的矿产原料比重偏低，生产的产品附加值低，在国际市场上缺乏竞争优势。

表2　2012年1～8月我国有色金属产业利润情况

单位：万元，%

月　度	有色金属矿采选业		有色金属冶炼及压延加工业	
	累计利润总额	累计同比	累计利润总额	累计同比
2月	906411.8	24.52	1348873.1	-12.25
3月	1540267.2	16.49	2450786.8	-12.39
4月	2065904.0	7.33	3173458.6	-20.12
5月	2688752.2	3.64	4181690.3	-19.31
6月	3374883.3	1.17	5276435.4	-21.36
7月	3854370.4	-2.32	5920954.8	-26.10
8月	4439542.4	-4.76	6714369.1	-29.00

资料来源：Wind资讯。

2. 下游需求不足，有色金属价格震荡不定

2012年以来，我国有色金属下游行业汽车、房地产、家电、电子等终端产品的产销量下滑态势比较明显，有色金属行业下游终端消费持续低迷。首先，受“限购”措施的影响，房地产开发投资增速缓慢，新开工面积甚至出现负增长，直接影响了房地产业对有色金属的需求；其次，交通运输业特别是铁路等方面的投资放慢，使有色金属工业失去了一个重要支撑；最后，国家对家电、汽车消费刺激政策减弱，也相应影响到行业的下游需求。

终端消费需求不旺，加之有色金属库存较大，使有色金属价格面临较大的下行压力。随着国际大宗商品价格剧烈波动和欧美释放流动性，主要有色金属价格环比呈震荡状态，不确定性凸显。中国有色金属协会网站数据显示，主要

有色金属价格呈同比回落态势：9 月铜期货均价为 58748 元/吨，同比下降 7%，电解铝、锌期货价格分别为 15555 元/吨和 15435 元/吨，同比下降 10.7% 和 5.4%。

3. 企业资金紧张，投资意愿下降

2012 年以来，有色企业资金周转状况、销货款回笼、支付能力状况指数均持续回落，表明企业现金流紧张，对生产经营资金需求量较大。企业短期贷款主要用于购买原材料、支付货款，虽然贷款增幅较大，但依然难以满足企业资金需求。

年初以来，宏观经济基本面对有色金属价格形成打压，出于对中长期价格看空的判断，以及受国内订单不佳的影响，部分冶炼企业对采购原材料和扩张产能偏于谨慎，有色冶炼行业投资同比增长 18.62%，增幅比上年同期回落 14.6 个百分点。同时，随着国家找矿战略的实施，很多企业加大了资源的勘探和开采力度，前 9 个月有色金属采矿业投资增长 28.49%，增幅比上年同期提高 10.5 个百分点，资源保障能力有所提高，有色金属工业正在从依靠冶炼产量扩张的粗放型发展向产业链均衡发展转变。

4. 贸易摩擦加剧，进出口增幅回落

近两年，有色金属贸易摩擦加剧，而且涉案金额呈扩大趋势。一些经济体一旦国内经济不振，就会挥起贸易保护主义的大棒，试图通过贸易保护维护本国产业的经济利益。2011 年，WTO 就美国、欧盟、墨西哥诉中国原材料出口限制措施案作出裁决，其中 9 种原材料中近半数为有色金属；2011 年 8 月 26 日，澳大利亚对中国铝型材作出“双反”复审终裁；同年 11 月 7 日，澳大利亚海关和边防署公布立案决定，对我国出口铝轮毂发起反倾销反补贴调查。进入 2012 年，贸易摩擦次数虽然未明显上升，但涉案金额逐步扩大。2012 年 5 月美方针对中国输美光伏组件出台了反倾销反补贴税，7 月国际光伏制造商 Solar World 等 25 家光伏企业向欧盟委员会提出对中国输欧光伏产品进行反垄断、反倾销和反补贴调查，涉案金额达 200 亿美元。

由于外需萎缩，行业进出口增幅双双回落（见表 3）。从基本金属商品进出口的数量来看，基本金属商品基本依赖于进口，而且铅、锌的出口数量下滑非常明显，依赖进口的状况没有明显改变。这些问题浅层次的原因是产业在开采环节缺乏技术支持，开采能力不足；深层次原因是我国长期处于有色金属产业链低端，精炼技术方面还没有打破欧美垄断地位。这种贸易结构对行业的发展不利，长期依赖进口不但会对产业结构调整造成阻力，使企业不愿意投入资金进行技术改造升级，而且会在国际上受制于人，威胁国家经济安全。及时改变这种局面也是产业转型升级和维护国家经济主权的必然要求。

表3　2012 年 1 ~8 月基本金属进出口情况一览

单位：吨，%

项　目	8 月	同比增长	1 ~8 月	同比增长
进口：				
精炼铜	251008	6.58	2387308	57.71
原铝	61309	423.67	402400	205.37
未锻压镍(精炼镍 + 合金)	12183	-29.28	97260	-28.24
精炼铅	615	138.13	5214	4.27
精炼锌	50671	89.88	302092	43.58
锌合金	12666	-3.18	89962	-10.38
精炼锡 + 锡合金	3083	92.52	20476	156.56
出口：				
精炼铜	1707	267.95	206773	36.93
原铝	8977	370.72	83475	58.15
精炼铅	74	28911.76	1296	-77.45
精炼锌	—	-100	5795	-85.58
未锻压镍(精炼镍 + 合金)	2285	-17.16	21538	-16.95
精炼锡 + 锡合金	0	-96.71	1200	23.16

注：进口数据价格基于 CIF 到岸价；出口数据价格基于 FOB 离岸价；－为数据无法提供。

资料来源：Wind 资讯。

二　2013 年有色金属行业运行环境及发展预测

2013 年是我国落实“十二五”规划项目的关键一年，也是党的“十八大”后新一届政府的履政元年，稳增长将成为宏观调控的首要任务，投资、消费有望继续保持平稳运行的态势。但全球经济金融环境依然复杂，影响全球

大宗商品市场的不稳定和不确定因素仍然较多，我国有色金属工业发展的外部环境不会出现明显的好转。

1. 全球经济疲弱拖累有色金属需求

一是2013年世界经济复苏进程依然曲折而缓慢，全球经济下行的趋势能否扭转还存在较大的不确定性。IMF认为，目前全球经济正在复苏，但恢复力有所减弱，预计2013年全球实际GDP增长率为3.6%。其中，美国经济增长动力可能因“财政悬崖”而减弱，欧元区经济仍难以走出债务危机的阴影，发展中国家及新兴经济体经济将因出口疲软而继续减速。因此，在全球经济基本面没有逆转的情况下，国际市场对有色金属需求将保持低速增长的态势，从而对我国有色金属产能的释放形成压力。二是在美欧等发达国家重提“回归制造业”的背景下，部分发达国家可能会重新启动和布局一些具有战略性和比较优势的有色金属工业，国际有色金属产业竞争更趋激烈，对我国有色金属工业形成挤压，并影响到整个行业的利润水平。三是全球贸易保护主义加剧。一些国家把对中国采取贸易保护措施作为政治手段，造成针对中国进出口商品的贸易争端不断，从而影响我国部分优势有色金属产品的出口。四是世界金融动荡，主要货币汇率波动，将增加我国有色金属企业进口原料、出口产品的操作难度，加大有色金属工业的经营风险。

2. 中国经济企稳回升将部分弥补外需缺口

2013年，我国将继续把“稳增长”作为经济工作的重点，加快“十二五”规划重点建设项目，促进高加工度行业、新兴产业、基础设施和民生工程投资快速增长。除了投资外，国家还将重启家电节能补贴、汽车下乡以及以旧换新等政策，以进一步刺激消费。新一轮刺激政策的出台，将对拉动有色金属消费增长起到积极的作用，从而为有色金属工业的平稳运行提供有利条件。同时在通胀压力减小和经济下行压力较大的情况下，宏观调控政策将更加注重政策的预调微调，存款准备金率和存贷款利率都有较大下降空间，从而在货币层面上对有色金属工业起到支撑作用。

3. 美国QE3的推出将加大市场价格的波动幅度

所谓QE3，就是美联储将以每月400亿美元的进度进一步购买抵押贷款支持证券（MBS），并将继续“扭曲操作”，目的是把美国经济托上去，把美国就业率托上去，把美国消费托上去，把美国投资托上去，把美国出口托上去，直到美国经济复苏好转到联储预期的程度。本次 QE3 是开放式的，既无总量限制，也无时间束缚，这将有助于市场形成持续的流动性宽松预期，因而无论从商品属性还是金融属性，对大宗商品都构成实质性利好。但是，对我国来说，美国 QE3 犹如一柄双刃剑，其负面影响是显而易见的。一方面，对资源短缺和对外依存度高的我国有色金属工业来说，全球流动性的不断释放，会进一步突出资源的金融属性，抬升基本原材料价格，增加企业的经营成本，使整个行业的效益拐点进一步延后；另一方面，在能源原材料价格上升的背景下，输入性通胀或将重启，并将制约国内货币政策调控空间，不利于整个行业的复苏。

4. 2013 年有色金属工业发展趋势预测

结合当前国内外经济金融形势来看，2013 年国内经济有望继续平稳运行，货币政策有望继续放松，但稳增长政策的实施效果仍将面临考验，欧元区的债务危机和世界经济的衰退仍远未结束，美国货币政策走向、欧债危机的进展以及中国等新兴经济体的经济发展情况等多方面因素都会对有色金属市场带来影响。综合市场供需形势判断，2013 年世界有色金属生产形势基本稳定，我国有色金属工业企稳回升的可能性较大，但大幅改善的可能性不大，整个行业将呈现出稳中趋升、逐步好转的趋势。预计 2013 年我国有色金属行业增加值同比增长 14% 左右，行业利润情况将好于 2012 年。从有色金属价格看，随着美联储 QE3 政策效应减弱，2013 年有色金属市场价格继续整理的可能性较大，总体将呈宽幅震荡格局。

三　促进有色金属工业健康发展的政策建议

为应对挑战，保持有色金属工业平稳发展，避免产业出现“大起大落”，建议完善产业链利润形成机制和产业政策，促进产业转型，积极应对国际市场变化，化解不确定风险。

1. 促进产业转型，优化产业布局

进一步控制铜、铝、锌、钛等冶炼产能扩张，从根本上改变有色金属工业

依靠冶炼扩张进行发展的粗放型发展方式，要着力引导企业走内生增长的道路，着力提高企业自主创新能力，着力开发新材料，将新兴战略产业规划落到实处。针对产能过剩问题，要坚持并加快淘汰落后产能，防止低端产能借助经济刺激的措施盲目扩张，对未完成淘汰落后产能任务的地区实行问责制，暂停对该地区即将上马的投资项目的核准与审批。针对产业布局不合理问题，积极探索通过建立产业生态型示范基地，聚集先进生产力，力争实现产业集群效应；在统一规划下，将部分发达地区的产能有序转移到西部地区。针对企业分散作战问题，在政策的引导下进行企业兼并重组，组建大型企业集团，培育具有国际竞争力的大企业，同时注意妥善处理好各出资人和相关各方的利益分配，提高企业的整体竞争力。

2. 完善产业链利润形成机制，积极参与国际竞争

首先，提高勘探开采技术，加大有色金属采矿业投入，完备大宗资源的物流体系，通过建立专业化、规模化、集约化的物流基地和原料储备库进行原材料开采后的仓储和运输工作，缓解原材料成本上涨压力。其次，对重要有色金属的价格进行实时监控，防止价格出现大幅度波动，必要时可进行市场干预。再次，在冶炼产业方面提高产品的附加值，着力进行技术突破，力争打破欧美在该环节的垄断地位。鼓励大企业集团在产品创新和科技创新方面加大投入，逐步提高高端产品比重，满足市场对高端产品的需求。最后，鼓励企业积极参与国际竞争，竞争的时候，相关政府部门和中介机构应联合为企业走向国际市场搭建平台，政府、企业、科研单位通力配合，共同构建产业链利润形成机制。

3. 积极应对贸易摩擦，力求妥善解决

一是积极通过外交途径与相关组织进行协调，通过对话和磋商，力求使纷争得到妥善解决，尽量降低事件对企业造成的损失。二是针对往年贸易摩擦的经验和教训，建立贸易摩擦预警监控系统。针对重点出口产品、重点出口国家的贸易政策和贸易救济措施进行动态实时跟踪了解，及时制定应对之策，建立起以政府为主导、行业协会协调、企业广泛参与的贸易摩擦快速反应体系，为解决纠纷赢得时间，避免被动。三是积极用法律手段保护自己，提高应诉抗辩能力，要加强人才队伍培养，造就一支精通国际贸易谈判协调的人才队伍。四是要尽量避免在出口环节上出现不正当竞争，如国内企业相互压价的行为，维护整个行业的利益。

4. 遵循可持续发展原则，大力发展绿色经济和循环经济

加强资源的节约和综合利用，大力推动有色金属循环经济，不断用循环经济和清洁生产理念来指导生产工作，从采选、冶炼和回收利用三个方面提高矿产资源综合利用率，加强共生伴生矿产资源、“三废”和余热余压的综合利用，建立废旧有色金属分类收集、集中冶炼加工机制，全面促进有色金属材料工业的生态化改造和提升。

区域经济篇

Regional Economies

G.30

2012 年区域经济发展分析及 2013 年展望

胡少维*

摘 要：

2012 年，受国际金融危机和国内经济转型影响，各区域经济增幅普遍回落，区域经济增长继续呈现西快东慢格局。2013 年，预计外部环境变化不大，国内经济政策保持基本平稳，影响 2012 年区域经济发展的因素将继续发挥作用，在政策外力推动和市场内生动力的共同作用下，区域经济新格局雏形逐步形成，中西部地区成为增长热点，东部地区经济转型加快，区域经济相对差距进一步缩小。为进一步促进区域经济协调发展，建议建立和完善超越地方利益的区域协调机制，推进区域间公共服务均等化，引导产业从沿海向中西部地区有序转移，完善区域协调的市场机制。

* 胡少维，国家信息中心经济预测部高级经济师，主要研究宏观经济、区域经济等问题。

关键词：

区域经济　发展趋势　问题与建议

美国次贷危机爆发后，我国为了实现从外需转向内需，投资主导向消费主导转型，低中端产业结构向中高端产业结构升级，失衡型经济向协调型经济转型等一系列战略目标，采取了许多重大的调控措施，其中一项重点就是侧重发展区域经济新的增长点，将部分资源型产业和劳动密集型产业由东部向中西部转移，多点开花，齐头并进，区域经济新格局逐步显现，西快东慢的态势得到巩固。2013 年，除了继续贯彻区域总体战略和主体功能区规划、加大对中西部地区的支持、促进各区域经济平稳增长外，需要在促进公共服务均等化以及市场环境方面多下工夫，利用市场机制促进区域协调发展。

一　2012 年区域经济发展态势

“十一五”以来，在科学发展观的指导下，我国区域发展呈现出一系列重大积极变化，东部地区“一马当先”的增长格局逐渐被打破。2007 年，西部地区经济增速首次超过东部地区。2008 ~ 2011 年，中部、西部和东北地区经济增速连续 4 年超过东部地区，地区发展差距扩大的势头得到有效遏制，中西部地区发展步伐加快。根据国家统计局科研所发布的 2010 年地区综合发展指数报告，2000 ~ 2010 年，中国四大区域的综合发展指数稳步提升，其中东部地区由 2000 年的 44.88% 提升到 2010 年的 65.32%，中部地区由 2000 年的 35.93% 提升到 2010 年的 54.13%，西部地区由 2000 年的 33.72% 提升到 2010 年的 52.23%，东北地区由 2000 年的 38.96% 提升到 2010 年的 56.35%（见图 1）。

2001 ~ 2010 年，东部、东北、中部和西部地区综合发展指数年均增速分别为 3.82%、3.76%、4.18% 和 4.47%，在四大区域中西部地区增速最快，中部地区次之。

2012 年，我国经济增幅普遍出现下降，各地经济增速维持西快东慢格局，上半年 GDP 增长东部最慢，东北、中部、西部分别比东部高 0.87 个、2.10 个和 3.59 个百分点（见表 1）。其原因主要有以下几点。

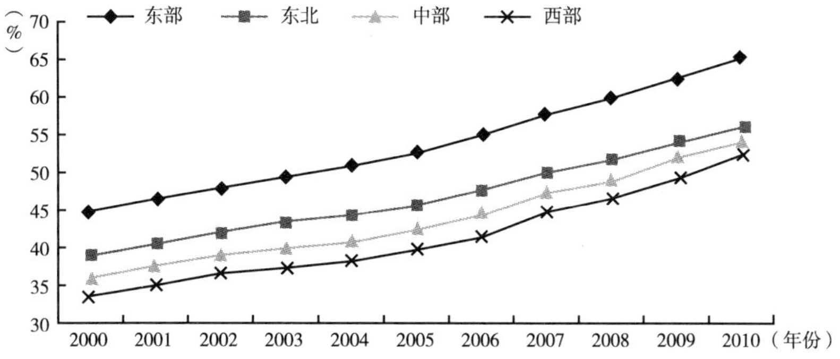

图 1　2000～2010 年中国四大区域综合发展指数

表 1　区域经济增长

单位：亿元，%

地　区	2011 年绝对值	比重	2007～2011 年平均增长	2011 年增长	2012 年第一季度增长	2012 年前两个季度增长
东　部	271355	52.04	11.95	10.52	8.79	8.93
中　部	104474	20.04	13.14	12.85	11.61	11.03
西　部	100235	19.22	14.01	14.05	12.47	12.52
东　北	45378	8.70	13.40	12.60	10.37	9.80
全　国	521441	100	12.71	11.85	10.15	10.07

一是经济结构调整。东部一些企业特别是传统的加工制造业企业发展到一定程度，遭遇土地、劳动力等瓶颈制约，竞争优势逐步丧失，于是向中西部地区转移，而新的接替产业尚未发展起来，不足以弥补传统产业市场份额的损失。

二是国际金融危机带来的外需不振影响。东部地区增速明显放缓，一个重要因素就是外需对经济增长的拉动力下降，2012 年 1～8 月，东部地区贸易顺差比上年同期减少 60 亿美元，对经济增长形成直接的下拉作用，同时，由于进、出口均比较低迷（见表 2），间接地对经济也产生了不利影响。

三是受国内房地产市场主动调控的影响，东部地区消费增幅也受到一定影响。近些年，随着居民收入水平的不断提高，消费结构悄然升级，由住房引致的消费是东部地区居民消费的大项，但东部作为房地产市场主动调控的重点区域，受影响比较大。从上半年消费品零售总额统计数据看，东部除天津增长

表 2　2012 年 1～8 月各地区域投资、进出口增长情况

单位：%，亿美元

地　区	固定资产投资增长	进出口增长	出口增长	进口增长	比上年同期顺差增加
东　部	17.3	3.97	3.58	4.44	-60
中　部	24.3	20.24	34.75	2.04	185
西　部	23.8	32.94	48.36	13.13	239
东　北	28.9	5.98	-1.76	13.45	-80
全　国	21.6	6.12	7.07	5.14	283

16%（增幅列第 1 位）、福建增长 15.9%（增幅列第 8 位）外，其余 8 省市增幅排名均在 20 位以外，排名最后的 4 位均属东部地区，分别为北京（13%）、浙江（13%）、广东（11.6%）和上海（9.4%）。

四是东北和中西部地区受益于国家投资项目带动，投资增幅相对较高，而东部地区在企业效益下滑、信心不足的大环境下，投资增幅相对比较低，对经济增长的拉动较弱。

五是经济规模、发展阶段不同，导致产生的政策效果不一。中西部地区经济规模明显小于东部地区，政策影响存在基数效应。同时，由于发展阶段的不同，中西部地区惯性发展空间相对较大，对政策的敏感度更高。

二　2013 年区域经济发展趋势分析

1. 总体形势判断

由于过度重复建设形成的生产能力不能得到充分利用和有效释放，成为过剩产能，由此构成了我国制造业的一大硬伤。工信部公布的统计数据显示，在中国的 24 个行业中，有 22 个行业存在严重的产能过剩，钢铁业是产能过剩的大户。短期看，产能过剩已直接导致了制造企业“去库存”压力的加速聚积。据汇丰 PMI 的分项数据，企业产成品库存继续增加；统计局发布的 PMI 数据也表明，9 月原材料库存指数为 47%，尽管比 8 月的 45.1% 有所提升，但仍处于 50% 的荣枯线之下。显示我国经济去库存效果不彰，对未来经济增幅的回升会构成一定的压抑。不过，由于我国幅员辽阔，地理差异巨大，资源禀赋

也各不相同，形成了沿海与内地的二元经济，进而形成了发达地区和欠发达地区二元区域经济，区域经济差距的存在客观上形成了区域发展“位势”，使得我国经济发展有“接替”能力，有利于促进整体经济的平稳发展。由此判断，2013年我国经济增长尽管大幅回升的市场内生动力不足，但保持平稳的概率比较大，在这样的背景下，各区域经济增长的格局基本不变。

2. 区域经济发展趋势

（1）中西部将接替东部地区成为加工基地

转变经济增长方式，变粗放型增长为集约型增长，是当前我国经济发展的一项重大战略方针，是我国经济实现长期持续发展的根本保证，但我国农业劳动力向非农产业转移过程决定了我国劳动密集型产业发展的长期性，今后相当长的时期内我国经济发展还要依赖劳动密集型产业发展，发展劳动密集型产业是我国国情的客观要求，是我国经济发展不可逾越的阶段。近些年来我国东部珠江三角洲、长江三角洲的许多城市和地区水、电、煤、地及劳动力成本都在快速上升，多数产业尤其是劳动密集型产业的边际收益下降，产业生存发展的压力日益增大，不得不向相对不发达的中西部地区转移，由此，中西部地区将有望成为我国新的加工制造基地，而东部发达地区将承担产业技术升级的重要任务（见表3）。

表3　2011年不同区域主要结构指标

单位：%

地　区	一次产业比重	二次产业比重	三次产业比重	城镇化率	人均美元GDP
东　部	6.22	48.92	44.86	60.75	8265
中　部	12.35	53.54	34.11	45.48	4526
西　部	12.74	50.92	36.34	42.99	4294
东　北	10.79	53.10	36.12	58.74	6410
全　国	9.10	50.59	40.31	51.71	6039

（2）中西部地区仍处于快速发展期

从总体上看，未来，我国在积极推进“住、行、学”短缺格局改变的过程中，将更多地通过城镇化来推进经济社会的发展。在这个过程中，经济的发展将根据城镇经济的发展要求而展开。[①] 中国幅员辽阔，各地区差异甚大，对中西部的大部分地区而言，今后相当一段时间内可能还将以工业化为经济发展的主要推动力，对它们来说，城镇化是经济发展的一个重要推动力。但对东部地区的主要中心城市而言，城市化将成为经济发展的主要推动力。诸如北京、上海、广州、天津、南京等城市将逐步把教育经济、文化（包括影视、娱乐等）经济、医疗保健经济、养老经济、旅游经济、总部经济、设计研发经济、房地产经济、物流航运经济、金融经济、商业经济和会展经济等作为经济发展的增长点，经济结构也将依此而调整，在转向以城市经济为重心的过程中，随着新增工业项目（尤其是大型工业项目）的减少和工业的区域转移，东部地区 GDP 增长率平稳甚至下降也就在情理之中。依据国外的经验：城镇化率一般在 30% ~50% 的范围，是经济高速发展期；50% ~70% 的范围为平稳发展期，目前东部城镇化率刚刚超过 60%，而中西部正处在 30% ~50% 之间的最佳增长期。因此，从驱动经济增长的主要动力看，中西部地区增速将快于东部发达地区，中西部地区依然处于快速发展期。

3. 区域经济发展形势分析

（1）中西部固定资产投资增幅相对高

2013 年，“十八大”确定的我国未来经济社会发展新思路将进一步激发全国上下改革开放和加快发展的热情，同时 2013 年还是“十二五”规划中期评估年份，国家层面将对各级地方政府规划执行情况进行全面检查评估，各级地方政府为努力上交满意的答卷，将积极推动地方经济发展。从 2012 年各地公布的投资计划看，地方政府投资冲动很强，各地都想上大项目。分区域看，中西部地区投资有望继续保持相对较高的增幅，原因：一是政策支持。吴邦国在第五届中国西部国际合作论坛上强调，将以更大的决心、更强的力度、更有效的措施，深入实施新一轮西部大开发战略，继续加大中央财政对西部地区的投入力度。二是产业转移带动投资扩张。由于发展阶段的不同，加上产业转移的影响，中西部地区在扩大投资方面有更大的空间，如在 2012 年举办的西部国际博览会上，西部签约项目 400 个，投资额达到 5067.66 亿元，较

---

① 王国刚：《城镇化——中国经济发展方式转变的重心所在》，《经济研究》2010 年第 12 期。

上一届增长28.43%。三是企业效益不佳，投资比较谨慎，这对东部发达地区的影响更大些。

(2) 影响消费需求的有利因素西部更多

近年来，我国城乡居民收入增长明显加快，为扩大消费奠定了坚实的收入基础。受节能产品补贴政策、消费金融快速发展等影响，消费正成为当前中国经济增长中一股相对稳定的力量。分区域看，影响2012年消费增长的因素在2013年变化不大，住房调控政策将保持稳定，环保政策会进一步完善，同时，社会保障将取得更大进展，温家宝指出，政府宁肯少上几个项目，也要确保对社会养老保险制度的投入，要根据经济发展、财政收入、物价变动等因素建立科学合理的保障水平调整机制。这几方面，中西部相对有利：一是收入增幅相对较高；二是受调控影响相对较小；三是由于社会保障覆盖面及水平存在差距，国家加强社会保障工作，中西部受益更大。

(3) 对外贸易的影响依然存在

从总体看，2013年国际经济环境依然复杂多变，全球经济仍将处于深度结构调整之中，经济增长动力不足，区域经济环境面临许多不确定因素，我国对外贸易改善的难度比较大。这对依赖外需更强的东部地区影响更大，而中西部地区受到的影响相对较小。

4. 区域经济发展预测

依据上述分析，如果世界经济不出现严重恶化，中国宏观经济政策延续目前的态势，对我国四大区域经济增长的预测如下：2012年，东部地区经济增长9%左右；中部地区增长11%左右；西部地区增长12.5%左右；东北地区增长10%左右。2013年，东部地区经济增长9.3%左右；中部地区增长11.6%左右；西部地区增长13%左右；东北地区增长10.5%左右。

三 区域经济发展存在的问题

我国区域经济发展中的突出问题主要表现为：缺乏有效的区域合作机制，使地区利益协调困难，基础建设重复布局，区域产业结构趋同，缺乏统一的区域市场体系，导致商品和生产要素区域之间难以自由流动和优化组合，区域比较优势难以体现，区域经济未能有效实现规模经济与集聚经济效应等。

1. 区域竞争激烈，宏观调控面临新的挑战

为了缩小差距、实现区域协调发展和分享大国崛起的成果，后发地区的发展热情极大地增强，各地在强化“发展是第一要务”理念的基础上，全面实施追赶战略。这种如饥似渴的发展热情和现行地方财政体制相结合，使地区之间的竞争愈演愈烈。在这种情况下，中央政府既要适当抑制各地的盲目冲动和过度投资行为，又要努力保护地方发展的积极性，要在现有地方经济发展和竞争格局中使这两方面保持平衡，的确存在较大的难度。

2. 区域政策差别化不够

目前我国区域政策制定的基本空间单元过大，在制定政策时，不少都是在重复或强调全国的普惠政策，真正有差别的政策种类少、力度小。比如财政转移支付这样的关键性政策，往往都是定性描述，实际可操作的细则并不多，对区域协调发展的作用有限。不同区域间实行差别化扶持政策，才能有效引导生产要素合理配置，促进城乡、区域和经济社会协调发展，充分体现各区域的特点与优势，但目前做得还很不够。

3. 中西部地区持续发展的机制尚未形成

中西部近几年发展速度虽然很快，但很大部分来自国家对交通、通信、文化、科技、能源、矿业的投资拉动，还有中央大企业对中西部若干产业项目的投资拉动。真正意义上东部的民营企业、中小企业向中部、西部产业规模性转移还远远不够，中、西部可持续发展的内在机制尚未形成，还没有形成有别于东部发达地区的独特发展路径。

四　促进区域协调发展的建议

1. 建立和完善超越地方利益的区域协调机制

区域经济协同发展是一种多赢的经济发展模式，需要建立健全科学合理的协同发展机制和制度框架，实施跨区域协调操作。在目前地方保护主义和市场分割的情况下，特别需要建立一个超越地方利益、有调控能力的协调机构和组织运行机制，制定科学合理的区域协同发展政策，对各区域经济发展方向、规

模与结构等进行科学引导和有效约束；推进各区域协调互动，建立区域经济协同发展信息沟通平台和高效的物流网络系统；打破市场分割，建立生产要素自由流动的区域大市场，实现在各区域之间资源的合理流动与优化配置。在区域经济发展和生产要素流动方面模糊各区域的行政区划界限，培育密切的区域空间协同关系，实现生产要素的自由流动，实现区域间的优势互补，推动各区域走协同发展的道路，发挥全国经济的整体优势最大化。

2. 推进区域间公共服务均等化

推进区域间基本公共服务均等化是我国当前及未来相当长时期内促进区域协调发展中的首要目标，对于我国这样一个国土面积大、发展差异巨大的国家，区域之间经济发展的差距在短期内难以缩小，但为各地区居民提供均等的基本公共服务水平则是有可能、有条件实现的，通过为各地区居民提供均等化的基本公共服务，有利于为劳动力的区际流动创造条件，这是按照市场经济的方式缩小区域间经济发展水平差距的有效手段。当前要重点提高欠发达地区义务教育和基本医疗卫生服务水平，建立有利于劳动力流动的人口管理和基本社会保障制度。推进区域间义务教育均衡发展，加快中西部地区贫困人口、少数民族和边境地区义务教育发展水平，在确保义务教育数量的同时，大幅度提升质量。应继续在办学条件、师资水平、教育质量等方面进一步缩小区域间差距，巩固九年义务教育成果。提高中西部欠发达地区基本医疗和公共卫生服务水平，加强服务体系建设，逐步增加服务内容，健全以县级医院为龙头、乡镇卫生院和村卫生室为基础的农村医疗卫生服务网络。

3. 引导产业从沿海向中西部地区有序转移

产业转移是企业的自发行为，受市场规律的支配，但政府可以科学地运用产业转移的规律，吸取国际产业转移的经验和教训，采取有效措施，引导产业有序转移，避免产业无序转移所造成的弊端，促进区域产业协调发展。当前，我国东部发达区域向中西部地区的产业转移趋势已经初步形成。建议加强协调，做好组织对接。鼓励东、西部省区之间设立产业转移及对接协调机构，建立稳定和高效的操作协调机制，定期不定期加强协调与沟通，促进东、西部省区间劳动密集型产业对接，使东部劳动密集型产业转移与承接的成本更小、代价更低、周期更短、效果更好。二是深化改革，为产业转移创造良好环境。中西部地区应进一步转变政府职能与管理方式，提高政务服务的透明度和效率，为企业发展创造公平的制度环境，同时要制定促进本区域承接劳动密集型产业转移的政策措施。三是加大投入，完善基础建设，进一步加强供水、供电、交通、通信等基础设施和公共设施建设，增强服务功能，为承接东部劳动密集型产业的梯度转移提供良好的硬件环境。四是限制污染企业的转移，强调在转移过程中引导企业提升技术水平和管理水平，减少对转入地的环境污染，提高对资源的利用效率。

4. 完善区域协调的市场机制

实施区域发展总体战略，促进区域经济协调发展，不在于区域规划的多少以及区域特殊政策的博弈，更需要在完善市场机制上下工夫。实际上，不少经济转型成功的国家，并没有推出太具体的区域发展规划，只是提供有利于经济发展的公平竞争环境和非歧视性的人口流动保障，从而达到经济集聚、地区协调发展，如德国汉堡的人均 GDP 超出东北部落后地区两倍，但两个地区的福利却没有差异，人均收入水平也相差无几。因此，促进区域协调发展，须以健全的市场经济体制为基础，消除制约地区比较优势发挥的行政体制障碍和不合理的价格形成机制，最大程度上发挥不同地区所具有的要素禀赋、规模经济和竞争优势，构建区域间合理的竞争与合作关系，实现全国整体利益的最大化。目前，一方面要纠正要素价格扭曲现象，用价格杠杆引导各类生产要素合理流动，优化要素资源配置，提高经济效益，促进社会总财富增加。另一方面要正确应对生产要素供需的结构性变化，各地应遵循市场规律，利用不同地区对要素需求的差异，拓展地区间要素配置效率提升的空间，引导和促进区域间生产要素的合理流动。

G.31

2012年长三角地区经济形势分析及2013年展望

刘伟良　徐建荣*

摘　要：

2012年，长三角地区按照“稳中求进”的工作总基调，扎实推进稳增长各项举措，第三季度开始触底企稳，经济呈现总体平稳、稳中有进的良好态势，全年经济呈现“前低后高”走势。2013年，国内外环境不确定性因素仍然较多，中国经济面临着中速增长的转型，长三角经济发展仍将处于持续调整阶段，保持平稳或略高的稳步增长是其基本运行特征。

关键词：

长三角　经济增长　稳中求进

2012年以来，面对复杂异常的发展局面，江苏、浙江、上海两省一市积极按照“稳中求进”的工作总基调，着力落实稳增长各项举措，经济增长下行压力得到一定程度缓解，触底企稳迹象显现，经济展露回升态势，全年“前低后高”的走势基本确立。2013年，世界经济周期性调整与国内经济调整的叠加引致我国经济正步入中速增长阶段，长三角经济发展将以稳为主，经济发展在稳中有进的运行轨道上前行。

---

* 刘伟良，经济学硕士，江苏省信息中心副主任，研究员，主要研究领域为数量经济、区域经济；徐建荣，管理学博士，江苏省信息中心副处长，高级经济师，主要研究领域为产业经济、区域经济、低碳经济。

一　2012 年长三角经济运行呈现“前低后高”态势

2012 年，长三角两省一市面对国内外经济调整的压力，未雨绸缪，及时落实促进稳增长各项措施，注重宏观经济调控与微观经济发展需求的结合，有效保护经济增长中的积极因素，经济发展逐步走出低迷开局状态，经济回升趋势显现。但长三角经济运行中仍存在着不利于经济加快回升的制约因素，如企业经营困难、出口外部环境紧张等。

（一）长三角经济增长总体平稳

2012 年以来，欧债危机持续深化，美、日经济复苏不稳定，发达经济体进口需求不振，新兴发展中国家经济增长动力衰退，全球经济处于大周期调整中，外部经济调整对我国经济增长产生负面影响。国内经济快速增长动力不足，宏观调控政策只是预调微调，尤其是 2011 年房地产领域的精准化调控对关联产业的影响延续至今，国内经济自主调整的周期有所延长，这种自我调整与国际经济调整重合在一起，增加了经济下行压力。

面对世界经济复杂多变的形势和国内经济持续下行的宏观环境，长三角两省一市早研判、早动手、早落实，围绕“稳中求进”的工作总基调，充分发挥当地政府在宏观调控上的成功经验和成熟手段，注重长三角区域市场、资本、资源、人才、政策等要素优势的释放，有效加快创新驱动，有力推进转型升级，着力加强民营经济等市场主体内生自主性增长，强化民生领域投入，使地区经济发展逐步脱离周期性下滑的轨道，从第一季度的低位运行逐步趋于回升，经济增幅呈现“先低后高”的良好发展态势，具体数据见表 1。

表 1　2012 年 1～9 月江苏、浙江、上海地区 GDP

单位：亿元，%

地　区	1～3 月		1～6 月		1～9 月	
	绝对额	增　长	绝对额	增　长	绝对额	增　长
江　苏	10881.46	9.8	25382.81	9.9	38796.36	10.1
浙　江	6725	7.1	15790	7.4	24215	7.7
上　海	4593.85	7.0	9552.24	7.2	14374.23	7.4

（二）2012 年长三角经济发展亮点频现

1. 创新驱动深入发展

长三角拥有丰富的创新资源，2012 年苏、浙、沪持续深化创新驱动工程建设，积极加大创新投入，增添经济扩张的能量。江苏充分发挥科教人才优势，借助全国区域创新第一的良好发展平台，集聚全社会资源加大研发创新力度，上半年全社会研发投入达 640 亿元，发明专利申请量增长 37.9%，授权量增长 50.6%，保持全国领先，强劲的创新有力推动了经济竞争力的提升。浙江创新驱动力度增强，前三季度，地方财政科技支出同比增长 20.7%，比全部财政支出增长高 8.5 个百分点，规模以上工业新产品产值增长 8.8%，高出规模以上工业增速 4.6 个百分点，科技活动经费支出增长 15.7%。

2. 经济转型升级稳步推进

2012 年，长三角推进结构调整和经济转型取得新实效。江苏把转型发展作为实现“两个率先”的重要路径，大力推进新兴产业发展，调整优化产业结构，在 2011 年明确“十二五”十大战略性新兴产业发展规划基础上，2012 年出台了十大战略性新兴产业推进方案，为新兴产业发展提供了明确的导向，前三季度，全省十大新兴产业实现产值、销售收入同比增长均在 20% 以上，明显快于全省工业平均水平。高新技术产业对经济的拉动力进一步强化，1～9 月江苏高新技术产业产值占规模以上工业产值比重达 35.1%，占比提高 2.9 个百分点，产值同比增长 14.2%，增速高出全省工业产值平均增幅 2 个百分点，对全省工业产值增长的贡献率达 40.3%。浙江经济转型成效明显，前三季度高新技术产业和装备制造业增加值占规模以上工业比重分别为 24% 和 32.6%，增幅分别高出规模以上工业 3 个和 0.3 个百分点，战略性新兴产业增加值增幅高出规模以上工业 2.5 个百分点。上海经济结构调整取得进展，六大重点发展工业行业中，汽车制造业保持 10.7% 的两位数增长，钢铁、石化等高耗能重化工业加快调整步伐，落后产能进一步淘汰，生产增速出现回落，文化创意、电子商务等现代服务业保持快速发展。

3. 民营经济自主增长动力增强

2012 年，长三角两省一市积极发挥民营经济优势，充分培育企业内生动力，着力增强民营经济活力，民营经济发展成效可圈可点，成为长三角经济回升的重要动力源。江苏民营经济首次突破“半壁江山”，8月民营工业占规模以上工业比重首次占到50%以上，达到50.1%，前三季度全省规模以上民营工业增加值同比增长17.4%，高出全部规模以上工业5.1个百分点，规模以上工业产值增长的70.9%由民营工业拉动。浙江作为国内民营经济最活跃的地区，民间投资增长较快，前三季度民间投资达7724亿元，增长26%，占投资总额的63.3%，占比同比提高1.2个百分点。前三季度上海私营经济固定资产投资增幅达14.4%，投资增速在各种经济成分中最高，高出整体投资增幅9.2个百分点。

4. 消费市场稳中有升

2012年，长三角两省一市把扩大消费作为稳增长的重要抓手，大力推进收入增长，夯实消费扩大基础。1～9月，江苏限额以上社会消费品零售总额实现13308.2亿元，同比增长14.8%，书报杂志、家具、建筑及装潢材料等居民生活改善类产品销售旺盛，增幅均在30%以上，远高于上年同期水平。前三季度，浙江社会消费品零售总额实现9763.5亿元，同比增长13.2%，扣除价格因素，实际增长10.8%，实际增速比上半年加快1.1个百分点。上海前三季度社会消费品零售总额达到5425.28亿元，同比增长9.1%。在消费稳步增长的同时，居民消费价格持续下降，江苏1～9月CPI同比上涨2.7%，同比下降2.1个百分点，比上半年回落0.4个百分点。前三季度，浙江CPI同比上涨2.4%，涨幅比上半年回落0.5个百分点，低于全国0.4个百分点。上海前三季度CPI同比上涨3.1%，比上半年和上年同期分别下降0.5个、2.1个百分点。

（三）2012年长三角经济发展薄弱环节

长三角经济运行趋于回升的同时，仍然存在诸多薄弱环节，主要有以下几个方面。

1. 外贸发展面临阻力

2012年以来，长三角外贸发展面临极端严峻的环境，除欧美金融危机引发外部需求不足、贸易摩擦因素外，发达国家“双反”升级、中日钓鱼岛争

端、美国产业投资市场限制等新增因素对长三角外贸发展带来沉重压力。前三季度，江苏、浙江、上海出口分别为 2406.6 亿美元、1667 亿美元、1545.05 亿美元，在 2011 年出口已经较大回落基础上同比仅分别增长 4%、3% 和 -0.1%，增速同比分别下降 14.7 个、18.8 个、17.6 个百分点，出口增速处于近年来的低谷，两省一市出口颓势明显，对经济增长缺乏有效的拉动力。

2. 投资扩张有所乏力

尽管长三角正加快转变经济发展方式，积极扩大消费需求，但从目前经济增长动力结构看，投资仍是至关重要的经济动力源。2012 年以来，长三角投资发展受制于大项目少、企业信心不足等因素，投资增长处于近年来的低位。前三季度，江苏、浙江、上海固定资产投资分别完成 22451.28 亿元、12194 亿元、3379.82 亿元，同比分别增长 20.6%、23.5%、5.2%，江苏、浙江增幅同比分别下滑 1.7 个、2.1 个百分点。浙江经济监测显示，当地 28.6% 的企业推迟甚至停止年初计划投资项目，投资后劲不足，后续投资乏力。投资的缓慢增长和部分投资项目的中止必然拖累长三角经济的整体复苏。

3. 企业效益下滑明显

受到内外需不足、人力成本上升、工业生产购进与出厂价格落差大等因素影响，企业经营环境不容乐观，盈利压力偏大，利润下滑幅度较大。1～8 月，江苏、浙江、上海工业企业利润总额同比分别萎缩 3.1%、16.1%、3.4%，增幅同比分别下降 34.9 个、40.92 个、5.3 个百分点，江苏亏损企业亏损额同比增长 66.8%，大大高于利润增长速度，亏损增幅比上年同期提高 19.4 个百分点。长三角企业效益下滑是微观经济运行压力的集中体现，排除企业竞争力因素，企业面临的各种成本和环境压力值得关注。

二　2013 年长三角经济发展展望

面对国外经济复苏缓慢、需求偏弱以及国内经济筑底企稳的环境，2013 年长三角经济快速增长的条件仍不具备，在 2012 年基础上保持平稳或

略高的增长将是两省一市经济运行的总体特征。作出这一判断，主要基于以下理由。

从有利因素看，一是长三角创新动力强。长三角集聚了全国丰富的人才、科研院所等创新资源，江苏已连续三年位居区域创新首位，创新投入快速增长为经济竞争力提升奠定了坚实基础，也为2013年经济回升提供了最充足的动力。二是战略性新兴产业引领。长三角把战略性新兴产业培育作为转型发展的重要路径，新兴产业研发投入、主营业务收入发展势头迅猛，为经济转型升级提供了有力的产业基础。三是长三角改革发展具有领先优势。苏南现代化建设示范区规划启动并持续推进，可提升长三角综合经济实力，温州金融综合改革试点将激活浙江丰富的社会资金，为经济增长增添动力。上海金融中心、航运中心、贸易中心等现代服务中心改革与建设使长三角国际服务能力进一步提升，为长三角经济发展提供有力支撑。四是结构性减税减轻部分企业税收压力。2012年10月和12月，江苏、浙江分别开始交通运输业和部分现代服务业营业税改征增值税试点，这有利于两省现代服务业提速发展、优化产业结构和推进经济回升。

从不利因素看，中国周边区域不和谐因素仍存、发达国家及部分新兴发展中国家经济增速放缓等因素使2013年外部需求难以较快回升，长三角外贸增长仍将处于低位运行状态，这对大量市场在外的长三角地区经济形成较大制约。同时，美、欧等发达经济体及部分新兴发展中国家对长三角出口商品的限制仍将不断，尤其是美、欧针对光伏产业发起的“双反”调查及制裁措施，对江苏光伏龙头企业冲击严重，使江苏光伏产业发展困难，同时美国对华为、中兴在美国市场投资的百般限制对长三角地区企业“走出去”步伐将产生负面影响。中日钓鱼岛事件后的两国经济交流趋冷对日资企业集聚较多的长三角地区也带来显著的冲击。同时，由于长三角地区各种要素价格的持续攀升，处于产业链低端的部分加工组装类资本在逐利偏好下开始外流，阿迪达斯2012年关闭在苏州的唯一在华工厂而迁往缅甸并不是孤立事件，尽管这种产业转移可以优化长三角产业结构，但对就业和经济增长的影响不容小觑。

总体来看，2013年长三角地区经济仍处于本轮经济周期的复苏阶段，经济发展以稳为主。在长三角地区内部，区域经济发展分化比较明显，江苏经济增长明显快于浙江、上海，2013年经济有望重返两位数增长轨道，浙江、上

海经济增长略缓，但会略高于 2012 年经济增速。长三角地区两省一市经济增长预测数据具体见表 2。

表 2　2012～2013 年江苏、浙江、上海 GDP 增长预测

单位：%

地　区	2011 年(实际数)	2012 年(预测数)	2013 年(预测数)
江　苏	11	10.1	10.5
浙　江	9	7.8	8.3
上　海	8.2	7.5	7.9

三　对长三角经济发展的几点建议

（一）深化重大领域改革创新

长三角经济发展已经跃上了更高的发展台阶，要实现经济转型升级，在全国乃至全世界构筑新一轮率先发展的竞争优势，必须依托重大领域改革创新，集聚高端要素，为区域经济发展释放更大的拓展空间。要按照党的“十八大”所确定的今后改革总框架，重点推进苏南现代化建设示范区、温州金融综合改革试点、上海“四个中心”、长三角收入分配改革等事关长三角新一轮竞争优势积累的改革创新。江苏要利用苏南现代化建设示范区规划上升为国家战略的契机，积极探索科技创新、产业转型、城乡统筹、生态环保、改革开放等向现代化迈进的新思路、新路径、新模式，在苏南地区积累基本实现现代化的改革创新经验，提升江苏在全国发展中的比较优势。浙江要充分发挥民间资金丰富的优势，大力推进温州金融综合改革试点，深化民营金融经营机构组织创新、业务创新，激发城乡民间资金活力，提升社会资本配置效率，降低民间融资成本，为长三角经济发展提供有力的资金支持。上海市以打造国际金融中心、国际航运中心、国际贸易中心等“四大中心”为重点，深化国际现代服务中心建设的体制机制，完善财税金融政策、法律法规，加快国际现代化服务功能提升，为长三角国际化发展提供基础。同时，要按照国家的统一部署，研究出台与长三角域情相适应的收入分配改革方案，深化利益调节机制，着力规范要素合理分配的秩序，推动中低收入人群收入有效增长，为内需扩大、经济转型奠定良好的基础。

（二）推进战略性新兴产业发展

长三角经济要率先实现复苏和攀升，需要高端产业拉动和产业结构的优化升级。战略性新兴产业是长三角产业层次提升的重要产业载体。江苏、浙江、上海均把战略性新兴产业发展作为未来区域竞争优势提升的引领产业，要发挥好新兴产业的作用，需要两省一市在产业定位上做好差异化发展，避免资源过度集中，产生同质化竞争，引发新一轮的产业同构。要加强创新合作，注重产业技术信息、人才资源、创新平台的协作共享，建立战略性新兴产业重大关键技术研发联盟，集聚两省一市创新资源抢抓产业核心链条，推进关键技术突破，占领战略新兴产业技术制高点，从而带动经济复苏。要积极做好战略性新兴产业技术转化应用，推动新兴产业产品和服务在传统产业改造升级中的应用，推进新兴技术在传统产业和其他产业的有效外溢，实现产业技术层次提升和生产工艺优化，促进产业转型升级，优化产业结构，提高产业增长质量和效益。

（三）优化微观经济运行环境

长三角地区需高度重视企业投资信心的恢复，持续优化微观经济运行环境。要加快落实国务院《关于促进外贸稳定增长的若干意见》，有效制定细化措施，加强对外贸企业的跟踪帮扶力度，促进各项政策推进有力、落实到位、实施有效。要不断改善企业投资环境，结合中央各部门民间投资新 36 条实施细则，积极完善本区域的民间投资具体实施细则，扩大民营经济投资领域，进一步清理涉及实体经济、小微企业发展、民间投资等方面的行政事业性审批项目，减少政府对企业投资的干预，稳定企业投资信心，有效扩大企业投资规模。加强政府服务创新，改善政府服务方式和效能，更加注重政府主动服务意识，加快政策创新，推动政策更具稳定性、针对性、有效性、细致性，有效实施以营业税改征增值税为重点的结构性减税新举措，切实减轻企业税收负担。

参考文献

江苏省统计局:《江苏统计月报》《江苏经济动态》。

江苏省统计局:《江苏统计年鉴 2012》，浙江省统计局《浙江统计年鉴 2012》，上海市统计局:《上海市统计年鉴 2012》，中国统计出版社，2012。

长三角信息合作联席会议参阅材料:《2012 ~ 2013 年各省市经济形势分析与展望》。

上海市统计局，http: //www. stats-sh. gov. cn。

浙江省统计局，http: //www. zj. stats. gov. cn。

G.32

2012年中部地区经济形势分析及2013年展望

阮华彪　王莉莉*

摘　要：

2012年以来，中部六省经济走势与全国一样，呈现逐季回落态势，但回落的幅度收窄，主要经济指标增速仍保持在较快的增长区间，经济发展态势好于全国。展望2013年，国际、国内经济形势仍相当复杂，经济运行中仍然面临着很多不确定、不稳定因素，经济下行压力仍然较大，稳增长的基础还不牢固，需引起重视和关注。随着一系列稳增长政策效应的逐步显现，中部六省2013年经济增长将略好于2012年。

关键词：

中部　经济运行　发展环境　展望

一　2012年中部地区经济运行基本态势

1. 经济整体运行筑底企稳，发展态势好于全国

2012年前三季度，中部六省积极应对世界经济复杂多变、国内经济增长放缓的形势，加大稳增长、调结构力度，经济整体运行筑底企稳势头明显。前三季度，中部六省实现GDP达83180.1亿元，总量突破8万亿元，占全国GDP的比重由上年同期的22.3%提高到23.5%，比重提高了1.2个百分点；

* 阮华彪，经济学硕士，安徽省经济信息中心高级经济师，主要研究领域为宏观经济、区域经济、产业运行等；王莉莉，经济学硕士，安徽省经济信息中心经济师，主要研究领域为宏观经济分析与预测、景气监测、区域经济等。

增长 10.8%，增速较上年同期放缓 2 个百分点，比全国同期高出 3.1 个百分点。从总量看，河南 GDP 总量 22171.5 亿元，居中部首位。从走势看，中部六省经济整体呈现“缓中趋稳”态势，上半年较第一季度相比，GDP 增幅放慢 0.6 个百分点，前三季度较上半年减缓 0.2 个百分点（见表 1）。

表 1　中部六省 2011 年以来各季度累计 GDP 增长情况

单位：%

地　　区	2011 第一季度	2011 第二季度	2011 第三季度	2011 第四季度	2012 第一季度	2012 第二季度	2012 第三季度
全　　国	9.7	9.6	9.4	9.2	8.1	7.8	7.7
山　　西	12.8	13.3	13.2	13.0	10.3	10.1	10.0
安　　徽	13.8	13.4	13.8	13.5	12.3	12.0	12.0
江　　西	13.0	13.0	12.8	12.5	11.0	10.5	10.6
河　　南	10.8	11.2	11.4	11.6	11.3	10.3	10.0
湖　　北	14.4	14.1	14.0	13.8	12.4	11.7	11.2
湖　　南	13.9	13.4	12.9	12.8	11.9	11.5	11.2
中部平均	12.9	12.9	12.8	12.8	11.6	11.0	10.8

在产业转移、固定资产投资和城市化进程加快的推动下，中部六省经济增速尽管有所回落，但仍保持高增长态势，前三季度，中部各省经济增速均保持了两位数增长。其中，安徽增长 12.0%，居中部首位；湖北、湖南增长 11.2%，并列中部第 2 位；江西增速呈现出逆势回升态势，前三季度 GDP 增长 10.6%，增幅比上半年提高 0.1 个百分点。

2. 工业生产增速总体趋缓回落，回落幅度收窄

2012 年以来，中部六省工业增速均呈现持续回落态势，但回落幅度在逐步收窄。工业增长放缓的主要原因是外部需求疲软、国内需求增速放缓。1 ~ 8 月，中部六省规模以上工业增速均高于全国平均水平（10%），除山西（11.4%）外，其他五省增幅均超过 14%（见表 2）。其中，安徽规模以上工业增长 16.2%，增幅居中部第 1 位、全国第 6 位，40 个工业大类行业中有九成保持增长，17 个行业增速超过 20%。

表 2　中部六省规模以上工业增加值累计增速比较

单位：%

地　区	2011 第三季度	2011 第四季度	2012 第一季度	2012 第二季度	2012 年 1～8 月	2012 第三季度
山　西	19.3	17.9	12.7	11.8	11.4	11.4
安　徽	20.7	21.1	17.1	16.5	16.2	16.0
江　西	19.1	19.1	15.8	14.4	14.1	14.0
河　南	19.4	19.6	17.3	15.4	14.9	14.7
湖　北	20.7	20.5	17.3	15.6	15.0	14.6
湖　南	19.5	20.1	17.0	15.4	14.9	14.6
全　国	14.2	13.9	11.6	10.5	10.1	10.0

虽然工业运行呈现回落态势，但结构转型发展步伐加快。前三季度安徽省规模以上工业中装备制造业增加值增长 17.3%，增幅比全部工业高 1.3 个百分点。河南六大高成长性产业增加值增长 18.4%，对全省工业增长的贡献率为 68.3%，成为拉动工业增长的主要力量。江西省非公有制工业实现增加值 2566.59 亿元，增长 17.3%，高出全省平均增速 3.3 个百分点，拉动工业增长 12.7 个百分点，贡献率达 90.7%。湖南高加工度工业和高技术产业增加值增速分别为 18.6% 和 28.1%，比规模以上工业快 4 个和 13.5 个百分点。

3. 固定资产投资平稳，增长内生动力增强

投资延续了 2011 年以来平稳较快增长的运行态势，但增速逐月回落，到 5 月增速降至最低点，之后增幅逐步回升。前三季度，中部六省固定资产投资 60312.1 亿元，增长 26.4%，增速比上年同期回落 3.1 个百分点，但比上半年回升 0.9 个百分点，也较全国同期增速快 5.9 个百分点（见图 1）。其中，江西固定资产投资完成 8099.4 亿元，增长 31.2%，对经济增长的贡献率达 60% 以上，增速高于全国平均水平 10.7 个百分点，居中部首位、全国第 3 位。江西投资增速快主要受益于新开工项目拉动效果显著。前三季度，新开工项目完成投资增长 70.2%，对投资增长的贡献率达 102.2%。

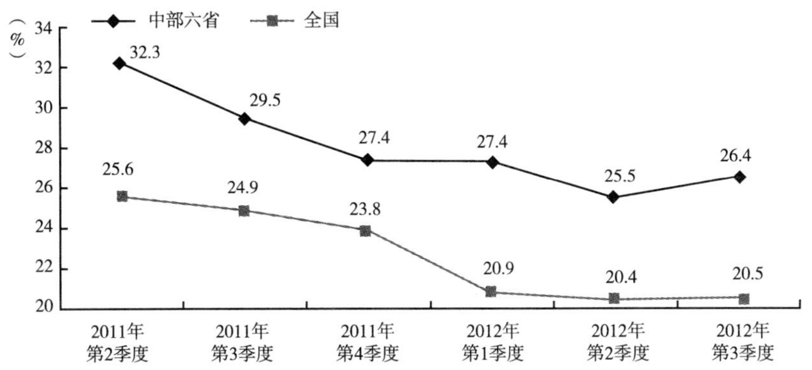

图 1　2011 年上半年以来中部六省投资增速与全国比较

同时，投资增长的内生动力持续增强。一是民间投资增长加快、贡献大。前三季度，江西民间投资完成 5503. 2 亿元，增长 35. 1%，对投资增长的贡献率达 74. 2%；山西民间投资完成 2591. 8 亿元，同比增长 32. 8%，增幅高于全部投资 7 个百分点，占全部投资比重的 45. 9%。二是大项目带动明显。江西亿元以上新开工项目增长 84. 9%，完成投资增长 1. 1 倍，对投资增长的贡献率达 46. 3%；湖北亿元以上新开工项目增长 113. 8%，也为投资增长奠定坚实基础。

4. 消费市场总体平稳，呈现趋缓态势

居民消费增长速度整体呈现稳中趋缓态势。前三季度，中部六省消费增幅均超过 15%，快于全国。其中，安徽社会消费品零售总额达 4076. 5 亿元，增长 15. 8%，高出全国 1. 7 个百分点（见表 3），居全国第 1 位。安徽家电下乡前三季度累计销售额达 182. 6 亿元，增长 18%，销售额首次位居全国第 1 位。与消费结构升级相关的商品保持较快增长，改善型、享受型消费继续升温。前三季度，安徽汽车、建筑及装潢材料分别增长 15. 8% 和 31. 9%；江西汽车类、金银珠宝类消费分别增长 18. 8% 和 26. 5%，建筑及装潢材料类、家具类增速均在 30% 以上；湖北汽车类保持两位数增长；湖南汽车类商品零售额增长 17. 7%。

5. 进出口增长明显放缓，出口仍保持高增长

前三季度，中部六省外贸进出口总额实现 1383. 8 亿美元，增长 25. 8%，

表 3　中部六省社会消费品零售总额累计增幅对比

单位：%

地　　区	2011 第三季度	2011 第四季度	2012 第一季度	2012 第二季度	2012 第三季度
山　　西	17.7	17.6	16.02	15.2	15.3
安　　徽	18.0	18.0	16.75	16.0	15.8
江　　西	17.7	17.9	16.20	15.7	15.6
河　　南	18.0	18.1	16.07	15.5	15.4
湖　　北	17.8	18.0	15.95	15.9	15.8
湖　　南	17.7	17.9	15.48	15.5	15.0
全　　国	17.0	17.1	14.80	14.4	14.1

较同期全国平均增速快 19.6 个百分点，增幅比上年同期、上半年分别回落 14.9 个和 3.5 个百分点。其中，河南进出口总额达 338.7 亿美元，增长 63.4%，总量和增幅均居中部首位，主要原因是富士康的投产，前三季度，富士康进出口 167.8 亿美元，占河南全省进出口的 49.5%。中部六省出口呈现逆势增长态势，增幅超过 40%。安徽增速也居全国前列，前三季度外贸出口 211.0 亿美元，增长 69.9%，较全国同期快 62.5 个百分点，比上年同期、上半年分别提高 29.9 个和 21.2 个百分点（见表 4）。

表 4　中部六省 2012 年前三季度对外贸易情况

单位：亿美元，%

地　　区	进出口	增幅	出口	增幅	进口	增幅
山　　西	103.8	-4.5	44.0	6.8	59.8	-11.4
安　　徽	304.1	32.1	211.0	69.9	93.1	-12.2
江　　西	254.2	21.1	191.3	39.1	62.9	-13.1
河　　南	338.7	63.4	194.0	62.8	144.7	64.2
湖　　北	238.0	-4.2	142.0	0.6	96.0	-10.5
湖　　南	145.0	4.0	79.8	13.0	65.2	-5.2
中部六省	1383.8	25.8	862.1	41.6	521.7	10.2
全　　国	28245.0	6.2	14954.0	7.4	13471.0	4.8

总的来看，2012 年，中部经济仍然保持了平稳较快增长。但与 2011 年预测的增长速度有 1 个百分点左右的差距，主要是欧元区经济持续恶化与国内经济减速双重因素的叠加影响。无论美、欧、日三大发达经济体，还是中国等新兴经济体，均呈现明显的经济下行态势。IMF 近期对 2012 年世界经济和中国经济的预测分别降至 3.3% 和 7.8%，而上年同期，IMF 的预测数据分别是 4% 和 9%，说明世界经济复苏进程远比预料中的更为缓慢。欧债危机、贸易保护对全国的外贸出口产生了严重的影响。国内经济过度依赖投资和出口的发展模式短期内难以改变，抑制了工业增速和投资增速，对中部各省的经济也产生了较大的影响。同时，中部经济也表现出了新的亮点，外商直接投资仍然保持快速增长态势，外贸出口呈现出逆势高速增长态势，对稳定中部经济增长起到了积极的作用。

二　2013 年中部地区发展分析

在国家政策的支持下，中部六省在全国区域经济格局中的地位将越来越突出，逐步成为稳定全国经济增长的重要力量。2013 年，随着外部经济环境的好转和国家政策作用的逐步显现，中部地区经济仍将继续保持平稳较快增长。

1. 国际经济延续缓慢回升态势

总体上看，2013 年全球经济仍将继续保持回升态势。IMF 预测 2013 年世界经济增长率为 3.6%，较 2012 年回升 0.3 个百分点；世界银行预测 2013 年世界经济增长 3%，高于 2012 年的 2.5%。美国经济保持稳定增长，尤其是房地产市场出现加速复苏态势，9 月住房新开工数量创 2008 年 7 月以来新高。德国经济好转助推欧洲经济复苏，德国 10 月的经济景气指数为 -11.5，较上月的 -18.2 出现明显回升，也明显好于预期的 -14.9。预计 2013 年，欧元区经济将走出负增长。受重建需求消退和出口增长乏力等因素影响，日本经济将明显放缓。新兴市场国家多数将保持回升态势，中国、印度、俄罗斯和巴西等国家均呈现复苏态势。但也要看到，美国的财政赤字问题、欧债危机的继续恶化都是影响全球经济复苏进程的潜在不确定因素，世界经济复苏的形势仍不明朗。

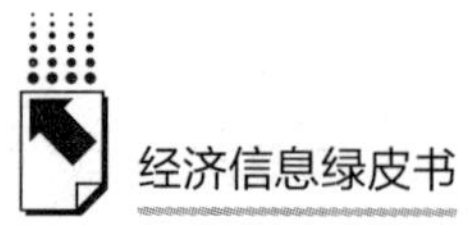

2. 国家政策总体较为有利

从宏观政策层面看，稳增长仍将是经济工作的重点。目前，尽管国内经济已经出现企稳回升的迹象，但基础仍不够稳固。2013 年是“十八大”召开后的第一年及政府换届的一年，保持宏观经济平稳增长仍然至关重要。国家将继续实施积极的财政政策，推进结构性减税政策的落实，继续加强对外贸、小微企业和消费需求的政策支持。在保持稳健货币政策的同时，灵活调节社会融资总规模，改善对实体经济的金融服务。

从区域政策层面看，对中部地区的支持将会进一步加大。继 2006 年出台促进中部崛起的若干意见后，2012 年 8 月，国家又出台了《关于大力实施促进中部地区崛起战略的若干意见》。国家将继续加大中央财政转移支付力度，用于支持粮食主产区提高财政保障能力、中部地区改善民生和促进基本公共服务均等化。在重大项目规划布局、审批核准、资金安排等方面对中部地区给予倾斜。根据中部地区产业发展实际，研究制定差别化产业政策。进一步加强对欠发达地区、老工业基地调整改造和资源性城市转型的政策支持力度。加快推进中部内陆开放型经济的发展，建立沿长江大通关模式，支持具备条件的地方申请设立海关特殊监管区域。

3. 市场需求有望逐步回升

投资对经济增长的支撑作用不会减弱。2013 年是“十二五”规划的第三年，按照过去五年规划的实施经验看，投资增长将进入高峰期。国家也明确表示，要推进国家重点在建续建项目建设，加大金融支持，确保工程进度。9 月以来，国家发改委再次加快了项目审批速度，包括城轨规划、公路建设、市政类项目等，这些项目也是中部地区的投资重点，对稳定 2013 年中部各省的投资将起到积极作用。鼓励民间投资的政策作用开始显现，允许民间资本进入的行业和领域将不断拓宽，有利于鼓励和激活民间投资。中部各省也制定了一系列的稳增长措施，谋划一批重大投资项目。

消费需求仍将保持稳定增长。随着国家收入分配制度改革的推进以及城镇化进程的加快，中部地区的消费潜力进一步释放。地方政府也将进一步出台各类消费激励政策，继续推进和完善社保体系改革，以鼓励刺激消费，消费需求总体仍将保持稳定增长。

外贸出口仍有望保持较快增长。从全国看，尽管9月出口数据有所好转，但秋季广交会的订单明显减少，外需压力仍然较大。但国务院出台《关于促进外贸稳定增长的若干意见》以及财政进口贴息等政策的实施，有利于改善外贸企业的经营环境和融资条件。从中部看，2012年出口的逆势上扬主要得益于安徽、江西和河南三省出口的大幅增长，三省在近两年的出口增长表现出较高的稳定性。而且，随着国际经济的复苏，其他三省的出口也有望得到改善。

综合判断，2013年，国际、国内经济形势仍相当复杂，经济运行中仍然面临着很多不确定、不稳定因素，但在稳增长政策效应逐步显现、2012年较低基数等因素的影响下，中部六省2013年经济增长将略高于2012年，保持在11%以上。

三 保持中部地区经济平稳增长的对策建议

1. 利用好城镇化加速带来的内需市场空间

与沿海地区相比，中部地区的城镇化进程还相对滞后。2011年中部六省的平均城镇化率只有45.5%，低于全国平均水平5.8个百分点，低于长三角地区20.7个百分点。金融危机以来，中部地区的城镇化率年均提高幅度近1.8个百分点，这一态势仍将维持较长一段时间。中部地区正处于城镇化加速扩张期。无论是城镇化过程中的投资需求，还是城镇人口增长所引致的消费升级，都将带来巨大的内需市场空间。因此，中部各省要牢牢抓住城镇化加速带来的加快发展机遇。一是稳定投资需求，着力改善城市基础设施条件。提升道路交通、水电气管网、污水处理、学校医院等基本公共设施的承载力，加快经济适用房、廉租房、棚户区改造等保障性住房的建设。二是提高消费对经济增长的贡献。就安徽而言，城镇化率每提高1个百分点，就能够新增50亿元的消费规模。通过改善收入分配，完善消费环境和出台促消费政策等措施，加快消费的增长。三是重视内需型产业的发展，将市场优势转化为产业优势。

2. 加大对沿海地区产业转移的承接力度

需求结构的变化、要素价格的上升使中部地区的区位优势和成本优势更加凸显，产业资本向中部地区转移呈现出加速态势。在全国实际利用外资连续10个月下降的形势下，2012年前三季度中部地区实际使用外资增长16.5%，占全国总额的8.4%，占比较2010年提高了近2个百分点。从实际情况看，目前到中部各省投资的外资企业，有相当一部分是来自沿海地区，多以出口加工型的劳动密集型企业为主，选择的投资区域也以劳动力相对富余的欠发达地区居多，如安徽的皖北地区。因此，中部各省要抓住当前外商投资的特点，加强招商引资的针对性，引导出口加工型和劳动密集型外资企业向皖北、赣南和湘南等中部欠发达地区转移，更好地发挥这些地方的劳动力和资源优势，提升这些区域的工业化和对外开放水平。同时，对于基础较好的重点经济区，要充分利用日趋完善的硬件设施、产业配套、人才资源等条件和广阔的内陆市场空间，吸引外商投资高端制造业和现代服务业，进一步提高产业承接水平。

3. 继续深入推进产业结构优化调整

近年来，中部能够保持相对较快的发展速度，一个重要原因就是积极推进产业结构的优化调整。从中部各省的主导产业来看，产业结构转型升级的轨迹十分清晰，已经从早期的钢铁、有色、建材、化工等资源密集型行业，逐步转到汽车、家电和机械装备等资本密集型行业。从长远发展来看，要继续保持中部地区持续稳定的发展态势，首先，必须利用好当前国家加快战略性新兴产业发展的政策机遇，推动主导产业向技术和知识密集型行业过渡。中部各省在发展新兴产业的过程中，关键还是要重视对技术、品牌等核心竞争力的培育，而不是单纯的产能建设。过去的发展经验表明，没有核心技术和自主品牌作为支撑，新兴产业的发展也可能陷入产能过剩的境地。其次，在当前市场需求不旺的形势下，要发挥政府对市场消费的引导作用，扩大新兴产业产品的国内市场空间，利用内需市场帮助企业做大做强。此外，还要加强对新兴产业的行业监测和研究，及时发现产业发展中存在的问题，适时调整发展策略，促进新兴产业健康发展。

参考文献

IMF, *World Economic Outlook*, Oct., 2012。

《2012 年中国统计年鉴》，中国统计出版社，2012。

《2012 年安徽统计年鉴》，中国统计出版社，2012。

《国务院关于大力实施促进中部地区崛起战略的若干意见》，国发〔2012〕43 号。

G.33

2012年西部地区经济形势分析及2013年展望

唐明龙*

摘　要：

2012年西部地区经济保持较快增长，成为全国经济增长的亮点地区。国家支持西部地区发展的政策措施形成一个较为完整的体系，包括两部分：一是对西部地区普遍适用的财税、投资、产业、金融、人才等政策；一是针对不同地区特点制定的特殊政策措施。在政策支持下，西部各省区市形成了各具特色的发展格局。展望2013年，西部地区面临较大的发展环境压力，但仍将是全国增长较快的地区，这主要得益于支持力度不减的区域发展政策和已经打下的良好发展基础。2013年，西部地区发展要注重资源开发与环境保护并举、重点开发与扶贫并举、承接产业转移与对外开放并举、经济社会发展与体制机制完善并举。

关键词：

西部　经济形势　展望

2012年，西部地区仍保持较快增长，成为经济增长亮点地区。之所以出现这种情况，有政策倾斜的作用，也因西部地区经济社会发展到了较快增长的阶段。2013年，西部地区经济将继续快速发展，仍是东、中、西3大板块中增长较快的板块。

* 唐明龙，国家发展和改革委员会西部开发司处长，从事西部开发研究与实践。

一　西部地区经济运行基本态势

（1）经济增长速度领先

2012 年 1 ~6 月，西部地区生产总值实现 47755 亿元，增长 12.58%，高于东部、中部和东北地区。预计全年保持在 10% 之上。重庆、贵州均增长 14%，增速在全国仅次于天津；经济规模较大的四川、陕西增长 13%。重庆、四川、陕西经济基础较好，取得这样的成绩在意料之中，贵州由于基础较差，取得这样的成绩令人瞩目。

（2）工业增长速度虽有所回落但总体仍较快

2012 年 1 ~8 月，西部地区 12 个省区（市）规模以上工业增速均超过全国 10.1% 的平均水平，陕西规模以上工业企业实现增加值 4211.19 亿元，增速达到 16.4%，居全国第 1 位，比全国平均增速高 6.3 个百分点，同比仅回落 0.3 个百分点。四川、贵州位居第二、第三位，均增长 16.2%。与上年同期相比，全国规模以上工业增速回落 4.1 个百分点，西部省份增速均回落，回落幅度在 0.3 ~6.3 个百分点，重庆回落幅度最大，陕西回落幅度最小。

（3）固定资产投资规模持续较高增长

2012 年 1 ~8 月，西部地区投资增长 24%，比全国增速高 3.8 个百分点。贵州、新疆和甘肃分别增长 33.6%、32.5% 和 31.7%，位列西部前三位。重庆、内蒙古分别增长 20% 和 18.5%，略低于全国平均水平。与上年同期相比，全国增速下滑 4.8 个百分点，西部有 10 个省份增速回落，青海回落幅度最大，达到 19.3 个百分点，陕西回落幅度最小，为 1.1 个百分点。

（4）地方财政收入增速回落明显

2012 年 1 ~8 月，西部地区地方一般预算收入完成 8203 亿元，同比增长 12.5%，低于全国和中部增长速度，增速同比减少 34.4 个百分点。分省份看，贵州、陕西和甘肃增长较快，位列前三，分别增长 33%、23.6% 和 22.6%。地方财政收入增速大幅下滑，说明西部地区经济效益较低，受经济波动影响较大。

（5）对外贸易增长最快

2012 年 1 ~8 月，西部地区外贸进出口总额完成 353 亿美元，同比增长

32.9%，高于东部和中部，其中出口增长48.4%，进口增长13.1%。西藏进出口增速最高，达到183%；重庆和贵州紧随其后，排名西部第二、第三位。与上年同期相比，有9个省份外贸增速回落，回落幅度为7.3～49.3个百分点，内蒙古回落程度最大，四川回落程度最小。虽然西部地区进出口总额快速增长，但占全国比重仍较低，只占5.9%，说明西部地区参与国际分工的程度较低。

二　推动西部地区发展的政策体系逐步完善

国家把深入实施西部大开发战略放在区域发展总体战略的优先位置，开发支持政策不断细化落实，为西部地区发展营造了良好政策环境。

（1）财税政策。率先实施了原油、天然气等资源税从价计征改革；鼓励类产业按15%税率征收企业所得税政策文件颁布实施，内资鼓励类产业、外商投资鼓励类产业、优势产业的项目在投资总额内进口的自用设备减免关税；为消除西部地区地方财政收支缺口，中央财政对西部地区均衡性转移支付力度加大，占到了全国的近50%；中央财政用于节能环保、新能源、教育、人才、医疗、社会保障、扶贫开发方面的专项转移支付都向西部地区倾斜。

（2）投资政策。国家对西部地区民生、基础设施、生态环境等重点工程和项目实行较高的投资补助标准和资本金注入比例；对“三农”、社会事业等部分公益性项目取消了县级配套要求；每年安排新开工多项西部大开发重点工程。现有投资中企业技术改造和产业结构调整专项加大对西部特色优势产业发展的支持力度，安排资金支持西部开发重点项目前期工作，2012年安排了1亿元。

（3）产业政策。制定西部鼓励类产业目录，促优限劣；凡是有条件在西部加工转化的能源、资源开发利用项目，支持在西部地区布局建设并优先审批核准；支持民间资本以合作、参股等方式进入油气勘探、开发储运等领域；加大中央地质勘探资金、国土资源调查资金对西部地区的投入力度；扩大外资优势产业目录范围。鼓励外商参与提高矿山尾矿利用率和矿山生态环境恢复技术开发应用项目。

（4）土地政策。简化审批用地程序，保障西部大开发重点工程用地；对

西部实施差别化土地政策，年度用地指标向西部地区倾斜，增加西部地区荒山、沙地、戈壁等未利用建设用地指标；工业用地出让金可区别情况按最低标准的 10% ~50% 执行，适当降低开发园区建设用地基准价。

（5）人才政策。完善机关和事业单位人员的工资待遇，逐步提高西部工资水平；对艰苦边远地区津贴实施动态调整机制；制定留住人才和吸引人才的职务晋升、职称评定、子女入学、医疗服务等方面的倾斜政策。

（6）对口帮扶政策。建立对口支援新疆、西藏的制度，在经济、干部、人才、科技等方面予以支持；建立对口帮扶青海等民族地区及集中连片特殊困难地区的机制；继续实施中央机关、中央企业定点扶贫和对口支援。

（7）重庆统筹城乡改革发展政策措施。国务院印发了《关于推进重庆市统筹城乡改革和发展的若干意见》，支持重庆实施“一圈两翼”开发、扩大内陆开放、产业优化升级、科教兴渝支撑、资源环境保障战略。打造以主城区为核心、一小时通勤距离为半径的经济圈，加快建设渝东北地区和渝东南贫困山区“两翼”；以北部新区及保税港区为龙头和平台，建设长江上游地区综合交通枢纽和国际贸易大通道；加快推进老工业基地改造和振兴，建设国家重要的现代制造业基地。推进基础教育、职业教育和高等教育改革发展，加快建设长江上游的科技创新中心和科研成果产业化基地；树立生态立市和环境优先的理念，创新节约资源和保护环境的发展模式，发展循环经济和低碳经济，建设森林城市。

（8）成都市统筹城乡综合配套改革政策措施。国务院批复了成都市统筹城乡综合配套改革试验总体方案。允许在建立三次产业互动的发展机制、构建新型城乡形态、创新统筹城乡的管理体制、创新耕地保护和土地节约集约利用的新机制、探索农民向城镇转移的办法和途径、健全城乡金融服务体系、健全城乡一体的就业和社会保障体系、实现城乡基本公共服务均等、建立促进城乡生态文明建设的体制机制等九个方面先行先试，对具有突破性的改革试验实行项目化管理。

（9）支持新疆跨越式发展的特殊政策措施。国家出台了《关于推进新疆跨越式发展和长治久安的意见》《关于支持喀什霍尔果斯经济开发区建设的若干意见》等，形成针对新疆的特殊支持政策。支持新疆建设能源基地、向中亚开放和努力改善民生。在资源税改革、财政扶持、用电、运输、基础设施建设等硬环境方面给予优惠政策；在海关、边检、金融机构设立，土地政策倾斜，开放直通国际航线及口岸签证等软服务方面也提出政策支持；支持农副产品加工转化和劳动密集型产业等符合条件的企业发展；支持加快经济开发区职业技术人才的培养。

（10）支持云南建设桥头堡的政策措施。国务院下发了《关于支持云南省加快建设面向西南开放重要桥头堡的意见》，批准了云南省加快建设面向西南开放重要桥头堡总体规划，支持云南建设成沿边开放试验区、西南地区重要经济增长极、中国重要生物多样性宝库、西南生态安全屏障、面向东南亚与南亚的通信枢纽和区域信息汇集中心、以水电为主的绿色能源基地。政策支持利用境外资源并且具有特色优势的项目；支持边境地区矿业与水电开发相结合、技术水平先进的清洁载能工业发展；鼓励先行先试，形成有利于桥头堡建设的体制机制。

（11）支持广西面向东盟开放的政策措施。国务院出台了《关于进一步促进广西经济社会发展的若干意见》，支持广西建设一批重大产业、交通、能源、水利、生态环保和社会事业等项目，促进完善产业布局，提升基础设施支撑能力和基本公共服务均等化水平。支持广西发挥区位优势，扩大以面向东盟为重点的开放合作，赋予广西在深化改革方面先行先试的若干政策。支持广西加大扶贫开发力度，赋予帮助解决特殊类型地区改善生产生活条件的特殊政策。

（12）支持甘肃加快发展的政策措施。国务院《关于进一步支持甘肃经济社会发展的若干意见》和批复设立兰州新区，形成了对甘肃省发展的特殊政策。支持甘肃成为连接欧亚大陆桥的战略通道和沟通西南、西北的交通枢纽、西北乃至全国的重要生态安全屏障、全国重要的新能源基地、有色冶金新材料基地和特色农产品生产与加工基地、中华民族重要的文化资源宝库。发挥兰州等中心城市的辐射带动作用，积极打造陇东、河西两大能源基地；加强综合交通运输体系建设，打通资源能源运输通道；实施以节水和治沙为重点的、以改善民生为重点的、以优势资源开发转化为重点的生态安全、社会发展和产业发展战略。

（13）支持宁夏发展的政策措施。国务院《关于进一步促进宁夏经济社会发展的若干意见》，形成了对宁夏的不同政策。支持宁夏加快实施以保护水生

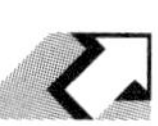

态为中心的可持续发展战略，优化水资源配置，实施青铜峡灌区、沙坡头灌区续建配套与节水改造；加大对生态移民、节水灌溉、设施农业等项目的支持力度，切实解决中南部地区的贫困问题；加快建设北部现代农业示范区、中部干旱带节水农业示范区、南部黄土丘陵区生态农业示范区；建设高水平宁东能源化工基地，升级改造资源型城市，建成世界重要的钽、铌、铍、碳基材料制品生产研发基地和国内重要的镁、硅及其深加工产品基地；加快发展综合交通运输体系，完善现代物流体系，加快发展旅游和金融等服务业；推进防沙治沙、大六盘生态经济圈等生态建设；加快解决民生问题。

（14）支持贵州发展的政策措施。国务院《关于进一步促进贵州经济社会又好又快发展的若干意见》是针对贵州的特殊政策。政策支持贵州成为全国重要的能源基地、资源深加工基地、特色轻工业基地、以航空航天为重点的装备制造基地和西南重要陆路交通枢纽；以集中连片特殊困难地区为主战场，建设扶贫开发攻坚示范区；探索特色民族文化与旅游融合发展，建设文化旅游发展创新区；逐步建立生态补偿机制，建设长江、珠江上游重要生态安全屏障。

（15）支持内蒙古发展的政策措施。国务院《关于进一步促进内蒙古经济社会又好又快发展的若干意见》指出了支持内蒙古发展的特有政策措施。支持内蒙古构筑以草原和森林为主体、生态系统良性循环、人与自然和谐相处的国家生态安全屏障；建设国家重要的能源基地、新型化工基地、有色金属生产加工基地和绿色农畜产品生产加工基地。深化与俄罗斯、蒙古等国家的经贸合作与交流，建设向北开放的重要桥头堡。

（16）针对特殊类型区域制定不同的规划指导措施。之前，国务院已经批准了关中—天水经济区发展规划、成渝经济区区域规划、陕甘宁革命老区振兴规划等，针对这些区域的不同特点，指明了区域发展定位、主要建设任务和特殊政策措施。今后针对一些特殊的经济集聚区、资源富集区、集中连片贫困区等还将陆续出台相应规划，制定差别化的政策措施予以支持。

三　各省区市形成各具特色的发展格局

在国家的分类指导和特殊政策支持下，西部地区发展呈现出各具特色的发展格局。

（1）重庆“一圈两翼”的发展格局加快形成。主城区工业结构形成了万亿元电子信息产业、万亿元汽车摩托车和装备制造业、万亿元石油天然气化工、钢铁、有色、建筑材料、轻工纺织等，以长江航运为龙头的交通运输业加快发展。渝东北和渝东南在特色农业和农产品加工方面正在快速起步，脱贫步伐加快。在农村社会保障、城乡一体化的教育、卫生、文化事业发展方面，都有长足进步，社会民生持续改善。

（2）四川形成了成都平原城市群集聚发展、藏区跨越式发展的良好格局，成为西部地区经济发展的高地。四川省发挥成都、绵阳的科技优势，推动电子信息、汽车制造、油气化工、新能源等一批现代产业迅速崛起，再加上飞机制造、医药、旅游服务业等的快速发展，使其产业结构不断上档升级，成就了“快于全国、好于西部”的发展高地。四川企业发展环境较好，民营企业已经成为经济发展的主力军。2012 年前三季度民间投资增速比全省投资增速快 8.5 个百分点，占全省投资的比重超过 50%，同比提高 3.4 个百分点。成都平原的城镇化加快发展，城乡一体化也取得较好的成绩。

（3）云南形成了以面向东南亚开放为动力的滇中城市群集聚发展、加快少数民族扶贫开发的发展格局。滇中形成了烟草，医药，铜、磷矿产资源开发加工和民族文化旅游等特有的经济结构。随着我国经济对外交往的增多，我国向西南通向印度洋的通道越来越重要，云南的旅游、商贸、物流业将会在今后有长足的发展。目前，云南西南交通运输大通道正在快速推进。

（4）贵州形成了以黔中经济区为“火车头”和“发动机”，遵义城镇化加快发展，毕水兴经济带、东南部特色综合经济区、民族地区快速崛起的发展格局。黔中经济区形成了以能源、化工、冶金、有色金属、装备制造及建材为主的重型工业体系和以卷烟、白酒、特色食品、民族制药、旅游商品为主的轻型工业体系，黔中优质白酒基地、红色文化旅游基地、区域性能源基地、资源深加工基地、特色食品基地和物流商贸中心的建设加快。煤炭、电力工业增加值占全省工业增加值 30% 以上，成为第一支柱产业。黔南州、黔东南州、铜仁地区民族文化和生态旅游目的地不断发展。

（5）陕西形成了以科技为实力的关中核心带动发展，陕北能源加快开发，

秦巴山区、六盘山区、吕梁地区扶贫力度不断加大的发展格局。陕西省是我国名列前茅的科教大省，拥有80多所高校、近千家科研机构、100多万科技人员，科教优势明显，这些资源主要集中在以西安为中心的关中地区。陕西省按照关中—天水经济区规划的思路，加快发展高新技术开发区和杨凌高科技农业产业示范区，以航天电子测绘、农业科技服务为特色的高技术产业带动，石油、电力等机械设备产业体系不断完善，使陕西成为西部地区较有经济实力的省份。

（6）甘肃形成了兰州中心带动发展，天水、白银、金昌、庆阳、酒泉多点齐动的格局。兰州以能源化工、石油钻采设备、商贸等产业为支柱。天水、白银、金昌、庆阳、酒泉分别以机械加工、铜开采加工、镍开采加工、石油开采加工、特种钢铁冶金为支柱产业。甘肃太阳能和风能资源丰富，新能源工业已经形成一定规模。甘肃省东西狭长，城市分散，无法形成集聚效应，要进入良性快速发展，需要较长时间。

（7）宁夏形成了银川、宁东两大第二、第三产业发展高地，沿黄河特色农业及农副产品加工业快速发展的格局。把能源加工作为支柱产业，不断做大做强宁东能源基地。银川发挥与阿拉伯国家经贸往来的人文、地缘优势，打造清真食品和穆斯林用品的重要生产基地和集散地工程正在起步。沿黄地区设施农业、高附加值农业快速发展。

（8）青海形成了三江源地区以生态保护为重点、盐湖地区以资源开发为支柱、海东以增加农牧民收入为核心的发展格局。

（9）新疆形成了以乌鲁木齐和昌吉为中心的能源化工基地，国家能源战略接续地初现雏形，喀什、霍尔果斯两个经济开发区建设加快推进，向亚欧开放的新格局正在形成。生产总值每年增加1000多亿元，连续两年保持两位数增长；城乡居民收入增幅连续两年超过生产总值增幅。新疆经济亮点纷呈，许多经济指标位居全国前列，经济健康快速发展，经济结构逐渐趋向合理。

（10）内蒙古形成了以呼、包、鄂为主体的经济区域，三市集中了内蒙古全区经济总量和财政收入的54.2%。工业以稀土冶炼、煤化工、电力、水泥、铝加工为主要产业。在农业和农牧业加工方面形成了伊利、蒙牛、赛飞亚、科尔沁等一批农畜产品加工“龙头”企业。在对外开放中，内蒙古加快口岸建

设与边贸经济发展，发展中、蒙、俄区域合作经济，参与国内外产业分工和竞争，使内蒙古成为中国向北开放的战略前沿。内蒙古优势的发挥，使其经济增长连续七年全国第一，成了西部地区的发展亮点。

（11）广西充分发挥中国—东盟自贸区“桥头堡”的独特优势，形成了北部湾发展最快、经济最活跃、最有活力的经济区。北部湾经济区生产总值已经占广西1/3强，财政收入占近2/5，进出口总额占近1/2。形成了港口产业和临港工业。南宁国家内陆开放型经济战略高地、东兴国家重点开发开放试验区、中马钦州产业园区和马中关丹产业园区，进一步扩大对外开放和互利合作，形成了开放发展的崭新格局。

四　2013年西部地区经济发展展望

2013年中国经济发展面临着许多不利因素。欧洲债务危机、美国经济增长乏力、中日钓鱼岛争端，都会影响我国对主要贸易伙伴的出口，进而影响对经济的拉动。强力拉动内需的房地产、汽车制造面临宏观调控和城市限购的影响，增长速度将保持低水平，对经济的带动作用不强劲。原材料和劳动力成本上升，也会对经济增长造成负面影响。产业结构不合理，传统产业由于产能过剩不会有较快增长的表现。综合判断，2013年中国经济将低于8%。受经济结构调整和物价上涨的影响，宏观调控政策不可能特别宽松，除非经济出现较大下滑。因此，2013年西部地区经济发展也面临较大压力。

2013年，即使在宏观经济政策不宽松的情况下，国家对西部地区的支持力度也不会出现大的调整。主要因为：一是国家财政建设资金将主要用于西部地区的基础设施、生态建设等公共服务和公益项目，符合财政资金的投资原则和方向。二是国务院近几年针对西部地区各地方的特殊政策是长期化的，并跟随了一些规划和工作方案，一些具体支持项目已经开工，不会受短期政策影响，除非发生重大影响事件。三是西部地区经过十多年的开发和建设，正在逐步进入快速发展阶段，为保持国民经济一定的增长速度、解决就业，国家需要支持西部地区成为经济增长的亮点地区。四是支持西部地区是实现共同富裕的要求。距离全国实现全面小康社会目标只有7年时间，只有加大西部地区投

资，促进西部地区加快发展，集中解决贫困问题，才能确保目标完成。

西部地区在全国区域板块中经济增长速度应当处于领先地位。主要理由有以下几点：一是在区域优惠政策的支持下，西部地区基础设施、生态建设、社会民生的投资会保持较快增长，对经济有较强的拉动作用。二是随着物价水平上涨和劳动力成本上升，传统行业在东部地区的竞争力在下降，一些传统行业有向内陆转移的需求，如果西部地区做好产业转移这篇文章，会有较快发展。而东部地区要开拓技术含量高和附加值大的行业则需要更多努力。三是随着我国经济规模的扩大，对能源、矿产资源的需求有所增加，西部地区在这方面恰恰有资源优势。能源矿产资源的加快开发，会带动西部地区经济有一个较好的表现。四是随着农产品和矿产品国内需求增加、价格上升，西部地区与周边国家的边境贸易会快速增长，将会拉动西部地区投资和贸易，带动西部地区经济。五是随着我国经济实力的增强，国家对西部地区的扶贫力度将不断加强，六大集中贫困片区的开发将迎来更好时期，这将为西部地区经济增长注入新的活力。

G.34

2012年东北地区经济形势分析及2013年展望

郭新梅　于晓琳　戴寅生*

摘　要：

2012年以来，东北三省认真贯彻落实中央"稳增长"的宏观调控政策，积极应对各种困难局面，基本遏制住经济增速下滑的不良态势，宏观经济整体保持平稳运行。2013年，刺激经济增长的积极因素较多，东北地区经济将在企稳的基础上进一步回升。

关键词：

东北地区　经济形势　展望

一　2012年东北地区宏观经济运行

1. 1～8月东北地区宏观经济保持平稳运行

(1) 工业生产下滑态势得到遏制

辽宁省规模以上工业增加值增速5月触底后，6～8月各月累计增速稳定在10%左右，1～8月同比增长9.6%，低于全国0.5个百分点；吉林省规模以上工业增加值增速4月触底反弹，5～8月各月累计增速均维持在14%的水平，1～8月同比增长14%，高出全国3.9个百分点；黑龙江省规模以上工业增加值增速自年初以来逐月攀升，1～8月同比增长9.2%，低于全国0.9个

* 郭新梅，黑龙江省信息中心助理研究员，研究方向为农业经济，宏观经济分析与预测；于晓琳，辽宁省信息中心宏观经济预警预测中心副处长，经济师，研究方向为宏观经济分析与预测；戴寅生，吉林省信息中心高级经济师，研究方向为宏观经济分析与预测。

百分点。

（2）固定资产投资保持较快增长

1～8 月，东北三省完成固定资产投资（不含农户）23860.7 亿元，同比增长 28.9%，高出全国平均水平 8.7 个百分点。其中，辽宁、吉林、黑龙江分别完成固定资产投资 13931.1 亿元、5985.4 亿元、3944.2 亿元，分别增长 27.6%、31% 和 30.2%，增速分别高出全国 7.4 个、10.8 个、10 个百分点，分居全国第 9 位、第 4 位、第 5 位。

（3）消费品市场保持平稳运行

上半年，东北三省实现社会消费品零售总额 8966.3 亿元，同比增长 15.3%，高出全国 1 个百分点。其中，辽宁、吉林、黑龙江分别实现社会消费品零售总额 4240 亿元、2247.4 亿元、2478.9 亿元，分别增长 15.3%、15.6% 和 15.5%，分别高出全国 0.9 个、1.2 个、1.1 个百分点，消费品市场保持平稳运行。

（4）外贸形势依然严峻

受欧债危机蔓延、发达经济体经济下滑、发展中国家发展势头减弱等影响，东北地区外贸形势依然严峻。1～8 月，东北三省实现外贸进出口总额 1104.2 亿美元，同比增长 6%，低于全国 0.2 个百分点，其中进口 601.2 亿美元，增长 13.4%；出口 503 亿美元，下降 1.8%。

（5）财政收入增幅下降

受经济增长放缓、物价涨幅回落及实施结构性减税政策等影响，东北地区财政收入增速自年初以来逐步回落。1～8 月，东北三省实现地方公共财政预算收入 3613.9 亿元，同比增长 19.6%，其中辽宁、吉林、黑龙江省分别增长 19.7%、21.4%、18%，但与第一、第二季度相比，增速持续下滑。1～8 月，东北三省实现地方公共财政预算支出 5654 亿元，同比增长 17.1%，其中辽宁、吉林、黑龙江省分别增长 19.2%、12.5%、17.8%，支出重点主要向教育、卫生、就业等领域倾斜。

（6）城乡居民收入增长稳定

随着国家对小微企业扶持力度的加大，民营经济发展不断壮大，吸纳劳动力就业人数不断增加，城乡居民收入水平提高较快。上半年，辽宁、吉林、黑龙江省城镇居民人均可支配收入分别增长14.2%、13.7%、13.2%，农村居民人均现金收入分别增长10.6%、18.1%、18.4%。

2. 2012年东北地区经济走势判断

当前，由于欧债危机呈现进一步扩散趋势，全球经济下行风险加大，同时，我国房地产市场调控政策不减、工业企业效益下滑，经济运行中存在各种潜在风险和矛盾，不利于东北地区经济的快速回升；但同时也有促进经济增长的积极因素，如国家宏观政策的预调微调、扶持战略性新兴产业发展措施及“新非公36条”细则的出台及收入分配改革方案有望年底前出台等。

3. 对当前东北地区经济运行情况的基本评价

年初以来，我国经济增长延续减速态势，2012年东北三省的主要经济指标值与上年预测值略有误差，部分指标尚未达到上年的预测值。但由于国家“稳增长”政策措施的逐步见效，东北地区全年经济呈现缓中趋稳、稳中有升的运行态势，主要经济指标和先行指标出现企稳迹象，基本遏制住经济增速的下滑（见表1）。但当前东北地区经济形势依旧不容乐观，经济企稳的基础并不稳固。

表1　2012年东北三省主要经济指标增长率预测

单位：%

指　标	辽　宁	吉　林	黑龙江
地区生产总值	10.0	12.5	10.5
规模以上工业增加值	10.5	15.0	9.5
固定资产投资完成额	26.5	31.0	30.0
社会消费品零售总额	16.0	17.0	15.5
外贸进出口总额	14.5	13.7	-2.7
城镇居民人均可支配收入	14.5	14.0	12.5
农村居民人均纯收入	17.5	18.5	18.0
消费价格指数	2.5	2.5	3.0

东北地区经济增长放缓是多种因素共同作用的结果，一方面源于2008年金融危机引发的世界经济发展格局的剧烈变化，另一方面源于我国经济发

展在转方式、调结构等新阶段中的战略选择。也就是说，当前经济增长放缓既受到外部客观条件的影响，也是内部主动调控的结果，其中需求不足是经济增速下行的直接原因。需求不足表面上看是国内外环境恶化和世界经济周期性波动所致，实质上是全球金融危机促使世界经济进行重新布局和调整，倒逼我国加快转变经济发展方式。东北地区经济以重化工业作为主导产业，结构调整步伐和经济周期性波动均滞后于全国，因而在内外因素的作用下经济明显减缓。

4. 影响 2012 年东北地区经济健康发展的问题

影响东北地区经济健康发展的问题主要体现在以下几个方面。

一是工业增速明显放缓，拖累整体经济增长。年初以来，东北三省的规模以上工业增加值增速明显放缓，主要是由于东北地区作为重工业生产基地，受市场需求及大型企业设备检修等影响，石油加工、冶金、建材、能源等产业出现不同程度的亏损或利润下滑，拖累了东北地区的经济增长。特别是当前工业的下滑已经从原材料工业转移到装备制造业，处于产业链下游的装备制造业的下滑对整体经济的影响更为深远。

二是需求始终萎靡不振，抑制整体经济增长。从内需看，由于国家汽车、家电下乡等优惠政策结束，房地产调控政策基调不变及石油制品价格调整等多重因素影响，年初以来，东北地区社会消费品零售额增速在低位徘徊。从外需看，黑龙江省自年初以来进口增速持续下滑，出口增速自 3 月以后逐月下降；辽宁省虽然当前出口放缓态势得到遏制，但进口增速回落幅度仍然较大；吉林省进入下半年以后，外贸出口和进口增速较上半年均有不同程度下滑。

三是财政减收增支矛盾日益突出，“两难”问题值得关注。一方面，当前财政减收因素集中。房地产企业因资金紧张拿地意愿下降，土地出让金减少；企业效益下滑，应缴税收下降；同时结构性减税、小微企业所得税优惠政策的实施，也在一定程度上减少了财政收入。另一方面，2012 年财政刚性支出大幅增加。实施积极的财政政策要求财政支出更多地向社保、教育、医疗、保障性住房、水利等领域倾斜，2012 年又是偿还地方政府到期债务高峰年等。减税因素增多和刚性支出需求增大，双重因素叠加促使财政压力陡增。

二　影响2013年东北地区经济运行的因素分析

展望2013年，尽管全球经济下行压力较大，制约当前经济增长的因素无法全部消除，但为了遏制经济下滑，国家将在政策上做出一系列积极调整，这将有利于东北地区经济的企稳回升。2013年，如果全国经济不出现大幅波动，东北地区经济将会继续保持平稳运行。

1. 有利因素分析

从国际看，一是美国房地产市场持续好转，页岩气大规模开发所带动的能源成本降低将带动相关产业投资增长，同时“再工业化”政策效果强化了美国经济增长的动力，2013年美国经济复苏势头有望增强。二是德国捍卫欧元和欧元区的强硬表态，美国对增资IMF救助欧债国家的态度转变，以及欧洲央行推出的“直接货币交易计划”，为欧洲国家赢得了解决债务问题和国内结构问题的时间，使欧洲债务危机对欧洲经济和世界经济的冲击得到缓解，欧元区经济2013年有望好于2012年。三是印度和俄罗斯等新兴市场国家正在谋求结构调整、对外开放的政策突破。俄罗斯加入世贸组织和推进远东开发将加速“新经济”进程。以墨西哥、印度尼西亚、土耳其、尼日利亚、越南等国为代表的“新11”集团因各国政策突破带动经济更加开放，成为新兴经济体的发展亮点。

从国内看，一是“十八大”的召开，将进一步激发全国上下改革开放和加快发展的热情。二是2013年是“十二五”规划中期评估年，地方政府为交上满意答卷，将全力以赴推动地方经济发展。三是国家“稳增长”的宏观调控政策空间较大，政策效应将在2013年得到更大程度的释放。第一，从货币政策看，2013年对冲压力减轻，存款准备金率有下降空间；从财政政策看，基础设施、民生社会保障等投资缺口较大，财政政策空间仍然较大。第二，战略性新兴产业发展和“新非公36条”细则将充分调动新兴产业和民间投资。第三，酝酿多年的收入分配体制改革总体方案有望出台，将进一步提升居民收入水平，改善收入结构，促进居民消费。第四，外贸新政细则出台及贸易规模的扩大，将进一步拓宽东北地区贸易市场，改善贸易环境，稳定贸易增长。

从东北地区看，一是2013 年辽宁第十二届全国运动会的举办，将进一步拉动辽宁基础设施建设投资及消费的提升，进而带动全省经济增长。二是2013 年辽宁将进一步扩大如沿海经济带、黄金坪经济区的对外开放程度，促进全省经济增长。三是吉林省特色城镇化稳步推进，长吉一体化、带动中部城市群加快发展等战略将在2013 年取得进一步发展。四是黑龙江省“八大经济区”和“十大工程”发展战略的稳步推进及2013 年“产业项目建设”三年决战计划的收官，项目效益将更加明显。五是2012 年黑龙江省出台的《关于促进全省工业经济稳定增长的若干政策措施》，为2013 年全省经济增长提供了政策保障。

2. 不利因素分析

从国际看，一是美国大选后因“财政悬崖”问题导致的财政政策调整可能使国际金融市场受到一定冲击。二是欧元区根本的制度性矛盾短期内难以解决，“增长”与“紧缩”的两难选择和政策摇摆使欧洲重债国经济表现不确定性较大。三是日本经济因需求不足难有大的起色，又与周边国家相继爆发领土争端，促使区域经济环境面临许多不确定因素。四是金砖国家整体发展势头减弱，中国、印度的经济减速调整使能源、原材料新增需求增长放缓，巴西、俄罗斯和南非等资源出口国受到冲击。五是在全球货币政策进一步宽松的背景下，充裕的流动性将对国际大宗商品价格走势起到推波助澜的作用，全球通胀风险可能重新抬头，2013 年国际大宗商品市场震荡起伏可能性较大。

从国内看，一是劳动力成本上升、融资成本居高不下、企业税负较高等因素不断侵蚀企业利润，企业投资信心和能力有待恢复，“去库存化”“去产能化”任务艰巨。二是2013 年房地产调控毫不放松，将影响到与住房相关的其他产业发展。三是随着我国人口结构趋于老化，资本存量增速开始下滑，影响未来经济发展。

从东北地区看，一是作为老工业基地，重工业比重偏高，工业结构调整升级难度大。二是2012 年东北地区财政收入大幅下降，一定程度上影响2013 年政府的投资财力，削弱经济发展后劲。三是2013 年东北地区经济难有跨越式发展，就业问题将会凸显，城乡居民收入水平难以实现大幅提高。

三　2013 年东北地区主要经济指标预测

综合上述利弊因素的分析，结合计量经济模型，预计 2013 年东北地区经济有望实现企稳回升，主要经济指标好于 2012 年（见表 2）。

表 2　2013 年东北三省主要经济指标增长率预测

单位：%

	辽　宁	吉　林	黑龙江
地区生产总值	10.0	12.0	11.5
规模以上工业增加值	12.5	14.6	10.5
固定资产投资完成额	20.0	28.0	31.0
社会消费品零售总额	16.0	16.0	16.0
外贸进出口总额	15.7	12.8	16.0
城镇居民人均可支配收入	15.0	13.0	13.0
农村居民人均纯收入	18.0	17.0	20.0
消费价格指数	3.0	3.0	3.5

四　对策建议

2013 年，应坚持贯彻“稳增长、惠民生、调结构”的发展策略，继续把“稳增长”放在更加突出的位置上，密切关注经济形势新变化，掌握经济发展新动向，进一步做好宏观政策的预调和微调，确保经济的平稳较快发展。

1. 优化工业生产结构，促进工业经济提速增效

一是提升支柱产业的支撑力。2013 年，东北三省应进一步提升石化、装备、汽车、冶金、能源及农产品加工等产业发展，加大政府扶持力度，提升自主创新能力，提高产品科技含量，进一步发挥支柱产业对工业发展的主导作用。二是加快传统产业改造升级。大力发展东北地区具有优势的大型铸锻件、核电设备等市场急需产品及关键配套件；加快汽车产业结构调整，重点发展自主品牌汽车、小排量汽车、新能源汽车；继续调整钢铁工业产品结构，加

强节能减排，提高市场竞争力；优化石化产业，抓紧组织实施大型炼油、乙烯项目，提高加工度，发展精细化工、化肥等。三是积极培育潜力型产业。依托地方资源优势，大力发展基础配套零部件、加工辅具和特殊原材料，大力发展下游特色轻工产业和农林畜产品精深加工业等，延长产业链条，提高工业经济效益。

2. 加快大项目建设，促进项目提振升级

一是按需谋划项目。新项目的建设必须围绕国家产业政策、资源禀赋、科技成果转化和市场需求进行谋划，完善项目谋划生产机制，简化项目审批手续，争取项目早日投产。二是加强项目建设进度监督。按照项目制订计划，对在建项目如辽宁省的 100 个重点工业产业集群，吉林省的水利、交通、电力等基础设施建设，黑龙江省的“十大重点产业项目”建设等进行跟踪检查，确保项目按期按质完成。三是优化项目建设环境。地方政府要采取积极措施，努力扩大信贷投放规模，降低项目建设融资成本，保证项目建设的资金需求。四是提高项目建设质量。狠抓项目标准化建设，建立健全工程质量管理体系。高度重视安全生产，严格落实安全生产责任，认真开展施工安全执法、治理和宣传行动，确保每一个工程项目安全顺利地向前推进。

3. 加大农业基础建设投入，提高农业现代化水平

一是加强农业和农村基础条件建设。加快实施病险水库的除险加固、节水灌溉示范和小型农田水利工程。积极推进农业信息化，建立和完善农业科技支撑和社会化服务体系，提高服务水平。加大高效节水灌溉工程、应急抗旱水源建设和牧区水利工程建设力度，完善农村小微型水利设施。继续推进农村电网改造。加强农村饮水安全工程、公路、沼气建设，继续改造农村危房，开展农村环境综合整治。二是加强农业现代化体系建设。加强东北地区粮食生产能力建设，加大粮食丰产科技工程实施力度，加大农业科研投入力度，大力推广高产优质、节本增效新技术。同时加快先进农业机械引进和现代农机化新技术应用，优化农机结构，提高农业机械化水平。

4. 改善消费结构，努力扩大消费需求

一是培育新的消费热点。在国家家电下乡、汽车补贴等刺激政策退出而新的刺激政策尚未出台之时，要采取积极措施，培育新的消费热点，如教育、医药、旅游、文化、娱乐等。二是提升消费层次。鼓励商贸企业向高水平高层次发展，扩大限额以上企业市场份额，同时鼓励引导城市超市和连锁店向农村延伸发展，积极推广“农超对接”，拓宽商品流通渠道，提升居民消费层次。三是优化消费环境。进一步规范消费市场秩序，严厉打击违法违规行为，营造良好的消费市场环境。

5. 调整外贸结构，加快贸易转型升级

一是积极拓展海外市场。进一步巩固对美国、韩国、日本、俄罗斯等主要贸易国的出口，鼓励出口企业积极开拓新的市场领域，拓展中东、非洲、拉美等市场，借助市场多元化减轻外需疲软对东北三省出口造成的影响。二是调整进出口结构，促进产业升级。鼓励出口企业购买国外先进技术，先进设备，推进技术创新工程建设，攻克技术难关，开发重点产品，提升出口产品技术含量，提高企业竞争力。三是依托口岸优势，加快海产品、林产品和山特产品等生产出口，加快贸易转型升级。

G.35
2012年广东省经济形势分析及2013年展望

蒙卫华　周锦舜*

摘　要：

2012年以来，欧债危机有所恶化、中东局势持续动荡等多项因素拖慢了世界经济复苏步伐，国家实施的各项稳增长与调结构政策措施及时发挥作用，广东经济增长内生动力持续增强，经济呈探底企稳回升态势，预计全年CDP增长8.5%。展望2013年，世界经济总体仍处于缓慢复苏阶段；国内将继续落实稳增长与调结构的各项政策措施，加大改革力度，有利于进一步激活经济增长内生动力。结合模型预测，2013年广东经济增幅将小幅回升到8.8%左右，CPI涨幅在3.6%左右。

关键词：

广东经济　分析　预测

一　2012年经济运行特点及全年增长预测

（一）前三季度经济运行主要特点

（1）经济稳步缓升。1～9月广东经济平稳增长，预计地区生产总值增长

* 蒙卫华，广东省发展和改革委员会信息中心，高级经济师，主要研究领域为宏观经济、数量经济；周锦舜，广东省发展和改革委员会信息中心，经济学硕士，中级经济师，主要研究领域为宏观经济、数量经济、金融经济。

7.9%，增幅比第一季度回升0.7个百分点，比上半年高0.5个百分点。工业生产平稳，利润降幅进一步收窄。前三季度完成规模以上工业增加值15775.42亿元，增长7.6%，增速连续6个月回升，工业经济企稳回升态势明显。

（2）投资对经济的拉动力持续增强。前三季度完成固定资产投资12888亿元，增长13.9%，自第二季度见底后增幅连续3个月回升，比上半年回升2.8个百分点。其中，工业投资完成4422.82亿元，增长17.8%，增幅比上半年回升1.9个百分点，是当前投资增长主要拉动力。基础设施投资降幅收窄，下降1%，较1~8月收窄2个百分点。民间投资占比继续扩大，前三季度民间投资6947.76亿元，增长21.5%，增幅比上半年提高4.6个百分点。前三季度房地产开发完成投资3672.09亿元，增长12.1%，增速比上半年提高2.1个百分点。

（3）消费基本保持稳定。前三季度完成社会消费品零售总额16526.39亿元，增长11.5%，扣除价格因素（增长8.9%），增幅同比回落1.5个百分点，比上半年回升0.8个百分点。

（4）进出口形势有所改善。前三季度累计完成进出口7156.2亿美元，增长6.1%，比上半年回升1.1个百分点，比第一季度高出1.8个百分点。其中，出口4170.7亿美元，增长6.4%；进口2985.5亿美元，增长5.7%，增速连续4个月回升。1~9月机电产品和高新技术产品出口分别增长6.5%和6.8%，高于全省总体增幅，私营企业出口大幅增长22.8%，服务贸易大幅增长45.7%，出口结构继续优化。

（二）2012年全年经济走势预测

2012年以来，广东经济综合景气指数虽延续2010年以来的持续回落态势，但跌势有所趋缓，5月后出现止跌企稳的迹象（见图1）。主要监测指标由全面回落转向了“四升二稳二降”：贷款、投资、进出口、工业在谷底出现企稳回升苗头，市场消费和港口货物吞吐量有所走稳（见图3），全社会用电量和物价仍在回落。先行指标主要港口吞吐量增长有所走稳，预示短期内广东经济景气将有所好转。值得关注的是，先行指标全社会用电量未能走稳，考虑

到目前广东正在大力推进节能减排工作，对全社会用电增长带来一定的影响，剔除这个因素，预计这个指标同步走稳（见图 4）。综合判断，国家和省出台的一系列稳增长政策措施及时发挥了积极作用，先行指标出现了稳中趋升的迹象，预示第四季度广东经济景气走稳回升的可能性增强，加大了广东省实现全年经济增长预期目标的可能性。

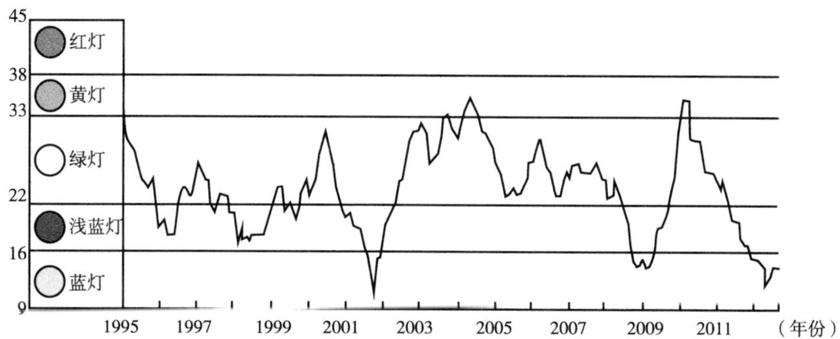

图 1　广东综合经济景气指数走势

注：（蓝灯）：表示运行大大低于正常；（浅蓝灯）：表示运行低于正常；（绿灯）：表示运行正常；（黄灯）：表示运行高于正常；（红灯）：表示运行大大高于正常。原始数据来源于《广东统计月报》，分析结果来源于 2003 年国家信息中心与广东省信息中心合作研制的《广东景气监测分析系统》。

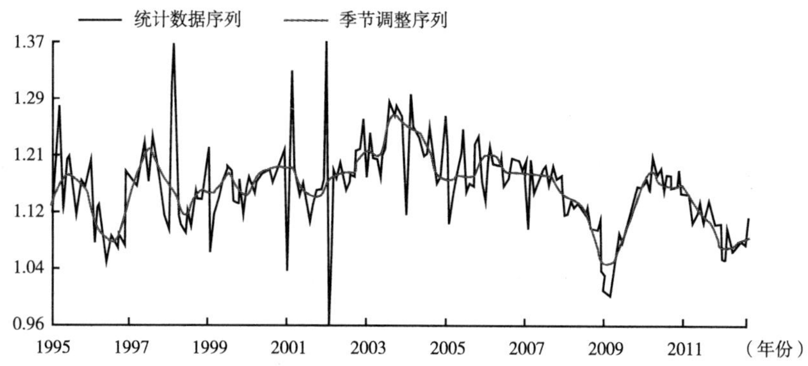

图 2　规模以上工业增加值增速走势

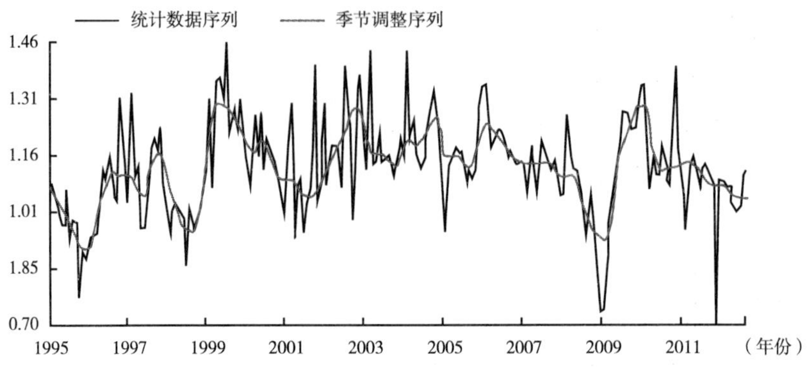

图3　港口货物吞吐量增速走势

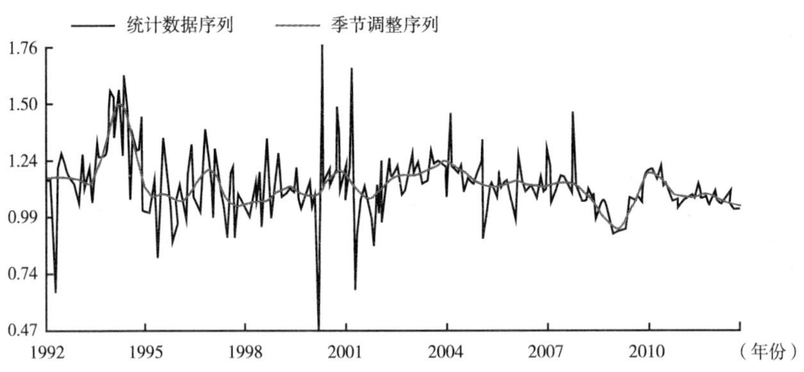

图4　全社会用电量同比增速走势

结合模型预测，2012年广东省GDP将接近6万亿元，增长8.5%左右。其中，全年进出口预计增长6.5%，固定资产投资增长15.0%，社会消费品零售总额增长11.6%，CPI涨幅在3.0%左右（见表1）。与2011年底笔者所做的2012年主要经济指标预测值相比，由于世界经济复苏较预期缓慢，总体经济运行情况略低于基准情景。其中进出口增长略低于预期，工业和市场消费增幅回落速度也超出预期。同时，2010年社会商品零售、2011年工业和固定资产投资统计口径分别有所调整，造成了一定的预测误差。

表 1　2012 年全年广东主要指标预测

指　　标	2012 年上半年		2012 年 1 ~ 9 月		2012 年全年	
	实际值(亿元)	增长(%)	实际值(亿元)	增长(%)	预测值(亿元)	增长(%)
地区生产总值	26200.92	7.4	41151.75	7.9	59193.75	8.5
规模以上工业增加值	10048.70	7.0	15775.42	7.6	22941.10	8.4
全社会固定资产投资	7697.51	10.1	12888.0	13.9	19303.75	15.0
社会消费品零售总额	10857.80	11.6	16526.39	11.5	21783.31	11.6
出口总额(亿美元)	2676.30	6.8	4170.7	6.4	5665.18	6.5
进口总额(亿美元)	1895.9	2.7	2985.5	5.7	4063.43	6.5
CPI(上年同期 = 100)	103.5	3.5	103.1	3.1	103.0	3.0

二　2013 年广东省经济发展面临的国内外环境分析

(一) 国际环境分析

当前世界经济总体仍处于缓慢复苏阶段，2013 年经济增幅将略高于 2012 年水平，但影响世界经济复苏的因素仍然较多。国际货币基金组织 10 月发布的《世界经济展望》预计 2012 年全球经济增长率为 3.3%，2013 年为 3.6% (见表 2)。

表 2　世界及主要经济体经济增长预测

单位：%

国家或地区	10 月预测		与 7 月预测的差异		与 4 月预测的差异	
	2012 年	2013 年	2012 年	2013 年	2012 年	2013 年
世界经济	3.3	3.6	-0.2	-0.3	-0.3	-0.5
发达经济体	1.3	1.5	-0.1	-0.4	-0.1	-0.6
美国	2.2	2.1	0.2	-0.2	0.1	-0.3
欧元区	-0.4	0.2	-0.1	-0.5	-0.1	-0.7
日本	2.2	1.2	-0.2	-0.3	0.2	-0.5
新兴和发展中经济体	5.3	5.6	-0.3	-0.3	-0.4	-0.5
中国	7.8	8.2	-0.2	-0.3	-0.4	-0.6
印度	4.9	6	-1.2	-0.5	-1.9	-1.2
俄罗斯	3.7	3.8	-0.3	-0.1	-0.3	-0.2
巴西	1.5	4	-1	-0.6	-1.6	-0.1
世界贸易总量	3.2	4.5	-0.6	-0.6	-0.9	-1.1

资料来源：国际货币基金组织《世界经济展望》，2012 年 10 月。

（二）国内环境分析

新一届政府换届完成，进一步落实稳增长的各项政策措施，为全国经济保持平稳较快增长提供了坚实的政策和制度保障。2013 年是“十二五”规划中期，国家将对各级政府规划执行情况进行评估，据以往经验，政府投资往往有所提速。2012 年一大批重大建设项目规划获国家发改委批复，总金额预计超过 1 万亿元；同时，“新非公 36 条”的政策效应将焕发民间投资积极性，投资对经济的拉动力将继续增强。

从消费看，我国扩大内需的空间仍然广阔。据 IMF 公布的数据，2011 年我国人均 GDP 仅 5414 美元，刚达到世界人均 GDP 水平（10036 美元）的一半左右。说明我国人均收入、消费尚处于较低水平，消费需求还有较大的提升空间。2013 年，我国逐步扩大营业税改征增值税工作试点范围，推进收入分配制度改革。这有利于激活广大居民的潜在消费需求，拉动国内消费市场的持续升温。

从外贸看，我国已经签署了 10 个自贸协定，其中 9 个自贸协定正式实施且情况良好，新兴市场份额有所上升，有利于外贸稳定增长。

综合来看，国内政局稳定，经济发展思路更为明晰和统一，将有利于进一步贯彻和落实各项“稳中求进”的政策措施，给经济增长注入新动力。加上近年我国应对国际金融危机冲击积累了稳定经济增长和促进结构调整的积极有效的调控经验，我国经济发展环境将好于 2012 年。

（三）省内发展环境分析

广东被国务院批准为行政审批制度改革先行先试省份，将激发广东人敢为人先的创新精神，进一步改革开放，破除阻碍经济增长的各项体制机制壁垒，为经济发展营造良好的制度环境。

从投资看，2012 年广东省一大批重大基础设施获得国家批准建设，随着广州南沙、中新广州知识城、深圳前海、珠海横琴等重要平台的加快推进和建设，基础设施投资将恢复较快增长；随着国家和省出台的鼓励和引导民间投资增长的各项政策措施不断得到落实，将增强民间投资意愿和信心，对扩大民间

投资产生积极作用。

从消费看，近 30 年高速增长的广东经济为广东省消费需求提供了强劲的增长动力，消费市场有巨大潜力可挖，合理疏导和拉动以休闲娱乐消费为代表的第三产业发展，将成为广东省经济增长和转型的重要载体和着力点。

面临的困难主要是，企业投资和居民消费信心有待恢复，产业升级转型较预期缓慢，新的增长点尚未形成。

三 2013 年广东省经济增长预测分析

（一）情景设定

根据世界经济演变情形，设定三种情景来分别测算广东经济增长情况（见表 3）。

表 3 2013 年广东主要指标预测

指标	低增长情景		基准情景		高增长情景	
	绝对数（亿元）	增长（%）	绝对数（亿元）	增长（%）	绝对数（亿元）	增长（%）
地区生产总值	65969.00	8.2	66900.00	8.8	67225.00	9.2
规模以上工业增加值	25068.22	8.4	29000.15	9.6	25545.50	10.4
固定资产投资	21888.56	13.0	22275.97	15.0	22469.67	16.0
社会消费品零售总额	24397.31	12.0	24506.22	12.5	24615.14	13.0
进出口总额	10163.99	4.8	10336.61	6.5	10472.79	7.9
其中：出口总额（亿美元）	5901.47	4.2	6009.07	6.1	6088.37	7.5
进口总额（亿美元）	4262.52	4.9	4327.53	6.5	4384.42	7.9
居民消费价格指数（上年同期 = 100）	103.3	3.3	103.6	3.6	104.2	4.2

（1）基准情景。欧元区总体财政紧张状况有所缓解，美国经济持续回升，新兴经济体稳增长政策发挥作用。在此情景下，假设 2013 年 M2 增长 15%，人民币汇率基本不变，利率自第二季度下调 0.25 个百分点，OECD 国家 GDP 增长与 2012 年持平，结合模型测算，预计广东 GDP 增速将达到 8.8%，居民

消费价格涨幅在3.6%左右。

（2）高增长情景。欧元区经济有所好转，美国经济复苏势头更趋明朗，带动全球经济走向复苏之路。在此情景下，假设M2增长16%，人民币汇率基本不变，利率自2013年第一季度下调0.25个百分点，OECD国家GDP增长高于2012年，结合模型测算，预计2013年广东经济增长可达9.2%，CPI上涨4.2%。

（3）低增长情景。欧元区债务危机继续发酵，美国“财政悬崖”未能得到较好解决，全球经济增长动力有所减弱。在此情景下，假设M2增长14%，人民币对美元汇率升值2%，利率维持不变，OECD国家GDP增长略低于2012年，结合模型测算，预计2013年广东GDP增长8.2%左右，物价涨幅在3.3%左右。

（二）主要指标预测分析

1. 固定资产投资

截至7月底，广东省获批项目共12项，估算总投资约3186亿元，假设项目的平均建设周期为5年，每年可增加投资600亿元左右，加上原有项目的后续投资，预计2013年的基础设施投资5300亿元，增长17.7%，拉动固定资产投资增长约4个百分点。

房地产开发投资增幅触底回升的迹象明显。随着城镇化进程加速推进，2013年房地产市场刚性需求仍然强烈，房地产开发仍将保持较快增长，预计2013年房地产开发投资增长15.0%，拉动固定资产投资增长4.5个百分点。

总体上看，2013年投资加快增长的有利条件较多。基准情景下预计广东省2013年固定资产投资增长15.0%；乐观情景下固定资产投资增长可达16.0%；悲观情景下固定资产投资增长13.0%。

2. 社会消费品零售额

随着节能家电补贴范围的不断扩大，2013年广东省家电销售增长将明显回升，给消费增长注入新动力。在消费信心好转和刚需逐步释放的作用下，预计2013年广东省消费将恢复平稳较快增长，消费对经济增长的拉动作用会有

所增强。基准情景下 2013 年社会消费品零售总额预计增长 12.5%，将比 2012 年提高约 1 个百分点；乐观情景下，扩消费政策措施起到积极效果，将拉动广东省社会消费品零售总额约 2 个百分点，社会消费品零售总额预计增长 13.0%，比 2012 年提高约 1.5 个百分点；悲观情景下，扩消费政策措施预期效果不明显，社会消费品零售总额预计增长约 12.0%。

3. 出口增长

从广东省主要出口市场看，美、欧、日仍是广东省主要贸易市场。虽然广东对香港的出口保持在三四成，但由于中国对香港的出口主要用于转口贸易，结合香港转口目的地市场推算，广东对美、欧、日三地的出口比重约为 24%、18%、8%，合计达 50%。IMF 预测，2013 年美国 GDP 增长 2.3%，因而预计广东省对香港、美国市场出口仍能保持稳定增长，拉动广东省出口增长约 3.5 个百分点；如果欧元区债务危机不再恶化，IMF 预计 2013 年欧元区 GDP 增长 0.2%，广东省对欧盟地区的出口也不会继续下降，将大致和 2012 年持平，增长 0.1%；因钓鱼岛事件难以在短期内得到很好解决，将继续影响中、日两国之间的正常经贸往来，预计广东省 2013 年对日本出口增速将大幅下降至 3% 左右，对广东出口增长造成一定的负面影响。

总体上看，2013 年国际贸易形势仍难有较大的改善。基准情景下预计广东省 2013 年出口增长 6.1%；乐观情景下预计广东省 2013 年出口增长 7.5%；悲观情景下预计整体出口增长 4.2%。

四 保持广东经济平稳增长的对策建议

当前，广东省外向带动经济增长的动力逐步减弱，唯有切实落实国家“稳中求进”的各项政策措施，加快经济结构转型升级，不断增强经济内生动力，才能保持广东经济平稳健康较快的发展。

（1）加快行政审批制度的改革和创新

充分利用行政审批制度改革先行先试的机遇，勇于创新和改革，按照国家公布的《第六批取消和调整行政审批项目的决定》，加快制定和推进广东省行政审批制度改革先行先试方案，进一步简政放权，废除阻碍经济增长的各项体

制机制壁垒。建立和健全社会信用体系和市场监管体系，进一步规范和优化市场管理手段和工具，营造宜居宜商的良好投资环境。

（2）突出重点，加快推进产业升级

加快推进现代产业500强建设，特别是加快推进进度偏慢的现代服务业、先进制造业等项目的建设，切实发挥现代产业500强项目的辐射带动作用。加快推进重大平台建设，立足长远，精心谋划，以高起点建设广州南沙、深圳前海、珠海横琴等重点平台载体，提升现代服务业发展水平。加大力度实施新能源汽车、金太阳、物联网等应用示范工程，以应用促研发，以点带面，促进战略性新兴产业加快发展。

（3）积极引导民间投资加快发展

完善政府投资管理体系，强化监督机制，切实落实各项促进民间投资增长的政策措施，引入市场机制，吸引民间资本投向教育、医疗保障、休闲娱乐等需求旺盛但政府投入相对不足的公共服务领域，注重培育和扶持有利于第三产业发展和服务消费增长的建设项目，既满足当前人民迫切的消费需求，又拉动投资健康稳定地增长。

（4）合理引导和培育消费需求

正确引导消费需求，使之不断得到释放和满足，实现“幸福广东”的目标。加强诚信市场建设以增强居民消费信心，通过减税、补贴等经济手段调节居民消费行为。同时，加强对新形势下国内消费市场的综合研究，准确把握当前消费需求变化的新特点，有针对性地出台相关促进扩大消费的政策措施，促进消费有序持续升级。

（5）切实落实政策，帮助外贸企业渡过难关

认真落实国家支持出口信用保险、提高贸易便利化、清理不合理不合法收费等政策措施，力争在广东省先行先试，实行以备案制为主的对外投资合作管理体制，用好省出口退税“以奖代补”专项资金，加快出口退税进度，制定指导意见帮助企业妥善应对贸易摩擦和顺利“走出去”。

（6）加强对宏观经济的监测预警分析

进一步发挥省经济监测预警联席会议作用，加强信息沟通，多层次、多角度对经济运行态势进行监测预警分析，及时提出更具前瞻性、针对性、可操作

性的对策建议。一是健全经济信息数据交流机制，积极加强相关行业协会、商会、重点企业等方面的数据交换共享，即时开展相关分析监测工作。二是完善监测预警分析支撑体系。根据新形势，积极开展宏观经济监测预警体系和系统的研究，完善和丰富监测预警技术手段，提高监测分析工作的科学性和准确性。

参考文献

IMF，*World Economic Outlook*，Oct，2012.

广东省统计局，http：//www. gdstats. gov. cn/。

广东省对外贸易经济合作厅，http：//www. gddoftec. gov. cn/。

新浪财经，http：//finance. sina. com. cn。

路透资讯，http：//cn. reuters. com/。

G.36
2012年首都经济圈经济形势分析及2013年展望

贾秋淼*

摘　要：

2012年以来，京、津、冀三省市经济增速平稳回落，第三季度已出现筑底迹象。京、津、冀三地的产业合作增强，区域发展一体化水平提高，GDP在全国占比有所上升。2013年三地经济增长将加快，三地政府和企业将进一步加强合作，将首都经济圈打造成引领国家创新发展的先导区，率先实现发展模式从“要素驱动”向“创新驱动”转变。

关键词：

首都经济圈　经济形势　分析　展望

2012年，京、津、冀三省市在世界经济复苏势头趋缓、国内经济下行压力加大、经济结构持续转型升级的背景下，逐步遏制了经济下行的势头，渐行趋稳。2013年，“首都经济圈”发展规划列入国家区域规划审批计划及正式批复，将显著提升区域发展和一体化水平，增强区域整体实力和可持续发展能力，成为引领全国经济社会发展的区域制高点。首都经济圈长远发展值得期待。

一　2012年首都经济圈经济发展形势分析

1. 经济增速缓中趋稳，发展质量稳步提升

2012年，首都经济圈三省市经济走势基本保持一致，上半年延续了2011

* 贾秋淼，北京市经济信息中心经济研究部副主任，经济师，主要研究方向为宏观经济、资源环境。

年以来的回调态势，第三季度逐步筑底回稳。其中，北京主动调整经济增长速度与质量、总量与结构的关系，延续房市、车市调控措施，受此影响，1～9月实现地区生产总值 12678.1 亿元，增速由 2011 年同期的 8% 进一步回落至 7.5%，全国最低，但较 1～6 月回升 0.3 个百分点。天津继续发挥滨海新区带动作用，着力推动落实大项目落地开工，招商引资掀起新一轮高潮，1～9 月实现地区生产总值 9188.5 亿元，同比增长 13.9%，增速居于全国首位，继续成为带动区域经济增长的主要动力。河北受外需疲软和产业结构调整优化影响，工业增速有所回落，带动全省经济增长趋缓，1～9 月实现地区生产总值 19581.9 亿元，同比增长 9.3%，较 2011 年同期回落 2 个百分点。1～9 月，首都经济圈三省市经济总量达 41448.5 亿元，同比增长 11.3%，区域发展形势良好（见图 1）。

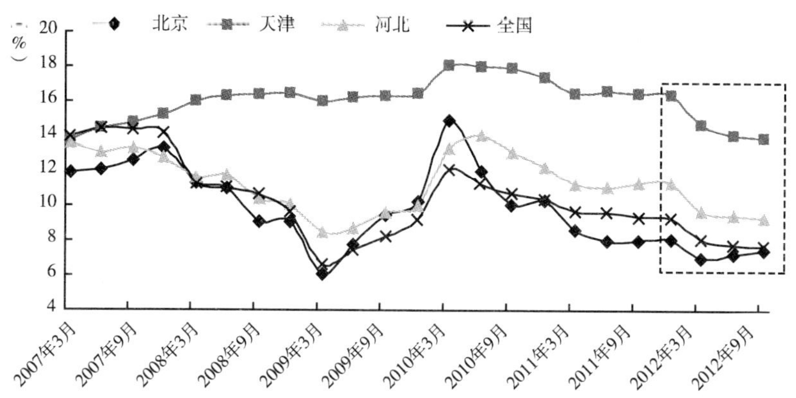

图 1　2007 年 3 月～2012 年 9 月京津冀和全国的 GDP 累计增速

当前，京津冀地区已发展成全国科技创新和技术研发策源地和高新技术产业集聚区，以中关村国家自主创新示范区和滨海新区为引擎，电子信息、汽车制造、高端装备、石油化工、生物医药、节能环保等产业发展势头良好，区域经济实力进一步增强。从全国生产力布局看，1～9 月首都经济圈三省市 GDP 占全国比重稳步提高，达到 11.7%，较上年同期提高 0.1 个百分点（见表 1），连续两年超过珠三角，进一步奠定了全国第二大经济圈的优势地位。

表 1　2012 年 1～9 月全国四大经济圈主要指标对比情况

地区		GDP（亿元）	固定资产投资（亿元）	出口总额（亿美元）
全　国		353480	256933	14954
首都经济圈	北京市	12678.1	4513.3	439.9
	天津市	9188.5	6795.6	370.2
	河北省	19851.9	13944.7	222.9
	小　计	41718.5	25253.6	1033
	占全国比重（%）	11.7	9.8	6.9
	上年同期比重（%）	11.6	9.7	5.9
长三角经济圈	上海市	14374.2	3379.8	1545.1
	浙江省	24215.0	12194.0	1667.0
	江苏省	38796.0	22451.3	2406.6
	小　计	77385.2	38025.1	5618.7
	占全国比重（%）	21.9	14.8	37.6
珠三角经济圈	广东省	40685.76	12888.00	4170.7
	占全国比重（%）	11.5	5.0	27.9
成渝经济圈	四川省	15468.3	13478.7	279.2
	重庆市	8158.0	6325.0	293.7
	小　计	23626.3	19803.7	572.9
	占全国比重（%）	6.7	7.7	3.8

2. 需求结构稳步调整，内需拉动作用增强

2012 年是我国调结构、扩内需的关键之年，新一轮“稳增长”政策与之前 4 万亿元投资相比，更加关注着力于扩大内需，调整需求结构，激发经济增长的内生动力。受此影响，首都经济圈三省市在“稳增长”的同时，需求结构调整也取得了一定成效。1～9 月，京津冀三省市固定资产投资分别增长 8.3%、25.2% 和 21.4%，社会消费品零售总额分别增长 11.7%、15.2% 和 15.0%，出口额分别增长 6.6%、14.1% 和 6.1%。其中，北京消费增速已超过投资，成为拉动经济增长的主要动力，投资结构进一步改善，基础设施投资增长 31%，房地产投资占总投资的比重下降至 48.8%。天津重大项目进展顺利，新开工亿元以上项目增长 66%，除此之外，民间投资蓬勃发展，实现 50.1% 的增长，为天津发展注入了活力。同时，新兴贸易方式快速发展，租赁贸易、对外承包工程、保税区仓储或转口货物出口分别增长 230.7 倍、1.7 倍

和 23.3%，保证了出口的稳定。河北省大力改善投资结构，工业技术改造投资占工业投资的比重高达 60%，装备制造业和高新技术产业投资增长 39.2% 和 25.2%，为工业做大做强奠定了坚实的基础，民间投资增长 26.1%，占全省投资的比重上升至 76.9%，但外需低迷对河北的影响持续加重，全年进出口额增幅出现下降。

3. 产业结构不断优化，区域梯度逐步显现

2012 年以来，首都经济圈三省市发挥比较优势，加快产业升级步伐，进一步做大做强优势领域，产业特色日趋鲜明。其中，北京在延续主动调控措施下，强化服务业主导优势，相关产业通过转型升级，逐步摆脱了不利影响。在金融、房地产业带动下，第三产业保持稳定增长，增速达到 7.7%，区位商升至 1.93。通信设备、计算机及其他电子设备制造业增长 9.5%，汽车制造业增长 2.9%，医药制造业增长 13.7%，工业生产逐步回暖。天津在重大工业项目支撑作用下，继续强化石油化工、航空航天、轻工纺织、新材料等行业优势，1～9 月工业增加值同比增长 15.9%，其中八大优势产业工业增加值增长 15.5%，占规模以上工业增加值的 90.8%。在工业保持强劲增长的同时，新兴金融、楼宇经济、服务外包等新兴服务业发展势头良好。河北实现夏秋两季粮食双丰收，第一产业的区位商稳定在 1.42，同时加快曹妃甸重点临港产业集聚区建设，发挥新型工业化、循环经济和海洋产业区位优势，第二产业区位商保持在 1.15（见表 2）。

表 2　2007～2012 年 1～9 月京津冀产业区位商* 变化情况

年份	北京市			天津市			河北省		
	第一产业	第二产业	第三产业	第一产业	第二产业	第三产业	第一产业	第二产业	第三产业
2007 年	0.09	0.54	1.84	0.18	1.17	1.03	1.21	1.06	0.86
2008 年	0.10	0.53	1.83	0.17	1.24	0.95	1.12	1.12	0.83
2009 年	0.09	0.49	1.78	0.17	1.17	1.02	1.23	1.11	0.82
2010 年	0.09	0.52	1.74	0.16	1.14	1.05	1.26	1.13	0.80
2011 年	0.08	0.47	1.81	0.13	1.17	1.03	1.42	1.15	0.74
2012 年 1～9 月	0.08	0.45	1.93	0.13	1.15	1.02	1.42	1.15	0.78

注：* 产业区位商计算公式：$HQ_{ij} = (H_{ij}/H_i) / (H_j/H)$，其中，$HQ_{ij}$ 表示 i 地区 j 产业的区位商，H_{ij} 表示第 i 个地区、第 j 个产业的产出，H_i 表示 i 地区的全部产出；H_j 表示全国 j 产业的全部产出，H 表示全国所有产业的总产出。一般来讲，当区位商显示超过 1 时，说明该产业在该地区拥有一定的比较优势。

4. 创新动力加速积蓄，谱写区域发展新篇章

在本轮经济增速下行过程中，首都经济圈三省市充分利用人才和科技的优势，把创新作为引领区域新一轮发展的动力源。北京突出科技和文化“双轮”驱动作用，加快建设中关村科学城和未来科技城，出台深化科技体制改革意见，1~9月中关村发明专利申请量同比增长61.1%，全市技术交易额增长41.7%。文创产业集聚发展态势明显，国家音乐产业基地、国家动画产业基地加紧建设，首届中国艺术品产业博览会等重大文化交流活动成功举办，为首都发展增加了新势能。天津滨海新区科技创新突出龙头带动作用，1~9月累计新签约科技项目97个，注册资金总额达6.2亿元。膜天膜公司7月在创业板挂牌上市，迈出小巨人企业上市的关键步伐。开发区累计建成高科技孵化基地12个，国家级和市级研发中心达到122家，科技型中小企业平均收入是全市平均水平的两倍以上。河北充分利用首都经济圈的科技和文化资源，积极尝试新模式，实施与百家央企和百家科研院所全方位战略合作的“双百入冀”工程，签订了一批科技和文化产业项目，给河北经济发展插上了“双翼”。

二 2013年首都经济圈发展环境分析及展望

1. 首都经济圈规划颁布将为区域协同发展奠定新的里程碑

随着当前我国区域一体化发展不断深化，京津冀地区现代化建设迈入新阶段。为深入实施区域发展总体战略，加快构建和发展首都经济圈，提升区域科学发展和一体化发展水平，进一步增强区域整体实力和可持续发展能力，更好地支撑、带动和引领全国经济社会发展，国家发改委将首都经济圈规划列入区域规划审批计划，标志着打造以北京为核心的首都圈，已成为京津冀地区经济发展的必然要求和国家发展的战略选择。

京津冀地区是我国区域发展总体战略和城市化格局中的重要区域。但与长三角、珠三角相比，区域经济一体化进程还比较缓慢，城镇体系还不够发达，区域发展很不平衡，各城市发展定位和分工不够合理，城市化和社会发展水平差距较大，重大基础设施配套衔接不够紧密，区域合作机制不够健

全。而通过跨行政区域资源整合和功能协作形成的首都经济圈，可充分利用本区域科技与文化创新资源集聚的优势，全面提高区域自主创新、集成创新和再创新能力，将首都经济圈打造成引领国家创新发展的先导区，率先实现发展模式从“要素驱动”向“创新驱动”转变。另外，还可统筹区域生产力布局和资源配置，发挥首都的辐射带动效应和周边地区在空间和劳动力资源等方面的优势，通过产业链、价值链、功能链合作，将首都部分功能向周边区域转移，促进要素流动、产业整合和经济协作，构建起合理的城镇体系和区域分工网络，有利于统一区域发展方向，形成分工明确、优势互补、良性互动的区域发展格局，解决城乡“二元结构”问题，加快区域城市化进程。

2. 国内外经济环境变化为首都经济圈发展带来新机遇

从国际形势看，2013 年世界经济下滑趋势将得到缓解，欧、美主要经济体实施的新一轮量化宽松政策将助力世界经济温和复苏，2013 年全球经济增长将好于 2012 年。但欧债危机仍将是国际经济下行的主要风险源，给世界经济复苏带来不确定性。总体来看，外需出现的积极变化一方面有利于首都经济圈各省市出口的改善，尤其是对以工业为主导的天津带来极大利好，但另一方面，宽松货币政策也将进一步释放全球流动性，推高大宗商品价格，抬升原材料成本。从国内形势看，2013 年国内经济仍有一定的下行压力，宏观调控政策将继续在“稳增长、调结构”之间保持平衡，政策主基调将有一定放松。继续实施积极的财政政策和稳健的货币政策，土地和信贷供给相对 2012 年将有所放宽，更向结构优化升级和民生保障领域倾斜。同时，“十八大”后一系列改革举措有望推进，将有利于创造较为宽松的政策环境，国内增长短周期有望见底回升。基础设施扩张、重大项目建设加快以及收入分配政策推出将推动投资、消费平稳增长。另外，国家区域规划批复明显加快，全面启动包括北部湾、陕甘宁、舟山群岛等多个区域规划，各区域呈现多极发展的态势，加快对“长三角”“珠三角”“首都圈”腾笼换鸟步伐，推动相关区域经济结构不断优化，这都将给首都经济圈带来不小的竞争压力，但压力也是动力，机遇远大于挑战。在首都经济圈国家战略批复、北京建设世界城市、天津打造滨海新区和河北全面承接产业转移的大背景下，首都圈三省市有望率先加强产业领域的合作，带动资源要素流动和一体化进程显著加快，区域发展将迎来新契机。

初步预计，2013 年首都经济圈三省市经济增长速度均将高于 2012 年，整体 GDP 增速有望接近 13%，占全国的比重接近 12%。消费对经济增长的拉动作用进一步增强，投资结构更趋合理，外需有所恢复，工业表现强劲，服务业保持稳定。

三 首都经济圈长远健康发展的政策建议

（1）强化机制保障，推动规划实施

发挥政府主导作用，建立完善常态化、多层次的区域治理机制，加快推动国家层面的首都经济圈规划编制出台和落实实施。组建由国家相关部门和三省市共同参与的专门机构，建立健全区域发展法规政策体系和协调沟通机制，制定完善规划实施方案，积极沟通协调解决在规划实施中出现的重大问题。

（2）强化政策储备，提早谋划研究

提前做好首都经济圈发展相关重大问题的前瞻性研究，为实现规划目标提供有力支撑。如创新区域土地管理体制，实施差别化用地政策，研究制定促进区域产业转型升级、“腾笼换鸟”的土地政策。加强财税政策支持力度，加大对欠发达地区、生态涵养区的财政支持力度，研究制定区域税收分享政策。研究提升区域社会管理和服务水平，促进区域人才合理流动，完善区域内社会保险、医疗保险和公积金异地结算制度。

（3）强化协同分工，推进产业一体化

坚持高端、高效、高辐射的区域产业发展方向，培育发展战略性新兴产业，突出品牌效应，推动首都经济圈产业辐射全国。建立区域产业协同机制，消除地方壁垒，创造规范的市场环境，开放要素市场，促进区域企业并购升级。完善区域产业分工合作，发挥北京的总部和研发优势、天津的港口和区位优势、河北的腹地优势，打造首都经济圈“服务—制造”功能合作链条，推动制造业加速发展。探索区域一体化开发模式，尝试利用“共建园区”“飞地

经济”等形式，不断优化产业布局。

（4）强化基础建设，共建生态文明

将区域基础设施建设作为首都经济圈发展的先决条件，以首都第二机场建设为契机，建设便捷高效的交通运输体系，打造区域两小时交通圈。加强首都经济圈内生态领域合作，最大限度地节约资源能源，发展循环经济，退出“三高”企业，建立生态环境补偿机制，充分发挥市场机制作用，建立区域环境污染联防联控机制，为首都经济圈经济社会可持续发展提供有力保障。

社会科学文献出版社

皮书系列

“皮书”起源于十七、十八世纪的英国，主要指官方或社会组织正式发表的重要文件或报告，多以“白皮书”命名。在中国，“皮书”这一概念被社会广泛接受，并被成功运作、发展成为一种全新的出版形态，则源于中国社会科学院社会科学文献出版社。

皮书是对中国与世界发展状况和热点问题进行年度监测，以专家和学术的视角，针对某一领域或区域现状与发展态势展开分析和预测，具备权威性、前沿性、原创性、实证性、时效性等特点的连续性公开出版物，由一系列权威研究报告组成。皮书系列是社会科学文献出版社编辑出版的蓝皮书、绿皮书、黄皮书等的统称。

皮书系列的作者以中国社会科学院、著名高校、地方社会科学院的研究人员为主，多为国内一流研究机构的权威专家学者，他们的看法和观点代表了学界对中国与世界的现实和未来最高水平的解读与分析。

自 20 世纪 90 年代末推出以经济蓝皮书为开端的皮书系列以来，至今已出版皮书近 800 部，内容涵盖经济、社会、政法、文化传媒、行业、地方发展、国际形势等领域。皮书系列已成为社会科学文献出版社的著名图书品牌和中国社会科学院的知名学术品牌。

皮书系列在数字出版和国际出版方面成就斐然。皮书数据库被评为“2008~2009 年度数字出版知名品牌”；经济蓝皮书、社会蓝皮书等十几种皮书每年还由国外知名学术出版机构出版英文版、俄文版、韩文版和日文版，面向全球发行。

2011 年，皮书系列正式列入“十二五”国家重点出版规划项目；2012 年，部分重点皮书列入中国社会科学院承担的国家哲学社会科学创新工程项目；一年一度的皮书年会升格由中国社会科学院主办。

法律声明